SCRIPTORVM CLASSICORVM BIBLIOTHECA OXONIENSIS

OXONII
E TYPOGRAPHEO CLARENDONIANO

A. GELLII
NOCTES ATTICAE

RECOGNOVIT
BREVIQVE ADNOTATIONE CRITICA INSTRVXIT

P. K. MARSHALL

TOMVS I

LIBRI I–X

Aulus Gellius

OXONII
E TYPOGRAPHEO CLARENDONIANO
MCMXC

Oxford University Press, Walton Street, Oxford OX2 6DP
Oxford New York Toronto
Delhi Bombay Calcutta Madras Karachi
Petaling Jaya Singapore Hong Kong Tokyo
Nairobi Dar es Salaam Cape Town
Melbourne Auckland
and associated companies in
Berlin Ibadan

Oxford is a trade mark of Oxford University Press

Published in the United States
by Oxford University Press, New York

First published 1968
Reissued (with corrections) 1990

British Library Cataloguing in Publication Data
Data available

Library of Congress Cataloging in Publication Data
Gellius, Aulus.
[Noctes Atticae]
A. Gellii Noctes Atticae / recognovit brevique adnotatione critica instruxit P.K. Marshall.
p. cm.—(Scriptorum classicorum bibliotheca Oxoniensis)
Reprint. Originally published: Oxonii : E Typographeo Clarendoniano, 1968
Includes bibliographical references
Contents: t. 1. Libri I–X—t. 2. Libri XI–XX.
I. Marshall, Peter K. II. Title. III. Title: Noctes Atticae. IV. Series.
PA6390.A2 1990 878'.01—dc20 89-23188
ISBN 0-19-814651-5 (v.1)—ISBN 0-19-814652-3 (v.2)

Printed in Great Britain by
Biddles Ltd, Guildford & King's Lynn

PRAEFATIO

OMNIUM qui exstant Gellii codicum uetustissimus idemque
A optimus est codex rescriptus Vaticanus Palatinus 24 (A) litteris rusticis saeculo quarto scriptus,[1] qui sub Vetere Testamento litteris uncialibus saeculo septimo uel octauo scripto et aliorum auctorum et nostri fragmenta seruat. In codice Gelliano pagina binas columnas, columna ternasdenas lineas continet. Sed magnopere dolendum est litteras plerumque uix dispici posse, non modo quod tot saecula liber pertulit, sed quod Hertzius[2] liquorem ammoniaci hydrosulphurati adhibuit. Quas ob causas interdum nihil de uera lectione affirmare ausim. Sed quamuis difficile dispiciantur, in ligatura paginarum 172^{a}–173^{u} haec uerba discerni uidentur: COTTA .. SCRIBSIT. Capita *noctium Atticarum* quae seruantur sunt haec:

Lemmata lib. 1 cap. 15 (*inportu*)*num* ... cap. 16 *Quadrigari* (post quae reliqua lemmatis uerba adsunt sed legi nequeunt); lemmata lib. 17 cap. 21 (*ui*)*ri floruerunt* ... lib. 18 cap. 2 *certa*(*tionibus*).

Lib. 1 cap. 2. 13 *his* ... 3. 7 *molestiam quod*; 3. 16 *minime* ... 5. 2 *iactatus*; 6. 1 *eum ad* ... 7. 2 *cognito*(*ribus*); 7. 4 (*mul*)*ta* ... 7. 9 *oc*(*cupatas*); 9. 12 *quod quisque* ... 10. 1 *expromen*(*ti*); 12. 5 (*cu*)*ius* ... 12. 7 *sacerdotio*; 22. 7 (*stoi*)*cas* ... 22. 13 *blando*.

Lib. 2 cap. 6. 3 *totius* ... 6. 5 *tange*(*re*); 7. 8 *est patri* ... 7. 13 *dic*(*unt*); 8. 6 (*cu*)*iusmodi* ... 9. 5 *insecta*(*tur*); 22. 22 *eurum* ... 22. 25 *oritur*; 23. 20 (*ac*)*ciderat* ... 23. 21 *educit in*; 24. 4 (*mi*)*sellus* ... 24. 7 *ter*(*ra*); 25. 8 *alii rarenter* ... 26. 2 *eorum*; 26. 13 *pe*(*dem*) ... 26. 19 *Nigi*(*dius*); 27. 2 *Haec aemulari* ... 27. 2 *mili*(*tum*); 27. 5 *Quibus* ... 28. 1 *ca*(*uis*); 29. 8 *Haec ubi* ... 29. 11 *adfines*(*que*); 29. 15 *Id ubi* ... 29. 17 *plerum*(*que*).

[1] Vide E. A. Lowe *Codices Latini Antiquiores* 1, p. 23 n. 74.

[2] Vt ipse testatur in editionis suae uolumine secundo praef. p. xiv (Berolini 1885).

Lib. 3 cap. 13. 2 *causam* ... 13. 5 *dicentem atque*; 16. 4 *Caecilius* ... 16. 4 *Cae(cilii)*.

Lib. 4 cap. 1. 7 *et lentim* ... 1. 13 *quoque alias*.

Quod lemmata aliquot e libris septimo decimo et octauo decimo nullis interiectis uerbis habet *A*, hinc patet omnia lemmata uno in loco, initio scilicet codicis, olim stetisse. Quid igitur obstat quin credamus hunc codicem, cum integer esset, omnes *noctium Atticarum* libros continuisse, etiam octauum hodie deperditum?

Sed si quaeris quid emolumenti ad textum constituendum hic codex nobis afferat, omnis fere pagina paene clamat ita meliorem pretiosioremque esse hunc ceteris codicibus ut tam pauca seruata esse ualde dolendum sit. Nam non modo lectiones, quae statim uerae uidentur, constanter praebet, sed hic illic textum seruat genuinum plenioremque ubi ceteri textum mutilum uenditant. Quibus e locis praecipue notandus est 1. 2. 13 *His ille* ... 1. 3. 7 *molestiam quod*, ubi in *VPR* *οὐδὲ γρῦ*.[1] Numquam uerba Graeca seruat *A*, sed spatia accurate relinquit ut alia manus inserat. Vtrum scriba in exemplari suo Graeca legerit, an exemplar ipsum talia spatia habuerit, non potest iudicari.

Haud impossibile est omnes uiginti libros[2] olim esse ser-
β uatos in codice, qui uocatur, Buslidiano (*β*), olim in possessione Hieronymi Buslidii, postea in collegio illo trilingui Louanii adseruatus. Hunc librum Ludouicus Carrio[3] quadringentorum aetatem annorum ferre dicit, ex quo saeculo duodecimo esse scriptum colligas, sed ualde dubium est utrum Carrio tam accurate de aetate iudicare posset.[4] Nec uola nec uestigium huius codicis apparet neque ante neque post saeculum sextum decimum, sed nobis persuadendum est numquam hunc librum nos esse uisuros. Omnem fere

[1] De codice *β* u. quae scripsi infra.

[2] Excepto fortasse octauo. Nam si hunc inuenisset Carrio, procul dubio citasset.

[3] In adn. ad *noct. Att.* lib. 1 cap. 1, p. 9.

[4] Sed certum est non longe errasse Carrionem. Nam numquam hoc dixisset nisi de codice litteris, quae dicuntur, minusculis scripto.

notitiam ipsi Carrioni debemus in adnotationibus ad calcem editionis *noctium Atticarum* ab H. Stephano anno 1585 Parisiis prolatae,[1] centum uiginti paginis inclusis, solum ad primum librum spectantibus deficientibusque nulla cum causa in media ad uerbum ἐκεχειρίαν (1. 25. 8) adnotatione. Sed etiam ante annum 1585 hinc illinc uestigia codicis β scrutari licet. Nulli sunt, quod sciam, fontes nisi hi:

Guil. Canteri *Nouarum Lectionum Libri Quattuor*, Basileae 1564 (ubi β citatur lib. 2 cap. 6); Iac. Raeuardi *Variorum Libri Quinque*, Brugis Flandrorum 1564 (citatur β lib. 2 cap. 17); L. Fruterii *Verisimilium Libri Duo*, ante annum 1584 scripti (citatur β lib. 1 cap. 19); J. Lipsii *Variarum Lectionum Libri Quattuor*, Antuerpiae 1569 (citatur β lib. 1 cap. 13); eiusdem *Epistolicarum Quaestionum Libri Quinque*, Brabantiae 1576 (citatur β lib. 4 cap. 2); H. Giphanii *epistula ad M. A. Muretum*, Venetiis V Kal. Feb. 1570 data (= Mureti opp. vol. 2, p. 117 ed. Frotscher, Lipsiae 1834); ipsius Carrionis *In Sallustii Crispi Historiarum Libros Sex Scholia*, Sanctandreae 1574 (una cum editione auctiore Antuerpiae 1579), ubi β citatur passim; eiusdem *Antiquarum Lectionum Commentarii Tres*, Antuerpiae 1576 (ubi aeque plene citatur β).

Huius codicis lectiones, e libro plerumque primo, sed haud raro e nono, decimo, sexto decimo, septimo decimo et octauo decimo prolatae, diligentissime sunt expendendae. Nam non semper nobis elucet utrum Carrio in suis adnotationibus hunc codicem an alium quendam deteriorem proferat. Praeterea ita fides Carrionis per saecula suspecta est, ut multi eum falsas exhibere lectiones crediderint. Nam textus ipse nunc aperte optimus, nunc clare pessimus uidetur. Sed ne putes hunc codicem nullius nobis esse momenti, duos exhibeo locos ubi luce clarius genuinam seruat lectionem: uerba 1. 2. 13 *His ille*... 1. 3. 8 *suasisse. Et* nulli praeter β et *A* seruant; et lacunam 18. 9. 1 *In libro*... 18. 9. 8

[1] Haud omnia huius editionis exemplaria has adnotationes habent. Adeo sunt rarae hodie ut Hertzius specimen huius opusculi *Indici Scholarum in Universitate Vratislauiensi* anno 1885 praemiserit.

et sequo solus explet. Sed contra saepissime lectionem praebet perspicue falsam neminique nisi interpolatori debitam. Quales lectiones, ne apparatum, qui dicitur, criticum onerarem, perraro citaui, sed potius eas inclusi quae non absurdae uidebantur. Postremo confitendum est nullam esse coniunctionem inter codicem *β* et palimpsestum illum Vaticanum. Nam non modo Graeca adseruat *β* ubi *A* constanter omittit, sed ita uariant hi codices ut liqueat diuersis ex fontibus olim fluxisse.

Quod ipse Gellii textus mole laborat sua, haud multo post codicis *A* aetatem tempore duas in partes discissus est. Itaque codicum quos adhibui aliorum duo sunt agmina: primum continet libros 1–7, alterum libros 9–20; liber enim octauus hodie deperditus est. Sed uir doctissimus Martinus Hertzius[1] nobis persuadere conatus est totum corpus olim in libros 1–9 et 10–20 discessisse. Hoc argumentum ducit e poemate[2] quod omnibus in codicibus post librum nonum seruatur praeter *Q* et *X*, qui hanc Gellii partem nondum continet. Versus enim hi leguntur:

C. (C. *om. ZBO*) Aurelii Romuli:
Cecropias noctes, doctorum exempla uirorum,
Donat habere mihi nobilis Eustochius;
Viuat et aeternum laetus bona tempora ducat,
Qui sic dilecto tanta docenda dedit.

Sed qui essent C. Aurelius Romulus et Eustochius plane sumus nescii, neque necessario inde concludimus hos uersus ad calcem uoluminis olim stetisse. Nam si ita esset, quo modo factum esset ut postea *Noctes* alias in partes diuisae essent liberque octauus esset deperditus?

Numquam ante saeculum quintum decimum uestigium libri octaui inuenimus. Sed hoc saeculo nullo cum originis indicio lemmata octaui libri denuo inueniuntur, quae nemo

[1] Praef. p. lxxxiv. Vide etiam Hertzii *Die Eustochius-Recension des Gellius* apud *Jahrbücher für classische Philologie* vol. 145, 1892, pp. 425–32.
[2] Anth. Lat. 904 Bücheler et Riese.

dubitarit quin genuina sint. Praeterea nullum in litteris huius saeculi uestigium reperiri potest quod indicet ubi uel quo tempore ad lucem prolata sint. Idem adfirmare possimus de capitibus 20. 10. 7 . . . 20. 11. 5, quae in codicibus melioris notae deperdita[1] saeculo quinto decimo denuo apparent.[2] Item coniunctio duarum illarum Gellii partium (librorum 1–7 dico et 9–20) numquam, nisi fallor, ante saeculum quartum decimum exstat,[3] si omnes qui manent huius generis codices saeculo quarto decimo exeunti uel quinto decimo tribuendi sunt.[4]

Vt ad primam familiam, libros scilicet 1–7 continentem, redeamus, tres seruantur testes praecipui, omnes arto inter se uinculo coniuncti sed nulla, ut uidetur, necessitudine ad codicem *A* relati.[5] Vt posteriores, ita multo sunt peiores codice *A*. Nam ut iam ab Hertzio demonstratum est, hos tres codices ad unam referendos esse familiam magnus errorum communium lacunarumque numerus docet. In omnibus saec. XV codicibus notitia librorum 1–7 hac e familia emanat.[6] Tres codices sunt hi:

V Vaticani latini 3452, saeculi XIII^{mi}, pars prior[7] quae incipit

[1] De codice *N* uide quae scripsi infra.

[2] Post quae plerumque habetur Praefatio.

[3] Primum, quod sciam, uestigium seruatur apud Colucii Salutati epp. lib. 3. epistulam 19 (= vol. 1, p. 203 ed. F. Novati *Epistolario di Coluccio Salutati* 1891 in serie *Fonti per la storia d'Italia*) anno 1375 scriptam, ubi legimus: *Totus Agellius Bononie est apud heredes domini Iohannis Caldarini*. Hoc enim uerbum 'totus', multum in huius et sequentis saeculi litteris, nihil aliud uult.

[4] Fortasse non ab re erit dicere cod. Vat. Ottobon. lat. 7. 3, qui ipso a scriba anni esse dicitur 1354, perspicue saeculo XV^{mo} esse scriptum.

[5] Loci, quos Hertzius (Praef. p. lxxxix) citat ut talem demonstret necessitudinem, nullius sunt ponderis. Nam uir ille doctissimus omnes codices *AVPR* 1. 3. 31 una peccare dicit in uerbis *uerbis ita scripsit*, sed reuera *A* recte seruat *uerbis* his *ita scripsit*; itemque 1. 4. 8 Hertzius omnibus tribuit errorem *delectitabant*, ubi *VPR* solum *lectitabant* praebent, recte meo quidem iudicio.

[6] Qui codices libros plerumque 6 et 7 inter se mutant, quod etiam faciunt editores librorum impressorum uetustiores.

[7] Temporibus enim recentioribus adglutinatus est hic codex cum libro manu saeculi XIII^{mi} exarato, qui Gellii libros 9–20 continet.

a libri primi lemmatibus (deest enim praefatio) omnesque continet libros septem. Verba quoque Graeca fidelissime seruat. Huius familiae optimus est testis, quod ceteri neque uerba Graeca constanter praebent neque ad finem libri septimi pergunt.

P Parisinus Bibl. Nat. latinus 5765, saeculi XII^mi^, qui praefationem continet, sed post lemma 19 libri primi[1] dimidium fere columnae uacuum relinquit (i.e. 22 lineas), tum incipit denuo cum uerbis ΔΕΙΚΝΕ̣ΕΠϢϹ 1. 2. 11, post quae usque ad 7. 4. 3 pergit ubi in uerbis *ictus solis* deficit. Initio operis fideliter Graeca seruat, sed cum ad 2. 23. 9 aduenit, ubi fragmenta Menandri Plocii discutiuntur, mole ipsa deterritus numquam postea Graeca, nisi uerba pauca, transcribit.

R Leidensis Gronovianus 21 (olim Rottendorfianus), saeculi XII^mi^, qui praefationem continet, omnia omittit lemmata, et in uerbis *ingermicabiles amariores* 6. 20. 6 deficit. Nusquam fere Graeca seruat, nisi uerba hic illic singula; plerumque enim notam contentus ponere *Gr.* non modo Graeca omittit, sed etiam Latina quae Graecis innectuntur. Ex hac familia multo pessimus testis est. Nam ne de locis Graecis iterum dicam, huius codicis scriba, uel, ut rectius dicam, scriba exemplaris codicis *R* qui pluribus manibus scriptus est, haud contentus officio scribae fungi doctrinam suam luculenter demonstrat. Duo proferam exempla ut ex pede Herculem agnoscas: in libri 3 capite 10 omissis uerbis § 3 *circulos* usque ad § 9 *septenarios* scribit *multa dimito dicta a Macrobio*. Praeterea, paene ubicumque occasio datur, uerba amat synonyma, ut ex. gr. pro *fertur* scribat *dicitur*; quae consuetudo tot exhibetur locis, ut nulla nisi potiora exempla proferam, ne apparatum, qui dicitur, criticum quisquiliis onerem. Sed quamuis saepissime ueram lectionem sic mutet, nullo pacto ex editionibus eiciendus est;[2] nam ueritatem hic illic solus seruat.

[1] Omnibus in codicibus lemmata ante librum suum dantur.

[2] Quod Hosio in mentem olim uenit, ut testatur ipse praef. p. vii in editione sua (Lipsiae 1903).

De archetypo codicum *VPR* nihil habemus compertum, sed litteris scriptum esse minusculis pro certo habeo.

Vt iam dictum est, in maiore libri septimi parte *V* solus hodie testis exstat. Itaque ut textum pluribus fulciam fundamentis, complures saeculi XV[mi] codices adhibeo, praesertim tres e Bibliotheca Vaticana, Urbinatem scilicet latinum 309; Urb. lat. 310; Ottobonianum lat. 2062.

In secunda Gellii parte, libris scilicet 9–20, plures exstant testes quam in priore parte, iidemque uetustiores. Omnes (praeter *N* ut infra docebo) in uerbis *manum conserere* 20. 10. 6 deficiunt.

In tres classes discedunt, quas *F*, γ, et δ nominaui:

F Primae classis solus exstat testis codex Franequeranus (*F*) nuper in lucem denuo prolatus,[1] Leouardiensis scilicet Prov. Bibl. van Friesland 55, sine dubio prima saeculi IX[mi] parte Fuldae a pluribus scribis, fortasse ex exemplari insularibus, quas dicunt, litteris scripto, exaratus. Haec nullo pacto dubitari possunt, sed quae postea uir doctissimus Lieftinck disputat haud aeque certa sunt. Nam originem codicis *F* in epistulis Seruati Lupi indagari posse putat. In epistula enim anno 829 uel 830 a Lupo Fulda ad Einhardum missa sic legimus:[2]

> Sed semel pudoris transgressus limitem, etiam hoc postulo, ut quosdam librorum uestrorum mihi hic posito commodetis, quamquam multo sit minus libros quam amicitiam flagitare. Sunt autem hi . . . Tulli de rhetorica liber . . . praeterea A. Gellii noctium Atticarum. Sunt et alii plures in praedicto breui, quos, si Deus apud uos mihi gratiam dederit, istis remissis, accipiens describendos mihi, dum hic sum, auidissime curare cupio.

Hunc Gellii codicem ab Einhardo Lupum accepisse inde

[1] A uiro doctissimo humanissimoque G. I. Lieftinck, qui hoc de codice accuratissime plenissimeque disputauit apud *Bullettino dell' 'Archivio Paleografico Italiano' nuova serie* 1, 1955, pp. 11–17 cum undecim imaginibus.

[2] Vide *Loup de Ferrières, Correspondance* ed. Léon Levillain 1927, ep. 1, p. 8.

patet, quod anno 836 alteram epistulam misit.[1] Verba Lupi sunt haec:

> A. Gellium misissem, nisi rursus illum abbas [Rhabanus scilicet Maurus] retinuisset, questus necdum sibi eum esse descriptum. Scripturum se tamen uobis dixit quod praefatum librum ui mihi extorserit. Verum et illum et omnes caeteros, quibus uestra liberalitate fruor, per me, si Deus uult, uobis ipse restituet.[2]

Hinc concludit Lieftinck codicem *F* eundem esse ac librum quem Rhabanus Maurus de Einhardi codice describendum curauit; praeterea credit Lupum hoc Einhardi codice usum esse ad corrigendum alium *Noctium* librum quem iam habebat. Sed cum ipse Lupi codex etiamnunc exstet (cod. *O*), facile est iudicare utrum correctiones a Lupo in codice *O* factae ab exemplari codicis *F* emanent.[3] Quae exempla profert Lieftinck hoc ut demonstret, eo solo infirmari possunt quod tot in locis, ubi codex *O* uerba uel etiam sententias totas omittit, numquam ex Einhardi codice suppleuit. Plus quam septuaginta tales offendi locos in codice *O*,[4] quorum praecipuos ex libris 9–14 hic pono:

> 9. 14. 22 *in saturis* (om. *O*); 10. 1. lemma *suos* (om. *O*); 10. 20. 9 *-que* (om. *O*); 10. 24. 2 *-que* (om. *γ*); 11. 5. 8 *comprehendi . . . nihil posse* (om. *O*); 11. 16. 7 *nos* (om. *O*; reuera *uos* legit *F*); 11. 18. 6 *in* (om. *O*); 12. 1. 20 *οὐκ ἄρα . . . ἀπηνής* (om. *O*); 12. 13. 5 *uocis* (om. *γ*); 13. 9. 6 *in* (om. *O*); 13. 10. 2 *eius* (om. *γ*); 13. 10. 3 *-que* (om. *OXΠ*); 13. 21. 10 *dixeris* (om. *O*); 13. 21. 18 *est* (om. *O*); 13. 25. 4 *manubiarum* (om. *γ*); 13. 25. 8 *uel* (om. *O*); 14. 1. 27 *uniuersi simul* (om. *γ*); 14. 1. 32 *est* (om. *γ*); 14. 1. 34 *praeter* (om. *γ*); 14. 1. 35 *eos* (om. *γ*); 14. 2. 11 *atque ei de causa* (om. *γ*); 14. 6. 3 *fuisse* (om. *γ*).

[1] Ep. 5, p. 50 Levillain.

[2] Sic corrigit C. H. Beeson *Lupus of Ferrières as Scribe and Text Critic* Bostoniae 1930, p. 5; *restituam* legit Levillain.

[3] Praesertim cum, ut infra docebo, toties codicem suum perlegisset Lupus.

[4] Non modo in *O* sed etiam in tota *γ* familia hae omissiones saepe exstant.

Omnia haec uerba omittit *O*, habet *F*. Multo pleniorem locorum numerum colligere possim, ubi lectionem codicis *F* facile patet ueram esse, contra codicem *O* uel etiam totam *γ* familiam. Saepissimeque codex *F* cum *δ* familia consentit in ueritate retinenda. Num probabile est Seruatum Lupum, doctissimum uirum cautissimumque, cum in manibus haberet exemplar unde descriptus est *F*, tot tamque foedos in suo codice errores numquam correxisse? Immo certum est Lupum numquam hoc exemplari usum esse. Sed nihil obstat quin reliqua, quae Lieftinck doctissime disputauit, uera sint. Nam cum Lupus initio aestatis anni 836 Fulda discesserit, haud impossibile est ad legendum codicem *F* uel codicis *F* exemplar ei tempus defuisse. Nihil enim in tantis tenebris pro certo iudicari potest. Nam plane sumus nescii quo anno hos codices ab Einhardo Lupus acceperit.

Vt ad codicem ipsum redeamus, e scriptis marginalibus, correctionibus, glossisque[1] hunc librum per quinque saecula lectum fuisse patet. Sed postea nihil certi elici potest. Nam in codicibus saeculi xv^{mi} uel unum codicis *F* uestigium frustra quaesiui. Si umquam descriptus est, codices nusquam apparent. Nihil igitur ante annum 1592 dispici potest, quo Tornaesius ille codice *F* in sua editione Lugduni curanda usus est,[2] ut testatur ipse in prima codicis pagina: *Tornaesius, editio mea 1592 ex collatione huius exemplaris A me emendata est.*[3] Postea paene nihil certe adfirmari potest.[4] Hertzius enim numquam suis ipse oculis inspexit, atque Hosius[5] aperte contempsit, quamquam I. C. G. Boot[6] ipse uidit magnique aestimauit.

γ Secundae familiae quattuor sunt testes quos adhibui:

[1] Vide Lieftinck op. cit. p. 16.

[2] Vide Hertzii Praef. pp. lxvii–lxix; accuratius legenti patet Tornaesium saepe in codice *F* describendo errasse.

[3] Omnes, quod sciam, aliae editiones non e codice ipso sed ex Tornaesii editione lectiones codicis referunt.

[4] Pauca, quae inueniri possunt, collegit Lieftinck, p. 17.

[5] Praef. p. xv *nullius nobis momenti*.

[6] Apud *Mnemosyne* N.S. 15, 1887, pp. 283–5.

O Vaticanus Reginensis latinus 597 (*O*), prima saeculi noni parte fortasse ante annum 830 exaratus.[1] Incipit a uerbis 9. 14. 2 *grammaticam facie dicitur*, tum pergit ad 20. 6. 12 *pars uestrorum intellegit*. Vltima pagina (quam ratione linearum accurate habita haud post 20. 10. 6 porrexisse manifestum est) paene tota abscissa est. Graeca plerumque exhibet. Hunc codicem olim possidebat Seruatus ille Lupus, qui multas correctiones multasque adnotationes sua manu addidit. Gellium enim suum non semel legisse Lupum atramenti genera nos docent.[2] Huius igitur correctiones[3] magnum fructum nobis ferunt,[4] saepeque haud multum a lectione codicis *X* discrepant.[5]

Reliquos tres huius familiae testes ab ipso *O* non pendere docent multae omissiones multique errores codici *O* peculiares. Sunt autem hi:

X Leidensis Vossianus F. 112 (*X*) saeculi decimi, qui ab initio libri decimi incipit, ideoque lemmata huius libri omittit. Sed post 17. 2. 7 *ita scripsit* quattuor folia reperiuntur quae habent 9. 2. 10 *Harmodii* ... 9. 8. 1 *indigentiam*; tum 9. 12. 10 *non ut uulgo* ... 9. 16. 6 *sibi reddi*; post quae usque ad 20. 10. 6 pergit. Graeca plerumque habet.

Π Vaticanus Reginensis latinus 1646 (*Π*), saeculi XII^{mi}, ut

[1] Hoc de codice uide doctissimum libellum a Luanne Meagher O.S.B. conscriptum *The Gellius Manuscript of Lupus of Ferrières* Chicago 1936.

[2] Vide Meagher op. cit. p. 3. Epistulas, quae hunc codicem anno incerto, fortasse ante 830, uindicant, ad cod. *F* plenissime citaui. Sed haec conclusio haudquaquam necessaria mihi uidetur; nam nullam uideo causam cur ante annum 836 scriptus sit.

[3] Quas signo O^2 designaui, quamquam hic illic haud facile est dispicere utrum correctio Lupi manu scripta sit necne.

[4] Caue ne ab Hertzio (Praef. p. lxix) in errorem inducare; sic enim scribit: *adnotationes marginales manu fere aequali additae nil nisi singulas fere uoces mutata interdum orthographiae ratione repetunt.* Sed haec uerba non ad correctiones ipsas, sed ad indicem, qui uocatur, marginalem pertinent.

[5] Vt iam demonstrauit Meagher op. cit. pp. 60–61. Sed haudquaquam possum credere Lupum in manibus habuisse (quod feminae doctissimae placet) ipsum codicis *X* archetypum. Quid intersit inter codices *O* et *F* supra disputaui.

testatur scribae subscriptio: *Willelmus scripsit anno incarnati uerbi . Mͦ.Cͦ.LXͦX. Indictione .IIͣI. Concurrente. IIͣI. Epacta. Iͣ.*[1] Graeca habet litteris plerumque latinis scripta, linea supra ducta.

N Florentinus Bibl. Nat. J. 4. 26 (*N*), olim Magliabechianus 329, saeculi XV^mi^. Manu exaratus est Nicolai de Nicolis, Graecaque ab Ambrosio Trauersario inserta sunt.[2] Huius enim codicis mentionem in epistula inuenimus ab Ambrosio ad Nicolaum scripta Florentiae die octauo mensis Julii anni 1431.[3] Verba Ambrosii haec sunt:[4]

> Expectamus magno cum studio XIV illos Agellii libros ultimos [Libros dicit Ambrosius 9–20. Saepissime enim *Noctium* libri male numerati sunt.], quos diligentissime transcriptos a te, emendatosque testaris. Inseremus libentissime litteras Graecas arbitrio tuo, ut extrema ueluti manus tam utili labori tuo adponatur.

Sed quamuis Nicolaum optimum habuisse exemplar pateat, multa sunt quae Nicolaum suo ipsum Marte correxisse uel mutasse manifestum est. In primis hic codex solus ex optimis uerba habet 20. 10. 7 *Nam de qua re* ad finem 20. 11. 5 *nolite uos atque*. Sed cum testes e γ familia ita arte inter se coniuncti sint, cumque nullum exstet indicium codicem *N* e fontibus hausisse prorsus incognitis, ideo concludere licet Nicolaum hanc Gellii partem ultimam in exemplari suo non legisse. Immo luce clarius mihi uidetur Nicolaum haec ultima uerba e codice saeculi XIV[mi] uel XV[mi] in textum suum transtulisse.

[1] Quis hic fuerit Willelmus plane mihi incertum est. Sed hoc possum pro certo adfirmare, eundem esse ac Willelmum illum Anglicum qui anno 1167 iussu illustris comitis Henrici Pruuini Valerium Maximum exscripserit (Parisinum Bibl. Nat. lat. 9688).

[2] Vide B. L. Ullman *The Origin and Development of Humanistic Script* Romae 1960, p. 66 cum imagine 34, ubi Ullman scribit suo se Marte Nicolai manum agnouisse.

[3] Annum constituit R. Sabbadini *Guarino Veronese e gli archetipi di Celso e Plauto* Liburni 1886, p. 27.

[4] Vide *Ambrosii Trauersarii Epistulae et Orationes* ed. Cannetus et Mehus, Florentiae 1759, lib. 8 ep. 2, p. 352.

Praeterea si de Nicolai exemplari quaerimus, nihil fere inuenimus nisi epistulam unam eandemque nihil certi afferentem. Haec epistula[1] a Candido quodam ad Nicolaum missa sic se habet:

βιβλιοθήκη Iohannis Arretini[2] multa et peregrina et antiqua habet, quae lubentius uideas. In ea si quid tibi placuerit, curatum habebo ut transcribam. Hi sunt ferme ex antiquis libris uetustissimi, quos carie semesos ad legendum facesso . . . A. Gellii liber cum Graeco.

Sed nihil certi neque de anno neque de auctore constitui potest. Nam primo uir doctissimus R. Sabbadini[3] annis tribuit 1415–1420, neque umquam dubitauit quin scripta esset a Petro Candido Decembrio (qui anno 1399 natus est); sed postea[4] multo probabilius anno 1412 uel 1413 adsignauit, ideoque Decembrium missum fecit. Sed si, ut uerba Candidi nobis persuadent, haud multum post annum 1412 haec epistula scripta est, haud probabile est hunc Iohannis Arretini librum exemplar Nicolai fuisse. Nam difficile est credere Nicolaum numquam hunc codicem nisi post interuallum uiginti fere annorum descripsisse.

In hac familia duo sunt codices satis antiqui, quos nominare contentus sum: unus est codicis *V* pars altera, supra memorata, saeculi XIII^mi^; alter est Parisinus lat. 13038, olim Sangermanensis 643, saec. XII/XIII scriptus, qui libros 9–20 continet, cumque nouo librorum 1–7 textu ab humanista ignoto prima saeculi XV^mi^ parte de industria suppletus est. Sed in tanta codicum optimorum copia numquam hos citandos putaui.

δ In tertia familia sunt codices tres:

Q Parisinus Bibl. Nat. lat. 8664 (*Q*), saeculi XIII^mi^, duabus scriptus manibus. Omnia fere Graeca, nisi uerba singula,

[1] Vide Canneti et Mehi op. cit. lib. 25, ep. 7, p. 1050.

[2] Caue ne de hoc nomine incaute iudices. Vide Ullman op. cit. pp. 91–96.

[3] *Della Biblioteca di Giouanni Corvini* apud *Museo Italiano di Antichità Classica* II i 1886, p. 91.

[4] *Storia e critica di testi latini* Cataniae 1914, pp. 425–6.

nota *Gr.* appicta omittit. Hunc codicem magni aestimarunt Hertzius Hosiusque, sed mihi persuasum habeo omnes lectiones huic codici peculiares emendatori acutissimo (fortasse saeculi XII^mi) deberi. Nam, ut pauca delibem, exemplis quae Hosius (praef. p. xiii) adfert penitus inspectis luce clarius uidetur aut coniecturae aut errori has lectiones esse imputandas.

Z Leidensis Vossianus latinus F.7 (*Z*) saeculi XIV^mi, qui Graeca plerumque seruat.

B Codex *B*, saeculi XII^mi, cuius duo tantum frustula nunc seruantur: primum est in codice Bernensi 404, qui a libro nono eiusque lemmatibus incipit pergitque usque ad lib. 12. 10. 3 *esse potuit*; alterum in codice Leidensi B.P.L. 1925 (olim in bibliotheca academiae Rheno-Traiectinae seruato), qui continet 12. 10. 3 *admonendi gratia* usque ad finem libri duodecimi, ubi miram subscriptionem legimus:

> Explicit liber XIII[1] agellii noctium atticarum
>
> Ast oculus quintus uitulum si uiderit intus
> quintum post oculum scire putes populum.

Post quae nihil nisi lib. 13 cap. 5 sine lemmate praebet. Hic codex Graeca exhibet, eademque est aetate qua liber quidam astronomicus in fragmento Bernensi inuentus, qui subscriptionem habet ad diem XI^um mensis Martii anni 1173 pertinentem.

Hi tres codices, ut Hertzius iam plenissime docuit, artissimo cognationis uinculo inter se cohaerent, nisi quod codex *Q* hic illic lectionem peculiarem exhibet.

In textu autem ipso constituendo saepissime certamen existit inter tres nostros testes *F*γδ, quod nullo modo facile diiudicari potest. Ante omnia lectiones ipsae in trutina expendendae sunt, sed ubi duas habebam lectiones aeque probabiles, hanc sum secutus uiam ut duos testes uni praeferrem. Sic *F*γ contra δ, *F*δ contra γ, γδ contra *F* approbaui.

[1] Constanter fere, ut iam supra dixi, de librorum numeris codices peccant, quod numquam in apparatu critico notaui.

ϛ Quod ad codices recentiores pertinet, ut iam dictum est, in prioribus Gellii septem libris omnes cum codicibus *VPR* artissime sunt coniuncti. In secunda textus parte omnes mira constantia γ familiae haerent, omnes manibus Italicis scripti sunt, praeter unum eundemque mutilum (Gotingensem Cod. MS. Philol. 162, saec. XV) qui cum codicibus *QZB* coniunctus e nullo descriptus est. In uerbis deficit *exordia impari(litas)* 14. 1. 22. Sed, quod multo mirabilius mihi uidetur, in saeculo quinto decimo codicis *F* nec uola nec uestigium exstat. Praeter codices supra dictos atque florilegia, quae mox discutiemus, omnes alii saeculo XIVmo exeunti uel XVmo tribuendi sunt. Quippe qui paene omnes Gellii codices ipse uiderim, hoc pro certo adfirmare possum. Nam e codicibus qui totum Gellium seruant octoginta fere uel leuiter uel plene inspexi. Nullus ante finem saeculi XIVmi, paene omnes saeculo XVmo exarati sunt. Horum codicum recentiorum dimidia fere pars capitula libri octaui et finem libri uicesimi exhibent, sed ex hoc fonte ignoto nullae, quod sciam, correctiones in alias Gellii partes fluxerunt. Sub hoc signo (ϛ) etiam editionem principem impressam inclusi, Romae anno 1469 per Conradum Sweynheym et Arnoldum Pannartz prolatam. Itaque ubi ϛ citaui, emendationes habemus uirorum doctorum inter annos 1400[1] et 1469 factas.

Praeter codices plenos florilegia exstant quaedam quae capita selecta Valerii Maximi multoque plura Gellii continent; e quibus Hertzius duo constanter adhibuit, quorum
T primum est *T* (codex Parisinus Bibl. Nat. latinus 4952);
Y alterum *Y* (codex Vaticanus latinus 3307), ambo saeculo XIImo exarata. Sed cum fere nihil boni fructus haberent, a textu plane amoui, nisi hic illic ubi ueram lectionem seruare mihi uidebantur. Fortasse haud ab re erit mentionem inicere trium aliorum codicum qui florilegia continent. Primus est Bonnensis (Universitäts-bibliothek 218) saec. XIIImi, qui nonnulla fragmenta eiusdem anthologiae habet;[2]

[1] Nam circa hunc annum scriptus est ex. gr. codex Oxoniensis Canon. class. lat. 307.

[2] Vide Hertzii Praef. p. liv.

secundus est Cantabrigiensis (Coll. Trin. R. 16. 34 (S)) saeculi XII^mi^.[1] Hunc olim possidebat Aristarchus ille Ricardus Bentley, qui nescio quo modo a Bibliotheca Regia in suos libros transtulit.[2] Tertius est Londiniensis (Coll. Sion. Arc. L. 40, 2/L. 21 apud *Sion College Library*) saeculi XII^mi^, qui multis modis a *TY* discrepat, mireque cum textu Gelliano Iohannis Sarisburiensis congruit.[3]

Sed non modo codices ipsi in auxilium uocandi sunt. Nam multa exstant praeterea testimonia, quae signo *cf.* praefixo diligentissime, ut spero, ante apparatum criticum notaui. Inter quae testimonia non modo uerba ipsa Gellii a posteris citata inclusi, sed etiam locos e quibus Gellius ipse uidetur pendere. Sed haud necessarium putaui Hosium imitari, qui magnam confusamque locorum congeriem praebet, qui idem ac Gellius dicunt. Ubicumque auctorem uel Latinum uel Graecum aliquid lucis adferre putaui, ipso in apparatu critico citaui.

Inter uera testimonia praestant Macrobius atque Nonius Marcellus, quorum ambo ad crisin faciendam diligentissime cautissimeque adhibendi sunt. Nam ut numquam Gellium nominatim citant, ita haud raro ab ipsissimis Gellii uerbis suo iure discedunt. Neque semper perspicuum est utrum Nonius Gellium an ipsum Gellii fontem in manibus habuerit. Vbicumque haesitabam, Hertzii opusculum adii *Gellius und Nonius Marcellus*, numquam sine fructu.[4] Quod ad Ammianum Marcellinum pertinet, non necessarium putaui locos plenissime citare ubi Ammianus e Gellio hortulos suos irrigauit.[5] Si quid fructus putabam adferre, in apparatu critico posui. Praeterea in priore *noctium* parte haud parui momenti

[1] Vide D. Schullian apud *Classical Philology* 32, 1937, pp. 70–72.

[2] Hunc frustra quaesiuit Hertzius, Praef. liv–lv.

[3] Huius codicis notitiam uiro docto N. Ker debeo.

[4] Apud *Neue Jahrbüche für Philologie und Pädagogik* 85, 1862, pp. 705–26; 779–99; 872 = Hertzii *Opuscula Gelliana*, pp. 85–146.

[5] Diligentissime in editionibus suis citant Hertzius Hosiusque; quibus adde G. B. A. Fletcher apud *Revue de Philologie* 3e série vol. 11, 1937, p. 393.

est Iohannes Sarisburiensis in *Policratico* suo (eadem enim scribebat aetate qua codices *P* et *R* exarati sunt) sed in secunda parte non tanti aestimandus.

Ex editionibus impressis frequentius citantur hae: ed. Aldina (Venetiis 1515); ed. H. Stephani a Lud. Carrione recognita (Parisiis 1585); ed. Gronoviana (sine editoris nomine Amstelodami prodita 1651); ed. Gronovii filii (Lugd. Bat. 1706).[1] Plurimum, ut statim apparebit, debeo praestantissimae Martini Hertzii editioni maiori (Berolini 1883–1885), quam omni Gellii editori in uotis erit imitari.

Hac in editione curanda haec in mente constanter habui: primum ut lectiones codicum uarias ita diligentissime exhiberem,[2] ut meo uterer iudicio quid inserendum quid reiciendum esset; deinde ut textum uere Latinum darem. Vbicumque uerba Gellii uulnus mortale mihi uidebantur accepisse, uel lacunae signo (***) uel obelo (†) perspicuum feci. Sed unum praecipue te monitum esse uelim, lector beniuole: semper officium meum me duxisse Gellium ipsum recognoscere, non auctores unde Gellius tot tantaque fragmenta decerpserit. Talibus in edendis fragmentis uarias codicum lectiones quam plenissime citaui, textum haud absurdum, ut spero, dedi, eas tantum uirorum doctorum emendationes inclusi quae praecipua dignae laude uidebantur.[3] Hic illic, ubi de codicum consensu constanter errant editores, non ab re putaui signum '$= \omega$' in apparatu appingere.

Restat ut gratias agam multis uiris feminisque eruditis qui me adiuuerunt, praesertim R. A. B. Mynors; uniuersitatibusque quae tam liberaliter me fouerunt, inter quas praecipue nomino Vniuersitates Oxoniensem (The Craven Committee), Cambrensem (The Ellen Thomas-Stanford

[1] Ubi Gronovium patrem citaui, nihil nisi *Gronov* scripsi; ubi filium adhibere necesse erat, *J. Gronov* nominaui.

[2] Caue ne putes me Hertzium naso suspendere adunco. Quamuis tot in omni pagina falsas dederit lectiones, semper fidus doctusque comes in uia est.

[3] Statim patet plerasque fragmentorum editiones esse retractandas.

Scholarship in Classics), Liuerpudliensem (The Trustees of The Leverhulme Trust Fund), Brunensem (The George A. and Eliza Gardner Howard Foundation), Collegiumque Amherstiense, quorum sine auxilio hoc opus, qualecumque est, numquam ad finem perductum esset.

P. K. M.

Scribebam Oxonii anno 1966

CONSPECTVS EDITIONVM SECVNDVM QVAS FRAGMENTA CITAVI

L. Accius
FUNAIOLI: *Grammaticae Romanae Fragmenta*, H. Funaioli, Lipsiae, 1907.
MOREL: *Fragmenta Poetarum Latinorum*, W. Morel, Lipsiae, 1927.
RIBBECK: *Scaenicae Romanorum Poesis Fragmenta*, O. Ribbeck, ed. 2a, Lipsiae 1871–73.

Sex. Aelius Catus HUSCHKE: *Iurisprudentia Anteiustiniana*, post Ph. Ed. Huschke ed. E. Seckel et B. Kuebler, Lipsiae, 1908.

C. Aelius Gallus HUSCHKE u. supra.

L. Aelius Stilo FUNAIOLI u. supra.

Q. Aelius Tubero
HUSCHKE u. supra.
PETER: *Historicorum Romanorum Reliquiae*, H. Peter, Lipsiae, 1906–14.

Aeschylus NAUCK: *Tragicorum Graecorum Fragmenta*, ed. 2a, A. Nauck, Lipsiae, 1889.

Afranius RIBBECK u. supra.

Alcaeus LOBEL ET PAGE: *Poetarum Lesbiorum Fragmenta*, E. Lobel et D. Page, Oxonii, 1955.

Alexander Aetolus POWELL: *Collectanea Alexandrina*, J. U. Powell, Oxonii, 1925.

Alfenus Varus HUSCHKE u. supra.

Anacreontea PREISENDANZ: *Anacreontea*, C. Preisendanz, Lipsiae, 1912.

Annaeus Cornutus MAZZARINO: *Grammaticae Romanae Fragmenta Aetatis Caesariae*, A. Mazzarino, Augustae Taurinorum, 1955.

L. Annaeus Seneca REYNOLDS: *L. Annaei Senecae ad Lucilium Epistulae Morales*, L. D. Reynolds, Oxonii, 1965.

Annales Maximi PETER u. supra.

Antisthenes Socraticus FPG: *Fragmenta Philosophorum Graecorum*, F. Mullach, Parisiis 1881–1883 (in serie 'Scriptorum Graecorum Bibliotheca').

CONSPECTVS EDITIONVM

M. Antistius Labeo HUSCHKE u. supra.

Apion Plistonices JACOBY: *Die Fragmente der griechischen Historiker*, F. Jacoby, Berolini et Lugd. Bat., 1923–1958.

Apollodorus JACOBY u. supra.

Aristarchus LEHRS: *De Aristarchi Studiis Homericis*, C. Lehrs, ed. 3a, Lipsiae, 1882.

Aristophanes HALL ET GELDART: *Aristophanis Comoediae*, F. Hall et W. Geldart, Oxonii, 1900–1901.

Aristoteles ROSE: *Aristotelis qui ferebantur librorum fragmenta*, V. Rose, Lipsiae, 1886.

Aristoxenus WEHRLI: *Die Schule des Aristoteles*, Basel, 1944–59.

Arrianus, Epictetus SCHENKL: *Epicteti dissertationes ab Arriano digestae*, ed. 2a, H. Schenkl, Lipsiae, 1916.

Q. Asconius Pedianus MAZZARINO u. supra.

C. Asinius Gallus MAZZARINO u. supra.

C. Asinius Pollio FUNAIOLI u. supra.

C. Ateius Capito STRZELECKI: *C. Atei Capitonis Fragmenta*, L. Strzelecki, Wroclaw, 1960.

Augustus MALCOVATI: *Imperatoris Caesaris Augusti Operum Fragmenta*, ed. 4a, H. Malcovati, in aedibus Paraviae, 1962.

Aurelius Opilius FUNAIOLI u. supra.

Bacchylides SNELL: *Bacchylidis Carmina cum Fragmentis*, B. Snell, Lipsiae, 1949.

Q. Caecilius Metellus Macedonicus MALCOVATI: *Oratorum Romanorum Fragmenta liberae rei publicae*, ed. 2a, H. Malcovati, in aedibus Paraviae, 1955.

Q. Caecilius Metellus Numidicus MALCOVATI u. supra.

Caecilius Statius RIBBECK u. supra.

Caelius Sabinus HUSCHKE u. supra.

Callimachus PFEIFFER: *Callimachus*, R. Pfeiffer, Oxonii, 1953–59.

L. Calpurnius Piso PETER u. supra.

Cassius Hemina PETER u. supra.

Chares JACOBY u. supra.

Chrysippus v. ARNIM: *Stoicorum Veterum Fragmenta*, J. v. Arnim, Lipsiae, 1905–24.

Cincius HUSCHKE u. supra.

Ser. Claudius FUNAIOLI u. supra.

Q. Claudius Quadrigarius PETER u. supra.

Clearchus WEHRLI u. supra.

Cloatius Verus FUNAIOLI u. supra.

Coelius Antipater PETER u. supra.

Cornelius Nepos MALCOVATI: *Cornelii Nepotis Opera*, ed. 3a, H. Malcovati, in aedibus Paraviae, 1964.

P. Cornelius Scipio Africanus minor MALCOVATI: *Oratorum Romanorum Fragmenta liberae rei publicae*, ed. 2a, H. Malcovati, in aedibus Paraviae, 1955.

L. Cornelius Sisenna PETER u. supra.

L. Cornelius Sulla Felix PETER u. supra.

Critolaus WEHRLI u. supra.

Dicaearchus WEHRLI u. supra.

Q. Ennius VAHLEN: *Ennianae Poesis Reliquiae*, ed. 2a, J. Vahlen, Lipsiae, 1928.

Ephorus JACOBY u. supra.

Epicharmus KAIBEL: *Comicorum Graecorum Fragmenta*, G. Kaibel, Berolini, 1899.

Epictetus, Arrianus SCHENKL u. supra.

Epicurus USENER: *Epicurea*, H. Usener, Lipsiae, 1887.

Erastistratus FUCHS: *De Erasistrato Capita Selecta*, R. Fuchs, Hermes 29, 1894, pp. 171–203.

Eupolis KOCK: *Comicorum Atticorum Fragmenta*, T. Kock, Lipsiae, 1880–8.

Euripides NAUCK u. supra.

Q. Fabius Pictor
HUSCHKE u. supra.
PETER u. supra.

†Fauorinus orator MALCOVATI u. supra.

Fauorinus MARRES: *Dissertatio de Fauorini Arelatensis uita, studiis, scriptis*, J. Marres, Utrecht, 1853.

Fenestella MAZZARINO u. supra.

Furius Antias MOREL u. supra.

Gauius Bassus FUNAIOLI u. supra.

Cn. Gellius PETER u. supra.

C. Heluius Cinna MOREL u. supra.

Heraclitus DIELS: *Die Fragmente der Vorsokratiker*, ed. 11a, H. Diels (W. Kranz), Zurich–Berlin, 1964.

Hermippus MÜLLER: *Fragmenta Historicorum Graecorum*, C. et T. Müller, Parisiis, 1841–1851 (in serie 'Scriptorum Graecorum Bibliotheca').

Hesiodus RZACH: *Hesiodi Carmina*, ed. 3a, A. Rzach, Lipsiae, 1913.

Hippocrates KÜHN: *Medici Graeci*, D. C. Kühn, uoll. 21–23, Lipsiae, 1825–7.

C. Iulius Caesar
DINTER: *C. Iulii Caesaris Commentarii . . . Caesaris Hirtique Fragmenta*, B. Dinter, Lipsiae, 1880.
FUNAIOLI u. supra.
MALCOVATI u. supra.

C. Iulius Hyginus
FUNAIOLI u. supra.
PETER u. supra.

Iulius Modestus MAZZARINO u. supra.

M. Iunius Brutus HUSCHKE u. supra.

Iuuentius RIBBECK u. supra.

D. Laberius RIBBECK u. supra.

Laelius Felix HUSCHKE u. supra.

Laeuius MOREL u. supra.

Larcius Licinus MAZZARINO u. supra.

C. Licinius Caluus MOREL u. supra.

Licinius Imbrex RIBBECK u. supra.

L. Liuius Andronicus MOREL u. supra.

Lucilius MARX: *C. Lucilii Carminum Reliquiae*, F. Marx, Lipsiae, 1904–5.

Q. Lutatius Catulus MOREL u. supra.

T. Maccius Plautus LINDSAY: *T. Macci Plauti Comoediae*, W. Lindsay, Oxonii, 1904–5.

Masurius Sabinus HUSCHKE u. supra.

Cn. Matius MOREL u. supra.

Menander KOERTE: *Menandri quae supersunt*, A. Koerte et A. Thierfelder, ed. 2a, pars 2a, Lipsiae, 1959.

CONSPECTVS EDITIONVM

Menandri monost. JAEKEL: *Menandri sententiae*, S. Jaekel, Lipsiae, 1964.

Q. Mucius Scaeuola HUSCHKE u. supra.

Musonius HENSE: *C. Musonius Rufus, Reliquiae*, O. Hense, Lipsiae, 1905.

Cn. Naeuius
MOREL u. supra.
RIBBECK u. supra.
STRZELECKI: *Cn. Naeuii Belli Punici Carminis quae supersunt*, W. Strzelecki, Lipsiae, 1964.

Neratius HUSCHKE u. supra.

P. Nigidius Figulus SWOBODA: *P. Nigidii Figuli Opera*, A. Swoboda, Wien/Prag, 1889.

Nouius RIBBECK u. supra.

C. Oppius PETER u. supra.

M. Pacuuius
MOREL u. supra.
RIBBECK u. supra.

Pamphila MÜLLER u. supra.

Panaetius v. STRAATEN: *Panaetii Rhodii Fragmenta*, ed. 3a, M. van Straaten, Leiden, 1962.

Parthenius MARTINI: *Mythographi Graeci*, uol. 2, fasc. 1 supplem., (*Parthenii Nicaeni quae supersunt*), E. Martini, Lipsiae, 1902.

Philochorus JACOBY u. supra.

Pindarus TURYN: *Pindari Carmina cum Fragmentis*, A. Turyn, Harvard, 1952.

Plutarchus BERNARDAKIS: *Plutarchi Chaeronensis Moralia*, uol. 7, G. Bernardakis, Lipsiae, 1896.

L. Pomponius RIBBECK u. supra.

M. Porcius Cato Censorius
JORDAN: *M. Porci Catonis praeter librum De re rustica quae exstant*, H. Jordan, Lipsiae, 1860.
MALCOVATI u. supra.
PETER u. supra.

Porcius Licinus MOREL u. supra.

A. Postumius Albinus PETER u. supra.

Publilius Syrus RIBBECK u. supra.

T. Quinctius Atta RIBBECK u. supra.

P. Rutilius Rufus PETER u. supra.

C. Sallustius Crispus MAURENBRECHER: *C. Sallusti Crispi Historiarum Reliquiae*, B. Maurenbrecher, Lipsiae, 1891–3.

Sappho LOBEL: *ΣΑΠΦΟΥΣ ΜΕΛΗ*, E. Lobel, Oxonii, 1925.

Sempronius Asellio PETER u. supra.

C. Sempronius Gracchus MALCOVATI u. supra.

C. Sempronius Tuditanus
HUSCHKE u. supra.
PETER u. supra.

Sinnius Capito FUNAIOLI u. supra.

Sophocles PEARSON: *The Fragments of Sophocles*, A. C. Pearson, Cambridge, 1917.

Speusippus FPG u. supra.

Suetonius Tranquillus REIFFERSCHEID: *C. Suetoni Tranquilli Reliquiae*, A. Reifferscheid, Lipsiae, 1860.

Ser. Sulpicius Rufus
BREMER: *Iurisprudentiae Antehadrianae quae supersunt*, F. Bremer, Lipsiae, 1896–1901.
HUSCHKE u. supra.

Terentius Scaurus KUMMROW: *Symbola Critica ad grammaticos Latinos*, diss. Gryphiswald., H. Kummrow, Berolini, 1880.

M. Terentius Varro
AGAHD: *M. Terentii Varronis antiquitatum rerum diuinarum libri 1, 14, 15, 16*, R. Agahd, Jahrbücher für Philologie und Pädagogik, suppl. 24, 1. Lipsiae, 1898.
BÜCHELER: *Petronii Saturae et Liber Priapeorum*, ed. 6a (W. Heraeus), F. Bücheler, Berolini, 1922.
ED. BIPONT: *M. Ter. Varronis de lingua Latina libri qui supersunt cum fragmentis eiusdem*, Biponti, 1788.
FUNAIOLI u. supra.
GOETZ ET SCHOELL: *M. Terenti Varronis de lingua Latina quae supersunt*, G. Goetz et F. Schoell, Lipsiae, 1910.
MERKEL: *P. Ouidii Nasonis Fastorum Libri Sex*, R. Merkel, Berolini, 1841.
MIRSCH: *De M. Terenti Varronis antiquitatum rerum humanarum libris 25*, P. Mirsch, Leipziger Studien zur classischen Philologie, Lipsiae, uol. 5, 1, 1882, pp. 1–144.
PETER u. supra.

RIESE: *M. Terentii Varronis Saturarum Menippearum Reliquiae*, A. Riese, Lipsiae, 1865.

Theophrastus WIMMER: *Theophrasti Eresii opera quae supersunt omnia*, F. Wimmer, Lipsiae, 1854–62.

Theopompus JACOBY u. supra.

Timaeus JACOBY u. supra.

Timon DIELS u. supra.

C. Trebatius HUSCHKE u. supra.

M. Tullius Cicero
CLARK: *M. Tulli Ciceronis orationes*, A. C. Clark, Oxonii, 1901 sqq.
HUSCHKE u. supra.
ORELLI: *M. Tullii Ciceronis opera quae supersunt omnia*, ed. 2a, J. C. Orelli, Turici, 1845–62.

M. Tullius Tiro FUNAIOLI u. supra.

Valerius Aedituus MOREL u. supra.

Q. Valerius Antias PETER u. supra.

M. Valerius Messalla HUSCHKE u. supra.

C. Valgius Rufus FUNAIOLI u. supra.

M. Verrius Flaccus FUNAIOLI u. supra.

Volcacius Sedigitus MOREL u. supra.

Xenophanes DIELS u. supra.

Zeno v. ARNIM u. supra.

in legibus, edictis, senatusconsultis FIR[7]: *Fontes Iuris Romani Antiqui*, ed. 7a (O. Gradenwitz), C. G. Bruns, Tubingae, 1909.

in uersibus aliquot ignotis MOREL u. supra.

INDEX

AVCTORVM, HERTZIO HOSIOQVE IGNOTORVM, QVOS NOMINATIM CITAVI

L. ALFONSI *Studi Corneliani* in *Ἀντίδωρον U. E. Paoli oblatum*, 1956, pp. 41–56.

—— ap. *Rheinisches Museum* N.F. 101, 1958, pp. 254–6.

W. T. AVERY ap. *Traditio* 17, 1961, pp. 427–32.

A. VON BLUMENTHAL ap. *Rheinisches Museum* N.F. 87, 1938, pp. 267–71.

A. BURGER ap. *Revue des Études Latines* 10, 1932, pp. 373–81.

F. CALONGHI ap. *Historia* 4, 1930, pp. 280–93.

A. CIMA ap. *Bollettino di Filologia classica* 8, 1901–2, p. 283.

F. CORAZZINI DI BULCIANO *Storia della Marina militare e commerciale* vol. 5, 1898, app. 3.

P. H. DAMSTÉ ap. *Mnemosyne* N.S. 42, 1914, pp. 91–92.

—— ap. *Mnemosyne* N.S. 46, 1918, p. 444.

—— ap. *Mnemosyne* N.S. 47, 1919, pp. 288–98.

—— ap. *Mnemosyne* N.S. 48, 1920, pp. 80–89; 193–204.

E. FRAENKEL ap. *Eranos* 47, 1949, pp. 44–50.

E. GOEBEL ap. *Rheinisches Museum* N.F. 58, 1903, pp. 153–4.

F. HACHE *Quaestiones archaicae: pars prior de A. Gellio ueteris sermonis imitatore* Vratislaviae, 1907, pp. 1–51.

L. HAVET *Manuel de critique verbale appliquée aux textes latins*, Parisiis, 1911.

W. HERAEUS ap. *Berliner Philologische Wochenschrift* 24, 1904, pp. 1163–71.

H. HILL ap. *Classical Review* 62, 1948, pp. 112–13.

A. J. KRONENBERG ap. *Classical Quarterly* 4, 1910, pp. 23–24.

F. LEO ap. *Hermes* 49, 1914, pp. 161–95.

O. LEUZE ap. *Rheinisches Museum* N.F. 66, 1911, pp. 237–74.

E. ORTH ap. *Helmantica* 4, 1953, pp. 392–4.

INDEX AVCTORVM

V. Pisani ap. *Paideia* 1, 1946, p. 262.

E. Schreiner ap. *Nordisk Tidsskrift for filologi* 11, 1902–3, pp. 157–8.

O. Skutsch ap. *Rheinisches Museum* n.f. 96, 1953, pp. 193–201.

—— ap. *Classical Quarterly* n.s. 13, 1963, pp. 94–97.

E. Sprockhoff *De libri uoluminis βίβλου siue βιβλίου uocabulorum apud Gellium Ciceronem Athenaeum usurpatione* Marpurgi Cattorum, 1908, praesertim pp. 25–26.

W. Strzelecki ap. *Hermes* 86, 1958, pp. 246–50.

SIGLA

Per priores septem libros

A = codex rescriptus Vaticanus Palatinus 24, saec. IV
β = codex Buslidianus nunc deperditus, saec. fortasse XII
V = pars prior codicis Vaticani latini 3452, saec. XIII
P = codex Parisinus Bibl. Nat. latinus 5765, saec. XII
R = codex Leidensis Gronovianus 21, saec. XII
ω = consensus codicum *AVPR* uel quotquot supersunt

Per libros 9–20

F = codex Leouardiensis Prov. Bibl. van Friesland 55, saec. IX
O = codex Vaticanus Reginensis latinus 597, saec. IX
X = codex Leidensis Vossianus F112, saec. X
Π = codex Vaticanus Reginensis latinus 1646, saec. XII
N = codex Florentinus Bibl. Nat. J. 4. 26, saec. XV
γ = consensus codicum *OXΠN* uel quotquot supersunt
Q = codex Parisinus Bibl. Nat. latinus 8664, saec. XIII
Z = codex Leidensis Vossianus F7, saec. XIV
B = codex Bernensis 404 una cum codice Leidensi B. P. L. 1925, saec. XII
δ = consensus codicum *QZB* uel quotquot supersunt
ω = consensus codicum *FOXΠNQZB* uel quotquot supersunt
β = codex Buslidianus supra memoratus

Per omnes libros

T = florilegium Gellianum in codice Parisino Bibl. Nat. latino 4952, saec. XII
Y = florilegium Gellianum in codice Vaticano latino 3307, saec. XII
ς = codices recentiores saec. plerumque XV una cum editione principe anno 1469 Romae edita

〈A. GELLII

NOCTIVM ATTICARVM PRAEFATIO〉

*** iucundiora alia reperiri queunt, ad hoc ut liberis quoque **1**
meis partae istiusmodi remissiones essent, quando animus
eorum interstitione aliqua negotiorum data laxari indul-
gerique potuisset. Vsi autem sumus ordine rerum fortuito, **2**
quem antea in excerpendo feceramus. Nam proinde ut
librum quemque in manus ceperam seu Graecum seu Latinum uel quid memoratu dignum audieram, ita quae libitum
erat, cuius generis cumque erant, indistincte atque promisce
annotabam eaque mihi ad subsidium memoriae quasi quoddam litterarum penus recondebam, ut, quando usus uenisset
aut rei aut uerbi, cuius me repens forte obliuio tenuisset, et
libri, ex quibus ea sumpseram, non adessent, facile inde
nobis inuentu atque depromptu foret.

Facta igitur est in his quoque commentariis eadem rerum **3**
disparilitas, quae fuit in illis annotationibus pristinis, quas
breuiter et indigeste et incondite 〈ex〉 auditionibus lec-
tionibusque uariis feceramus. Sed quoniam longinquis per **4**
hiemem noctibus in agro, sicuti dixi, terrae Atticae com-
mentationes hasce ludere ac facere exorsi sumus, idcirco eas
inscripsimus *noctium* esse *Atticarum* nihil imitati festiuitates
inscriptionum, quas plerique alii utriusque linguae scriptores
in id genus libris fecerunt. Nam quia uariam et miscellam et **5**
quasi confusaneam doctrinam conquisiuerant, eo titulos quoque ad eam sententiam exquisitissimos indiderunt. Namque **6**

5 sqq. cf. Macr. *Sat.* Praef. 2 sq. 17 sqq. cf. Plin. *n.h.* Praef. 24 sqq. 20 cf. *GLK* 2. 355. 20

---

2 partae *P*: perate *R* 8 promisce *R*: promiscue *P* 16 〈ex〉 *add. Gronov* auditionibus *Gronov, cf. 9. 4. 5; 18. 2. 2; 19. 8. 1; 20. 5. 5*: eruditionibus *PR*

alii *Musarum* inscripserunt, alii *siluarum*, ille πέπλον,
hic Ἀμαλθείας κέρας, alius κηρία, partim λειμῶνας, quidam
lectionis suae, alius *antiquarum lectionum* atque alius ἀνθηρῶν
7 et item alius εὑρημάτων. Sunt etiam, qui λύχνους inscripse-
rint, sunt item, qui στρωματεῖς, sunt adeo, qui πανδέκτας
8 et Ἑλικῶνα et προβλήματα et ἐγχειρίδια et παραξιφίδας. Est
qui *memoriales* titulum fecerit, est qui πραγματικὰ et πάρεργα
et διδασκαλικά, est item qui *historiae naturalis*, est ⟨qui⟩
παντοδαπῆς ἱστορίας, est praeterea qui *pratum*, est itidem qui
9 πάγκαρπον, est qui τόπων scripserit; sunt item multi, qui
coniectanea, neque item non sunt, qui indices libris suis
fecerint aut *epistularum moralium* aut *epistolicarum quaestionum* aut *confusarum* et quaedam alia inscripta nimis
10 lepida multasque prorsum concinnitates redolentia. Nos
uero, ut captus noster est, incuriose et inmeditate ac prope
etiam subrustice ex ipso loco ac tempore hibernarum uigi-
liarum *Atticas noctes* inscripsimus tantum ceteris omnibus in
ipsius quoque inscriptionis laude cedentes, quantum cessi-
mus in cura et elegantia scriptionis.

11 Sed ne consilium quidem in excerpendis notandisque rebus idem mihi, quod plerisque illis, fuit. Namque illi omnes et eorum maxime Graeci multa et uaria lectitantes, in quas res cumque inciderant, 'alba' ut dicitur 'linea' sine cura discriminis solam copiam sectati conuerrebant, quibus in legendis ante animus senio ac taedio languebit, quam unum alterumue reppererit, quod sit aut uoluptati legere aut cultui

26 cf. Macr. *Sat.* Praef. 10

---

1 inscripserunt alii siluarum *P*: alii sillarum inscripserunt *R* ille . . . 10 scripserit *om. R* 2 κηρία *Salmasius*: KAIBIA *P* 4 λύχνους *Salmasius*: ΕΛΥΧΝΟΥC *P* 8 est ⟨qui⟩ *Salmasius*: est *P*: et *F. Skutsch* 10 scripserit *Petschenig*: scripsit *P* 13 quaedam *PR*: quaedam ⟨item⟩ *F. Skutsch* 15 inmeditate P^2R^2: inmedietate P^1: īmedit*(e ?)te R^1 18 inscriptionis *ed. Ascens. 1511*: scriptionis *PR* 20 notandisque *P*: quaerendisque *R* 24 conuerrebant *Carrio*: conuertebant *PR* 25 ac *P*: a *R* quam ς: cum *PR* 26 reppererit *P*: conprehenderit *R*

legisse aut usui meminisse. Ego uero, cum illud Ephesii **12** uiri summe nobilis uerbum cordi haberem, quod profecto ita est: πολυμαθίη νόον οὐ διδάσκει, ipse quidem uoluendis transeundisque multis admodum uoluminibus per omnia semper negotiorum interualla, in quibus furari otium potui, exercitus defessusque sum, sed modica ex his eaque sola accepi, quae aut ingenia prompta expeditaque ad honestae eruditionis cupidinem utiliumque artium contemplationem celeri facilique compendio ducerent aut homines aliis iam uitae negotiis occupatos a turpi certe agrestique rerum atque uerborum imperitia uindicarent.

Quod erunt autem in his commentariis pauca quaedam **13** scrupulosa et anxia uel ex grammatica uel ex dialectica uel etiam ex geometrica, quodque erunt item paucula remotiora super augurio iure et pontificio, non oportet ea defugere quasi aut cognitu non utilia aut perceptu difficilia. Non enim fecimus altos nimis et obscuros in his rebus quaestionum sinus, sed primitias quasdam et quasi libamenta ingenuarum artium dedimus, quae uirum ciuiliter eruditum neque audisse umquam neque attigisse, si non inutile, at quidem certe indecorum est. Ab his igitur, si cui forte nonnumquam tem- **14** pus uoluptasque erit lucubratiunculas istas cognoscere, petitum impetratumque uolumus, ut in legendo, quae pridem scierint, non aspernentur quasi nota inuolgataque. Nam **15** ecquid tam remotum in litteris est, quin id tamen complusculi sciant? et satis hoc blandum est non esse haec neque in scholis decantata neque in commentariis protrita. Quae porro noua sibi ignotaque offenderint, aequum esse **16** puto, ut sine uano obtrectatu considerent, an minutae istae

3 Heracliti fr. 40 Diels 16 cf. Macr. *Sat.* Praef. 11

1 Ephesii *P*: eracliti efesii *R* 2 uerbum ς: uerum *PR* 6 defessusque sum ς: defessus questum *PR* 10 agrestique *P*: atgrestiumque *R* 14 geometrica *PR*: geometria ς 20 inutile *ed. Ascens. 1517*: utile *PR*: uile *Mommsen* at *ed. Iunt. 1513*: aut *PR* 25 ecquid *Madvig*: et quid *PR* 26 blandum *P*: landum *R*: laudum *F. Skutsch*

admonitiones et pauxillulae nequaquam tamen sint uel ad
alendum studium uescae uel ad oblectandum fouendumque
animum frigidae, sed eius seminis generisque sint, ex quo
facile adolescant aut ingenia hominum uegetiora aut memoria
adminiculatior aut oratio sollertior aut sermo incorruptior
17 aut delectatio in otio atque in ludo liberalior. Quae autem
parum plana uidebuntur aut minus plena instructaque, peti-
mus, inquam, ut ea non docendi magis quam admonendi
gratia scripta existiment et quasi demonstratione uesti-
giorum contenti persequantur ea post, si libebit, uel libris
18 repertis uel magistris. Quae uero putauerint reprehendenda,
his, si audebunt, succenseant, unde ea nos accepimus; sed
enim, quae aliter apud alium scripta legerint, ne iam statim
temere obstrepant, sed et rationes rerum et auctoritates
hominum pensitent, quos illi quosque nos secuti sumus.
19 Erit autem id longe optimum, ut qui in lectitando, ⟨per-
contando⟩, scribendo, commentando numquam uoluptates,
numquam labores ceperunt, nullas hoc genus uigilias uigi-
larunt neque ullis inter eiusdem Musae aemulos certationibus
disceptationibusque elimati sunt, sed intemperiarum nego-
tiorumque pleni sunt, abeant a *noctibus* his procul atque alia
sibi oblectamenta quaerant. Vetus adagium est:

nil cum fidibus graculost, nihil cum amaracino sui.

20 Atque etiam, quo sit quorundam male doctorum hominum
scaeuitas et inuidentia irritatior, mutuabor ex Aristophanae
choro anapaesta pauca et quam ille homo festiuissimus
fabulae suae spectandae legem dedit, eandem ego commen-

4 sqq. cf. Macr. *Sat.* praef. 11 23 Morel *FPL*, p. 30

1 et pauxillulae *Gronov*: epauxillule *P*: epauxilluescęle *R* 2 oblectandum ς: obleciandum *P*: obleuandum *R* 5 oratio *P*: ratio *R* 6 delectatio *Gronov*: delectatior *PR* 13 quae *PR*: ⟨si⟩ quae *F. Skutsch* 14 temere *Carrio*: tempe *P*: tempore *R*: tempere *Hertz* 16 percontando *add. Gronov e lin. 21* 21 abeant a *Gronov*: labeant percontando scribendo a *PR* 23 nil *L. Müller*: nichil *PR* graculost *Hertz*: graculos *R*: greculos *P*

tariis his legendis dabo, ut ea ne attingat neue adeat profes-
tum et profanum uolgus a ludo musico diuersum. Versus 21
legis datae hi sunt:

εὐφημεῖν χρὴ κἀξίστασθαι τοῖς ἡμετέροισι χοροῖσιν,
ὅστις ἄπειρος τοιῶνδε λόγων ἢ γνώμῃ μὴ καθαρεύει
ἢ γενναίων ὄργια Μουσῶν μήτ' εἶδεν μήτ' ἐχόρευσεν,
τούτοις αὐδῶ, καὖθις ἀπαυδῶ, καὖθις τὸ τρίτον μάλ' ἀπαυδῶ
ἐξίστασθαι μύσταισι χοροῖς· ὑμεῖς δ' ἀνεγείρετε μολπὴν
καὶ παννυχίδας τὰς ἡμετέρας, αἳ τῇδε πρέπουσιν ἑορτῇ.

Volumina commentariorum ad hunc diem uiginti iam 22
facta sunt. Quantum autem uitae mihi deinceps deum 23
uoluntate erit quantumque a tuenda re familiari procurando-
que cultu liberorum meorum dabitur otium, ea omnia sub-
siciua et subsecundaria tempora ad colligendas huiuscemodi memoriarum delectatiunculas conferam. Progredietur 24
ergo numerus librorum diis bene iuuantibus cum ipsius
uitae, quantuli quomque fuerint, progressibus, neque longi-
ora mihi dari spatia uiuendi uolo, quam dum ero ad hanc
quoque facultatem scribendi commentandique idoneus.
Capita rerum, quae cuique commentario insunt, exposu- 25
imus hic uniuersa, ut iam statim declaretur, quid quo in
libro quaeri inuenirique possit.

CAPITVLA LIBRI PRIMI

I Quali proportione quibusque collectionibus Plutarchus ratiocinatum esse Pythagoram philosophum dixerit de comprehendenda corporis proceritate, qua fuit Hercules, cum uitam inter homines uiueret.

4 *ran.* 354–6, 369–71

4 *ἡμετέροισι Arist.*: HMETEPOICIN *P* 8 *μύσταισι χοροῖς Arist.*: TOICI· AOPOIC *P* 10 hunc *P*: hanc R 14 subsecundaria *PR*: secundaria *Gronov* 17 quomque *F. Skutsch*: quique *PR* 20 capita . . . 22 possit *P*: capitula primi libri hic relinco *R* *capitulorum, quae hic Gellium praebuisse apparet, uariae lectiones ante capita singula dabuntur*

II Ab Herode Attico C. V. tempestiue deprompta in quendam iactantem et gloriosum adulescentem, specie tantum philosophiae sectatorem, uerba Epicteti Stoici, quibus festiuiter a uero Stoico seiunxit uolgus loquacium nebulonum, qui se Stoicos nuncuparent.

III Quod Chilo Lacedaemonius consilium anceps pro salute amici cepit; quodque est circumspecte et anxie considerandum, an pro utilitatibus amicorum delinquendum aliquando sit; notataque inibi et relata, quae et Theophrastus et M. Cicero super ea re scripserunt.

IV Quam tenuiter curioseque explorauerit Antonius Iulianus in oratione M. Tullii uerbi ab eo mutati argutiam.

V Quod Demosthenes rhetor cultu corporis atque uestitu probris obnoxio infamique munditia fuit; quodque item Hortensius orator ob eiusmodi munditias gestumque in agendo histrionicum Dionysiae saltatriculae cognomento compellatus est.

VI Verba ex oratione Metelli Numidici, quam dixit in censura ad populum, cum eum ad uxores ducendas adhortaretur; eaque oratio quam ob causam reprehensa et quo contra modo defensa sit.

VII In hisce uerbis Ciceronis ex oratione quinta *in Verrem* 'hanc sibi rem praesidio sperant futurum' neque mendum esse neque uitium, errareque istos, qui bonos libros uiolant et 'futuram' scribunt; atque ibi de quodam alio Ciceronis uerbo dictum, quod probe scriptum perperam mutatur; et aspersa pauca de modulis numerisque orationis, quos Cicero auide sectatus est.

VIII Historia in libris Sotionis philosophi reperta super Laide meretrice et Demosthene rhetore.

IX Quis modus fuerit, quis ordo disciplinae Pythagoricae, quantumque temporis imperatum obseruatumque sit discendi simul ac tacendi.

X Quibus uerbis compellauerit Fauorinus philosophus adulescentem casce nimis et prisce loquentem.

XI Quod Thucydides scriptor inclutus Lacedaemonios

in acie non tuba, sed tibiis esse usos dicit, uerbaque eius super ea re posita; quodque Herodotus Alyattem regem fidicinas in procinctu habuisse tradit; atque inibi quaedam notata de Gracchi fistula contionaria.

XII Virgo Vestae quid aetatis et ex quali familia et quo ritu quibusque caerimoniis ac religionibus ac quo nomine a pontifice maximo capiatur et quo statim iure esse incipiat simul atque capta est; quodque, ut Labeo dicit, nec intestato cuiquam nec eius intestatae quisquam iure heres est.

XIII Quaesitum esse in philosophia, quidnam foret in recepto mandato rectius, idne omnino facere quod mandatum est, an nonnumquam etiam contra, si id speres ei, qui mandauit, utilius fore; superque ea quaestione expositae diuersae sententiae.

XIV Quid dixerit feceritque C. Fabricius, magna uir gloria magnisque rebus gestis, sed familiae pecuniaeque inops, cum ei Samnites tamquam indigenti graue aurum donarent.

XV Quam inportunum uitium plenumque odii sit futtilis inanisque loquacitas et quam multis in locis a principibus utriusque linguae uiris detestatione iusta culpata sit.

XVI Quod uerba istaec Quadrigari ex *annali* tertio 'ibi mille hominum occiditur' non licenter neque de poetarum figura, sed ratione certa et proba grammaticae disciplinae dicta sunt.

XVII Quanta cum animi aequitate tolerauerit Socrates uxoris ingenium intractabile; atque inibi quid M. Varro in quadam *satura* de officio mariti scripserit.

XVIII Quod M. Varro in quarto decimo *humanarum* L. Aelium magistrum suum in ἐτυμολογίᾳ falsa reprehendit; quodque idem Varro in eodem libro falsum furis ἔτυμον dicit.

XIX Historia super libris Sibyllinis ac de Tarquinio Superbo rege.

XX Quid geometrae dicant ἐπίπεδον, quid στερεόν, quid κύβον, quid γραμμήν; quibusque ista omnia Latinis uocabulis appellentur.

XXI Quod Iulius Hyginus affirmatissime contendit legisse se librum P. Vergilii domesticum, ⟨ubi⟩ scriptum esset 'et ora tristia temptantum sensus torquebit amaror', non quod uolgus legeret 'sensu torquebit amaro'.

XXII An qui causas defendit, recte Latineque dicat 'superesse ⟨se⟩' is, quos defendit; et 'superesse' proprie quid sit.

XXIII Quis fuerit Papirius Praetextatus; quae istius causa cognomenti sit; historiaque ista omnis super eodem Papirio cognitu iucunda.

XXIV Tria epigrammata trium ueterum poetarum, Naeuii, Plauti, Pacuuii, quae facta ab ipsis sepulcris eorum incisa sunt.

XXV Quibus uerbis M. Varro indutias definierit; quaesitumque inibi curiosius, quaenam ratio sit uocabuli indutiarum.

XXVI Quem in modum mihi Taurus philosophus responderit percontanti, an sapiens irasceretur.

CAPITVLA LIBRI SECVNDI

I Quo genere solitus sit philosophus Socrates exercere patientiam corporis; deque eiusdem uiri temperantia.

II Quae ratio obseruatioque officiorum esse debeat inter patres filiosque in discumbendo sedendoque atque id genus rebus domi forisque, si filii magistratus sint et patres priuati; superque ea re Tauri philosophi dissertatio et exemplum ex historia Romana petitum.

III Qua ratione uerbis quibusdam uocabulisque ueteres immiserint 'h' litterae spiritum.

IV Quam ob causam Gauius Bassus genus quoddam iudicii 'diuinationem' appellari scripserit; et quam alii causam esse eiusdem uocabuli dixerint.

V Quam lepide signateque dixerit Fauorinus philosophus, quid intersit inter Platonis et Lysiae orationem.

VI Quibus uerbis ignauiter et abiecte Vergilius usus esse dicatur; et quid his, qui improbe ⟨id⟩ dicunt, respondeatur.

VII De officio erga patres liberorum; deque ea re ex philosophiae libris, in quibus scriptum quaesitumque est, an omnibus patris iussis obsequendum sit.

VIII Quod parum aequa reprehensio Epicuri a Plutarcho facta sit in synlogismi disciplina.

IX Quod idem Plutarchus euidenti calumnia uerbum ab Epicuro dictum insectatus sit.

X Quid sint fauisae Capitolinae; et quid super eo uerbo M. Varro Seruio Sulpicio quaerenti rescripserit.

XI De Sicinio Dentato egregio bellatore multa memoratu digna.

XII Considerata perpensaque lex quaedam Solonis speciem habens primorem iniquae iniustaeque legis, sed ad usum et emolumentum salubritatis penitus reperta.

XIII 'Liberos' in multitudinis numero etiam unum filium filiamue ueteres dixisse.

XIV Quod M. Cato in libro, qui inscriptus est *contra Tiberium exulem*, 'stitisses uadimonium' per 'i' litteram dicit, non 'stetisses'; eiusque uerbi ratio reddita.

XV Quod antiquitus aetati senectae potissimum habiti sint ampli honores; et cur postea ad maritos et ad patres idem isti honores delati sint; atque ibi de capite quaedam legis Iuliae septimo.

XVI Quod Caesellius Vindex a Sulpicio Apollinari reprehensus est in sensus Vergiliani enarratione.

XVII Cuiusmodi esse naturam quarundam praepositionum M. Cicero animaduerterit; disceptatumque ibi super eo ipso, quod Cicero obseruauerat.

XVIII Quod Phaedon Socraticus seruus fuit; quodque item alii complusculi seruitutem seruierunt.

XIX 'Rescire' uerbum quid sit; et quam habeat ueram atque propriam significationem.

XX Quae uolgo dicuntur 'uiuaria', id uocabulum ueteres

non dixisse; et quid pro eo P. Scipio in oratione ad populum, quid postea M. Varro in libris *de re rustica* dixerit.

XXI Super eo sidere, quod Graeci *ἅμαξαν*, nos 'septentriones' uocamus; ac de utriusque uocabuli ratione et origine.

XXII De uento 'iapyge' deque aliorum uentorum uocabulis regionibusque accepta ex Fauorini sermonibus.

XXIII Consultatio diiudicatioque locorum facta ex comoedia Menandri et Caecilii, quae *Plocium* inscripta est.

XXIV De uetere parsimonia; deque antiquis legibus sumptuariis.

XXV Quid Graeci *ἀναλογίαν*, quid contra *ἀνωμαλίαν* uocent.

XXVI Sermones M. Frontonis et Fauorini philosophi de generibus colorum uocabulisque eorum Graecis et Latinis; atque inibi color 'spadix' cuiusmodi sit.

XXVII Quid T. Castricius existimarit super Sallustii uerbis et Demosthenis, quibus alter Philippum descripsit, alter Sertorium.

XXVIII Non esse compertum, cui deo rem diuinam fieri oporteat, cum terra mouet.

XXIX Apologus Aesopi Phrygis memoratu non inutilis.

XXX Quid obseruatum sit in undarum motibus, quae in mari alio atque alio modo fiunt austris flantibus aquilonibusque.

CAPITVLA LIBRI TERTII

I Quaesitum atque tractatum, quam ob causam Sallustius auaritiam dixerit non animum modo uirilem, sed corpus quoque ipsum effeminare.

II Quemnam esse natalem diem M. Varro dicat, qui ante noctis horam sextam postue eam nati sunt; atque inibi de temporibus terminisque dierum, qui ciuiles nominantur et usquequaque gentium uarie obseruantur; et praeterea quid Q. Mucius scripserit super ea muliere, quae a marito non iure se usurpauisset, quod rationem ciuilis anni non habuerit.

III De noscendis explorandisque Plauti comoediis, quoniam promisce uerae atque falsae nomine eius inscriptae feruntur; atque inibi, quod Plautus et Naeuius in carcere fabulas scriptitarint.

IV Quod P. Africano et aliis tunc uiris nobilibus ante aetatem senectam barbam et genas radere mos patrius fuit.

V Deliciarum uitium et mollities oculorum et corporis ab Arcesila philosopho cuidam obprobrata acerbe simul et festiuiter.

VI De ui atque natura palmae arboris, quod lignum ex ea ponderibus positis renitatur.

VII Historia ex annalibus sumpta de Q. Caedicio tribuno militum; uerbaque ex *originibus* M. Catonis apposita, quibus Caedici uirtutem cum Spartano Leonida aequiperat.

VIII Litterae eximiae consulum C. Fabricii et Q. Aemilii ad regem Pyrrum a Q. Claudio scriptore historiarum in memoriam datae.

IX Quis et cuiusmodi fuerit qui in prouerbio fertur equus Seianus; et qualis color equorum sit qui 'spadices' uocantur; deque istius uocabuli ratione.

X Quod est quaedam septenarii numeri uis et facultas in multis naturae rebus animaduersa, de qua M. Varro in *hebdomadibus* disserit copiose.

XI Quibus et quam friuolis argumentis Accius in *didascalicis* utatur, quibus docere nititur Hesiodum esse quam Homerum natu antiquiorem.

XII Largum atque auidum bibendi a P. Nigidio, doctissimo uiro, noua et prope absurda uocabuli figura 'bibosum' dictum.

XIII Quod Demosthenes etiamtum adulescens, cum Platonis philosophi discipulus foret, audito forte Callistrato rhetore in contione populi destitit a Platone et sectatus Callistratum est.

XIV 'Dimidium librum legi' aut 'dimidiam fabulam audiui' aliaque huiuscemodi qui dicat, uitiose dicere;

eiusque uitii causas reddere M. Varronem; nec quemquam ueterem hisce uerbis ita usum esse.

XV Exstare in litteris perque hominum memorias traditum, quod repente multis mortem attulit gaudium ingens insperatum interclusa anima et uim magni nouique motus non sustinente.

XVI Temporis uarietas in puerperiis mulierum quaenam sit a medicis et a philosophis tradita; atque inibi poetarum quoque ueterum super eadem re opiniones multaque alia auditu atque memoratu digna; uerbaque ipsa Hippocratis medici ex libro illius sumpta, qui inscriptus est περὶ τροφῆς.

XVII Id quoque esse a grauissimis uiris memoriae mandatum, quod tris libros Plato Philolai Pythagorici et Aristoteles pauculos Speusippi philosophi mercati sunt pretiis fidem non capientibus.

XVIII Quid sint 'pedari senatores' et quam ob causam ita appellati; quamque habeant originem uerba haec ex edicto tralaticio consulum: 'senatores quibusque in senatu sententiam dicere licet'.

XIX Qua ratione Gauius Bassus scripserit 'parcum' hominem appellatum et quam esse eius uocabuli causam putarit; et contra, quem in modum quibusque uerbis Fauorinus hanc traditionem eius eluserit.

CAPITVLA LIBRI QVARTI

I Sermo quidam Fauorini philosophi cum grammatico iactantiore factus in Socraticum modum; atque ibi in sermone dictum, quibus uerbis 'penus' a Q. Scaeuola definita sit; quodque eadem definitio culpata reprehensaque est.

II Morbus et uitium quid differat; et quam uim habeant uocabula ista in edicto aedilium; et an eunuchus et steriles mulieres redhiberi possint; diuersaeque super ea re sententiae.

III Quod nullae fuerunt rei uxoriae actiones in urbe

Roma ante Caruilianum diuortium; atque inibi, quid sit proprie 'paelex', quaeque eius uocabuli ratio sit.

IV Quid Seruius Sulpicius in libro, qui est *de dotibus*, scripserit de iure atque more ueterum sponsaliorum.

V Historia narrata de perfidia aruspicum Etruscorum; quodque ob eam rem uersus hic a pueris Romae urbe tota cantatus est: 'Malum consilium consultori pessimum est'.

VI Verba ueteris senatusconsulti posita, quo decretum est hostiis maioribus expiandum, quod in sacrario hastae Martiae mouissent; atque ibi enarratum, quid sint 'hostiae succidaneae', quid item 'porca praecidanea'; et quod Capito Ateius ferias quasdam 'praecidaneas' appellauit.

VII De epistula Valerii Probi grammatici ad Marcellum scripta super accentu nominum quorundam Poenicorum.

VIII Quid C. Fabricius de Cornelio Rufino homine auaro dixerit, quem, cum odisset inimicusque esset, designandum tamen consulem curauit.

IX Quid significet proprie 'religiosus'; et in quae deuerticula significatio istius uocabuli flexa sit; et uerba Nigidii Figuli ex *commentariis* eius super ea re sumpta.

X Quid obseruatum de ordine rogandarum in senatu sententiarum; iurgiumque in senatu C. Caesaris consulis et M. Catonis diem dicendo eximentis.

XI Quae qualiaque sint, quae Aristoxenus quasi magis comperta de Pythagora memoriae mandauit; et quae item Plutarchus in eundem modum de eodem Pythagora scripserit.

XII Notae et animaduersiones censoriae in ueteribus monumentis repertae memoria dignae.

XIII Quod incentiones quaedam tibiarum certo modo factae ischiacis mederi possunt.

XIV Narratur historia de Hostilio Mancino aedilium et Manilia meretrice; uerbaque decreti tribunorum, ad quos a Manilia prouocatum est.

XV Defensa a culpa sententia ex historia Sallustii, quam iniqui eius cum insectatione maligni reprehenderint.

CAPITVLA LIBRI QVINTI

IX Historia de Croesi filio sumpta ex Herodoti libris.

X De argumentis, quae Graece ἀντιστρέφοντα appellantur, a nobis 'reciproca' dici possunt.

XI Biantis de re uxoria syllogismum non posse uideri ἀντιστρέφειν.

XII De nominibus deorum populi Romani Diouis et Vediouis.

XIII De officiorum gradu atque ordine moribus populi Romani obseruato.

XIV Quod Apion, doctus homo, qui Plistonices appellatus est, uidisse se Romae scripsit recognitionem inter sese mutuam ex uetere notitia hominis et leonis.

XV Corpusne sit uox an ἀσώματον, uarias esse philosophorum sententias.

XVI De ui oculorum deque uidendi rationibus.

XVII Quam ob causam dies primi post Kalendas, Nonas, Idus atri habeantur; et cur diem quoque quartum ante Kalendas uel Nonas uel Idus quasi religiosum plerique uitent.

XVIII An quid et quantum differat historia ab annalibus; superque ea re uerba posita ex libro *rerum gestarum* Sempronii Asellionis primo.

XIX Quid sit adoptatio, quid item sit adrogatio, quantumque haec inter se differant; uerbaque eius quae qualiaque sint, qui in liberis adrogandis super ea re populum rogat.

XX Quod uocabulum Latinum soloecismo fecerit Capito Sinnius, quid autem id ipsum appellauerint ueteres Latini; quibusque uerbis soloecismum definierit idem Capito Sinnius.

XXI 'Pluria' qui dicat et 'compluria' et 'compluriens', non barbare dicere, sed Latine.

CAPITVLA LIBRI SEXTI

I Admiranda quaedam ex annalibus sumpta de P. Africano superiore.

II De Caeselli Vindicis pudendo errore, quem offendimus in libris eius, quos inscripsit *lectionum antiquarum.*

III Quid Tiro Tullius, Ciceronis libertus, reprehenderit in M. Catonis oratione, quam pro Rodiensibus in senatu dixit; et quid ad ea, quae reprehenderat, responderimus.

IV Cuiusmodi seruos et quam ob causam Caelius Sabinus, iuris ciuilis auctor, pilleatos uenundari solitos scripserit; et quae mancipia sub corona more maiorum uenierint; atque id ipsum 'sub corona' quid sit.

V Historia de Polo histrione memoratu digna.

VI Quid de quorundam sensuum naturali defectione Aristoteles scripserit.

VII An 'affatim', quasi 'admodum', prima acuta pronuntiandum sit; et quaedam itidem non incuriose tractata super aliarum uocum accentibus.

VIII Res ultra fidem tradita super amatore delphino et puero amato.

IX 'Peposci' et 'memordi', 'pepugi' et 'spepondi' et 'cecurri' plerosque ueterum dixisse, non, uti postea receptum est dicere, per 'o' aut per 'u' litteram in prima syllaba positam, atque id eos Graecae rationis exemplo dixisse; praeterea notatum, quod uiri non indocti neque ignobiles a uerbo 'descendo' non 'descendi', sed 'descendidi' dixerunt.

X ⟨Vt⟩ 'ususcapio' copulate recto uocabuli casu dicitur, ita 'pignoriscapio' coniuncte eadem uocabuli forma dictum esse.

XI Neque 'leuitatem' neque 'nequitiam' ea significatione esse, qua in uulgi sermonibus dicuntur.

XII De tunicis chirodytis; quod earum ⟨usum⟩ P. Africanus Sulpicio Galo obiecit.

XIII Quem 'classicum' dicat M. Cato, quem 'infra classem'.

XIV De tribus dicendi generibus; ac de tribus philosophis, qui ab Atheniensibus ad senatum Romam legati sunt.

XV Quam seuere moribus maiorum in fures uindicatum

sit; et quid scripserit Mucius Scaeuola super eo, quod seruandum datum commodatumue esset.

XVI Locus exscriptus ex satura M. Varronis, quae περὶ ἐδεσμάτων inscripta est, de peregrinis ciborum generibus; et appositi uersus Euripidi, quibus delicatorum hominum luxuriantem gulam confutauit.

XVII Sermo habitus cum grammatico insolentiarum et inperitiarum pleno de significatione uocabuli, quod est 'obnoxius'; deque eius uocis origine.

XVIII De obseruata custoditaque apud Romanos iurisiurandi sanctimonia; atque inibi de decem captiuis, quos Romam Hannibal deiurio ab his accepto legauit.

XIX Historia ex annalibus sumpta de Tiberio Graccho, Gracchorum patre, tribuno plebis; atque inibi tribunicia decreta cum ipsis uerbis relata.

XX Quod Vergilius a Nolanis ob aquam sibi non permissam sustulit e uersu suo 'Nolam' et posuit 'oram'; atque ibi quaedam alia de iucunda consonantia litterarum.

XXI 'Quoad uiuet' 'quoad'que 'morietur' cur id ipsum temporis significent, cum ex duobus sint facta contrariis.

XXII Quod censores equum adimere soliti sunt equitibus corpulentis et praepinguibus; quaesitumque, utrum ea res cum ignominia an incolumi dignitate equitum facta sit.

CAPITVLA LIBRI SEPTIMI

I Quem in modum responderit Chrysippus aduersum eos, qui prouidentiam consistere negauerunt.

II Quo itidem modo et uim necessitatemque fati constituerit et esse tamen in nobis consilii iudiciique nostri arbitrium confirmauerit.

III Historia sumpta ex libris Tuberonis de serpente inuisitatae longitudinis.

IV Quid idem Tubero nouae historiae de Atilio Regulo a Carthaginiensibus capto litteris mandauerit; quid etiam Tuditanus super eodem Regulo scripserit.

V Quod Alfenus iureconsultus in uerbis ueteribus interpretandis errauit.

VI Temere inepteque reprehensum esse a Iulio Hygino Vergilium, quod 'praepetes' Daedali pennas dixit; atque inibi, quid sint aues praepetes et quid illae sint aues, quas Nigidius 'inferas' appellauit.

VII De Acca Larentia et Gaia Taracia; deque origine sacerdotii fratrum arualium.

VIII Notata quaedam de rege Alexandro et de P. Scipione memoratu digna.

IX Locus exemptus ex *annalibus* L. Pisonis historiae et orationis lepidissimae.

X Historia super Euclida Socratico, cuius exemplo Taurus philosophus hortari adulescentes suos solitus ad philosophiam nauiter sectandam.

XI Verba ex oratione Q. Metelli Numidici, quae libuit meminisse, ad officium grauitatis dignitatisque uitae ducentia.

XII Quod neque 'testamentum', sicuti Seruius Sulpicius existimauit, neque 'sacellum', sicuti C. Trebatius, duplicia uerba sunt, sed a testatione productum ⟨alterum⟩, alterum a sacro imminutum.

XIII De quaestiunculis apud Taurum philosophum in conuiuio agitatis, quae 'sympoticae' uocantur.

XIV Poeniendis peccatis tres esse rationes a philosophis attributas; et quamobrem Plato duarum ex his meminerit, non trium.

XV ⟨De uerbo 'quiesco', an 'e' littera corripi an produci debeat.⟩

XVI Verbum 'deprecor' a poeta Catullo inusitate quidem, sed apte positum et proprie; deque ratione eius uerbi exemplisque ueterum scriptorum.

XVII Quis omnium primus libros publice praebuerit legendos; quantusque numerus fuerit Athenis ante clades Persicas librorum in bibliothecis publicorum.

CAPITVLA LIBRI OCTAVI

I 'Hesterna noctu' rectene an cum uitio dicatur et quaenam super istis uerbis grammatica traditio sit; item quod decemuiri in *XII tabulis* 'nox' pro 'noctu' dixerunt.

II Quae mihi decem uerba ediderit Fauorinus, quae usurpentur quidem a Graecis, sed sint adulterina et barbara; quae item a me totidem acceperit, quae ex medio communique usu Latine loquentium minime Latina sint neque in ueterum libris reperiantur.

III Quem in modum et quam seuere increpuerit audientibus nobis Peregrinus philosophus adulescentem Romanum ex equestri familia stantem segnem apud se et assidue oscitantem.

IV Quod Herodotus, scriptor historiae memoratissimus, parum uere dixerit unam solamque pinum arborum omnium caesam numquam denuo ex iisdem radicibus pullulare; et quod item de aqua pluuiali et niue rem non satis exploratam pro comperta posuerit.

V Quid illud sit, quod Vergilius 'caelum stare puluere', et quod Lucilius 'pectus sentibus stare' dixit.

VI Cum post offensiunculas in gratiam redeatur, expostulationes fieri mutuas minime utile esse, superque ea re et sermo Tauri expositus et uerba ex Theophrasti libro sumpta; et quid M. quoque Cicero de amore amicitiae senserit, cum ipsius uerbis additum.

VII Ex Aristotelis libro, qui περὶ μνήμης inscriptus est, cognita acceptaque de natura memoriae et habitu; atque inibi alia quaedam de exuberantia aut interitu eius lecta auditaque.

VIII Quid mihi usu uenerit, interpretari et quasi effingere uolenti locos quosdam Platonicos Latina oratione.

IX Quod Theophrastus philosophus omnis suae aetatis facundissimus uerba pauca ad populum Atheniensem facturus deturbatus uerecundia obticuerit; quodque idem hoc Demostheni apud Philippum regem uerba facienti euenerit.

X Qualis mihi fuerit in oppido Eleusino disceptatio cum grammatico quodam praestigioso tempora uerborum et puerilia meditamenta ignorante, remotarum autem quaestionum nebulas et formidines capiendis imperitorum animis ostentante.

XI Quam festiue responderit Xanthippae uxori Socrates petenti, ut per Dionysia largiore sumptu cenitarent.

XII Quid significet in ueterum libris scriptum 'plerique omnes'; et quod ea uerba accepta a Graecis uidentur.

XIII 'Cupsones', quod homines Afri dicunt, non esse uerbum Poenicum, sed Graecum.

XIV Lepidissima altercatio Fauorini philosophi aduersus quendam intempestiuum de ambiguitate uerborum disserentem; atque inibi uerba quaedam ex Naeuio poeta et Cn. Gellio non usitate collocata; atque ibidem a P. Nigidio origines uocabulorum exploratae.

XV Quibus modis ignominiatus tractatusque sit a C. Caesare Laberius poeta; atque inibi appositi uersus super eadem re eiusdem Laberii.

CAPITVLA LIBRI NONI

I Quamobrem Quintus Claudius Quadrigarius in undeuicesimo *annali* scripserit rectiores certioresque ictus fieri, si sursum quid mittas, quam si deorsum.

II Qualibus uerbis notarit Herodes Atticus falso quempiam cultu amictuque nomen habitumque philosophi ementientem.

III Epistula Philippi regis ad Aristotelem philosophum super Alexandro recens nato.

IV De barbararum gentium prodigiosis miraculis; deque diris et exitiosis effascinationibus; atque inibi de feminis repente uersis in mares.

V Diuersae nobilium philosophorum sententiae de genere ac natura uoluptatis; uerbaque Hieroclis philosophi, quibus decreta Epicuri insectatus est.

VI Verbum, quod est ⟨ab⟩ 'ago' frequentatiuum, in syllaba prima quonam sit modulo pronuntiandum.

VII De conuersione foliorum in arbore olea brumali et solstitiali die; deque fidibus id temporis ictu alieno sonantibus.

VIII Necessum esse, qui multa habeat, multis indigere; deque ea re Fauorini philosophi cum breuitate eleganti sententia.

IX Quis modus sit uertendi uerba in Graecis sententiis; deque his Homeri uersibus, quos Vergilius uertisse aut bene apteque aut inprospere existimatus est.

X Quod Annaeus Cornutus uersus Vergilii, quibus Veneris et Vulcani concubitum pudice operteque dixit, reprehensione spurca et odiosa inquinauit.

XI De Valerio Coruino; et unde Coruinus.

XII De uerbis, quae in utramque partem significatione aduersa et reciproca dicuntur.

XIII Verba ex historia Claudi Quadrigari, quibus Manli Torquati, nobilis adulescentis, et hostis Galli prouocatoris pugnam depinxit.

XIV Quod idem Quadrigarius 'huius facies' patrio casu probe et Latine dixit; et quaedam alia adposita de similium uocabulorum declinationibus.

XV De genere controuersiae, quod Graece *ἄπορον* appellatur.

XVI Quod Plinium Secundum, non hominem indoctum, fugerit latueritque uitium argumenti, quod *ἀντιστρέφον* Graeci dicunt.

CAPITVLA LIBRI DECIMI

I 'Tertium'ne 'consul' an 'tertio' dici oporteat; et quonam modo Cn. Pompeius, cum in theatro, quod erat dedicaturus, honores suos inscriberet, quaestionem ancipitem istius uerbi de consilio Ciceronis uitauerit.

II Quid Aristoteles de numero puerperii memoriae mandauerit.

III Locorum quorundam inlustrium conlatio contentioque facta ex orationibus C. Gracchi et M. Ciceronis et M. Catonis.

IV Quod P. Nigidius argutissime docuit nomina non positiua esse, sed naturalia.

V 'Auarus' simplexne uocabulum sit, an compositum et duplex, sicut P. Nigidio uidetur.

VI Multam dictam esse ab aedilibus plebi Appi Caeci filiae, mulieri nobili, quod locuta esset petulantius.

VII Fluminum, quae ultra imperium Romanum fluunt, prima magnitudine esse Nilum, secunda Histrum, proxima Rodanum, sicuti M. Varronem memini scribere.

VIII Inter ignominias militares, quibus milites coercebantur, fuisse sanguinis dimissionem; et quaenam esse uideatur causa huiuscemodi castigationis.

IX Quibus modis quoque habitu acies Romana instrui solita sit; quaeque earum instructionum sint uocabula.

X Quae eius rei causa sit, quod et Graeci ueteres et Romani anulum in eo digito gestauerint, qui est in manu sinistra minimo proximus.

XI Verbum 'mature' quid significet quaeque uocis eius ratio sit; et quod eo uerbo uolgus hominum inproprie utatur; atque inibi, quod 'praecox' declinatum 'praecocis' faciat, non 'praecoquis'.

XII De portentis fabularum, quae Plinius Secundus indignissime in Democritum philosophum confert; ibidem de simulacro uolucri columbae.

XIII 'Cum partim hominum' qua ratione ueteres dixerint.

XIV 'Iniuria mihi factum itur' quali uerborum ordine Cato dixerit.

XV De flaminis Dialis deque flaminicae caerimonis; uerbaque ex edicto praetoris apposita, quibus dicit non coacturum se ad iurandum neque uirgines Vestae neque Dialem.

XVI Quos errores Iulius Hyginus in sexto Vergilii animaduerterit in Romana historia erratos.

XVII Quam ob causam et quali modo Democritus philosophus luminibus oculorum sese priuauerit; et super ea re uersus Laberii pure admodum et uenuste facti.

XVIII Historia de Artemisia; deque eo certamine, quod aput Mausoli sepulcrum a scriptoribus inclutis decertatum est.

XIX Non purgari neque leuari peccatum, cum praetenditur peccatorum, quae alii quoque peccauerunt, similitudo; atque inibi uerba ex oratione super ea re Demosthenis.

XX Quid sit 'rogatio', quid 'lex', quid 'plebisscitum', quid 'priuilegium'; et quantum ista omnia differant.

XXI Quam ob causam M. Cicero his omnino uerbis 'nouissime' et 'nouissimus' obseruantissime uitarit.

XXII Locus exemptus ex Platonis libro, qui inscribitur *Gorgias*, de falsae philosophiae probris, quibus philosophos temere incessunt, qui emolumenta uerae philosophiae ignorant.

XXIII Verba ex oratione M. Catonis de mulierum ueterum uictu et moribus; atque inibi, quod fuerit ius marito in adulterio uxorem deprehensam necare.

XXIV 'Diepristini', 'diecrastini' et 'diequarti' et 'diequinti', qui elegantius locuti sint, dixisse, non ut ea nunc uolgo dicuntur.

XXV Telorum et iaculorum gladiorumque atque inibi nauium quoque uocabula, quae scripta in ueterum libris reperiuntur.

XXVI Inscite ab Asinio Pollione reprehensum Sallustium, quod transfretationem 'transgressum' dixerit, et 'transgressos' qui transfretassent.

XXVII Historia de populo Romano deque populo Poenico, quod pari propemodum uigore fuerint aemuli.

XXVIII De aetatium finibus pueritiae, iuuentae, senectae, ex Tuberonis *historia* sumptum.

XXIX Quod particula 'atque' non complexiua tantum sit, sed uim habeat plusculam uariamque.

CAPITVLA LIBRI VNDECIMI

I De origine uocabuli terrae Italiae; deque ea multa, quae 'suprema' appellatur, deque eius nominis ratione ac de lege Aternia; et quibus uerbis antiquitus multa minima dici solita sit.

II Quod 'elegantia' apud antiquiores non de amoeniore ingenio, sed de nitidiore cultu atque uictu dicebatur, eaque in uitio ponebatur.

III Qualis quantaque sit 'pro' particulae uarietas; deque exemplis eius uarietatis.

IV Quem in modum Q. Ennius uersus Euripidi aemulatus sit.

V De Pyrronis philosophis quaedam deque Academicis strictim notata; deque inter eos differentia.

VI Quod mulieres Romae per Herculem non iurauerint neque uiri per Castorem.

VII Verbis antiquissimis relictisque iam et desitis minime utendum.

VIII Quid senserit dixeritque M. Cato de Albino, qui homo Romanus Graeca oratione res Romanas uenia sibi ante eius imperitiae petita composuit.

IX Historia de legatis Mileti ac Demosthene rhetore in libris Critolai reperta.

X Quod C. Gracchus in oratione sua historiam supra scriptam Demadi rhetori, non Demostheni, adtribuit; uerbaque ipsius C. Gracchi relata.

XI Verba P. Nigidii, quibus differre dicit 'mentiri' et 'mendacium dicere'.

XII Quod Chrysippus philosophus omne uerbum ambiguum dubiumque esse dicit, Diodorus contra nullum uerbum ambiguum esse putat.

XIII Quid Titus Castricius de uerbis deque sententia quadam C. Gracchi existimarit; quodque esse eam sine ullo sensus emolumento docuerit.

XIV Sobria et pulcherrima Romuli regis responsio circa uini usum.

XV De 'ludibundo' et 'errabundo' atque id genus uerborum productionibus; et quod Laberius sic 'amorabundam' dixit, ut dicitur 'ludibunda' et 'errabunda'; atque inibi, quod Sisenna per huiuscemodi uerbum noua figura usus est.

XVI Quod Graecorum uerborum quorundam difficillima est in Latinam linguam mutatio, uelut quod Graece dicitur πολυπραγμοσύνη.

XVII Quid significet in ueteribus praetorum edictis: 'qui flumina retanda publice redempta habent'.

XVIII Qua poena Draco Atheniensis in legibus, quas populo Athensiensi scripsit, fures adfecerit; et qua postea Solon; et qua item decemuiri nostri, qui *duodecim tabulas* scripserunt; atque inibi adscriptum, quod aput Aegyptios furta licita et permissa sunt, aput Lacedaemonios autem cum studio quoque adfectata et pro exercitio utili celebrata; ac praeterea M. Catonis de poeniendis furtis digna memoria sententia.

CAPITVLA LIBRI DVODECIMI

I Dissertatio Fauorini philosophi, qua suasit nobili feminae, uti liberos, quos peperisset, non nutricum adhibitarum, sed suo sibi lacte aleret.

II Quod Annaeus Seneca iudicans de Q. Ennio deque M. Tullio leui futtilique iudicio fuit.

III 'Lictoris' uocabulum qua ratione conceptum ortumque sit; et super eo diuersae sententiae Valgi Rufi et Tulli Tironis.

IV Versus accepti ex Q. Enni septimo *annalium*, quibus

depingitur finiturque ingenium comitasque hominis minoris erga amicum superiorem.

V Sermo Tauri philosophi de modo atque ratione tolerandi doloris secundum Stoicorum decreta.

VI De aenigmate.

VII Quam ob causam Cn. Dolabella proconsul ream mulierem ueneficii confitentemque ad Ariopagitas reiecerit.

VIII Reditiones in gratiam nobilium uirorum memoratu dignae.

IX Quae dicantur uocabula ancipitia; et quod 'honoris' quoque uocabulum ancipiti sententia fuerit.

X Quod 'aeditumus' uerbum Latinum sit.

XI Errare istos, qui spe et fiducia latendi peccent, cum latebra peccati perpetua nulla sit; et super ea re Peregrini philosophi sermo et Sophocli poetae sententia.

XII Faceta responsio M. Ciceronis amolientis a se crimen manifesti mendacii.

XIII 'Intra Kalendas' cum dicitur, quid significet, utrum 'ante Kalendas' an 'Kalendis' an utrumque; atque inibi, quid sit in oratione M. Tulli 'intra oceanum' et 'intra montem Taurum' et in quadam epistula 'intra modum'.

XIV 'Saltem' particula quam uim habeat et quam originem.

XV Quod Sisenna in libris *historiarum* aduerbiis huiuscemodi saepenumero usus est: 'celatim', 'uellicatim', 'saltuatim'.

CAPITVLA LIBRI TERTII DECIMI

I Inquisitio uerborum istorum M. Tulli curiosior, quae sunt in primo *Antonianarum* libro 'multa autem inpendere uidentur praeter naturam etiam praeterque fatum'; tractatumque, an idem duo ista significent, 'fatum' atque 'natura', an diuersum.

II Super poetarum Pacuuii et Accii conloquio familiari in oppido Tarentino.

III An uocabula haec 'necessitudo' et 'necessitas' differenti significatione sint.

IV Descripta Alexandri ***

V De Aristotele et Theophrasto et Menedemo philosophis; deque eleganti uerecundia Aristotelis successorem diatribae suae eligentis.

VI Quid ueteres Latini dixerint, quas Graeci προσῳδίας appellant; item quod uocabulum 'barbarismi' non usurpauerint neque Romani antiquiores neque Attici.

VII Diuersum de natura leonum dixisse Homerum in carminibus et Herodotum in *historiis*.

VIII Quod Afranius poeta prudenter et lepide Sapientiam filiam esse Vsus et Memoriae dixit.

IX Quid Tullius Tiro in commentariis scripserit de 'suculis' et 'hyadibus', quae sunt stellarum uocabula.

X Quid 'sororis' ἔτυμον esse dixerit Labeo Antistius et quid 'fratris' P. Nigidius.

XI Quem M. Varro aptum iustumque esse numerum conuiuarum existimarit; ac de mensis secundis et de bellariis.

XII Tribunos plebis prensionem habere, uocationem non habere.

XIII Quod in libris *humanarum* M. Varronis scriptum est aediles et quaestores populi Romani in ius a priuato ad praetorem uocari posse.

XIV Quid sit 'pomerium'.

XV Verba ex libro Messalae auguris, quibus docet, qui sint minores magistratus et consulem praetoremque conlegas esse; et quaedam alia de auspiciis.

XVI Item uerba eiusdem Messalae disserentis aliud esse ad populum loqui, aliud cum populo agere; et qui magistratus a quibus auocent comitiatum.

XVII 'Humanitatem' non significare id, quod uolgus putat, sed eo uocabulo, qui sinceriter locuti sunt, magis proprie esse usos.

XVIII Quid aput M. Catonem significent uerba haec 'inter os atque offam'.

XIX ***

XX De genere atque nominibus familiae Porciae.

XXI Quod a scriptoribus elegantissimis maior ratio habita sit sonitus uocum atque uerborum iucundioris, quae a Graecis εὐφωνία dicitur, quam regulae disciplinaeque, quae a grammaticis reperta est.

XXII Verba Titi Castricii rhetoris ad discipulos adulescentes de uestitu atque calciatu non decoro.

XXIII ***

XXIV ***

XXV Quaesitum tractatumque, quid sint 'manubiae'; atque inibi dicta quaedam de ratione utendi uerbis pluribus idem significantibus.

XXVI Verba P. Nigidii, quibus dicit in nomine Valeri in casu uocandi primam syllabam acuendam esse; et item alia ex eiusdem uerbis ad rectam scripturam pertinentia.

XXVII De uersibus, quos Vergilius sectatus uidetur, Homeri ac Partheni.

XXVIII De sententia Panaetii philosophi, quam scripsit in libro *de officiis* secundo, qua hortatur, ut homines ad cauendas iniurias in omni loco intenti paratique sint.

XXIX Quod Quadrigarius 'cum multis mortalibus' dixit; an quid et quantum differret, si dixisset 'cum multis hominibus'.

XXX Non hactenus esse 'faciem', qua uolgo dicitur.

XXXI Quid sit in *satura* M. Varronis 'caninum prandium'.

CAPITVLA LIBRI QVARTI DECIMI

I Dissertatio Fauorini philosophi aduersus eos, qui Chaldaei appellantur et ex coetu motibusque siderum et stellarum fata hominum dicturos pollicentur.

II Quem in modum disseruerit Fauorinus consultus a me super officio iudicis.

III An aemuli offensique inter sese fuerint Xenophon et Plato.

IV Quod apte Chrysippus et graphice imaginem Iustitiae modulis coloribusque uerborum depinxit.

V Lis atque contentio grammaticorum Romae inlustrium enarrata super casu uocatiuo uocabuli, quod est 'egregius'.

VI Cuimodi sint, quae speciem doctrinarum habeant, sed neque delectent neque utilia sint; atque inibi de uocabulis singularum urbium regionumque inmutatis.

VII Quod M. Varro Cn. Pompeio, consuli primum designato, commentarium dedit, quem appellauit ipse *εἰσαγωγικόν*, de officio senatus habendi.

VIII Quaesitum esse dissensumque, an praefectus Latinarum causa creatus ius senatus conuocandi consulendique habeat.

CAPITVLA LIBRI QVINTI DECIMI

I Quod in Quinti Claudii *annalibus* scriptum est lignum alumine oblitum non ardere.

II Quod Plato in libris, quos *de legibus* composuit, largiores laetioresque in conuiuiis inuitatiunculas uini non inutiles esse existimauit.

III Quid M. Cicero de particula ista senserit scripseritque, quae praeposita est uerbis 'aufugio' et 'aufero'; et an in uerbo 'autumo' eadem istaec praepositio esse uideri debeat.

IV Historia de Ventidio Basso, ignobili homine, quem primum de Parthis triumphasse memoriae traditum est.

V Verbum 'profligo' a plerisque dici inproprie insciteque.

VI In libro M. Ciceronis *de gloria* secundo manifestum erratum in ea parte, in qua scriptum est super Hectore et Aiace.

VII Obseruatum esse in senibus, quod annum fere aetatis tertium et sexagesimum agant aut laboribus aut interitu aut clade aliqua insignitum; atque inibi super eadem obseruatione exemplum adpositum epistulae diui Augusti ad Gaium filium.

VIII Locus ex oratione †Fauorini, ueteris oratoris, de cenarum atque luxuriae obprobratione, qua usus est, cum legem Liciniam de sumptu minuendo suasit.

IX Quod Caecilius poeta 'frontem' genere uirili non poetice, sed cum probatione et cum analogia appellauit.

X De uoluntario et admirando interitu uirginum Milesiarum.

XI Verba senatusconsulti de exigendis urbe Roma philosophis; item uerba edicti censorum, quo inprobati et coerciti sunt, qui disciplinam rhetoricam instituere et exercere Romae coeperant.

XII Locus ex oratione Gracchi de parsimonia ac de pudicitia sua memoratissimus.

XIII De uerbis inopinatis, quae utroqueuersum dicuntur et a grammaticis 'communia' uocantur.

XIV Quod Metellus Numidicus figuram orationis nouam ex orationibus Graecis mutuatus est.

XV 'Passis uelis' et 'passis manibus' dixisse ueteres non a uerbo suo, quod est 'patior', sed ab alieno, quod est 'pando'.

XVI De nouo genere interitus Crotoniensis Milonis.

XVII Quam ob causam nobiles pueri Atheniensium tibiis canere desierint, cum patrium istum morem canendi haberent.

XVIII Quod pugna belli ciuilis uictoriaque Gai Caesaris, quam uicit in Pharsaliis campis, nuntiata praedictaque est per cuiuspiam sacerdotis uaticinium eodem ipso die in Italia Pataui.

XIX Verba M. Varronis memoria digna ex *satura*, quae inscribitur περὶ ἐδεσμάτων.

XX Notata quaedam de Euripidis poetae genere, uita, moribus; deque eiusdem fine uitae.

XXI Quod a poetis Iouis filii prudentissimi humanissimique, Neptuni autem ferocissimi et inhumanissimi traduntur.

XXII Historia de Sertorio, egregio duce, deque astu eius commenticiisque simulamentis, quibus ad barbaros milites continendos conciliandosque sibi utebatur.

XXIII De aetatibus historicorum nobilium, Hellanici, Herodoti, Thucydidis.

XXIV Quid Vulcacius Sedigitus in libro, quem *de poetis* scripsit, de comicis Latinis iudicarit.

XXV De uerbis quibusdam nouis, quae in Gnaei Mati *mimiambis* offenderamus.

XXVI Quibus uerbis Aristoteles philosophus definierit syllogismum; eiusque definitionis interpretamentum uerbis Latinis factum.

XXVII Quid sint 'comitia calata', quid 'curiata', quid 'centuriata', quid 'tributa', quid 'concilium'; atque inibi quaedam eiusdemmodi.

XXVIII Quod errauit Cornelius Nepos, cum scripsit Ciceronem tres et uiginti annos natum causam pro Sexto Roscio dixisse.

XXIX Quali figura orationis et quam noua L. Piso *annalium* scriptor usus sit.

XXX Vehiculum, quod 'petorritum' appellatur, cuiatis linguae uocabulum sit, Graecae an Gallicae.

XXXI Quae uerba legauerint Rodii ad hostium ducem Demetrium, cum ab eo obsiderentur, super illa incluta Ialysi imagine.

CAPITVLA LIBRI SEXTI DECIMI

I Verba Musoni philosophi Graeca digna atque utilia audiri obseruarique; eiusdemque utilitatis sententia a M. Catone multis ante annis Numantiae ad equites dicta.

II Cuiusmodi sit lex apud dialecticos percontandi disserendique; et quae sit eius legis reprehensio.

III Quanam ratione effici dixerit Erasistratus medicus, si cibus forte deerit, ut tolerari aliquantisper inedia possit et tolerari fames; uerbaque ipsa Erasistrati super ea re scripta.

IV Quo ritu quibusque uerbis fetialis populi Romani bellum indicere solitus sit his, quibus populus bellum fieri iusserat; et item in quae uerba conceptum fuerit iusiurandum de furtis militaribus sanciendis et uti milites scripti intra praedictum diem in loco certo frequentarent causis quibusdam exceptis, propter quas id iusiurandum remitti aecum esset.

V 'Vestibulum' quid significet; deque eius uocabuli rationibus.

VI Hostiae, quae dicuntur 'bidentes', quid sint et quam ob causam ita appellatae sint; superque ea re P. Nigidii et Iulii Hygini sententiae.

VII Quod Laberius uerba pleraque licentius petulantiusque finxit; et quod multis item uerbis utitur, de quibus, an sint Latina, quaeri solet.

VIII Quid significet et quid a nostris appellatum sit, quod 'axioma' dialectici dicunt; et quaedam alia, quae prima in disciplina dialectica traduntur.

IX Quid significet uerbum in libris ueterum creberrime positum 'susque deque'.

X Quid sint 'proletarii', quid 'capite censi'; quid item sit in *XII tabulis* 'adsiduus'; et quae eius uocabuli ratio sit.

XI Historia ex Herodoti libris sumpta de Psyllorum interitu, qui in Syrtibus Africanis colebant.

XII De his uocabulis, quae Cloatius Verus aut satis commode aut nimis absurde et inlepide ad origines linguae Graecae redigit.

XIII Quid sit 'municipium' et quid a 'colonia' differat; et quid sint 'municipes' quaeque sit eius uocabuli ratio ac proprietas; atque inibi, quod diuus Hadrianus in senatu de iure atque uocabulo municipum uerba fecit.

XIV Quod M. Cato differre dixit 'properare' et 'festinare'; et quam incommode Verrius Flaccus uerbi, quod est 'festinat', ἔτυμον interpretatus sit.

XV Quid Theophrastus mirum de perdicibus scriptum reliquerit et quid Theopompus de leporibus.

XVI 'Agrippas' a partus aegri et inprosperi uitio appellatos; deque his deabus, quae uocantur 'Prorsa' et 'Postuerta'.

XVII Quae ratio uocabuli sit agri Vaticani.

XVIII Lepida quaedam memoratu et cognitu de parte geometriae, quae ὀπτική appellatur, et item alia, quae κανονική, et tertia itidem, quae dicitur μετρική.

XIX Sumpta historia ex Herodoti libro super fidicine Arione.

CAPITVLA LIBRI SEPTIMI DECIMI

I Quod Gallus Asinius et Larcius Licinus sententiam M. Ciceronis reprehenderunt ex oratione, quam dixit *pro M. Caelio*; et quid aduersus homines stolidissimos pro eadem sententia uere digneque dici possit.

II Verba quaedam ex Q. Claudi *annalium* primo cursim in legendo notata.

III Verba M. Varronis ex libro quinto et uicesimo *humanarum*, quibus contra opinionem uolgariam interpretatus est Homeri uersum.

IV Quid Menander poeta Philemoni poetae dixerit, a quo saepe indigne in certaminibus comoediarum superatus est; et quod saepissime Euripides in tragoedia ab ignobilibus poetis uictus est.

V Nequaquam esse uerum, quod minutis quibusdam rhetoricae artificibus uideatur, M. Ciceronem in libro, quem *de amicitia* scripsit, uitioso argumento usum ἀμφισβητούμενον ἀντὶ ὁμολογουμένου posuisse; totumque id consideratius tractatum exploratumque.

VI Falsum esse, quod Verrius Flaccus in libro secundo, quos *de obscuris M. Catonis* composuit, de seruo recepticio scriptum reliquit.

VII Verba haec ex Atinia lege: 'quod subruptum erit, eius rei aeterna auctoritas esto', P. Nigidio et Q. Scaeuolae uisa esse non minus de praeterito furto quam de futuro cauisse.

VIII In sermonibus apud mensam Tauri philosophi quaeri agitarique eiusmodi solita: 'cur oleum saepe et facile, uina rarius congelascant, acetum haut fere umquam' et 'quod aquae fluuiorum fontiumque durentur, mare gelu non duretur'.

IX De notis litterarum, quae in C. Caesaris epistulis reperiuntur; deque aliis clandestinis litteris ex uetere historia petitis; et quid *σκυτάλη* sit Laconica.

X Quid de uersibus Vergilii Fauorinus existumarit, quibus in describenda flagrantia montis Aetnae Pindarum poetam secutus est; conlataque ab eo super eadem re utriusque carmina et diiudicata.

XI Quod Plutarchus in libris *symposiacis* opinionem Platonis de habitu atque natura stomachi fistulaeque eius, quae *τραχεῖα* dicitur, aduersum Erasistratum medicum tutatus est auctoritate adhibita antiqui medici Hippocratis.

XII De materiis infamibus, quas Graeci *ἀδόξους* appellant, a Fauorino exercendi gratia disputatis.

XIII 'Quin' particula quot qualesque uarietates significationis habeat et quam saepe in ueterum scriptis obscura sit.

XIV Sententiae ex Publili *mimis* selectae lepidiores.

XV Quod Carneades Academicus elleboro stomachum purgauit scripturus aduersus Zenonis Stoici decreta; deque natura medelaque ellebori candidi et nigri.

XVI Anates Ponticas uim habere uenenis digerendis potentem; atque inibi de Mitridati regis in id genus medicamentis sollertia.

XVII Mitridatem, Ponti regem, duarum et uiginti gentium linguis locutum; Quintumque Ennium tria corda habere sese dixisse, quod tris linguas percalluisset, Graecam, Oscam, Latinam.

XVIII Quod M. Varro C. Sallustium, historiae scriptorem, deprehensum ab Annio Milone in adulterio scribit et loris caesum pecuniaque data dimissum.

XIX Quid Epictetus philosophus dicere solitus sit hominibus nequam et inpuris disciplinas philosophiae studiose tractantibus; et quae duo uerba obseruanda praeceperit omnium rerum longe salubria.

XX Verba sumpta ex *Symposio* Platonis numeris coagmentisque uerborum scite modulateque apta exercendi gratia in Latinam orationem uersa.

XXI Quibus temporibus post Romam conditam Graeci Romanique inlustres uiri floruerint ante secundum bellum Carthaginiensium.

CAPITVLA LIBRI OCTAVI DECIMI

I Disputationes a philosopho Stoico et contra a Peripatetico arbitro Fauorino factae; quaesitumque inter eos, quantum in perficienda uita beata uirtus ualeret quantumque esset in his, quae dicuntur 'extranea'.

II Cuiusmodi quaestionum certationibus Saturnalicia ludicra Athenis agitare soliti simus; atque inibi inspersa quaedam sophismatia et aenigmata oblectatoria.

III Quid Aeschines rhetor in oratione, qua Timarchum de inpudicitia accusauit, Lacedaemonios statuisse dixerit super sententia probatissima, quam inprobatissimus homo dixisset.

IV Quod Sulpicius Apollinaris praedicantem quendam a sese uno Sallustii *historias* intellegi inlusit quaestione proposita, quid uerba ista apud Sallustium significarent: 'incertum, stolidior an uanior'.

V Quod Q. Ennius in septimo *annali* 'quadrupes eques' ac non 'quadrupes ecus', ut legunt multi, scriptum reliquit.

VI Quod Aelius Melissus in libro, cui titulum fecit *de loquendi proprietate,* quem, cum ederet, cornum esse Copiae dicebat, rem scripsit neque dictu neque auditu dignam, cum differre 'matronam' et 'matrem familias' existimauit differentia longe uanissima.

VII Quem in modum Fauorinus tractauerit intempestiuum

quendam de uerborum ambiguitatibus quaerentem; atque ibi, quot significationes capiat 'contio'.

VIII Ὁμοιοτέλευτα et ὁμοιόπτωτα atque alia id genus, quae ornamenta orationis putantur, inepta esse et puerilia Lucilii quoque uersibus declarari.

IX Quid significet apud M. Catonem uerbum 'insecenda'; quodque 'insecenda' potius legendum sit quam, quod plerique existimant, 'insequenda'.

X Errare istos, qui in exploranda febri uenarum pulsus pertemptari putant, non arteriarum.

XI Verba ex carminibus Furi Antiatis inscite a Caesellio Vindice reprehensa; uersusque ipsi, in quibus ea uerba sunt, subscripti.

XII Morem istum ueteribus nostris fuisse uerba patiendi mutare ac uertere in agendi modum.

XIII Quali talione Diogenes philosophus usus sit pertemptatus a dialectico quodam sophismatio inpudenti.

XIV Quid sit numerus 'hemiolios', quid 'epitritos'; et quod uocabula ista non facile nostri ausi sunt uertere in linguam Latinam.

XV Quod M. Varro in herois uersibus obseruauerit rem nimis anxiae et curiosae obseruationis.

Desunt lemmata libri noni decimi. Varie fingunt ς.

CAPITVLA LIBRI VICESIMI

I Disceptatio Sex. Caecilii iureconsulti et Fauorini philosophi de legibus *duodecim tabularum*.

II Vocabulum 'siticinum' in M. Catonis oratione quid significet.

III Quam ob causam L. Accius poeta in *pragmaticis* sicinnistas 'nebuloso nomine' esse dixerit.

IV Artificum scaenicorum studium amoremque inhonestum probrosumque esse; et super ea re uerba Aristotelis philosophi adscripta.

V Exempla epistularum Alexandri regis et Aristotelis philosophi Graeca ita uti sunt edita; eaque in linguam Latinam uersa.

VI Quaesitum atque tractatum, utrum siet rectius dicere 'habeo curam ⟨uestri', an⟩ 'uestrum'.

VII ***

VIII De his, quae habere *συμπτωσίαν* uidentur cum luna †mansuescente ac senescente.

IX Qualibus uerbis delectari solitus sit Antonius Iulianus positis in *mimiambis* ⟨Cn. Matii; et quid significet M. Cato in oratione, quam⟩ scripsit *de innocentia sua*, cum ita dictitat 'numquam uestimenta a populo poposci'.

X ***

XI ***

A. GELLII

NOCTIVM ATTICARVM LIBER PRIMVS

I

Quali proportione quibusque collectionibus Plutarchus ratiocinatum esse Pythagoram philosophum dixerit de comprehendenda corporis proceritate, qua fuit Hercules, cum uitam inter homines uiueret.

1 Plutarchus in libro, quem de Herculis, quamdiu inter
homines fuit, animi corporisque ingenio atque uirtutibus
conscripsit, scite subtiliterque ratiocinatum Pythagoram
philosophum dicit in reperienda modulandaque status longi-
2 tudinisque eius praestantia. Nam cum fere constaret curriculum stadii, quod est Pisis apud Iouem Olympium,
Herculem pedibus suis metatum idque fecisse longum pedes
sescentos, cetera quoque stadia in terra Graecia ab aliis
postea instituta pedum quidem esse numero sescentum, sed
tamen esse aliquantulum breuiora, facile intellexit modum
spatiumque plantae Herculis ratione proportionis habita
tanto fuisse quam aliorum procerius, quanto Olympicum
3 stadium longius esset quam cetera. Comprehensa autem
mensura Herculani pedis secundum naturalem membrorum
omnium inter se competentiam modificatus est atque ita id
collegit, quod erat consequens, tanto fuisse Herculem corpore excelsiorem quam alios, quanto Olympicum stadium
ceteris pari numero factis anteiret.

6 vii, p. 144 Bern.

---

6 quamdiu *R. Klotz*: quantum *VR*: quali *β* 11 Pisis apud Iouem Olympium *VR*: Pisae ad Iouis Olympii *Mosellanus* 13 terra *Carrio*: terras *VR* 19 pedis *VR*: pedis quanta longinquitas corporis ei mensurae conueniret *β*

II

Ab Herode Attico C. V. tempestiue deprompta in quendam iactantem et gloriosum adulescentem, specie tantum philosophiae sectatorem, uerba Epicteti Stoici, quibus festiuiter a uero Stoico seiunxit uolgus loquacium nebulonum, qui se Stoicos nuncuparent.

Herodes Atticus, uir et Graeca facundia et consulari 1
honore praeditus, accersebat saepe, nos cum apud magistros
Athenis essemus, in uillas ei urbi proximas me et clarissimum uirum Seruilianum compluresque alios nostrates, qui
Roma in Graeciam ad capiendum ingenii cultum concesserant. Atque ibi tunc, cum essemus apud eum in uilla, cui 2
nomen est Cephisia, et aestu anni et sidere autumni flagrantissimo, propulsabamus incommoda caloris lucorum umbra ingentium, longis ambulacris et mollibus, aedium positu refrigeranti, lauacris nitidis et abundis et collucentibus totiusque uillae uenustate aquis undique canoris atque auibus personante.

Erat ibidem nobiscum simul adulescens philosophiae sec- 3
tator, disciplinae, ut ipse dicebat, stoicae, sed loquacior
inpendio et promptior. Is plerumque in conuiuio sermonibus, 4
qui post epulas haberi solent, multa atque inmodica ⟨de⟩ philosophiae doctrinis intempestiue atque insubide disserebat praeque se uno ceteros omnes linguae Atticae principes gentemque omnem togatam, quodcumque nomen Latinum rudes esse et agrestes praedicabat atque interea uocabulis haut facile cognitis, syllogismorum captionumque dialecticarum laqueis strepebat *κυριεύοντας* et *ἡσυχάζοντας* et *σωρείτας* aliosque id genus griphos neminem posse dicens nisi se dissoluere. Rem vero ethicam naturamque humani ingenii uirtutumque origines officiaque earum et confinia aut contra morborum uitiorumque fraudes animorumque labes,

2 iactantem *Hertz*: iactatum *VP*: iactabundum *ed. Ald. 1515* 12 Cephisia et aestu *VR*: Cephisiae, aestu *Heiberg* 17 personante *VR*: *num* personantis ? 19 loquacior *R*: loquencior *V f. recte, cf. Amm. 29. 1. 25* 21 ⟨de⟩ *add.* ς 28 griphos *ed. Ven. 1472*: gri post V^1: grippos V^2: gripus *R* 30 et confinia aut contra *VR*: confinitima aut contraria *β* 31 labes *VR*: labes ac ς

pestilentias asseuerabat nulli esse ulli magis ea omnia ex-
5 plorata, comperta meditataque. Cruciatibus autem doloribusque corporis et periculis mortem minitantibus habitum statumque uitae beatae, quem se esse adeptum putabat, neque laedi neque inminui existimabat ac ne oris quoque et uultus serenitatem stoici hominis umquam ulla posse aegritudine obnubilari.

6 Has ille inanes glorias cum flaret iamque omnes finem cuperent uerbisque eius defetigati pertaeduissent, tum Herodes Graeca, uti plurimus ei mos fuit, oratione utens 'permitte,' inquit 'philosophorum amplissime, quoniam respondere nos tibi, quos uocas idiotas, non quimus, recitari ex libro, quid de huiuscemodi magniloquentia uestra senserit dixeritque Epictetus, Stoicorum maximus', iussitque proferri *dissertationum Epicteti* digestarum ab Arriano primum librum, in quo ille uenerandus senex iuuenes, qui se Stoicos appellabant, neque frugis neque operae probae, sed theorematis tantum nugalibus et puerilium isagogarum commentationibus deblaterantes obiurgatione iusta incessuit.

7 Lecta igitur sunt ex libro, qui prolatus est, ea, quae addidi; quibus uerbis Epictetus seuere simul et festiuiter seiunxit atque diuisit a uero atque sincero Stoico, qui esset procul dubio ἀκώλυτος, ἀνανάγκαστος, ἀπαραπόδιστος, ἐλεύθερος, εὐπορῶν, εὐδαιμονῶν, uolgus aliud nebulonum hominum, qui se Stoicos nuncuparent atraque uerborum et argutiarum fuligine ob oculos audientium iacta sanctissimae disciplinae nomen ementirentur:

2 meditataque *VR*: meditataque quam sibi β 6 et *VR*: neque β 10 Graeca uti *R*: grecorum V^{1}: greca cuius V^{2} 12 uocas idiotas *VR*: idiotas et rudes uocas β 13 uestra *VR*: uester *Damsté* 14 maximus *VR*: uel maximus β 15 primum *VR*: secundum *Carrio* 17–19 sed . . . deblaterantes *R*: sed . . . deblatantes *V*: se . . . oblectantes β 22 addidi *Scioppius*: addidit *VR* 26 atraque β: atroque *VR* 27 iacta *ed. Beroald. 1503*: iacto *VR* 28 nomen ementirentur *ed. Ascens. 1517*: nomine mentirentur *VR*

Εἰπέ μοι περὶ ἀγαθῶν καὶ κακῶν. Ἄκουε. 8
Ἰλιόθεν με φέρων ἄνεμος Κικόνεσσι πέλασσεν.
Τῶν ὄντων τὰ μέν ἐστιν ἀγαθά, τὰ δὲ κακά, τὰ δὲ ἀδιάφορα. 9
Ἀγαθὰ μὲν οὖν ἀρεταὶ καὶ τὰ μετέχοντα αὐτῶν, κακὰ δὲ κακία
καὶ τὰ μετέχοντα κακίας, ἀδιάφορα δὲ τὰ μεταξὺ τούτων,
πλοῦτος, ὑγεία, ζωή, θάνατος, ἡδονή, πόνος. Πόθεν οἶδας; Ἑλλά- 10
νικος λέγει ἐν τοῖς Αἰγυπτιακοῖς. Τί γὰρ διαφέρει τοῦτο εἰπεῖν,
ἢ ὅτι Διογένης ἐν τῇ ἠθικῇ ἢ Χρύσιππος ἢ Κλεάνθης; Βεβασάνι-
κας οὖν ⟨τι⟩ αὐτῶν καὶ δόγμα σαυτοῦ πεποίησαι; Δείκνυε, πῶς 11
εἴωθας ἐν πλοίῳ χειμάζεσθαι· μέμνησαι ταύτης τῆς διαιρέσεως,
ὅταν ψοφήσῃ τὸ ἱστίον καὶ ἀνακραυγάσῃς; Ἄν σοί τις κακόσχολός
πως παραστὰς εἴπῃ· "λέγε μοι, τοὺς θεούς σοι, ἃ πρῴην ἔλεγες,
μή τι κακία ἐστὶν τὸ ναυαγῆσαι, μή τι κακίας μετέχον;" οὐκ ἄρα
ξύλον ἐνσείσεις αὐτῷ; "τί ἡμῖν καὶ σοί, ἄνθρωπε; ἀπολλύμεθα,
καὶ σὺ ἐλθὼν παίζεις." Ἐὰν δέ σε ὁ Καῖσαρ μεταπέμψηται 12
κατηγορούμενον ***

His ille auditis insolentissimus adulescens obticuit, tam- 13
quam si ea omnia non ab Epicteto in quosdam alios, sed ab Herode in eum ipsum dicta essent.

III

Quod Chilo Lacedaemonius consilium anceps pro salute amici cepit; quodque est circumspecte et anxie considerandum, an pro utilitatibus amicorum delinquendum aliquando sit; notataque inibi et relata, quae et Theophrastus et M. Cicero super ea re scripserunt.

Lacedaemonium Chilonem, uirum ex illo incluto numero 1
sapientium, scriptum est in libris eorum, qui uitas resque

1 *Arr.* 2. 19. 12–17 2 Hom. *Od.* 9. 39

---

4 ἀρεταὶ *V*: αἱ ἀρεταὶ *Arr.* κακία *V*: κακίαι *Arr.* 9 τι *Arr. om. V a uoce* Δείκνυε *iterum incipit P* (*u. praef. p.x.*) 10 χειμάζεσθαι *VP*: γυμνάζεσθαι *Arr.* 12 πως ς: ΓΟϹ *VP*: *om. Arr.* 13 ἄρα *VP*: ἄρας *Arr.* 17 his . . . p. 42, 22 autem *om. VR*: his . . . p. 42, 22 et *om. P*: *praebent Aβ* 19 ipsum *Hertz*: IPSIVM *A*: *om. β*: ipsimum *Nettleship* 25 uirum *A*: unum *β*

gestas clarorum hominum memoriae mandauerunt, eum
Chilonem in uitae suae postremo, cum iam inibi mors occuparet, ad circumstantis amicos sic locutum:
2 'Dicta' inquit 'mea factaque in aetate longa pleraque
omnia fuisse non paenitenda, fors sit ut uos etiam sciatis.
3 Ego quidem in hoc certe tempore non fallo me nihil esse
quicquam commissum a me, cuius memoria ⟨mihi⟩ aegritudini sit, ni illud profecto unum sit, quod rectene an perperam fecerim, nondum mihi plane liquet.
4 Super amici capite iudex cum duobus aliis fui. Ita lex
fuit, uti eum hominem condemnari necessum esset. Aut
amicus igitur capitis perdendus aut adhibenda fraus legi
5 fuit. Multa cum animo meo ad casum tam ancipitem meden-
dum consultaui. Visum est esse id, quod feci, praequam
6 erant alia, toleratu facilius: ipse tacitus ad condemnandum
sententiam tuli, is qui simul iudicabant, ut absoluerent,
7 persuasi. Sic mihi et iudicis et amici officium in re tanta
saluum fuit. Hanc capio ex eo facto molestiam, quod metuo,
ne a perfidia et culpa non abhorreat in eadem re eodemque
tempore inque communi negotio, quod mihi optimum factu
duxerim, diuersum eius aliis suasisse.'
8 Et hic autem Chilo, praestabilis homo sapientiae, quonam
usque debuerit contra legem contraque ius pro amico progredi, dubitauit, eaque res in fine quoque uitae ipso animum
9 eius anxit, et alii deinceps multi philosophiae sectatores, ut
in libris eorum scriptum est, satis inquisite satisque sollicite
quaesiuerunt, ut uerbis, quae scripta sunt, ipsis utar, *εἰ δεῖ
βοηθεῖν τῷ φίλῳ παρὰ τὸ δίκαιον καὶ μέχρι πόσου καὶ ποῖα*. Ea
uerba significant quaesisse eos, an nonnumquam contra ius

1–2 eum Chilonem in *A*: cum de *β* 2 cum iam *A*: eum *β* 5 fors sit ut *A*: forsitan *β* 6 quidem in hoc certe *A*: certe in hoc quidem *β* 7 memoria mihi aegritudini sit *Hertz*: MEMO (*una linea periit*) GRITVDINISIT *A*: memoria rei aliquid pariat aegritudinis *β* 9 nondum mihi *β*: NONMIHIDVM *A* 12 capitis *A*: capitalis *β*: capitali *Carrio* 14 praequam *A*: prae hoc quod *β* 22 sapientiae *VPR*: sapientia *β* 26 inquisite *mg. ed. Ascens. 1511*: inquit si te *VR*: inquit scite *P*

contraue morem faciendum pro amico sit et in qualibus
causis et quemnam usque ad modum.
Super hac quaestione cum ab aliis, sicuti dixi, multis, 10
tum uel diligentissime a Theophrasto disputatur, uiro in
philosophia peripatetica modestissimo doctissimoque, eaque
disputatio scripta est, si recte meminimus, in libro eius *de*
amicitia primo. Eum librum M. Cicero uidetur legisse, cum 11
ipse quoque librum *de amicitia* componeret. Et cetera
quidem, quae sumenda a Theophrasto existimauit, ut ingenium facundiaque eius fuit, sumpsit et transposuit com-
modissime aptissimeque; hunc autem locum, de quo satis 12
quaesitum esse dixi, omnium rerum aliarum difficillimum
strictim atque cursim transgressus est, neque ea, quae a
Theophrasto pensiculate atque enucleate scripta sunt, exsecutus est, sed anxietate illa et quasi morositate disputationis praetermissa genus ipsum rei tantum paucis uerbis
notauit. Ea uerba Ciceronis, si recensere quis uellet, apposui: 13
'His igitur finibus utendum esse arbitror, ut, cum emendati
mores amicorum sunt, tum sit inter eos omnium rerum,
consiliorum, uoluntatum sine ulla exceptione communitas,
ut etiam, si qua fortuna acciderit, ut minus iustae uoluntates amicorum adiuuandae sint, in quibus eorum aut caput
agatur aut fama, declinandum de uia sit, modo ne summa
turpitudo sequatur; est enim, quatenus amicitiae uenia
dari possit.'
'Cum agetur' inquit 'aut caput amici aut fama, declinandum
est de uia, ut etiam iniquam uoluntatem illius adiutemus.'
Sed cuiusmodi declinatio esse ista debeat qualisque ad ad- 14
iuuandum digressio et in quanta uoluntatis amici iniquitate,

18 *de amic.* 61

5 modestissimo *VPR*: honestissimo *Hosius*: notissimo *Damsté* 10 eius *R*: eis *VP* 14 pensiculate *VPR*: pensim *β* 18 ut . . . 24 sequatur: *nihil habet R nisi* usque ibi 19 sunt *VPR*: sint *Cic.* 22 sint V^2: sunt V^1P caput *VP*: de capite *Cic.*: capitis causa *β* 26 agetur *VPR*: agitur *Veen* 28 ad adiuuandum *VR*: adiuuandum *P*

15 non dicit. Quid autem refert scire me in eiusmodi periculis amicorum, si non magna me turpitudo insecutura est,
de uia esse recta declinandum, nisi id quoque me docuerit,
quam putet magnam turpitudinem, et cum decessero de uia,
quousque degredi debeam? 'Est enim' inquit 'quatenus dari
16 amicitiae uenia possit.' Hoc immo ipsum est, quod maxime
discendum est quodque ab his, qui docent, minime dicitur,
17 quatenus quaque fini dari amicitiae uenia debeat. Chilo ille
sapiens, de quo paulo ante dixi, conseruandi amici causa de
uia declinauit. Sed uideo, quousque progressus sit; falsum
18 enim pro amici salute consilium dedit. Id ipsum tamen in
fine quoque uitae, an iure posset reprehendi culparique,
dubitauit.

'Contra patriam' inquit Cicero 'arma pro amico sumenda
19 non sunt.' Hoc profecto nemo ignorauit, et 'priusquam
Theognis', quod Lucilius ait, 'nasceretur'. Set id quaero, id
desidero: cum pro amico contra ius, contra quam licet, salua
tamen libertate atque pace faciendum est et cum de uia,
sicut ipse ait, declinandum est, quid et quantum et in quali
20 causa et quonam usque id fieri debeat. Pericles ille Atheniensis, uir egregio ingenio bonisque omnibus disciplinis ornatus,
in una quidem specie, set planius tamen, quid existimaret,
professus est. Nam cum amicus eum rogaret, ut pro re
causaque eius falsum deiuraret, his ad eum uerbis usus est:
Δεῖ μὲν συμπράττειν τοῖς φίλοις, ἀλλὰ μέχρι τῶν θεῶν.

21 Theophrastus autem in eo, quo dixi, libro inquisitius
quidem super hac ipsa re et exactius pressiusque quam
22 Cicero disserit. Set is quoque in docendo non de unoquoque

14 *de amic.* 36 15 u. 952 Marx

7 discendum *VPR*: dicendum *β* docent *β*: doceant *VPR* 8 quaque *AVPR*: quoque *β* 10 sit *A*: est *VPR* 15 ignorauit *A*: ignouit it *PR*: ignouit id *V* 16 quod *A*: quam *VPR* 17 contra quam *A*: et contra quam *VPR* 21 uir egregio *A*: egregius vir *VPR* 24 deiuraret *VPR cf. 4. 20. 9; 11. 6. 1*: DEIRARET *A* 25 *μὲν* *VP*: *με ς* 27 pressiusque *AVPR*: expressiusque *F. Skutsch*

facto singillatim existimat neque certis exemplorum documentis, set generibus rerum summatim uniuersimque utitur ad hunc ferme modum:

'Parua' inquit 'et tenuis uel turpitudo uel infamia sub- 23
eunda est, si ea re magna utilitas amico quaeri potest. Rependitur quippe et compensatur leue damnum delibatae honestatis maiore alia grauioreque in adiuuando amico honestate, minimaque illa labes et quasi lacuna famae munimentis
partarum amico utilitatium solidatur. Neque nominibus' 24
inquit 'moueri nos oportet, quod paria genere ipso non sunt honestas meae famae et rei amici utilitas. Ponderibus haec enim potestatibusque praesentibus, non uocabulorum appellationibus neque dignitatibus generum diiudicanda sunt.
Nam cum in rebus aut paribus aut non longe secus utilitas 25
amici aut honestas nostra consistit, honestas procul dubio praeponderat; cum uero amici utilitas nimio est amplior, honestatis autem nostrae in re non graui leuis iactura est, tunc, quod utile amico est, id prae illo, quod honestum nobis est, fit plenius, sicuti est magnum pondus aeris parua lamna auri pretiosius.'

Verba adeo ipsa Theophrasti super ea re adscribsi: *Οὐκ,* 26
εἰ δή που τοῦτο τῷ γένει τιμιώτερον, ἤδη καί, ὁτιοῦν ἂν ᾖ μέρος τούτου, πρὸς τὸ τηλίκον θατέρου συγκρινόμενον αἱρετὸν ἔσται. Λέγω δὲ οἷον, οὐκ, εἰ χρυσίον τιμιώτερον χαλκοῦ, καὶ τηλίκον τοῦ χρυσίου πρὸς τὸ τηλίκον χαλκοῦ μέγεθος ἀντιπαραβαλλόμενον πλέον δόξει· ἀλλὰ ποιήσει τινὰ ῥοπὴν καὶ τὸ πλῆθος καὶ τὸ μέγεθος.

21 fr. 81 Wimmer

---

1 existimat n. c. ex. *VPR*: ATNEQVECERTISDOCVMENTORVM *A* 4 subeunda *A*: sua eunda *VPR* 8 illa *VPR*: ALIA *A* 10 genere *A*: generi *VPR* 11 honestas *AV m.rec. P m.rec.*: honesta *V¹P¹R* 13 generum *AV²*: a generum *V¹PR* 14 aut non *VPR*: non *A* 15 honestas *prius VPR*: HONESTITAS *A* 20 auri *A*: auri fit *VR*: auri sit *P* 21 adscribsi *A*: scripsi *VPR* 22 *τοῦτο τῷ Hertz*: TOYTOY TΩ *VP* 24 *οὐκ εἰ Bücheler*: OYKAI *VP* *χρυσίον ς*: XPYCON *VP* 25 *χρυσίου ed. Ald. 1515*: XPICOY *VP*

27 Fauorinus quoque philosophus huiuscemodi indulgentiam gratiae tempestiue laxato paulum remissoque subtili iustitiae examine his uerbis definiuit: Ἡ καλουμένη χάρις παρὰ τοῖς ἀνθρώποις, τοῦτο ἔστιν ὕφεσις ἀκριβείας ἐν δέοντι.

28 Post deinde idem Theophrastus ad hanc ferme sententiam disseruit: 'Has tamen' inquit 'paruitates rerum et magnitudines atque has omnes officiorum aestimationes alia nonnumquam momenta extrinsecus atque aliae quasi appendices personarum et causarum et temporum et circumstantiae ipsius necessitates, quas includere in praecepta difficilest, moderantur et regunt et quasi gubernant et nunc ratas efficiunt, nunc inritas.'

29 Haec taliaque Theophrastus satis caute et sollicite et religiose cum discernendi magis disceptandique diligentia quam cum decernendi sententia atque fiducia scribsit, quoniam profecto causarum ac temporum uarietates discriminumque ac differentiarum tenuitates derectum atque perpetuum distinctumque in rebus singulis praeceptum, quod ego nos in prima tractatus istius parte desiderare dixeram, non capiunt.

30 Eius autem Chilonis, a quo disputatiunculae huius initium fecimus, cum alia quaedam sunt monita utilia atque prudentia, tum id maxime exploratae utilitatis est, quod duas ferocissimas adfectiones amoris atque odii intra modum cautum coercuit. 'Hac' inquit 'fini ames, tamquam forte fortuna et osurus, hac itidem tenus oderis, tamquam fortasse post amaturus.'

3 fr. 102 Marres

---

2 remissoque *A*: permissoque *VPR*   5 ferme *A V m.rec.*: per me *V*¹*PR*   6 paruitates *A V m. rec.*: prauitates *V*¹*PR*   8 aliae *A*: alia *VPR*   15 scribsit *A*: seruitute *VPR*   16 causarum . . . tenuitates *A*: causa scientie corporum uarietates disermonumque ac differentiarum ignorantes *VPR*   17 derectum *VPR*: decretum *A*   22 monita *A*: mota *VPR*   25 cautum *VPR*: CAVTVRVM *A*: cautionum *Nettleship*: certum *Damsté*   fini ames *A*: finiam et *VPR*   26 et *A*: *om. VPR*

Super hoc eodem Chilone Plutarchus philosophus in libro 31
περὶ ψυχῆς primo uerbis his ita scribsit: *Χείλων ὁ παλαιὸς
ἀκούσας τινὸς λέγοντος μηδένα ἔχειν ἐχθρὸν ἠρώτησεν, εἰ μηδένα
φίλον ἔχει, νομίζων ἐξ ἀνάγκης ἐπακολουθεῖν καὶ συνεμπλέκεσθαι
φιλίαις ἀπεχθείας.*

IV

Quam tenuiter curioseque explorauerit Antonius Iulianus in oratione M. Tullii uerbi ab eo mutati argutiam.

Antonius Iulianus rhetor perquam fuit honesti atque 1
amoeni ingeni. Doctrina quoque ista utiliore ac delectabili
ueterumque elegantiarum cura et memoria multa fuit; ad
hoc scripta omnia antiquiora tam curiose spectabat et aut
uirtutes pensitabat aut uitia rimabatur, ut iudicium esse
factum ad amussim diceres.

Is Iulianus super eo *ἐνθυμήματι*, quod est in oratione 2
M. Tullii, quam *pro Cn. Plancio* dixit, ita existimauit — sed 3
uerba prius, de quibus iudicium ab eo factum est, ipsa po-
nam: 'Quamquam dissimilis est pecuniae debitio et gratiae.
Nam qui pecuniam dissoluit, statim non habet id, quod
reddidit, qui autem debet, is retinet alienum: gratiam autem
et qui refert habet, et qui habet, in eo ipso, quod habet,
refert. Neque ego nunc Plancio desinam debere, si hoc sol-
uero, nec minus ei redderem uoluntate ipsa, si hoc molestiae 4
non accidisset' — 'crispum sane' inquit 'agmen orationis
rotundumque ac modulo ipso numerorum uenustum, sed
quod cum uenia legendum sit uerbi paulum ideo inmutati,
ut sententiae fides salua esset. Namque debitio gratiae et 5

2 vii, p. 19 Bern. 11 cf. gloss. Vat. (Herm. 8. 70) 18 *pro Planc.* 68

2 his ita *A*: ita *VPR* 5 *φιλίαις Gronov*: ΦΙΛΙΑϹ *VP* 10 ista utiliore *A VPR*: iste utili uere *Falster*: ista subtiliore *Madvig* 15 *ἐνθυμήματι scripsi*: *om. A spatio relicto*: enthymemate *vel. sim. VPR* 16 quam *A*: qua *VPR* ita *A*: et ita *VPR* 18 pecuniae *A*: a pecunia *VPR* 19 id . . . 20 debet *A*: *om. VPR* 23 ei *VPR*: EA *A* 26 ideo *A*: ide *VP*: de *R*

pecuniae conlata uerbum hoc utrubique seruari postulat.
6 Ita enim recte opposita inter sese gratiae pecuniaeque debitio uidebitur, si et pecunia quidem deberi dicatur et gratia,
sed quid eueniat in pecunia debita solutaue, quid contra in
gratia debita redditaue, debitionis uerbo utrimque seruato
disseratur. Cicero autem,' inquit 'cum gratiae pecuniaeque
debitionem dissimilem esse dixisset eiusque sententiae rationem redderet, uerbum "debet" in pecunia ponit, in gratia
"habet" subicit pro "debet"; ita enim dicit: "gratiam
autem et qui refert habet, et qui habet, in eo ipso, quod
7 habet, refert." Sed id uerbum "habet" cum proposita com-
paratione non satis conuenit. Debitio enim gratiae, non
habitio, cum pecunia confertur, atque ideo consequens
quidem fuerat sic dicere: "et qui debet, in eo ipso, quod
debet, refert"; sed absurdum et nimis coactum foret, si nondum redditam gratiam eo ipso redditam diceret, quia debetur.
8 Inmutauit ergo,' inquit 'subdidit uerbum ei uerbo, quod
omiserat, finitimum, ut uideretur et sensum debitionis conlatae non reliquisse et concinnitatem sententiae retinuisse.'
Ad hunc modum Iulianus enodabat diiudicabatque ueterum
scriptorum sententias, quas aput eum adulescentes lectitabant.

V

Quod Demosthenes rhetor cultu corporis atque uestitu probris obnoxio infamique munditia fuit; quodque item Hortensius orator ob eiusmodi munditias gestumque in agendo histrionicum Dionysiae saltatriculae cognomento compellatus est.

1 Demosthenen traditum est uestitu ceteroque cultu cor-

1 conlata *VPR*: CONLATAE *A* hoc utrubique *A*: ut ubique *VPR* postulat *A*: possit *VPR* 3 uidebitur *VPR*: VIDETVR *A* 5 utrimque *A*: utrumque *VPR* 15 sed *A*: quod *VPR* 17 subdidit *A*: et subdidit *VPR* 18 omiserat *AVPR*: nimis erat *β*: promiserat *Madvig*: omissurus erat *Hagen* 20 enodabat diiudicabatque ς: enudabat deiudicabatque *VPR*: ENVDABATQVE *A* 21 lectitabant *VPR*: DELECTITABANT *A*: delecti lectitabant *Mommsen* 27 histrionicum ς: histrionum *VP* 29 est *A*: et *VPR*

poris nitido uenustoque nimisque accurato fuisse. Et hinc ei
τὰ κομψὰ illa χλανίσκια et μαλακοὶ χιτωνίσκοι ab aemulis
aduersariisque probro data, hinc etiam turpibus indignisque
in eum uerbis non temperatum, quin parum uir et ore quoque polluto diceretur.

Ad eundem modum Q. Hortensius omnibus ferme oratori- 2
bus aetatis suae, nisi M. Tullio, clarior, quod multa munditia
et circumspecte compositeque indutus et amictus esset
manusque eius inter agendum forent argutae admodum et
gestuosae, maledictis compellationibusque probris iactatus
est, multaque in eum, quasi in histrionem, in ipsis causis
atque iudiciis dicta sunt. Sed cum L. Torquatus, subagresti 3
homo ingenio et infestiuo, grauius acerbiusque apud consilium iudicum, cum de causa Sullae quaereretur, non iam
histrionem eum esse diceret, sed gesticulariam Dionysiam-
que eum notissimae saltatriculae nomine appellaret, tum
uoce molli atque demissa Hortensius 'Dionysia,' inquit
'Dionysia malo equidem esse quam quod tu, Torquate,
ἄμουσος, ἀναφρόδιτος, ἀπροσδιόνυσος'.

VI

Verba ex oratione Metelli Numidici, quam dixit in censura ad populum, cum eum ad uxores ducendas adhortaretur; eaque oratio quam ob causam reprehensa et quo contra modo defensa sit.

Multis et eruditis uiris audientibus legebatur oratio Metelli 1
Numidici, grauis ac diserti uiri, quam in censura dixit ad
populum de ducendis uxoribus, cum eum ad matrimonia
capessenda hortaretur. In ea oratione ita scribtum fuit: 'Si 2

2 Aeschin. *in Tim.* 131   27 fr. 6 Malc.[2]

1–2 fuisse. Et hinc ei τὰ *Hertz*: FVISSETHINC *A*: fuisse hincerta *V*: fuisse incerta *P*: fuise hinc eita *R*   6 Q. *A*: *om.* *VPR* oratoribus *VPR*: ORATIONIBVS *A*   8 amictus *AVPR*: amictus accuratior β   10 probris *A*: probrosis *VPR*   14 syllae ς: silla *V*: sylla *PR*   17 Dionysia ς: dy-(*vel* di-)onysias *VPR*   23 quo contra modo ς: quod contra modum *VP*

sine uxore possemus, Quirites, omnes ea molestia careremus;
set quoniam ita natura tradidit, ut nec cum illis satis commode, nec sine illis ullo modo uiui possit, saluti perpetuae
potius quam breui uoluptati consulendum est.'
3 Videbatur quibusdam Q. Metellum censorem, cui consilium esset ad uxores ducendas populum hortari, non opor-
tuisse de molestia incommodisque perpetuis rei uxoriae
confiteri, neque id hortari magis esse quam dissuadere abs-
terrereque; set contra in id potius orationem debuisse
sumi dicebant, ut et nullas plerumque esse in matrimoniis
molestias adseueraret et, si quae tamen accidere nonnumquam uiderentur, paruas et leues facilesque esse toleratu
diceret maioribusque eas emolumentis et uoluptatibus oblit-
terari easdemque ipsas neque omnibus neque naturae uitio,
4 set quorundam maritorum culpa et iniustitia euenire. Titus
autem Castricius recte atque condigne Metellum esse locutum existimabat. 'Aliter' inquit 'censor loqui debet, aliter
rhetor. Rhetori concessum est sententiis uti falsis, audacibus, uersutis, subdolis, captiosis, si ueri modo similes sint et
possint mouendos hominum animos qualicumque astu in-
repere.' Praeterea turpe esse ait rhetori, si quid in mala
5 causa destitutum atque inpropugnatum relinquat. 'Sed enim
Metellum,' inquit 'sanctum uirum, illa grauitate et fide
praeditum cum tanta honorum atque uitae dignitate aput
populum Romanum loquentem, nihil decuit aliud dicere,
quam quod uerum esse sibi atque omnibus uidebatur,
praesertim cum super ea re diceret, quae cotidiana intelle-
gentia et communi peruolgatoque uitae usu comprendere-
6 tur. De molestia igitur cunctis hominibus notissima confessus

1 possemus *AVPR*: ⟨uiuere⟩ possemus *Hertz, sed u. Löfstedt Synt.* 2. 270 omnes *AVPR*: omni *A tribuit Hertz* 4 est *A*: *om. VPR* 5 Q. *A*: *om. VPR* 7 incommodisque *A*: incommodeque *VPR* 8 id hortari *Hertz*: I*HORTARI *A*: adhortari *VPR* 13 maioribusque *A*: maiorique *VPR* 19 uersutis *A*: uel *VPR* captiosis *VPR*: CAPIATSE *A* 20 mouendos *A*: ad mouendos *VPR* hominum animos *A*: animos hominum *VPR* 21 rhetori *VPR*: RHETOR *A* 22 inpropugnatum *A*: inpugnatum *VPR*

eaque confessione fidem sedulitatis ueritatisque commeritus,
tum denique facile et procliuiter, quod fuit rerum omnium
ualidissimum atque uerissimum, persuasit ciuitatem saluam
esse sine matrimoniorum frequentia non posse.'
Hoc quoque aliut ex eadem oratione Q. Metelli dignum **7**
esse existimauimus adsidua lectione non hercle minus, quam
quae a grauissimis philosophis scribta sunt. Verba Metelli **8**
haec sunt. 'Di immortales plurimum possunt; sed non plus
uelle nobis debent quam parentes. At parentes, si pergunt
liberi errare, bonis exheredant. Quid ergo nos ab immortalibus dissimilius expectemus, nisi malis rationibus finem facimus? Is demum deos propitios esse aecum est, qui sibi aduersarii non sunt. Dii immortales uirtutem adprobare, non adhibere debent.'

VII

In hisce uerbis Ciceronis ex oratione quinta *in Verrem* 'hanc sibi rem praesidio sperant futurum' neque mendum esse neque uitium errareque istos, qui bonos libros uiolant et 'futuram' scribunt; atque ibi de quodam alio Ciceronis uerbo dictum, quod probe scriptum perperam mutatur; et aspersa pauca de modulis numerisque orationis, quos Cicero auide sectatus est.

In oratione Ciceronis quinta *in Verrem* in libro spectatae **1**
fidei Tironiana cura atque disciplina facto scribtum fuit:
'Homines tenues obscuro loco nati nauigant; adeunt ad ea **2**
loca, quae numquam antea adierant. Neque noti esse iis,

8 fr. 7 Malc.^{2} 24 *in Verr.* 5. 167

1 sedulitatis *AVP*: sedulitis *R*: simplicitatis *Madvig, sed cf. Cic. pro Cluent.* 58 3 ciuitatem *VPR*: CIVITATEMAVTEM *A* 5 Q. *A*: *om. VPR* 8 possunt *AVPR*: prosunt *Cima* 10 ab (*uel* a) *VPR*: *om. A* immortalibus *A*: diis immortalibus *VPR* 11 dissimilius *Hosius*: DISSIMILIVSDIVITIVS *A*: diutius *VPR*: diuinitus *e codd. suis Carrio* 12 facimus *AVPR*: faciamus *β* is demum *cod. Fulvii*: isdem *AVPR* 14 adhibere *AVPR*: abolere *Falster*: admonere *Calonghi* 18 futuram *ς*: futura *VP* 22 in *tert. β*: *om. AVPR* spectatae *A*: specte *VPR* 23 facto *A*: ita facto ita *VPR* 25 antea *A*: ante *VPR* esse iis *A*: essetis *VPR*

quo uenerunt, neque semper cum cognitoribus esse possunt, hac una tamen fiducia ciuitatis non modo apud nostros magistratus, qui et legum et existimationis periculo continentur, neque apud ciues solum Romanos, qui et sermonis et iuris et multarum rerum societate iuncti sunt, fore se tutos arbitrantur, sed quocumque uenerint, hanc sibi rem praesidio sperant futurum.'

3 Videbatur compluribus in extremo uerbo menda esse.
Debuisse enim scribi putabant non 'futurum', sed 'futuram',
neque dubitabant, quin liber emendandus esset, ne, ut in
Plauti comoedia moechus, sic enim mendae suae inludi-
abant, ita in Ciceronis oratione soloecismus esset 'manifes-
tarius'.

4 Aderat forte ibi amicus noster, homo lectione multa
exercitus, cui pleraque omnia ueterum litterarum quaesita,
5 meditata euigilataque erant. Is libro inspecto ait nullum
esse in eo uerbo neque mendum neque uitium et Ciceronem
6 probe ac uetuste locutum. 'Nam "futurum" ' inquit 'non
refertur ad rem, sicut legentibus temere et incuriose uidetur,
neque pro participio positum est, set uerbum est indefinitum,
quod Graeci appellant ἀπαρέμφατον, neque numeris neque
generibus praeseruiens, set liberum undique et inpromiscum,
7 quali C. Gracchus uerbo usus est in oratione, cuius titulus
est *de P. Popilio circum conciliabula*, in qua ita scriptum
est: "Credo ego inimicos meos hoc dicturum." "Inimicos
8 dicturum" inquit, non "dicturos"; uideturne ea ratione
positum esse aput Gracchum "dicturum", qua est aput Ciceronem "futurum"? sicut in Graeca oratione sine ulla uitii
suspicione omnibus numeris generibusque sine discrimine

11 *Bacch.* 918 25 fr. 34 Malc.[2]

---

2 hac *Cic.*: ac *VPR* 3 periculo *Cic.*: periculum *VP*: periculan *R* 10 emendandus *ed. Ascens. 1511*: emendatus *VPR* 11 mendae suae ς: menda est suae *VPR*: mendam scite *Bährens* 12 esset ς: est et *VPR* 16 euigilataque *VPR*: EVIGILATAEQVE *A* 17 et *A*: *om. VPR* 22 inpromiscum *A*: impromiscuum *VPR* 24 P. *A*: quo *VPR*

tribuuntur huiuscemodi uerba: ἐρεῖν, ποιήσειν, ἔσεσθαι, et
similia.' In Claudi quoque Quadrigarii tertio *annali* verba 9
haec esse dixit: 'Dum i conciderentur, hostium copias ibi occupatas futurum'; in duodeuicesimo *annali* eiusdem Quadrigarii principium libri sic scriptum: 'Si pro tua bonitate et
nostra uoluntate tibi ualitudo subpetit, est quod speremus
deos bonis bene facturum'; item in Valerii Antiatis libro 10
quarto uicesimo simili modo scriptum esse: 'Si eae res
diuinae factae recteque perlitatae essent, haruspices dixerunt
omnia ex sententia processurum esse'. 'Plautus etiam in 11
Casina, cum de puella loqueretur, "occisurum" dixit, non
"occisuram", his uerbis:

etiamne habet Casina gladium? —
habet, sed duos. — quid duos? — altero te
occisurum ait, altero uilicum.

Item Laberius in *Gemellis*: 12

non putaui, inquit, hoc eam facturum.

Non ergo isti omnes, soloecismus quid esset, ignorarunt, sed 13
et Gracchus "dicturum" et Quadrigarius "futurum" et
"facturum" et Antias "processurum" et Plautus "occisurum" et Laberius "facturum" indefinito modo dixerunt, qui 14
modus neque in numeros neque in personas neque in tempora neque in genera distrahitur, sed omnia istaec una
eademque declinatione complectitur, sicuti M. Cicero "fu- 15
turum" dixit non uirili genere neque neutro, soloecismus
enim plane foret, sed uerbo usus est ab omni necessitate
generum absoluto.'

Idem autem ille amicus noster in eiusdem M. Tullii 16

3 fr. 43 Peter 5 fr. 79 Peter 8 fr. 59 Peter 13 *Cas.* 691 17 u. 51 Ribb.[2]

---

1 tribuuntur *A*: attribuuntur *VPR* 2 annali *A*: annali libro *VPR* 3 Dum i *Peter*: IDVMI *A*: dum hii *VPR*: I dum *Hertz* 13 etiamne habet *VPR*: sed etiamne habet nunc *Plautus* 14 quid duos *Plautus*: quibus *VPR* 17 eam *VR*: eum *P* 24 M. ς: mauro *VPR*

oratione, quae est *de imperio Cn. Pompei*, ita scriptum esse
a Cicerone dicebat atque ipse ita lectitabat: 'Cum uestros
portus atque eos portus, quibus uitam ac spiritum ducitis,
17 in praedonum fuisse potestatem sciatis', neque soloecismum
esse aiebat 'in potestatem fuisse', ut uulgus semidoctum
putat, sed ratione dictum certa et proba contendebat, qua
et Graeci ita uterentur et Plautus uerborum Latinorum
elegantissimus in *Amphitruone* dixit:

num uero mi in mentem fuit,

non, ut dici solitum est, 'in mente'.

18 Sed enim praeter Plautum, cuius ille in praesens exemplo
usus est, multam nos quoque apud ueteres scriptores locu-
tionum talium copiam offendimus atque his uulgo adnota-
19 mentis inspersimus. Vt et rationem autem istam missam
facias et auctoritates, sonus tamen et positura ipsa uerborum satis declarat id potius ἐπιμελείᾳ τῶν λέξεων modula-
mentisque orationis M. Tullii conuenisse, ut, quoniam
utrumuis dici Latine posset, 'potestatem' dicere mallet, non
20 'potestate'. Illud enim sic compositum iucundius ad aurem
completiusque, insuauius hoc inperfectiusque est, si modo
ita explorata aure homo sit, non surda nec iacenti; sicuti
est hercle, quod 'explicauit' dicere maluit quam 'explicuit',
quod esse iam usitatius coeperat.

Verba sunt haec ipsius ex oratione, quam *de imperio Cn. Pompei* habuit: 'Testis est Sicilia, quam multis undique cinctam periculis, non terrore belli, sed consilii celeritate explicauit.' At si 'explicuit' diceret, inperfecto et debili numero uerborum sonus clauderet.

2 *de imp. Cn. Pompei* 33 9 *Amph.* 180 25 *de imp. Cn. Pompei* 30

---

6 ratione dictum ς: rationem dictu *VPR* 9 num uero *VPR*: numero *β*, *Non. 352. 30* mi *Fleckeisen*: mihi *VPR* 19 sic compositum ς: si compositus *VPR* 20 completiusque *Scioppius*: complectiusque *VPR* inperfectiusque ς: inperpectius quae *VR*: imperpetiusque *P* 24 ex oratione *β*: exhortatione *VP*: exornatione *R* 27 explicuit V^2: explicauit V^1PR

VIII

Historia in libris Sotionis philosophi reperta super Laide meretrice et Demosthene rhetore.

Sotion ex peripatetica disciplina haut sane ignobilis uir 1
fuit. Is librum multae uariaeque historiae refertum composuit eumque inscripsit κέρας Ἀμαλθείας. Ea uox hoc ferme 2
ualet, tamquam si dicas 'cornum Copiae'.

In eo libro super Demosthene rhetore et Laide meretrice 3
historia haec scripta est: 'Lais' inquit 'Corinthia ob elegantiam uenustatemque formae grandem pecuniam de-
merebat, conuentusque ad eam ditiorum hominum ex omni
Graecia celebres erant, neque admittebatur, nisi qui dabat,
quod poposcerat; poscebat autem illa nimium quantum.'
Hinc ait natum esse illud frequens apud Graecos adagium: 4

οὐ παντὸς ἀνδρὸς ἐς Κόρινθον ἔσθ' ὁ πλοῦς,

quod frustra iret Corinthum ad Laidem, qui non quiret dare,
quod posceretur. 'Ad hanc ille Demosthenes clanculum adit 5
et, ut sibi copiam sui faceret, petit. At Lais μυρίας δραχμάς
poposcit', hoc facit nummi nostratis denarium decem milia.
'Tali petulantia mulieris atque pecuniae magnitudine ictus 6
expauidusque Demosthenes auertitur et discedens "ego"
inquit "paenitere tanti non emo".' Sed Graeca ipsa, quae
fertur dixisse, lepidiora sunt: οὐκ ὠνοῦμαι, inquit, μυρίων
δραχμῶν μεταμέλειαν.

IX

Quis modus fuerit, quis ordo disciplinae Pythagoricae, quantumque temporis imperatum obseruatumque sit discendi simul ac tacendi.

Ordo atque ratio Pythagorae ac deinceps familiae ⟨et⟩ 1
successionis eius recipiendi instituendique discipulos huiuscemodi fuisse traditur: Iam a principio adulescentes, qui 2

9 sqq. cf. Ioh. Saris. *Policrat.* 6. 23

14 adagium *VR*: adagium prouerbium *P* 22 emo *VR*: emo huc usque *P* 28 ratio ς: oratio *VPR* familiae *VPR*: *del. Vogel* ⟨et⟩ *add. Bongars*

sese ad discendum obtulerant, ἐφυσιογνωμόνει. Id uerbum
significat mores naturasque hominum coniectatione quadam
de oris et uultus ingenio deque totius corporis filo atque
3 habitu sciscitari. Tum qui exploratus ab eo idoneusque
fuerat, recipi in disciplinam statim iubebat et tempus certum tacere: non omnes idem, sed alios aliud tempus pro
4 aestimato captu sollertiae. Is autem, qui tacebat, quae
dicebantur ab aliis, audiebat, neque percontari, si parum
intellexerat, neque commentari, quae audierat, fas erat; sed
non minus quisquam tacuit quam biennium: hi prorsus appellabantur intra tempus tacendi audiendique ἀκουστικοί.
5 Ast ubi res didicerant rerum omnium difficillimas, tacere
audireque, atque esse iam coeperant silentio eruditi, cui
erat nomen ἐχεμυθία, tum uerba facere et quaerere quaeque
audissent scribere et, quae ipsi opinarentur, expromere
6 potestas erat; hi dicebantur in eo tempore μαθηματικοί,
ab his scilicet artibus, quas iam discere atque meditari in-
ceptauerant: quoniam geometriam, gnomonicam, musicam
ceterasque item disciplinas altiores μαθήματα ueteres Graeci
appellabant; uulgus autem, quos gentilicio uocabulo 'Chal-
7 daeos' dicere oportet, 'mathematicos' dicit. Exinde his
scientiae studiis ornati ad perspicienda mundi opera et
principia naturae procedebant ac tunc denique nomina-
bantur φυσικοί.

8 Haec eadem super Pythagora noster Taurus cum dixisset:
'nunc autem' inquit 'isti, qui repente pedibus inlotis ad
philosophos deuertunt, non est hoc satis, quod sunt omnino
ἀθεώρητοι, ἄμουσοι, ἀγεωμέτρητοι, sed legem etiam dant, qua
9 philosophari discant. Alius ait "hoc me primum doce",
item alius "hoc uolo" inquit "discere, istud nolo"; hic a
symposio Platonis incipere gestit propter Alcibiadae comisa-
10 tionem, ille a *Phaedro* propter Lysiae orationem. Est etiam,'
inquit 'pro Iuppiter! qui Platonem legere postulet non
uitae ornandae, sed linguae orationisque comendae gratia,

4 idoneusque *VPR*: idoneus *Vossius*: idoneusque ⟨inuentus⟩ *Stephanus* 6 alios *Gronov*: aliud *V*: alius *PR*

nec ut modestior fiat, sed ut lepidior.' Haec Taurus dicere **11**
solitus nouicios philosophorum sectatores cum ueteribus
Pythagoricis pensitans.

Sed id quoque non praetereundum est, quod omnes, simul **12**
atque a Pythagora in cohortem illam disciplinarum recepti
erant, quod quisque familiae, pecuniae habebat, in medium
dabat, et coibatur societas inseparabilis, tamquam illud
fuit anticum consortium, quod iure atque uerbo Romano
appellabatur 'ercto non cito'.

X

Quibus uerbis compellauerit Fauorinus philosophus adulescentem casce nimis et prisce loquentem.

Fauorinus philosophus adulescenti ueterum uerborum **1**
cupidissimo et plerasque uoces nimis priscas et ignotas in
cotidianis communibusque sermonibus expromenti: 'Curius'
inquit 'et Fabricius et Coruncanius, antiquissimi uiri, et his
antiquiores Horatii illi trigemini plane ac dilucide cum suis
fabulati sunt neque Auruncorum aut Sicanorum aut Pelas-
gorum, qui primi coluisse Italiam dicuntur, sed aetatis suae
uerbis locuti sunt; tu autem, proinde quasi cum matre **2**
Euandri nunc loquare, sermone abhinc multis annis iam
desito uteris, quod scire atque intellegere neminem uis,
quae dicas. Nonne, homo inepte, ut, quod uis, abunde
consequaris, taces? Sed antiquitatem tibi placere ais, quod **3**
honesta et bona et sobria et modesta sit. Viue ergo moribus **4**
praeteritis, loquere uerbis praesentibus atque id, quod a

15 sqq. cf. Macr. *Sat.* 1. 5. 1–2

5 atque a *J. Gronov*: at quia *P*: qui a *VR* disciplinarum *VPR*: discipulorum *Stephanus* 6 pecuniae *Hertz*: PE|PECVNIAE *A*: pecuniaeque *VPR* 7 tamquam (*A*) *VPR*: tam, quam *Mommsen* 9 ercto non cito *Salmasius*: *om. A*: ertononcito *V*: ęrto non cito *P*: er conocito *R* 14 ignotas *A*: ignotissimas *VPR* 21 multis annis *VPR*: multos annos *Madvig sed u. S. Lundström 'Abhinc und Ante' (Acta reg. soc. human. litt. Lund., 62, 1961) p. 40*

C. Caesare, excellentis ingenii ac prudentiae uiro, in primo *de analogia* libro scriptum est, habe semper in memoria atque in pectore, ut "tamquam scopulum, sic fugias inauditum atque insolens uerbum".'

XI

Quod Thucydides, scriptor inclutus, Lacedaemonios in acie non tuba, sed tibiis esse usos dicit uerbaque eius super ea re posita; quodque Herodotus Alyattem regem fidicinas in procinctu habuisse tradit; atque inibi quaedam notata de Gracchi fistula contionaria.

1 Auctor historiae Graecae grauissimus Thucydides Lacedaemonios, summos bellatores, non cornuum tubarumue
signis, sed tibiarum modulis in proeliis esse usos refert non
prorsus ex aliquo ritu religionum neque rei diuinae gratia
neque autem, ut excitarentur atque euibrarentur animi,
quod cornua et litui moliuntur, sed contra, ut moderatiores
modulatioresque fierent, quod tibicinis numeris temperatur.
2 Nihil adeo in congrediendis hostibus atque in principiis
proeliorum ad salutem uirtutemque aptius rati, quam si
3 permulti sonis mitioribus non inmodice ferocirent. Cum pro-
cinctae igitur classes erant et instructa acies coeptumque in
hostem progredi, tibicines inter exercitum positi canere incep-
4 tabant. Ea ibi praecentione tranquilla et delectabili atque
adeo uenerabili ad quandam quasi militaris musicae disciplinam uis et impetus militum, ne sparsi dispalatique proru-
5 erent, cohibebatur. Sed ipsius illius egregii scriptoris uti uerbis
libet, quae et dignitate et fide grauiora sunt: *Καὶ μετὰ ταῦτα
ἡ ξύνοδος ἦν· Ἀργεῖοι μὲν καὶ οἱ σύμμαχοι ἐντόνως καὶ ὀργῇ*

3 fr. 2 Funaioli   10 Thuc. 5. 70

---

1 primo ς: ·L· primo *VPR*   14 excitarentur ς: exercitarentur *VPR*   16 numeris *VPR*: numeris⟨uis⟩ *Nettleship*   19 permulti *VP*: permultis *R*   22 delectabili atque adeo β: *om.* *VPR*   25 uti uerbis ς: utibis *VPR*

χωροῦντες, Λακεδαιμόνιοι δὲ βραδέως καὶ ὑπὸ αὐλητῶν πολλῶν νόμου ἐγκαθεστώτων οὐ τοῦ θείου χάριν, ἀλλ' ἵνα ὁμαλῶς μετὰ ῥυθμοῦ βαίνοντες προσέλθοιεν καὶ μὴ διασπασθείη αὐτοῖς ἡ τάξις, ὅπερ φιλεῖ τὰ μεγάλα στρατόπεδα ἐν ταῖς προσόδοις ποιεῖν.

Cretenses quoque proelia ingredi solitos memoriae datum 6
est praecinente ac praemoderante cithara gressibus; Alyattes 7
autem, rex terrae Lydiae more atque luxu barbarico
praeditus, cum bellum Milesiis faceret, ut Herodotus in
historiis tradit, concinentes habuit fistulatores et fidicines
atque feminas etiam tibicinas in exercitu atque in procinctu
habuit, lasciuientium delicias conuiuiorum. Sed enim Achaeos 8
Homerus pugnam indipisci ait non fidicularum tibiarumque,
sed mentium animorumque concentu conspiratuque tacito
nitibundos:

οἱ δ' ἄρ' ἴσαν σιγῇ μένεα πνείοντες Ἀχαιοί
ἐν θυμῷ μεμαῶτες ἀλεξέμεν ἀλλήλοισιν.

Quid ille uult ardentissimus clamor militum Romanorum, 9
quem in congressibus proeliorum fieri solitum scriptores
annalium memorauere? contrane institutum fiebat antiquae disciplinae tam probabile? an tum et gradu clementi et silentio est opus, cum ad hostem itur in conspectu longinquo procul distantem, cum uero prope ad manus uentum est, tum iam e propinquo hostis et impetu propulsandus et clamore terrendus est?

Ecce autem per tibicinia Laconica tibiae quoque illius 10
contionariae in mentem uenit, quam C. Graccho cum populo
agente praeisse ac praeministrasse modulos ferunt. Sed 11
nequaquam sic est, ut a uulgo dicitur, canere tibia solitum,
qui pone eum loquentem staret, ⟨et⟩ uariis modis tum

10 Herod. 1. 17 16 *Il.* 3. 8

2 νόμου *V*: NOMOI *P* 9 praeditus *VPR*: perditus *Wakefield* 13 Homerus ς: homerum *VPR* indipisci *PR*: indispici *V*: incepisse *Cornelissen* 14 sed mentium animorumque β: *om.* *VPR* 30 staret ⟨et⟩ *Hertz*: stare *VPR*

12 demulcere animum actionemque eius, tum intendere. Quid
enim foret ista re ineptius, si, ut planipedi saltanti, ita
Graccho contionanti numeros et modos et frequentamenta
13 quaedam uaria tibicen incineret? Sed qui hoc compertius
memoriae tradiderunt, stetisse in circumstantibus dicunt
occultius, qui fistula breui sensim grauiusculum sonum in-
spiraret ad reprimendum sedandumque inpetus uocis eius
14 efferuescentes; namque inpulsu et instinctu extraneo naturalis illa Gracchi uehementia indiguisse non, opinor, existi-
15 manda est. M. tamen Cicero fistulatorem istum utrique rei
adhibitum esse a Graccho putat, ut sonis tum placidis tum
citatis aut demissam iacentemque orationem eius erigeret
16 aut ferocientem saeuientemque cohiberet. Verba ipsius
Ciceronis apposui: 'Itaque idem Gracchus, quod potes audire, Catule, ex Licinio cliente tuo, litterato homine, quem
seruum sibi ille habuit ad manum, cum eburnea solitus est
habere fistula, qui staret occulte post ipsum, cum contiona-
retur, peritum hominem, qui inflaret celeriter eum sonum, qui
illum aut remissum excitaret aut a contentione reuocaret.'
17 Morem autem illum ingrediendi ad tibicinum modulos
proelii institutum esse a Lacedaemonis Aristoteles in libris
problematon scripsit, quo manifestior fieret exploratiorque
18 militum securitas et alacritas. 'Nam diffidentiae' inquit 'et
timori cum ingressione huiuscemodi minime conuenit, et
maesti atque formidantes ab hac tam intrepida ac tam
19 decora incedendi modulatione alieni sunt.' Verba pauca
Aristotelis super ea re apposui: *Διὰ τί, ἐπειδὰν κινδυνεύειν
μέλλωσιν, πρὸς αὐλὸν ἐμβαίνουσιν; ἵνα τοὺς δειλοὺς ἀσχημο-
νοῦντας γινώσκωσιν.* ***

14 *de or.* 3. 225 22 fr. 244 Rose

---

2 ista re ς: stare *VPR* 3 frequentamenta *VPR*: fritamenta *Heraeus* 8 efferuescentes; *Mommsen*: . Efferuescente *PR*: . Eferuescente *V* 12 citatis *VR*: creatis *P* 14 ap(p)osui *VR*: apposuit *P* 22 problematon *Gronov*: problemato *VPR*

XII

Virgo Vestae quid aetatis et ex quali familia et quo ritu quibusque caerimoniis ac religionibus ac quo nomine a pontifice maximo capiatur et quo statim iure esse incipiat, simul atque capta est; quodque, ut Labeo dicit, nec intestato cuiquam nec eius intestatae quisquam iure heres est.

Qui de uirgine capienda scripserunt, quorum diligentis- **1**
sime scripsit Labeo Antistius, minorem quam annos sex,
maiorem quam annos decem natam negauerunt capi fas
esse; item quae non sit patrima et matrima; item quae **2, 3**
lingua debili sensuue aurium deminuta aliaue qua corporis
labe insignita sit; item quae ipsa aut cuius pater emanci- **4**
patus sit, etiamsi uiuo patre in aui potestate sit; item cuius **5**
parentes alter amboue seruitutem seruierunt aut in negotiis
sordidis uersantur. Sed et eam, cuius soror ad id sacerdotium **6**
lecta est, excusationem mereri aiunt; item cuius pater
flamen aut augur aut quindecimuirum sacris faciundis aut
septemuirum epulonum aut Salius est. Sponsae quoque **7**
pontificis et tubicinis sacrorum filiae uacatio a sacerdotio
isto tribui solet. Praeterea Capito Ateius scriptum reliquit **8**
neque eius legendam filiam, qui domicilium in Italia non
haberet, et excusandam eius, qui liberos tres haberet.

Virgo autem Vestalis, simul est capta atque in atrium **9**
Vestae deducta et pontificibus tradita est, eo statim tempore
sine emancipatione ac sine capitis minutione e patris potestate exit et ius testamenti faciundi adipiscitur.

De more autem rituque capiundae uirginis litterae quidem **10**
antiquiores non extant, nisi, quae capta prima est, a Numa

8 *de iure pont.* fr. 21 Huschke 20 *de pont. iure* fr. 14 Strzelecki

---

3 quo nomine *Carrio*: cognomine *VP* 5 eius *VP*: ei *Hosius* 13 aui ς: auo *VPR* 14 seruitutem *A*: seruitute *VPR* 15 uersantur *A*: deuersantur *VPR* Sed et *ut vid. A*: sed *VPR* 17 aut *tert. Cramer*: AVTEM *A*: aut qui *VPR* 20 reliquit *V*: relinquit *PR* 24 pontificibus $V^{2}PR$: pontifici V^{1}: pontifici uirginibusque *v. Blumenthal*

11 rege esse captam. Sed Papiam legem inuenimus, qua caue-
tur, ut pontificis maximi arbitratu uirgines e populo uiginti
legantur sortitioque in contione ex eo numero fiat et, cuius
uirginis ducta erit, ut eam pontifex maximus capiat eaque
12 Vestae fiat. Sed ea sortitio ex lege Papia non necessaria nunc
uideri solet. Nam si quis honesto loco natus adeat pontificem
maximum atque offerat ad sacerdotium filiam suam, cuius
dumtaxat saluis religionum obseruationibus ratio haberi
possit, gratia Papiae legis per senatum fit.
13 'Capi' autem uirgo propterea dici uidetur, quia pontificis
maximi manu prensa ab eo parente, in cuius potestate est,
14 ueluti bello capta abducitur. In libro primo Fabii Pictoris,
quae uerba pontificem maximum dicere oporteat, cum uirginem capiat, scriptum est. Ea uerba haec sunt: 'Sacerdotem Vestalem, quae sacra faciat, quae ius siet sacerdotem
Vestalem facere pro populo Romano Quiritibus, uti quae
optima lege fuit, ita te, Amata, capio.'
15 Plerique autem 'capi' uirginem solam debere dici putant.
Sed flamines quoque Diales, item pontifices et augures 'capi'
16 dicebantur. L. Sulla *rerum gestarum* libro secundo ita scripsit: 'P. Cornelius, cui primum cognomen Sullae impositum
17 est, flamen Dialis captus.' M. Cato de Lusitanis, cum Seruium Galbam accusauit: 'Tamen dicunt deficere uoluisse.
Ego me nunc uolo ius pontificium optime scire; iamne ea
causa pontifex capiar? si uolo augurium optime tenere,
ecquis me ob eam rem augurem capiat?'
18 Praeterea in *commentariis* Labeonis, quae *ad duodecim
tabulas* composuit, ita scriptum est: 'Virgo Vestalis neque

12 fr. 4 Huschke 21 fr. 2 Peter 23 fr. 197 Malc.^{2}
28 fr. 24 Huschke

---

3 et . . . 5 fiat β: *om. VPR* cuius β: cuius ⟨sors⟩ *Mommsen*
9 Papiae *mg. ed. Gryph. 1542*: popiliae *VPR*: Papiae illae *Hertz*
15 ius siet *ed. Ascens. 1532*: iussi et *VPR* 17 fuit *VPR*: fuat
Scaliger 21 P. *VP*: T. *R* 22 Seruium (*uel* Ser.) ς: sergium *VPR*
26 ecquis *Gronov*: et quis *VR*: et quos *P* eam rem ς: meam *VPR*:
rem eam *Hosius*: meam augurii scientiam *Hertz*

heres est cuiquam intestato, neque intestatae quisquam, sed bona eius ⟨in⟩ publicum redigi aiunt. Id quo iure fiat, quaeritur.'

'Amata' inter capiendum a pontifice maximo appellatur, 19
quoniam, quae prima capta est, hoc fuisse nomen traditum est.

XIII

Quaesitum esse in philosophia, quidnam foret in recepto mandato rectius, idne omnino facere, quod mandatum est, an nonnumquam etiam contra, si id speres ei, qui mandauit, utilius fore; superque ea quaestione expositae diuersae sententiae.

In officiis capiendis, censendis iudicandisque, quae *καθ-* 1
ήκοντα philosophi appellant, quaeri solet, an negotio tibi
dato et, quid omnino faceres, definito contra quid facere
debeas, si eo facto uideri possit res euentura prosperius
exque utilitate eius, qui id tibi negotium mandauit. Anceps 2
quaestio et in utramque partem a prudentibus uiris arbi-
trata est. Sunt enim non pauci, qui sententiam suam una in 3
parte defixerint et re semel statuta deliberataque ab eo,
cuius id negotium pontificiumque esset, nequaquam putauerint contra dictum eius esse faciendum, etiamsi repentinus
aliqui casus rem commodius agi posse polliceretur, ne, si spes
fefellisset, culpa inpatientiae et poena indeprecabilis subeunda esset, si res forte melius uertisset, dis quidem gratia 4
habenda, sed exemplum tamen intromissum uideretur, quo
bene consulta consilia religione mandati soluta corrumperen-
tur. Alii existimauerunt incommoda prius, quae metuenda 5
essent, si res gesta aliter foret, quam imperatum est, cum
emolumento spei pensitanda esse et, si ea leuiora minoraque,
utilitas autem contra grauior et amplior spe quantum potest
firma ostenderetur, tum posse aduersum mandata fieri

2 ⟨in⟩ *add.* ς 5 est *VPR*: ei *Gronov* nomen *VPR*: nomine ς traditum $V^{2}PR$: tradita V^{1} 20 pontificiumque *VPR*: opificiumque *F. Skutsch* 23 inpatientiae *VPR*: imparentiae *ed. Ascens. 1519*

censuerunt, ne oblata diuinitus rei bene gerendae occasio
6 amitteretur, neque timendum exemplum non parendi crediderunt,
si rationes dumtaxat huiuscemodi non abessent.
7 Cumprimis autem respiciendum putauerunt ingenium naturamque
illius, cuia res praeceptumque esset: ne ferox, durus,
indomitus inexorabilisque sit, qualia fuerunt Postumiana
8 imperia et Manliana. Nam si tali praeceptori ratio reddenda
sit, nihil faciendum esse monuerunt aliter, quam praeceptum est.

9 Instructius deliberatiusque fore arbitramur theorematium
hoc de mandatis huiuscemodi obsequendis, si exemplum
quoque P. Crassi Muciani, clari atque incluti uiri, apposu-
10 erimus. Is Crassus a Sempronio Asellione et plerisque aliis
historiae Romanae scriptoribus traditur habuisse quinque
rerum bonarum maxima et praecipua: quod esset ditissimus,
quod nobilissimus, quod eloquentissimus, quod iurisconsul-
11 tissimus, quod pontifex maximus. Is cum in consulatu
obtineret Asiam prouinciam et circumsedere oppugnareque
Leucas pararet opusque esset firma atque procera trabe, qui
arietem faceret, quo muros eius oppidi quateret, scripsit ad
magistratum Mylattensium, sociorum amicorumque populi
Romani, ut ex malis duobus, quos apud eos uidisset, uter
12 maior esset, eum mittendum curaret. Tum magistratus comperto,
quamobrem malum desideraret, non, uti iussus erat,
maiorem, sed quem esse magis idoneum aptioremque faciendo

13 fr. 8 Peter 14 sqq. cf. Ioh. Saris. *Policrat.* 6. 12

3 abessent ς: adessent *VPR* 4 respiciendum *V*: recipiendum *P*: respicienda *R* 5 cuia *Carrio*: cui ea *VPR* 6 Postumiana *TY*: postumia *VP*: posttumiana *R* 7 Manliana *TY*: maniliana *VPR* 11 huiuscemodi *R*: cuiuscemodi *VP* obsequendis *Y*: obsequendi *VPRT* 12 atque *R*: ac *VP* 13 Asellione ς: asellone *VPR* 17 in *VPR*: ex *Cannegieter* 19 qui *VR*: qua *P* 21 magistratum *Salmasius*: mag. G̅. *V*: mag. G. *PR*: magistrum architectona *β*: *ἀρχιτέκτονα Hertz* Mylattensium *Hertz*: mole attenisium *V*: more atheniensium *P*: mole atheniensium *R*: Mytilenensium *Bergk*: Myrinensium *Hosius* 23 magistratus *Salmasius*: ma. g. G. *VPR*: magister ἀρχιτέκτων ς: *ἀρχιτέκτων Hertz*

arieti facilioremque portatu existimabat, minorem misit.
Crassus eum uocari iussit et, cum interrogasset, cur non, **13**
quem iusserat, misisset, causis rationibusque, quas dictitabat,
spretis uestimenta detrahi imperauit uirgisque multum ceci-
dit corrumpi atque dissolui officium omne imperantis ratus,
si quis ad id, quod facere iussus est, non obsequio debito,
sed consilio non desiderato respondeat.

XIV

Quid dixerit feceritque C. Fabricius, magna uir gloria magnisque rebus gestis, sed familiae pecuniaeque inops, cum ei Samnites tamquam indigenti graue aurum donarent.

Iulius Hyginus in libro *de uita rebusque inlustrium uirorum* **1**
sexto legatos dicit a Samnitibus ad C. Fabricium, imperatorem populi Romani, uenisse et memoratis multis magnisque rebus, quae bene ac beniuole post redditam pacem
Samnitibus fecisset, obtulisse dono grandem pecuniam orasse-
que, uti acciperet utereturque, atque id facere Samnites
dixisse, quod uiderent multa ad splendorem domus atque
uictus defieri neque pro amplitudine dignitateque lautum
paratum esse. Tum Fabricium planas manus ab auribus ad **2**
oculos et infra deinceps ad nares et ad os et ad gulam atque
inde porro ad uentrem imum deduxisse et legatis ita respondisse: dum illis omnibus membris, quae attigisset,
obsistere atque imperare posset, numquam quicquam de-
futurum; propterea se pecuniam, qua nihil sibi esset usus,
ab his, quibus eam sciret usui esse, non accipere.

12 fr. 3 Peter

---

1 existimabat *P*: existimabant *VR* 3 iusserat *VP*: iussisset *R* dictitabat *VP*: dictabat *R Saris.* 9 magna uir *P*: uir magna *V* 20 paratum *β*: paratumque *VP*: peratumque *R*

XV

Quam inportunum uitium plenumque odii sit futtilis inanisque loquacitas et quam multis in locis a principibus utriusque linguae uiris detestatione iusta culpata sit.

1 Qui sunt leues et futtiles et inportuni locutores quique
nullo rerum pondere innixi uerbis uuidis et lapsantibus
diffluunt, eorum orationem bene existimatum est in ore
nasci, non in pectore; linguam autem debere aiunt non esse
liberam nec uagam, sed uinclis de pectore imo ac de corde
2 aptis moueri et quasi gubernari. Sed enim uideas quosdam
scatere uerbis sine ullo iudicii negotio cum securitate multa
et profunda, ut loquentes plerumque uideantur loqui sese
3 nescire. Vlixen contra Homerus, uirum sapienti facundia
praeditum, uocem mittere ait non ex ore, sed ex pectore,
quod scilicet non ad sonum magis habitumque uocis quam
ad sententiarum penitus conceptarum altitudinem pertineret,
petulantiaeque uerborum coercendae uallum esse
oppositum dentium luculente dixit, ut loquendi temeritas
non cordis tantum custodia atque uigilia cohibeatur, sed et
quibusdam quasi excubiis in ore positis saepiatur.
4 Homerica, de quibus supra dixi, haec sunt:

ἀλλ' ὅτε δὴ ὄπα τε μεγάλην ἐκ στήθεος εἵη,

et:

ποῖόν σε ἔπος φύγεν ἕρκος ὀδόντων.

5 M. Tullii quoque uerba posui, quibus stultam et inanem
6 dicendi copiam grauiter et uere detestatus est: 'Dummodo'
inquit 'hoc constet neque infantiam eius, qui rem norit, sed
eam explicare dicendo non queat, neque inscientiam illius,

22 *Il.* 3. 221 24 *Il.* 4. 350 etc. 26 *de or.* 3. 142

---

2 futtilis *AP*: subtilis *V* 4 culpata *VP*: CVLPA *A* 6 uuidis *Salmasius*: ubi dis *P*: umidis *R*: humidis *V*: tumidis *Falster*: subitis *Avery* 10 aptis moueri *VPR*[1]: aptissimo ueri *R*[1] 15 quod *Gronov*: quos *VR*: quo *P* 20 saepiatur *R*: sapiatur *VP* 26 uere *VPR*: seuere *Hosius*: iure *Damsté* 28 eam *V*: etiam *P*: *om. R* inscientiam *PR*: inscitiam *V*

cui res non subpetat, uerba non desint, esse laudandam:
quorum si alterum sit optandum, malim equidem indisertam
prudentiam quam stultam loquacitatem.' Item in libro *de* 7
oratore primo uerba haec posuit: 'Quid enim est tam furi-
osum quam uerborum uel optimorum atque ornatissimorum
sonitus inanis nulla subiecta sententia nec scientia?' Cum- 8
primis autem M. Cato atrocissimus huiusce uitii insectator
est. Namque in oratione, quae inscripta est *si se Caelius* 9
tribunus plebis appellasset: 'numquam' inquit 'tacet, quem
morbus tenet loquendi tamquam ueternosum bibendi atque
dormiendi. Quod si non coueniatis, cum conuocari iubet, ita
cupidus orationis conducat, qui auscultet. Itaque auditis,
non auscultatis, tamquam pharmacopolam. Nam eius uerba
audiuntur; uerum se nemo committit, si aeger est.' Idem 10
Cato in eadem oratione eidem M. Caelio tribuno plebi uilitatem obprobrans non loquendi tantum, uerum etiam tacendi:
'frusto' inquit 'panis conduci potest, uel uti taceat uel uti
loquatur.' Neque non merito Homerus unum ex omnibus 11
Thersitam ἀμετροεπῆ et ἀκριτόμυθον appellat uerbaque illius
multa et ἄκοσμα strepentium sine modo graculorum similia
esse dicit. Quid enim est aliud ἐκολῴα? Eupolidis quoque 12
uersus de id genus hominibus consignatissime factus est:

λαλεῖν ἄριστος, ἀδυνατώτατος λέγειν,

quod Sallustius noster imitari uolens sic scribit: 'loquax' 13
inquit 'magis quam facundus.' Quapropter Hesiodus, 14

4 *de or.* I. 51 9 fr. 111 Malc.[2] 17 fr. 112 Malc.[2]
19 *Il.* 2. 212. 246 20 *Il.* 2. 213 23 fr. 95 Kock
24 *Hist.* 4 fr. 43 Maur.

2 malim V^2R: malum V^1P 6 nec ς: ne *VPR* 8 si se Caelius V^2R: si se caelus V^1: sic selius *P* 9 tribunus ς: tribunum *VPR* 10 bibendi ς: uiuendi *VPR* 12 auscultet *VPR*: auscultent *Lambecius* 13 pharmacopolam ς: armacopolam *VR*: arma copulam *P* 14 se *VPR*: se ⟨ei⟩ *Hertz* 16 obprobrans ς: obprobans *PR*: oprobans *V* 23 λέγειν ς: ΛΕΓΕ *V*: ΑΕΓΕ *P* 24 quod . . . sic scribit *Hertz*: quod . . . asscribit *V*: quod . . . ascribit *P*: salustius quoque noster *R*: quod . . . scribit *Lion*

poetarum prudentissimus, linguam non uulgandam, sed recondendam esse dicit proinde ut thesaurum, eiusque esse in promendo gratiam plurimam, si modesta et parca et modulata sit:

γλώσσης τοι θησαυρὸς ἐν ἀνθρώποισιν ἄριστος,
φειδωλῆς πλείστη δὲ χάρις κατὰ μέτρον ἰούσης.

15 Epicharmium quoque illud non inscite se habet:

οὐ λέγειν τύγ' ἐσσὶ δεινός, ἀλλὰ σιγᾶν ἀδύνατος,

16 ex quo hoc profecto sumptum est: 'qui cum loqui non posset, tacere non potuit.'

17 Fauorinum ego audiui dicere uersus istos Euripidi:

ἀχαλίνων στομάτων
ἀνόμου τ' ἀφροσύνας
τὸ τέλος δυστυχία,

non de his tantum factos accipi debere, qui impia aut inlicita dicerent, sed uel maxime de hominibus quoque posse dici stulta et inmodica blaterantibus, quorum lingua tam prodiga infrenisque sit, ut fluat semper et aestuet conluuione uerborum taeterrima, quod genus homines a Graecis signi-
18 ficantissimo uocabulo *καταγλωσσοι* appellantur. Valerium Probum, grammaticum inlustrem, ex familiari eius, docto uiro, comperi Sallustianum illud: 'satis eloquentiae, sapientiae parum', breui antequam uita decederet, sic legere coepisse et sic a Sallustio relictum affirmauisse: 'satis loquentiae, sapientiae parum', quod 'loquentia' nouatori uerborum Sallustio maxime congrueret, 'eloquentia' cum insipientia minime conueniret.

5 *opp.* 719 8 fr. 272 Kaibel 12 *Bacch.* 386
22 *Cat.* 5. 4

8 *τύγ'* *Gronov*: ΣΤΥΓΕ *VP* *ἀδύνατος* ς: ΑΔΥΝΑΤΟ *VP* 11 Fauorinum . . . 20 appellantur *om. R* 19 significantissimo *V*: significatissimo *P* 25 loquentiae ς: eloquentiae *VPR*

Huiuscemodi autem loquacitatem uerborumque turbam 19
magnitudine inani uastam facetissimus poeta Aristophanes
insignibus uocabulis denotauit in his uersibus:

ἄνθρωπον ἀγριοποιόν, αὐθαδόστομον,
ἔχοντ' ἀχάλινον, ἀκρατές, ἀπύλωτον στόμα,
ἀπεριλάλητον, κομποφακελορρήμονα,

neque minus insigniter ueteres quoque nostri hoc genus 20
homines in uerba proiectos 'locutuleios' et 'blaterones' et
'linguaces' dixerunt.

XVI

Quod uerba istaec Quadrigari ex *annali* tertio 'ibi mille hominum occiditur' non licenter neque de poetarum figura, sed ratione certa et proba grammaticae disciplinae dicta sunt.

Quadrigarius in tertio *annalium* ita scripsit: 'Ibi occiditur 1
mille hominum.' 'Occiditur', inquit, non 'occiduntur'. Item 2
Lucilius in tertio *satirarum*:

ad portam mille a porta est; exinde Salernum,

'mille' inquit 'est' non 'mille sunt'. Varro in XVII. *huma-* 3
narum: 'Ad Romuli initium plus mille et centum annorum
est.' M. Cato in primo *originum*: 'Inde est ferme mille 4
passum.' M. Cicero in sexta *in Antonium*: 'Itane Ianus 5
medius in L. Antonii clientela est? quis umquam in illo
Iano inuentus est, qui L. Antonio mille nummum ferret
expensum?'

4 *Ran.* 837   14 sqq. cf. Macr. *Sat.* 1. 5. 4 sqq.   14 fr. 44 Peter   17 u. 124 Marx   19 18 fr. 2 Mirsch   20 fr. 26 Peter   21 *Phil.* 6. 15

---

5 ἀπύλωτον ς: ΑΠΥΑΛΩΤΟΝ *P*: ΣΑΠΥΑΛΩΤΟΝ *V*   9 linguaces *P*: lingaces *VR*: lingulacas *codd. Carrionis*   11 istaec Quadrigari *A*: ista hec quadrigali *V*²*P*: ista quadrigali *V*¹   17 portam *VPR*²: prortam *R*¹: portum ς   exinde *VPR*: sex inde *Macr.*   Salernum *Macr.*: salternum *VPR*   18 XVII *VPR*: XVIII ς

6 In his atque in multis aliis 'mille' numero singulari dictum
7 est; neque hoc, ut quidam putant, uetustati concessum
est aut per figurarum concinnitatem admissum est, sed sic
8 uidetur ratio poscere. 'Mille' enim non pro eo ponitur, quod
Graece χίλιοι dicitur, sed quod χιλιάς, et sicuti una χιλιάς et
duae χιλιάδες, ita 'unum mille' et 'duo milia' certa atque
9 directa ratione dicitur. Quamobrem id quoque recte et
probabiliter dici solitum 'mille denarium in arca est' et
10 'mille equitum in exercitu est'. Lucilius autem, praeterquam
supra posui, alio quoque in loco id manifestius demonstrat;
11 nam in libro XV. ita dicit:

hunc, milli passum qui vicerit atque duobus,
Campanus sonipes succussor nullus sequetur
maiore in spatio ac diuersus uidebitur ⟨ire⟩;

12 item in libro nono:

tu milli nummum potes uno quaerere centum;

13 'milli passum' dixit pro 'mille passibus' et 'uno milli nummum' pro 'unis mille nummis' aperteque ostendit 'mille' et
uocabulum esse et singulari numero dici eiusque pluratiuum
14 esse 'milia' et casum etiam capere ablatiuum. Neque ceteros
casus requiri oportet, cum sint alia pleraque uocabula, quae
in singulos tantum casus, quaedam etiam, quae in nullum
15 inclinentur. Quapropter nihil iam dubium est, quin M.
Cicero in oratione, quam scripsit *pro Milone*, ita scriptum
reliquerit: 'Ante fundum Clodi, quo in fundo propter in-
sanas illas substructiones facile mille hominum uersabatur
ualentium', non 'uersabantur', quod in libris minus accuratis

12 u. 506 Marx 16 u. 327 Marx 25 *pro Mil.* 53

9 praeterquam *VPR*: praeterquam ⟨quod⟩ *Lion*: praeter quem *Veen* 12 milli β *Macr. pars*: mille *VPR* 13 succussor V^2 *Non. 16. 31*: succustior V^1PR: subcursor *Macr.* 14 ire *Macr.*: *om. VPR* 15 in libro nono tu milli *Macr.*: alio libro VIIII mille *VPR* 17 milli *Macr.*: mille *VPR* uno milli *Carrio*: uno mille duo *VPR*: milli *Macr.*

scriptum est; alia enim ratione 'mille ⟨homines', alia 'mille⟩ hominum' dicendum est.

XVII

Quanta cum animi aequitate tolerauerit Socrates uxoris ingenium intractabile; atque inibi quid M. Varro in quadam *satura* de officio mariti scripserit.

Xanthippe, Socratis philosophi uxor, morosa admodum **1**
fuisse fertur et iurgiosa irarumque et molestiarum muliebri-
um per diem perque noctem scatebat. Has eius intemperies **2**
in maritum Alcibiades demiratus interrogauit Socraten,
quaenam ratio esset, cur mulierem tam acerbam domo non
exigeret. 'Quoniam,' inquit Socrates 'cum illam domi talem **3**
perpetior, insuesco et exerceor, ut ceterorum quoque foris
petulantiam et iniuriam facilius feram.'
Secundum hanc sententiam ⟨M.⟩ quoque Varro in *satura* **4**
Menippea, quam *de officio mariti* scripsit: 'Vitium' inquit
'uxoris aut tollendum aut ferendum est. Qui tollit uitium,
uxorem commodiorem praestat; qui fert, sese meliorem
facit.' Haec uerba Varronis 'tollere' et 'ferre' lepide quidem **5**
composita sunt, sed 'tollere' apparet dictum pro 'corrigere'.
Id etiam apparet eiusmodi uitium uxoris, si corrigi non **6**
possit, ferendum esse Varronem censuisse, quod ferri scilicet a uiro honeste potest; uitia enim flagitiis leuiora sunt.

7 sqq. cf. Ioh. Saris. *Policrat.* 5. 10; 6. 26   9 cf. Non. 493. 4   16 fr. 83 Bücheler

---

1 ⟨homines alia mille⟩ *add. R. Klotz*   8 irarumque V^2: rarumque V^1R: rerumque *P*   9 scatebat *VPR*: satagebat *β*   10 demiratus *P*: iratus *VR*   15 ⟨M.⟩ *add. codd. Carrionis*   21 uxoris *P*: uxori *VR*

XVIII

Quod M. Varro in quarto decimo *humanarum* L. Aelium magistrum suum in ἐτυμολογίᾳ falsa reprehendit; quodque idem Varro in eodem libro falsum furis ἔτυμον dicit.

1 In XIV. *rerum diuinarum* libro M. Varro doctissimum
tunc ciuitatis hominem L. Aelium errasse ostendit, quod
uocabulum Graecum uetus traductum in linguam Romanam,
proinde atque si primitus Latine fictum esset, resoluerit in
uoces Latinas ratione etymologica falsa.
2 Verba ipsa super ea re Varronis posuimus: 'In quo
L. Aelius noster, litteris ornatissimus memoria nostra, errauit aliquotiens. Nam aliquot uerborum Graecorum antiquiorum, proinde atque essent propria nostra, reddidit causas
falsas. Non enim "leporem" dicimus, ut ait, quod est leuipes,
sed quod est uocabulum anticum Graecum. Multa uetera
illorum ignorantur, quod pro his aliis nunc uocabulis utuntur;
et illorum esse plerique ignorent "Graecum", quod nunc nominant Ἕλληνα, "puteum", quod uocant φρέαρ, "leporem",
quod λαγωόν dicunt. In quo non modo L. Aelii ingenium
non reprehendo, sed industriam laudo: successum enim
⟨fert⟩ fortuna, experientiam laus sequitur.'
3 Haec Varro in primore libro scripsit, de ratione uocabulorum scitissime, de usu utriusque linguae peritissime, de
4 ipso L. Aelio clementissime. Sed in posteriore eiusdem libri
parte 'furem' dicit ex eo dictum, quod ueteres Romani
'furuum' atrum appellauerint et fures per noctem, quae
5 atra sit, facilius furentur. Nonne sic uidetur Varro de fure,

10 fr. 99 Agahd

---

2 humanarum *VP*: diuinarum *debuit scribere G., cf. Non. 50. 12* 3 in *Hertz*: et in *VP* 6 L. Aelium *Carrio*: L. lęlium *P*: L. lelium *VR* 11 L. Aelius *Carrio*: lelius *VPR et sic passim* 17 et . . . ignorent *VPR*: ut . . . ignorant *Gronov* 18 Ἕλληνα ς: hellena *VPR* 20 industriam *V*²: inlustriam *V*¹*R*: illustriam *P* successum ς: succensum *VPR* 21 ⟨fert⟩ fortuna *Hirschfeld*: fortuna *VPR*: fortuna ⟨fundat⟩ *Hertz ex Amm. 17. 5. 8* 22 primore *VP*: primo *R* 27 fure *VPR*: fure ⟨errasse⟩ *ed. Ald. 1515*

tamquam L. Aelius de lepore? Nam quod a Graecis nunc
κλέπτης dicitur, antiquiore Graeca lingua φώρ dictum est.
Hinc per adfinitatem litterarum, qui φώρ Graece, est Latine
'fur'. Sed ea res fugeritne tunc Varronis memoriam, an 6
contra aptius et cohaerentius putarit 'furem' a 'furuo', id
est nigro, appellari, in hac re de uiro tam excellentis
doctrinae non meum iudicium est.

XIX

Historia super libris Sibyllinis ac de Tarquinio Superbo rege.

In antiquis annalibus memoria super *libris Sibyllinis* haec 1
prodita est: Anus hospita atque incognita ad Tarquinium 2
Superbum regem adiit nouem libros ferens, quos esse dicebat diuina oracula; eos uelle uenundare. Tarquinius pretium 3
percontatus est. Mulier nimium atque inmensum poposcit;
rex, quasi anus aetate desiperet, derisit. Tum illa foculum 4, 5
coram cum igni apponit, tris libros ex nouem deurit et,
ecquid reliquos sex eodem pretio emere uellet, regem interrogauit. Sed enim Tarquinius id multo risit magis dixitque 6
anum iam procul dubio delirare. Mulier ibidem statim tris 7
alios libros exussit atque id ipsum denuo placide rogat, ut
tris reliquos eodem illo pretio emat. Tarquinius ore iam 8
serio atque attentiore animo fit, eam constantiam confiden-
tiamque non insuper habendam intellegit, libros tris reliquos
mercatur nihilo minore pretio, quam quod erat petitum pro
omnibus. Sed eam mulierem tunc a Tarquinio digressam 9
postea nusquam loci uisam constitit. Libri tres in sacrarium 10
conditi 'Sibyllini' appellati; ad eos quasi ad oraculum 11
quindecimuiri adeunt, cum di immortales publice consulendi
sunt.

2 κλέπτης ς: cleptes *VP*: ceptes *R* dictum *Lion*: dictus *VPR* 5 putarit ς: putari *VPR* id est nigro *VPR*: *del. Hertz* 12 quos esse *TY*: quo sese *VR*: quod sese *P* 13 uelle *P*: uelle dixit *VR* 17 ecquid *R*: hec quid *V*: si *P* 20 exussit *VP*: combusit *R* 20 rogat ut *P*: rogatus VR^2: rogata R^1 25 digressam *VP*: egressam *R*

XX

Quid geometrae dicant ἐπίπεδον, quid στερεόν, quid κύβον, quid γραμμήν; quibusque ista omnia Latinis uocabulis appellentur.

1 Figurarum, quae σχήματα geometrae appellant, genera
2 sunt duo, 'planum' et 'solidum'. Haec ipsi uocant ἐπίπεδον
καὶ στερεόν. 'Planum' est, quod in duas partis solum lineas
habet, qua latum est et qua longum: qualia sunt triquetra
3 et quadrata, quae in area fiunt, sine altitudine. 'Solidum'
est, quando non longitudines modo et latitudines planas
numeri linearum efficiunt, sed etiam extollunt altitudines,
quales sunt ferme metae triangulae, quas 'pyramidas' appellant, uel qualia sunt quadrata undique, quae κύβους illi,
4 nos 'quadrantalia' dicimus. Κύβος enim est figura ex omni
latere quadrata, 'quales sunt' inquit M. Varro 'tesserae,
quibus in alueolo luditur, ex quo ipsae quoque appellatae
5 κύβοι.' In numeris etiam similiter κύβος dicitur, cum omne
latus eiusdem numeri aequabiliter in sese soluitur, sicuti fit,
cum ter terna ducuntur atque ipse numerus terplicatur.
6 Huius numeri cubum Pythagoras uim habere lunaris
circuli dixit, quod et luna orbem suum lustret septem et
uiginti diebus et numerus ternio, qui τριάς Graece dicitur,
7 tantundem efficiat in cubo. 'Linea' autem a nostris dicitur,
8 quam γραμμήν Graeci nominant. Eam M. Varro ita definit:
'Linea est' inquit 'longitudo quaedam sine latitudine et
9 altitudine.' Εὐκλείδης autem breuius praetermissa altitudine:
'γραμμή' inquit 'est μῆκος ἀπλατές', quod exprimere uno
Latine uerbo non queas, nisi audeas dicere 'inlatabile'.

14 fr. p. 350 ed. Bipont. 24 fr. p. 337 ed. Bipont. 26 *def.* I. 2

---

1 *lemm. 20–26 om. P* 4 σχήματα ς: schemata *VPR* 6 κα ς: κ *VP* 12 κύβους ς: cybos *VR*: cibos *P et sic saepe* 15 alueolo ς: albeolo *VPR*[2]: albeo *R*[1] 17 sese soluitur *P*: se soluitur *V*: se resoluitur *R* 21 ternio ς: triennio *VPR* 23 Eam ς: ea *VPR* 27 Latine *VP*: latino *R*

XXI

Quod Iulius Hyginus affirmatissime contendit legisse se librum P. Vergilii domesticum, ⟨ubi⟩ scriptum esset 'et ora tristia temptantum sensus torquebit amaror', non quod uulgus legeret 'sensu torquebit amaro'.

Versus istos ex *georgicis* Vergilii plerique omnes sic 1
legunt:

> at sapor indicium faciet manifestus et ora
> tristia temptantum sensu torquebit amaro.

Hyginus autem, non hercle ignobilis grammaticus, in *com-* 2
mentariis, quae in Vergilium fecit, confirmat et perseuerat non hoc a Vergilio relictum, sed quod ipse inuenerit in libro, qui fuerit ex domo atque familia Vergilii:

> et ora
> tristia temptantum sensus torquebit amaror,

neque id soli Hygino, sed doctis quibusdam etiam uiris 3
complacitum, quoniam uidetur absurde dici 'sapor sensu
amaro torquet'. 'Cum ipse' inquiunt 'sapor sensus sit, non
alium in semet ipso sensum habeat ac proinde sit, quasi
dicatur "sensus sensu amaro torquet".' Sed enim cum
Fauorino Hygini commentarium legissem atque ei statim 4
displicita esset insolentia et insuauitas illius 'sensu torquebit
amaro', risit et: 'Iouem lapidem,' inquit 'quod sanctissimum
iusiurandum habitum est, paratus ego iurare sum Vergilium
hoc numquam scripsisse, sed Hyginum ego uerum dicere
arbitror. Non enim primus finxit hoc uerbum Vergilius 5

8 *georg.* 2. 246 10 fr. 4 Fun.

---

3 ⟨ubi⟩ *add. Hertz*: ⟨in quo⟩ ς 4 amaror ς: amaro *V* 6 Versus *VP*: uersiculos *R* 12 quod ς: quid *VPR* 13 atque *P*: atque ex *V*: et *R* 15 sensus *VP*: sensu *R* 21 Fauorino . . . legissem *VPR*: Fauorinus . . . legisset *β* 22 illius . . . et *β*: amaror is *VPR* 23 lapidem *β*: lapideum *VPR*

insolenter, sed in carminibus Lucreti inuento usus est non
aspernatus auctoritatem poetae ingenio et facundia praecel-
6 lentis.' Verba ex IV Lucreti haec sunt:

dilutaque contra
cum tuimur misceri absinthia, tangit amaror.

7 Non uerba autem sola, sed uersus prope totos et locos
quoque Lucreti plurimos sectatum esse Vergilium uidemus.

XXII

An qui causas defendit, recte Latineque dicat 'superesse ⟨se⟩' is, quos defendit; et 'superesse' proprie quid sit.

1 Inroborauit inueterauitque falsa atque aliena uerbi significatio, quod dicitur 'hic illi superest', cum dicendum est
aduocatum esse quem cuipiam causamque eius defendere.
2 Atque id dicitur non in compitis tantum neque in plebe
3 uolgaria, sed in foro, in comitio, apud tribunalia. Qui integre
autem locuti sunt, magnam partem 'superesse' ita dixerunt,
ut eo uerbo significarent superfluere et superuacare atque
4 esse supra necessarium modum. Itaque M. Varro in satura,
quae inscripta est *nescis quid uesper uehat*, 'superfuisse' dicit
5 immodice et intempestiue fuisse. Verba ex eo libro haec
sunt: 'In conuiuio legi nec omnia debent et ea potissimum,
quae simul sint βιωφελῆ et delectent, potius ut id quoque
uideatur non defuisse quam superfuisse.'
6 Memini ego praetoris, docti hominis, tribunali me forte
assistere atque ibi aduocatum non incelebrem sic postulare,
ut extra causam diceret remque, quae agebatur, non at-
tingeret. Tunc praetorem ei, cuia res erat, dixisse aduocatum
eum non habere, et cum is, qui uerba faciebat, reclamasset:

4 Lucr. 4. 223 21 fr. 340 Bücheler

1 inuento usus *Ehrenthal*: inuentus *VPR* 9 ⟨se⟩ *add. Carrio* 9–10 is quos *Hertz*: id quod *V* 22 potius V^2PR: et pocius V^1 23 quam superfuisse *Carrio*: quod superfuisse *β*: *om. VPR* 27 cuia *VR*: cui *P*

'ego illi V. C. supersum', respondisse praetorem festiuiter:
'tu plane superes, non ades'.
M. autem Cicero in libro, qui inscriptus est *de iure ciuili in* **7**
artem redigendo, uerba haec posuit: 'nec uero scientia iuris
maioribus suis Q. Aelius Tubero defuit, doctrina etiam
superfuit.' In quo loco 'superfuit' significare uidetur 'supra
fuit et praestitit superauitque maiores suos doctrina sua
superfluenti tamen et nimis abundanti': disciplinas enim
Tubero stoicas dialecticas percalluerat. In libro quoque *de* **8**
republica secundo id ipsum uerbum Cicero ponit non temere
transeundum. Verba ex eo libro haec sunt: 'Non grauarer,
Laeli, nisi et hos uelle putarem et ipse cuperem te quoque
aliquam partem huius nostri sermonis attingere, praesertim cum heri ipse dixeris te nobis etiam superfuturum.
Verum id quidem fieri non potest; ne desis, omnes te
rogamus.'
Exquisite igitur et comperte Iulius Paulus dicebat, homo **9**
in nostra memoria doctissimus, 'superesse' non simplici
ratione dici tam Latine quam Graece: Graecos enim περισσόν
in utramque partem ponere, uel quod superuacaneum esset
ac non necessarium, uel quod abundans nimis et afluens et
exuberans; sic nostros quoque ueteres 'superesse' alias **10**
dixisse pro superfluenti et uaciuo neque admodum necessario, ita, ut supra posuimus, Varronem dicere, alias ita, ut
Cicero dixit, pro eo, quod copia quidem et facultate ceteris
anteiret, super modum tamen et largius prolixiusque flueret,
quam esset satis. Qui dicit ergo 'superesse se' ei, quem **11**

4 fr. 1 Huschke 11 *de rep*. 3. 32

4 posuit *PR*: composuit *V* 9 dialecticas *A*: et dialecticas *PR*: et dialeticas *V* 9–10 In ... secundo *VPR*: *om. A* de republica ς: p. *VPR* 10 Cicero ponit *A*: ciceronis *VPR* 12 et hos *VPR*: hos *A* et ipse cuperem *VPR*: *om. A* 14 superfuturum *A*: futurum *VPR* 21 quod *VPR*: *om. A* afluens *AR*: affluens *VP* 22 exuberans *Hertz*: exuperans *AVPR* 23 uaciuo *A*: uacibo *VP*: uacuo *R* 27 se *VPR*: *om. A*

12 defendit, nihil istorum uult dicere, sed nescio quid aliud
indictum inscitumque dicit ac ne Vergilii quidem poterit
auctoritate uti, qui in *georgicis* ita scribsit:

> primus ego in patriam mecum, modo uita supersit.

Hoc enim in loco Vergilius ἀκυρότερον eo uerbo usus uidetur,
quod 'supersit' dixit pro 'longinquius diutiusque adsit',
13 illudque contra eiusdem Vergili aliquanto est probabilius:

> florentisque secant herbas fluuiosque ministrant
> farraque, ne blando nequeat ṣuperesse labori;

significat enim supra laborem esse neque opprimi a labore.
14 An autem 'superesse' dixerint ueteres pro 'restare et per-
15 ficiendae rei deesse', quaerebamus. Nam Sallustius in significatione ista non 'superesse', sed 'superare' dicit. Verba eius
in *Iugurtha* haec sunt: 'Is plerumque seorsum a rege exercitum ductare et omnis res exequi solitus erat, quae Iugurthae
16 fesso aut maioribus astricto superauerant.' Sed inuenimus in
tertio Enni *annalium* in hoc uersu:

> inde sibi memorat unum super esse laborem,

id est relicum esse et restare, quod, quia id est, diuise
pronuntiandum est, ut non una pars orationis esse uideatur,
17 sed duae. Cicero autem in secunda *Antonianarum*, quod est
relicum, non 'superesse', sed 'restare' dicit.
18 Praeter haec 'superesse' inuenimus dictum pro 'super-
19 stitem esse'. Ita enim scriptum est in libro epistularum M.
Ciceronis ad L. Plancum et in epistula M. Asini Pollionis ad
Ciceronem uerbis his: 'Nam neque deesse reipublicae uolo
neque superesse', per quod significat, si respublica emoriatur

4 *georg.* 3. 10 8 *georg.* 3. 126 14 *Iug.* 70. 2 18 *ann.* u. 158 Vahlen² 21 *Phil.* 2. 71 26 *ad fam.* 10. 33. 5

---

2 indictum *AVPR*: indoctum *Falster* inscitumque *AVPR*: insuetumque *Cornelissen* 7 illutque *A*: illud *VPR* 14 Is ς: his *VPR*: qui *Sall.* 19 quia id est *VPR*: quidem *ed. Ald. 1515*: qua id est *Otho*: quando est *Hagen* 21 Antonianarum ς: antoniarum *VPR* 25 et *VPR*: *del. Carrio* M. *VPR*: *del. Hertz*

et pereat, nolle se uiuere. In Plauti autem *Asinaria* mani- 20
festius id ipsum scriptum est in his uersibus, qui sunt eius
comoediae primi:

> sicut tuum uis unicum gnatum tuae
> superesse uitae sospitem et superstitem.

Cauenda igitur est non inproprietas sola uerbi, sed 21
etiam prauitas ominis, si quis senior aduocatus adulescenti
'superesse se' dicat.

XXIII

Quis fuerit Papirius Praetextatus; quae istius causa cognomenti sit; historiaque ista omnis super eodem Papirio cognitu iucunda.

Historia de Papirio Praetextato dicta scriptaque est a M. 1
Catone in oratione, qua usus est *ad milites contra Galbam*,
cum multa quidem uenustate atque luce atque munditia
uerborum. Ea Catonis uerba huic prorsus commentario in- 2
didissem, si libri copia fuisset id temporis, cum haec dictaui.
Quod si non uirtutes dignitatesque uerborum, sed rem ipsam 3
scire quaeris, res ferme ad hunc modum est: Mos antea 4
senatoribus Romae fuit in curiam cum praetextatis filiis
introire. Tum, cum in senatu res maior quaepiam consultata 5
eaque in diem posterum prolata est, placuitque, ut eam
rem, super qua tractauissent, ne quis enuntiaret, priusquam
decreta esset, mater Papirii pueri, qui cum parente suo in
curia fuerat, percontata est filium, quidnam in senatu
patres egissent. Puer respondit tacendum esse neque id 6
dici licere. Mulier fit audiendi cupidior; secretum rei et 7
silentium pueri animum eius ad inquirendum euerberat:

4 *asin.* 16 13 fr. 172 Malc.[2] 18 sqq. cf. Macr. *Sat.* 1. 6. 19 sqq.

---

2 uersibus *VP*: uerbis *R* 7 ominis ς: omnis *VPR* 14 uenustate *VR*: uetustate *P* 19 curiam *Macr.*: curia *VPR* 23 parente *VP Macr.*: patre *R* 27 silentium pueri *VPR Macr.*: silentium deberi puer affirmans β

8 quaerit igitur compressius uiolentiusque. Tum puer matre
urgente lepidi atque festiui mendacii consilium capit. Actum
in senatu dixit, utrum uideretur utilius exque republica esse,
unusne ut duas uxores haberet, an ut una apud duos nupta
9 esset. Hoc illa ubi audiuit, animus compauescit, domo
10 trepidans egreditur ad ceteras matronas. Peruenit ad senatum postridie matrum familias caterua; lacrimantes atque
obsecrantes orant, una potius ut duobus nupta fieret, quam
11 ut uni duae. Senatores ingredientes in curiam, quae illa
mulierum intemperies et quid sibi postulatio istaec uellet,
12 mirabantur. Puer Papirius in medium curiae progressus,
quid mater audire institisset, quid ipse matri dixisset, rem,
13 sicut fuerat, denarrat. Senatus fidem atque ingenium pueri
exosculatur, consultum facit, uti posthac pueri cum patribus
in curiam ne introeant, praeter ille unus Papirius, atque
puero postea cognomentum honoris gratia inditum 'Praetextatus' ob tacendi loquendique in aetate praetextae
prudentiam.

XXIV

Tria epigrammata trium ueterum poetarum, Naeuii, Plauti, Pacuuii, quae facta ab ipsis sepulcris eorum incisa sunt.

1 Trium poetarum inlustrium epigrammata, Cn. Naeuii, Plauti, M. Pacuuii, quae ipsi fecerunt et incidenda sepulcro suo reliquerunt, nobilitatis eorum gratia et uenustatis scribenda in his commentariis esse duxi.

2 Epigramma Naeui plenum superbiae Campanae, quod testimonium iustum esse potuisset, nisi ab ipso dictum esset:

3 exque *PR*: exeq *V*: magisque e *Macr.* 5 animus *VPR*: animo *β Macr.* 6 .Peruenit *VPR*: perfert. Venit *R. Klotz*: defert quod audierat. Perueniunt *β*: adfert, postridieque ad s. copiosa(e) m. f. caterua(e) confluunt *Macr.* 9 in *VPR*: *om. Macr.* 10 istaec PR^2: ista hec *V*: ista R^1 11 progressus VPR^2: introgressus R^1 14 exosculatur *VP Macr.*: exosculatus *R* 15 atque *VP*: hocque *R*: eique *β Macr.* 16 inditum *V Macr.*: indictum *PR*

inmortales mortales si foret fas flere,
flerent diuae Camenae Naeuium poetam.
itaque postquam est Orcho traditus thesauro,
obliti sunt Romae loquier lingua Latina.

Epigramma Plauti, quod dubitassemus, an Plauti foret, 3
nisi a M. Varrone positum esset in libro *de poetis* primo:

postquam est mortem aptus Plautus, Comoedia luget,
scaena est deserta, dein Risus, Ludus Iocusque
et Numeri innumeri simul omnes conlacrimarunt.

Epigramma Pacuuii uerecundissimum et purissimum 4
dignumque eius elegantissima grauitate:

adulescens, tam etsi properas, hoc te saxulum
rogat ut se aspicias, deinde, quod scriptum est, legas.
hic sunt poetae Pacuui Marci sita
ossa. hoc uolebam, nescius ne esses. uale.

XXV

Quibus uerbis M. Varro indutias definierit; quaesitumque inibi curiosius, quaenam ratio sit uocabuli indutiarum.

Duobus modis M. Varro in libro *humanarum*, qui est *de* 1
bello et pace, 'indutiae' quid sint, definit. 'Indutiae sunt'
inquit 'pax castrensis paucorum dierum'; item alio in loco: 2
'indutiae sunt' inquit 'belli feriae'. Sed lepidae magis atque 3
iucundae breuitatis utraque definitio quam plana aut proba
esse uidetur. Nam neque pax est indutiae—bellum enim 4

1 Morel *FPL*, p. 28 7 Morel *FPL*, p. 32 12 Morel *FPL*, p. 32 20 22 fr. 1 Mirsch 22 22 fr. 2 Mirsch

---

3 Orcho *PR*: horcho *V*: orchi *β* thesauro *VPR*: thesauri *β*: thesaurus *Baehrens* 12 tam etsi *TY*: tamen etsi *VPR* te saxulum *ex. inscr. Buecheler et Bormann* (*Arch.-epig. Mitth. aus Oest. 17. 230 'adulescens tametsi properas hic te saxsolus' = Carmina Epigraphica 848*): te saxum *VP*: thesaurum *R* 14 Pacuui *ς*: pacuuii *VPR* 22 lepidae *VPR*: lepida *Veen* 24 pax est *VPR*: pax neque feriae sunt *β*

manet, pugna cessat—, neque in solis castris neque 'pau-
5 corum' tantum 'dierum' indutiae sunt. Quid enim dicemus,
si indutiis mensum aliquot factis in oppida castris conceda-
6 tur? nonne tum quoque indutiae sunt? aut rursus quid esse
id dicemus, quod in primo *annalium* Quadrigarii scriptum
est, C. Pontium Samnitem a dictatore Romano sex horarum
indutias postulasse, si indutiae 'paucorum' tantum 'dierum'
7 appellandae sunt? 'belli' autem 'ferias' festiue magis dixit
quam aperte atque definite.

8 Graeci autem significantius consignatiusque cessationem
istam pugnae pacticiam ἐκεχειρίαν dixerunt exempta littera
9 una sonitus uastioris et subdita lenioris. Nam quod eo
tempore non pugnetur et manus cohibeantur, ἐκεχειρίαν ap-
10 pellarunt. Sed profecto non id fuit Varroni negotium, ut
indutias superstitiose definiret et legibus rationibusque
11 omnibus definitionum inseruiret. Satis enim uisum est eiusmodi facere demonstrationem, quod genus Graeci τύπους
magis et ὑπογραφάς quam ὁρισμούς uocant.

12 'Indutiarum' autem uocabulum qua sit ratione factum,
13 iam diu est, cum quaerimus. Sed ex multis, quae uel audi-
14 mus uel legimus, probabilius id, quod dicam, uidetur. 'Indutias' sic dictas arbitramur, quasi tu dicas 'inde uti iam'.
15 Pactum indutiarum eiusmodi est, ut in diem certum non
pugnetur nihilque incommodetur, sed ex eo die postea uti
16 iam omnia belli iure agantur. Quod igitur dies certus prae-
finitur pactumque fit, ut ante eum diem ne pugnetur atque
is dies ubi uenit 'inde uti iam' pugnetur, idcirco ex his,
quibus dixi, uocibus, quasi per quendam coitum et copulam
nomen indutiarum conexum est.

5 fr. 21 Peter

---

3 mensum *P*: in mensum *VR* aliquot ς: aliquod *VPR* factis *VPR*: pactis *Gronov* oppida *Lambecius*: oppidi *P*: opidi *VR* 12 subdita *Gronov*: sub uita *VP*: sub uitae *ut vid. R* 19 qua sit ratione ς: quasi rationem *VPR* 22 uti iam ς: uti *** *P*: utiam iam *VR* 25 igitur *Gronov*: dicitur *VPR*

Aurelius autem Opilius in primo librorum, quos *Musarum* 17
inscripsit: 'indutiae' inquit 'dicuntur, cum hostes inter sese
utrimque utroque alteri ad alteros inpune et sine pugna
ineunt; inde adeo' inquit 'nomen factum uidetur, quasi
initiae, hoc est initus atque introitus.' Hoc ab Aurelio 18
scriptum propterea non praeterii, ne cui harum *noctium*
aemulo eo tantum nomine elegantius id uideretur, tamquam
id nos originem uerbi requirentes fugisset.

XXVI

Quem in modum mihi Taurus philosophus responderit percontanti, an sapiens irasceretur.

Interrogaui in diatriba Taurum, an sapiens irasceretur. 1
Dabat enim saepe post cotidianas lectiones quaerendi, quod 2
quis uellet, potestatem. Is cum grauiter, copiose de morbo 3
affectuue irae disseruisset, quae et in ueterum libris et in
ipsius *commentariis* exposita sunt, conuertit ad me, qui
interrogaueram, et: 'haec ego' inquit 'super irascendo sentio; sed, quid et Plutarchus noster, uir doctissimus ac 4
prudentissimus, senserit, non ab re est, ut id quoque audias.
Plutarchus' inquit 'seruo suo, nequam homini et contumaci, 5
sed libris disputationibusque philosophiae aures inbutas
habenti, tunicam detrahi ob nescio quod delictum caedique
eum loro iussit. Coeperat uerberari et obloquebatur non 6
meruisse, ut uapulet; nihil mali, nihil sceleris admisisse.
Postremo uociferari inter uapulandum incipit neque iam 7
querimonias aut gemitus eiulatusque facere, sed uerba seria
et obiurgatoria: non ita esse Plutarchum, ut philosophum deceret; irasci turpe esse; saepe eum de malo irae dissertauisse,
librum quoque περὶ ἀοργησίας pulcherrimum conscripsisse;

2 fr. 2 Fun. 20 sqq. cf. Ioh. Saris. *Policrat.* 4. 8

---

3 alteri ς: alter *VPR* 5 initiae *Lambecius*: inuiae *VPR*: induitiae *Fleckeisen* 24 uapulet *VPR*: uapularet *Veen* 26 facere *VPR*: iacere *cod. coll. Sion., uide praef. p. xix*

his omnibus, quae in eo libro scripta sint, nequaquam
conuenire, quod prouolutus effususque in iram plurimis se
8 plagis multaret. Tum Plutarchus lente et leniter: "quid
autem," inquit "uerbero, nunc ego tibi irasci uideor? ex
uultune meo an ex uoce an ex colore an etiam ex uerbis
correptum esse me ira intellegis? mihi quidem neque oculi,
opinor, truces sunt neque os turbidum, neque inmaniter
clamo neque in spumam ruboremue efferuesco neque pudenda
dico aut paenitenda neque omnino trepido ira et gestio.
9 Haec enim omnia, si ignoras, signa esse irarum solent." Et
simul ad eum, qui caedebat, conuersus: "interim," inquit
"dum ego atque hic disputamus, tu hoc age".'

10 Summa autem totius sententiae Tauri haec fuit: Non idem
esse existimauit *ἀοργησίαν* et *ἀναλγησίαν* aliudque esse non
iracundum animum, aliud *ἀνάλγητον* et *ἀναίσθητον*, id est
11 hebetem ac stupentem. Nam sicut aliorum omnium, quos
Latini philosophi 'affectus' uel 'affectiones', Graeci *πάθη*
appellant, ita huius quoque motus animi, qui, cum est
ulciscendi causa saeuior, 'ira' dicitur, non priuationem esse
utilem censuit, quam Graeci *στέρησιν* dicunt, sed mediocri-
tatem, quam *μετριότητα* illi appellant.

12 age *VR*: age huc usque *P*   19 saeuior *VR*: senior *P*: scaeuior ς

A. GELLII

NOCTIVM ATTICARVM LIBER SECVNDVS

I

Quo genere solitus sit philosophus Socrates exercere patientiam corporis; deque eiusdem uiri temperantia.

INTER labores uoluntarios et exercitia corporis ad fortuitas **1**
patientiae uices firmandi id quoque accepimus Socraten
facere insueuisse: stare solitus Socrates dicitur pertinaci **2**
statu perdius atque pernox a summo lucis ortu ad solem
alterum orientem inconiuens, immobilis, isdem in uestigiis
et ore atque oculis eundem in locum directis cogitabundus
tamquam quodam secessu mentis atque animi facto a corpore. Quam rem cum Fauorinus de fortitudine eius uiri ut **3**
pleraque disserens attigisset: πολλάκις inquit ἐξ ἡλίου εἰς
ἥλιον εἱστήκει ἀστραβέστερος τῶν πρέμνων.

Temperantia quoque fuisse eum tanta traditum est, ut **4**
omnia fere uitae suae tempora ualitudine inoffensa uixerit.
In illius etiam pestilentiae uastitate, quae in belli Pelopon- **5**
nensiaci principis Atheniensium ciuitatem interneciuo genere
morbi depopulata est, is parcendi moderandique rationibus
dicitur et a uoluptatum labe cauisse et salubritates corporis
retinuisse, ut nequaquam fuerit communi omnium cladi
obnoxius.

12 fr. 66 Marres

---

3 temperantia ς: paciencia *V*: pacientia *P* 8 alterum *VPR*: iterum *Marres, sed cf. Amm. Marc. 18. 8. 12* 11 *num* ⟨Graece⟩ ut? *cf. 1.2.6.* 16 Peloponnesiaci *Scioppius*: peloponensi acri *VP*: peloponnessi acri *R* 19 uoluptatum *V*: uoluntatum *P*: uoptatum *R*

II

Quae ratio obseruatioque officiorum esse debeat inter patres filiosque in discumbendo sedendoque atque id genus rebus domi forisque, si filii magistratus sint et patres priuati; superque ea re Tauri philosophi dissertatio et exemplum ex historia Romana petitum.

1 Ad philosophum Taurum Athenas uisendi cognoscendique
eius gratia uenerat V. C., praeses Cretae prouinciae, et cum
2 eo simul eiusdem praesidis pater. Taurus sectatoribus commodum dimissis sedebat pro cubiculi sui foribus et cum
3 assistentibus nobis sermocinabatur. Introiuit prouinciae
4 praeses et cum eo pater; assurrexit placide Taurus et post
5 mutuam salutationem resedit. Allata mox una sella est,
quae in promptu erat, atque, dum aliae promebantur, apposita est. Inuitauit Taurus patrem praesidis, uti sederet.
6 Atque ille ait: 'Sedeat hic potius, qui populi Romani magi-
7 stratus est.' 'Absque praeiudicio' inquit Taurus 'tu interea sede, dum inspicimus quaerimusque, utrum conueniat
tene potius sedere, qui pater es, an filium, qui magistratus
8 est.' Et, cum pater assedisset appositumque esset aliud filio
quoque eius sedile, uerba super ea re Taurus facit cum
summa, dii boni, honorum atque officiorum perpensatione.
9 Eorum uerborum sententia haec fuit: In publicis locis
atque muneribus atque actionibus patrum iura cum filiorum,
qui in magistratu sunt, potestatibus collata interquiescere
paululum et coniuere, sed cum extra rempublicam in domestica re atque uita sedeatur, ambuletur, in conuiuio quoque
familiari discumbatur, tum inter filium magistratum et
patrem priuatum publicos honores cessare, naturales et
10 genuinos exoriri. 'Hoc igitur,' inquit 'quod ad me uenistis,

6 sqq. cf. Ioh. Saris. *Policrat.* 4. 7

---

3 sedendoque *V*: scribendoque *P*   id genus *Gronov*: ingenus *VP*   15 Atque *VR*: Ad que *P*   17 dum inspicimus *ed. in Bellouisu facta 1508*: dum cum inspicimus *P*: cum inspicimus *VR*: dum conspicimus *Saris.*: dum circumspicimus *Madvig*   27 familiari *Saris*: familiaris *VPR*   discumbatur *P*: discumbetur *VR*

quod colloquimur nunc, quod de officiis disceptamus, priuata actio est. Itaque utere apud me his honoribus prius, quibus domi quoque uestrae te uti priorem decet.'

Haec atque alia in eandem sententiam Taurus grauiter 11
simul et comiter disseruit. Quid autem super huiuscemodi 12
patris atque filii officio apud Claudium legerimus, non esse
ab re uisum est, ut adscriberemus. Posuimus igitur uerba 13
ipsa Quadrigarii ex *annali* eius sexto transscripta: 'Deinde facti consules Sempronius Graccus iterum Q. Fabius Maximus, filius eius, qui priore anno erat consul. Ei consuli pater proconsul obuiam in equo uehens uenit neque descendere uoluit, quod pater erat, et, quod inter eos sciebant maxima concordia conuenire, lictores non ausi sunt descendere iubere. Vbi iuxta uenit, tum consul ait: "quid postea?"; lictor ille, qui apparebat, cito intellexit, Maximum proconsulem descendere iussit. Fabius imperio paret et filium collaudauit, cum imperium, quod populi esset, retineret.'

III

Qua ratione uerbis quibusdam uocabulisque ueteres immiserint 'h' litterae spiritum.

'H' litteram siue illam spiritum magis quam litteram dici 1
oportet, inserebant eam ueteres nostri plerisque uocibus
uerborum firmandis roborandisque, ut sonus earum esset
uiridior uegetiorque; atque id uidentur fecisse studio et
exemplo linguae Atticae. Satis notum est Atticos ἰχθύν et 2
ἵππον et multa itidem alia contra morem gentium Graeciae
ceterarum inspirantis primae litterae dixisse. Sic 'lachrumas', 3

8 fr. 57 Peter

2 prius *VR*: prius huc usque *P*: prior ς 3 priorem decet *VPR*[2]: oporterecet *R*[1] 9 Sempronius *VPR*: ⟨Ti.⟩ Sempronius *F. Skutsch* iterum *Q.* ς: iterumque *VPR* 26 ἵππον *F. Skutsch*: IPPON *VP*: ἱ pronomen *Hertz* 27 lachrymas *ed. Ven. 1472*: lacrumas *VP*[2]: lac ruma *P*[1]: lacrimas *R*

sic 'sepulchrum', sic 'ahenum', sic 'uehemens', sic 'incohare',
sic 'helluari', sic 'halucinari', sic 'honera', sic 'honustum'
4 dixerunt. In his enim uerbis omnibus litterae seu spiritus
istius nulla ratio uisa est, nisi ut firmitas et uigor uocis
quasi quibusdam neruis additis intenderetur.

5 Sed quoniam 'aheni' quoque exemplo usi sumus, uenit
nobis in memoriam Fidum Optatum, multi nominis Romae
grammaticum, ostendisse mihi librum *Aeneidos* secundum
mirandae uetustatis emptum in sigillariis uiginti aureis,
quem ipsius Vergili fuisse credebatur. In quo duo isti uersus
cum ita scripti forent:

> uestibulum ante ipsum primoque in limine Pyrrus
> exultat telis et luce coruscus aena,

6 additam supra uidimus 'h' litteram et 'ahena' factum. Sic in
illo quoque Vergili uersu in optimis libris scriptum inuenimus:

> aut foliis undam trepidi despumat aheni.

IV

Quam ob causam Gauius Bassus genus quoddam iudicii 'diuinationem' appellari scripserit; et quam alii causam esse eiusdem uocabuli dixerint.

1 Cum de constituendo accusatore quaeritur iudiciumque
super ea re redditur, cuinam potissimum ex duobus pluri-
busue accusatio subscriptioue in reum permittatur, ea res
2 atque iudicum cognitio 'diuinatio' appellatur. Id uocabulum
quam ob causam ita factum sit, quaeri solet.

12 *Aen.* 2. 469 17 *georg.* 1. 296

1 sepulchrum ς: sepulcrum *VPR* incohare *Hertz*: inchoare *VP*: incoare *R* 3 dixerunt *VPR*: ⟨nostri⟩ dixerunt *Dziatzko* 13 exultat ς: exaltat *P*: exatha *V*: ęx∗istat *R* aena ς: ahena *VPR* 14 ahena ς: ahenam *VP*^{2}*R*: hahenam *P*^{1} 15 uersu *P*: uersum *VR* 17 aut *VPR*: et *Verg.* 19 Gauius *Hertz*: gabius *VP* 21 dixerint *Carrio*: dixerunt *VP*

Gauius Bassus in tertio librorum, quos *de origine uocabu- 3
lorum* composuit: 'diuinatio' inquit 'iudicium appellatur,
quoniam diuinet quodammodo iudex oportet, quam sententiam sese ferre par sit.' Nimis quidem est in uerbis Gaui 4
Bassi ratio inperfecta uel magis inops et ieiuna. Sed uidetur 5
tamen significare uelle idcirco dici 'diuinationem', quod in
aliis quidem causis iudex ea, ⟨quae⟩ didicit quaeque argumentis uel testibus demonstrata sunt, sequi solet, in hac
autem re, cum eligendus accusator est, parua admodum et
exilia sunt, quibus moueri iudex possit, et propterea, quinam
magis ad accusandum idoneus sit, quasi diuinandum est.

Hoc Bassus. Sed alii quidam 'diuinationem' esse appella- 6
tam putant, quoniam, cum accusator et reus duae res quasi
cognatae coniunctaeque sint neque utra sine altera constare possit, in hoc tamen genere causae reus quidem iam
est, sed accusator nondum est, et idcirco, quod adhuc usque
deest et latet, diuinatione supplendum est, quisnam sit
accusator futurus.

V

Quam lepide signateque dixerit Fauorinus philosophus, quid intersit inter Platonis et Lysiae orationem.

Fauorinus de Lysia et Platone solitus dicere est: 'Si ex 1
Platonis' inquit 'oratione uerbum aliquod demas mutesue
atque id commodatissime facias, de elegantia tamen de-
traxeris; si ex Lysiae, de sententia.'

2 fr. 1 Fun.

---

3 diuinet *cod. Fuluii*: diuine *VPR* 7 ⟨quae⟩ *add.* ς 14 cognatae ς: cognitae *VPR* 17 est V^2: es V^1PR 20 signateque *Falster*: designateque *VP*

VI

Quibus uerbis ignauiter et abiecte Vergilius usus esse dicatur; et quid his, qui improbe ⟨id⟩ dicunt, respondeatur.

1 Nonnulli grammatici aetatis superioris, in quibus est Cornutus Annaeus, haut sane indocti neque ignobiles, qui commentaria in Vergilium composuerunt, reprehendunt quasi incuriose et abiecte uerbum positum in his uersibus:

> candida succinctam latrantibus inguina monstris
> Dulichias uexasse rates et gurgite in alto
> a! timidos nautas canibus lacerasse marinis.

2 'Vexasse' enim putant uerbum esse leue et tenuis ac parui incommodi nec tantae atrocitati congruere, cum homines repente a belua immanissima rapti laniatique sint.

3 Item aliud huiuscemodi reprehendunt:

> quis aut Eurysthea durum
> aut inlaudati nescit Busiridis aras?

'Inlaudati' parum idoneum esse uerbum dicunt neque id satis esse ad faciendam scelerati hominis detestationem, qui, quod hospites omnium gentium immolare solitus fuit, non laude indignus, sed detestatione execrationeque totius generis humani dignus esset.

4 Item aliud uerbum culpauerunt:

> per tunicam squalentem auro latus haurit apertum,

tamquam si non conuenerit dicere 'auro squalentem', quoniam nitoribus splendoribusque auri squaloris inluuies sit contraria.

4 sqq. cf. Macr. *Sat.* 6. 7. 4 sqq. 8 *ecl.* 6. 75 15 *georg.* 3. 4 23 *Aen.* 10. 314

3 improbe ⟨id⟩ *Hertz*: improbe *VP*: ⟨id⟩ improbe *Stephanus* 10 lacerasse *VR*: latrasse *P* 11 parui incommodi *VR Macr.*: parum commodi *P* 13 rapti *PR Macr.*: rupti *V* 17 esse uerbum *PR*: uerbum esse *V* 20 indignus *VR Macr.*: dignus *P* detestatione *Macr.*: de retractatione *VPR*: detractatione *P m. rec.* 24 conuenerit *A*: conuenerint *VPR* 25 splendoribusque *A*: splendidioribusque *VPR*

Sed de uerbo 'uexasse' ita responderi posse credo: 'Vexasse' 5
graue uerbum est factumque ab eo uidetur, quod est
'uehere', in quo inest uis iam quaedam alieni arbitrii; non
enim sui potens est, qui uehitur. 'Vexare' autem, quod ex eo
inclinatum est, ui atque motu procul dubio uastiorest. Nam
qui fertur et rapsatur atque huc atque illuc distrahitur, is
uexari proprie dicitur, sicuti 'taxare' pressius crebriusque
est quam 'tangere', unde id procul dubio inclinatum est, et
'iactare' multo fusius largiusque est quam 'iacere', unde id
uerbum traductum est, et 'quassare' quam 'quatere' grauius
uiolentiusque est. Non igitur, quia uolgo dici solet 'uexatum 6
esse' quem fumo aut uento aut puluere, propterea debet uis
uera atque natura uerbi deperire, quae a ueteribus, qui proprie atque signate locuti sunt, ita ut decuit, conseruata est.
M. Catonis uerba sunt ex oratione, quam *de Achaeis* 7
scripsit: 'Cumque Hannibal terram Italiam laceraret atque
uexaret'; 'uexatam' Italiam dixit Cato ab Hannibale, quando
nullum calamitatis aut saeuitiae aut immanitatis genus
reperiri queat, quod in eo tempore Italia non perpessa sit;
M. Tullius IV *in Verrem*: 'Quae ab isto sic spoliata atque 8
direpta est, non ut ab hoste aliquo, qui tamen in bello
religionem et consuetudinis iura retineret, sed ut a barbaris
praedonibus uexata esse uideatur.'

De 'inlaudato' autem duo uidentur responderi posse. 9
Vnum est eiusmodi: Nemo quisquam tam efflictis est moribus, quin faciat aut dicat nonnumquam aliquid, quod
laudari queat. Vnde hic antiquissimus uersus uice prouerbii
celebratus est:

πολλάκι γὰρ καὶ μωρὸς ἀνὴρ μάλα καίριον εἶπεν.

16 fr. 187 Malc.[2] 20 *in Verr.* 4. 122

---

3 uis iam *A*: iam uis *VPR Macr.* 5 uastiorest *A Macr.*: inclinatum est *VPR* 6 qui *A Macr.*: *om. VPR* rapsatur *A*: raptatur *VPR Macr.* 20 Tullius *Macr.*: tullium *VPR* spoliata *VR*: populiata *P* 25 efflictis *Macr.*: effictis *VP*: effitis *R* 26 aliquid *R Macr.*: aliquis *VP* 29 γὰρ καὶ μωρὸς *Macr.*: ΚΑΙΚΗΠΟΥΡΟϹ *VP*: τοι καὶ μωρὸς *Stob., Diogen., Apostol.*

10 Sed enim qui omni in re atque omni tempore laude omni
uacat, is 'inlaudatus' est isque omnium pessimus deter-
rimusque est, sicuti omnis culpae priuatio 'inculpatum'
facit. 'Inculpatus' autem instar est absolutae uirtutis; 'in-
11 laudatus' quoque igitur finis est extremae malitiae. Itaque
Homerus non uirtutibus appellandis, sed uitiis detrahendis
laudare ampliter solet. Hoc enim est:

> τὼ δ' οὐκ ἄκοντε πετέσθην,

et item illud:

> ἔνθ' οὐκ ἂν βρίζοντα ἴδοις Ἀγαμέμνονα δῖον,
> οὐδὲ καταπτώσσοντ', οὐδ' οὐκ ἐθέλοντα μάχεσθαι.

12 Epicurus quoque simili modo maximam uoluptatem priuationem detractionemque omnis doloris definiuit his uerbis:
Ὅρος ⟨τοῦ μεγέθους τῶν ἡδονῶν παντὸς⟩ τοῦ ἀλγοῦντος ὑπεξ-
13 αίρεσις. Eadem ratione idem Vergilius 'inamabilem' dixit
14 Stygiam paludem. Nam sicut 'inlaudatum' κατὰ στέρησιν
laudis, ita 'inamabilem' κατὰ amoris στέρησιν detestatus est.
15, 16 Altero modo 'inlaudatus' ita defenditur: 'Laudare' significat
prisca lingua nominare appellareque. Sic in actionibus ciuili-
17 bus auctor 'laudari' dicitur, quod est nominari. 'Inlaudatus'
autem est, quasi inlaudabilis, qui neque mentione aut
18 memoria ulla dignus neque umquam nominandus est, sicuti
quondam a communi consilio Asiae decretum est, uti nomen
eius, qui templum Dianae Ephesi incenderat, ne quis ullo in
tempore nominaret.
19 Tertium restat ex his, quae reprehensa sunt, quod 'tuni-
20 cam squalentem auro' dixit. Id autem significat copiam

8 *Il.* 5. 366 etc. 10 *Il.* 4. 223 14 *sent.* III, p. 72 Usener
15 *georg.* 4. 479; *Aen.* 6. 438 26 sqq. cf. Non. 452. 18 sqq.

---

5 malitiae P^2: militie P^1: milicie *VR* 9 illud *VR Macr.*: aliud *P*
14 τοῦ . . . παντὸς *Macr.*: *om.* *VPR* 20 auctor *Macr.*: autem *VPR*
nominari *Macr.*: nominatus *VPR* 26 his *PR*: is *V*

densitatemque auri in squamarum speciem intexti. 'Squalere' enim dictum a squamarum crebritate asperitateque,
quae in serpentium pisciumue coriis uisuntur. Quam rem et 21
alii et hic quidem poeta locis aliquot demonstrat:

> quem pellis, inquit, ahenis
> in plumam squamis auro conserta tegebat,

et alio loco: 22

> iamque adeo rutilum thoraca indutus ahenis
> horrebat squamis.

Accius in *Pelopidis* ita scribit: 23

> eius serpentis squamae squalido auro et purpura
> pertextae.

Quicquid igitur nimis inculcatum obsitumque aliqua re 24
erat, ut incuteret uisentibus facie noua horrorem, id 'squalere'
dicebatur. Sic in corporibus incultis squamosisque alta con- 25
geries sordium 'squalor' appellatur. Cuius significationis multo assiduoque usu totum id uerbum ita contaminatum est, ut iam 'squalor' de re alia nulla quam de solis inquinamentis dici coeperit.

VII

De officio erga patres liberorum; deque ea re ex philosophiae libris, in quibus scriptum quaesitumque est, an omnibus patris iussis obsequendum sit.

Quaeri solitum est in philosophorum disceptationibus, an 1
semper inque omnibus iussis patri parendum sit. Super ea 2

5 *Aen.* II. 770 8 *Aen.* II. 487 11 fr. 517 Ribbeck[2]

1 intexti P^2 *Macr.*: intextis VP^1: intex; *R* 4 quidem *VPR*: idem *Macr.* 10 Pelopidis ς: pelopodis *VP*: polopidis *R* 11 squamae *VPR*: squama *Nonius* 12 pertextae *VPRY*: praetextae *T Macr.*: textae *Non.* 13 inculcatum *VPR Macr., Non.*: incrustatum *male Falster* 14 ut *Macr.*: et *VPR* 15 congeries sordium *Macr.* (*Non.*): congerie sordium V^2PR: congeries ordium V^1 16 appellatur *VPR Macr.*: appellabatur ς 24 philosophorum *VP*: philosoficis *R* 25 patri *VR*: patris *P*

re Graeci nostrique, qui de officiis scripserunt, tres sententias esse, quae spectandae considerandaeque sint, tradi-
3 derunt easque subtilissime diiudicarunt. Earum una est:
4 omnia, quae pater imperat, parendum; altera est: in quibus-
5 dam parendum, quibusdam non obsequendum; tertia est:
nihil necessum esse patri obsequi et parere.

6 Haec sententia quoniam primore aspectu nimis infamis
7 est, super ea prius, quae dicta sunt, dicemus. 'Aut recte'
inquiunt 'imperat pater aut perperam. Si recte imperat, non,
quia imperat, parendum, sed quoniam id fieri ius est,
faciendum est; si perperam, nequaquam scilicet faciendum,
8 quod fieri non oportet.' Deinde ita concludunt: 'numquam
9 est igitur patri parendum, quae imperat'. Set neque istam
sententiam probari accepimus—argutiola quippe haec, sicuti
10 mox ostendemus, friuola et inanis est—, neque autem illa,
quam primo in loco diximus, uera et proba uideri potest
11 omnia esse, quae pater iusserit, parendum. Quid enim si
proditionem patriae, si matris necem, si alia quaedam im-
12 perabit turpia aut impia? Media igitur sententia optima
atque tutissima uisa est quaedam esse parendum, quaedam
13 non obsequendum. Sed ea tamen, quae obsequi non oportet, leniter et uerecunde ac sine detestatione nimia sineque
obprobratione acerba reprehensionis declinanda sensim et
relinquenda esse dicunt quam respuenda.

14 Conclusio uero illa, qua colligitur, sicuti supra dictum
est, nihil patri parendum, inperfecta est refutarique ac dilui
15 sic potest: Omnia, quae in rebus humanis fiunt, ita ut docti
16 censuerunt, aut honesta sunt aut turpia. Quae sua ui recta
aut honesta sunt, ut fidem colere, patriam defendere, ut
amicos diligere, ea fieri oportet, siue imperet pater siue non

6 necessum *P*: necesse *VR* 7 primore aspectu *P*: primo respectu *V*: primo ręspectu *R* 13 est igitur *VPR*: igitur est *fort. A qui a uoce* est *incipit* 14 argutiola *VPR*: ARGVTIORA *A* 18 imperabit *Hertz*: IMPERABI *A*: imperauit *VPR* 19 aut *VPR*: AVTEM *A* 23 reprehensionis *VPR*: DEPREHENSIONIS *A* declinanda AP^2R: declinandam VP^1 24 relinquenda P^2R: relinquendam AVP^1

imperet; sed quae his contraria quaeque turpia, omnino 17
iniqua sunt, ea ne si imperet quidem. Quae uero in medio 18
sunt et a Graecis tum μέσα, tum ἀδιάφορα appellantur, ut in
militiam ire, rus colere, honores capessere, causas defendere,
uxorem ducere, ut iussum proficisci, ut accersitum uenire,
quoniam et haec et his similia per sese ipsa neque honesta
sunt neque turpia, sed, proinde ut a nobis aguntur, ita
ipsis actionibus aut probanda fiunt aut reprehendenda:
propterea in eiusmodi omnium rerum generibus patri parendum esse censent, ueluti si uxorem ducere imperet aut
causas pro reis dicere. Quod enim utrumque in genere ipso 19
per sese neque honestum neque turpe est, idcirco, si pater
iubeat, obsequendum est. Sed enim si imperet uxorem 20
ducere infamem, propudiosam, criminosam aut pro reo
Catilina aliquo aut Tubulo aut P. Clodio causam dicere, non
scilicet parendum, quoniam accedente aliquo turpitudinis
numero desinunt esse per sese haec media atque indifferen-
tia. Non ergo integra est propositio dicentium 'aut honesta 21
sunt, quae imperat pater, aut turpia', neque ὑγιές et νόμιμον 22
διεζευγμένον uideri potest. Deest enim diiunctioni isti tertium: 'aut neque honesta sunt neque turpia'. Quod si
additur, non potest ita concludi: 'numquam est igitur patri
parendum'.

VIII

Quod parum aequa reprehensio Epicuri a Plutarcho facta sit in synlogismi disciplina.

Plutarchus secundo librorum, quos *de Homero* composuit, 1
inperfecte atque praepostere atque inscite synlogismo esse

27 vol. 7, p. 100 Bernardakis

3 μέσα tum ς: MECAT *VP* 6 honesta ς: inhonesta *VPR* 15 Tubulo *VPR*: ⟨L.⟩ Tubulo *Lipsius* 18 dicentium ς: dicendum *VPR* 21 si additur *R*: si turpia additur *P*: *om. V* 22 non *P*: *om. VR* 25 facta *Gronov*: pacta *VP*

usum Epicurum dicit uerbaque ipsa Epicuri ponit: Ὁ
θάνατος οὐδὲν πρὸς ἡμᾶς· τὸ γὰρ διαλυθὲν ἀναισθητεῖ· τὸ δὲ
2 ἀναισθητοῦν οὐδὲν πρὸς ἡμᾶς. 'Nam praetermisit,' inquit 'quod
in prima parte sumere debuit, τὸν θάνατον εἶναι ψυχῆς καὶ
3 σώματος διάλυσιν, tunc deinde eodem ipso, quod omiserat,
quasi posito concessoque ad confirmandum aliud utitur.
4 Progredi autem hic' inquit 'synlogismus nisi illo prius posito
non potest.'

5 Vere hoc quidem Plutarchus de forma atque ordine
synlogismi scripsit. Nam si, ut in disciplinis traditur, ita
colligere et ratiocinari uelis, sic dici oportet: ὁ θάνατος
ψυχῆς καὶ σώματος διάλυσις· τὸ δὲ διαλυθὲν ἀναισθητεῖ· τὸ δὲ
6 ἀναισθητοῦν οὐδὲν πρὸς ἡμᾶς. Sed Epicurus, cuiusmodi homost,
non inscitia uidetur partem istam synlogismi praetermisisse,
7 neque id ei negotium fuit synlogismum tamquam in scolis
philosophorum cum suis numeris omnibus et cum suis finibus
dicere, sed profecto, quia separatio animi et corporis in
morte euidens est, non est ratus necessariam esse eius ad-
8 monitionem, quod omnibus prosus erat obuium. Sicuti
etiam, quod coniunctionem synlogismi non in fine posuit,
set in principio: nam id quoque non inperite factum quis
non uidet?

9 Aput Platonem quoque multis in locis reperias synlogismos repudiato conuersoque ordine isto, qui in docendo traditur, cum eleganti quadam reprehensionis contemptione positos esse.

1 *sent.* II, p. 71 Usener

---

10 si ut ς: sicut *VPR* 13 Sed *VPR*: ⟨ὁ οὖν θάνατος οὐδὲν πρὸς ἡμᾶς⟩. Sed *Eussner* cuiusmodi(*A*)*P*: cuimodi *VR* 15 id ei *VP*: DEI *A*: et dei *R* 16 suis *prius A*: *om. VPR* 17 sed *A*: est *VPR* 18 est *prius VPR*: *om. A* 19 quod *VPR*: QVI *A* prosus *Hertz*: PROSVMS *A*: prorsus *VPR* 20 coniunctionem *A*: conclusionem *VPR* 24 repudiato *A*: repudiatos *VPR* in docendo *A*: in dicendo *VR*: incidendo *P*

IX

Quod idem Plutarchus euidenti calumnia uerbum ab Epicuro dictum insectatus sit.

In eodem libro idem Plutarchus eundem Epicurum repre- 1
hendit, quod uerbo usus sit parum proprio et alienae
significationis. Ita enim scribsit Epicurus: *Ὅρος τοῦ μεγέθους* 2
τῶν ἡδονῶν ἡ παντὸς τοῦ ἀλγοῦντος ὑπεξαίρεσις. 'Non' inquit
'*παντὸς τοῦ ἀλγοῦντος*, sed *παντὸς τοῦ ἀλγεινοῦ* dicere oportuit; detractio enim significanda est doloris,' inquit 'non 3
dolentis'.

Nimis minute ac prope etiam subfrigide Plutarchus in 4
Epicuro accusando *λεξιθηρεῖ*. Has enim curas uocum uer- 5
borumque elegantias non modo non sectatur Epicurus, sed
etiam insectatur.

X

Quid sint fauisae Capitolinae; et quid super eo uerbo M. Varro Seruio Sulpicio quaerenti rescripserit.

Seruius Sulpicius, iuris ciuilis auctor, uir bene litteratus, 1
scripsit ad M. Varronem rogauitque, ut rescriberet, quid
significaret uerbum, quod in censoris libris scriptum esset.
Id erat uerbum 'fauisae Capitolinae'. Varro rescripsit in 2
memoria sibi esse, quod Q. Catulus curator restituendi Capi-
tolii dixisset uoluisse se aream Capitolinam deprimere, ut
pluribus gradibus in aedem conscenderetur suggestusque pro
fastigii magnitudine altior fieret, sed facere id non quisse,
quoniam 'fauisae' impedissent. Id esse cellas quasdam 3

4 uol. 7, p. 101 Bernardakis 6 *sent.* III, p. 72 Usener 18 sqq. cf. Non. 112. 26 18 p. 140 Bremer 21 fr. 228 Fun.

---

4 idem *VPR*: ITEM *A* 10 dolentis *AVR*[2]: dolens *P*: dolentis animi *R*[1] 20 censoris *VR*: cessoris *P* 24 aedem *Mercier*: eadem *VPR*

et cisternas, quae in area sub terra essent, ubi reponi
solerent signa uetera, quae ex eo templo collapsa essent, et
alia quaedam religiosa e donis consecratis. Ac deinde eadem
epistula negat quidem se in litteris inuenisse, cur 'fauisae'
dictae sint, sed Q. Valerium Soranum solitum dicere ait,
quos 'thesauros' Graeco nomine appellaremus, priscos Latinos
'flauisas' dixisse, quod in eos non rude aes argentumque, sed
4 flata signataque pecunia conderetur. Coniectare igitur se
detractam esse ex eo uerbo secundam litteram et 'fauisas'
esse dictas cellas quasdam et specus, quibus aeditui Capi-
tolii uterentur ad custodiendas res ueteres religiosas.

XI

De Sicinio Dentato egregio bellatore multa memoratu digna.

1 L. Sicinium Dentatum, qui tribunus plebi fuit Sp. Tarpeio A. Aternio consulibus, scriptum est in libris annalibus
plus, quam credi debeat, strenuum bellatorem fuisse nomenque ei factum ob ingentem fortitudinem appellatumque esse
2 Achillem Romanum. Is pugnasse in hostem dicitur centum
et uiginti proeliis, cicatricem auersam nullam, aduersas
quinque et quadraginta tulisse, coronis donatus esse aureis
octo, obsidionali una, muralibus tribus, ciuicis quattuor-
decim, torquibus tribus et octoginta, armillis plus centum
sexaginta, hastis duodeuiginti; phaleris item donatus est
3 quinquies uiciesque; spolia militaria habuit multiiuga, in his
4 prouocatoria pleraque; triumphauit cum imperatoribus suis
triumphos nouem.

2 et alia ς: talia *VPR*: aliaque *Hertz* 3 religiosa e *Salmasius*: religiose *VPR*^{2}: religionise *R*^{1} consecratis *VPR*: consecrata ς 7 flauisas *Non.*: flabisas *VPR* 9 detractam *P*: detracta *V*: detractura *R* 14 Tarpeio A. Aternio *VP*: tarqnio a ternio *R*^{1}: tarpeio a ternio *R*^{2} 24 spolia *ed. Ascens. 1511*: populi *VPR*

XII

Considerata perpensaque lex quaedam Solonis speciem habens primorem iniquae iniustaeque legis, sed ad usum et emolumentum salubritatis penitus reperta.

In legibus Solonis illis antiquissimis, quae Athenis axibus **1**
ligneis incisae sunt quasque latas ab eo Athenienses, ut
sempiternae manerent, poenis et religionibus sanxerunt,
legem esse Aristoteles refert scriptam ad hanc sententiam:
'Si ob discordiam dissensionemque seditio atque discessio
populi in duas partes fiet et ob eam causam irritatis animis
utrimque arma capientur pugnabiturque, tum qui in eo
tempore in eoque casu ciuilis discordiae non alterutrae parti
sese adiunxerit, sed solitarius separatusque a communi
malo ciuitatis secesserit, is domo, patria fortunisque omnibus careto, exul extorrisque esto.'

Cum hanc legem Solonis singulari sapientia praediti legis- **2**
semus, tenuit nos grauis quaedam in principio admiratio
requirentes, quam ob causam dignos esse poena existimauerit, qui se procul a seditione et ciuili pugna remouissent.
Tum, qui penitus atque alte usum ac sententiam legis **3**
introspexerat, non ad augendam, sed ad desinendam sedi-
tionem legem hanc esse dicebat. Et res prorsum se sic
habent. Nam si boni omnes, qui in principio coercendae **4**
seditioni impares fuerint, populum percitum et amentem
non deseruerint, ad alterutram partem diuidi sese adiun-
xerint, tum eueniet, ut cum socii partis seorsum utriusque
fuerint eaeque partes ab his, ut maioris auctoritatis uiris,

9 *Ath. Pol.* 8

---

6 eo ς: e *R*: *om.* *VP* 8 esse *VR*: autem *P*: auctor *Otho* 10 fiet ς: fieret *VPR*^{2}: uicet fieret *R*^{1} 12 alterutrae parti *Carrio*: alterutra parte *VPR* 14 malo *VPR*: *del.* *Madvig* 16 singulari *P*^{2}: singularis *VP*^{1}: *om.* *R* 17 quaedam *R*: que a.dam *V*: que admodum *P* 18 requirentes ς: requirens *VPR* 21 introspexerat *VP*^{1}*R*: introspexerant *P*^{2} 22 dicebat *VR*: dicebant *P* 25 deseruerint ς: deruerint *VPR* ad *VPR*: ⟨sed⟩ ad *Gronov* 26 socii ς: sociis *VPR*

temperari ac regi coeperint, concordia per eos potissimum restitui conciliarique possit, dum et suos, apud quos sunt, regunt atque mitificant et aduersarios sanatos magis cupiunt quam perditos.

5 Hoc idem Fauorinus philosophus inter fratres quoque aut
amicos dissidentis oportere fieri censebat, ut qui in medio
sunt utriusque partis beniuoli, si in concordia adnitenda
parum auctoritatis quasi ambigui amici habuerint, tum
alteri in alteram partem discedant ac per id meritum uiam
6 sibi ad utriusque concordiam muniant. 'Nunc autem plerique' inquit 'partis utriusque amici, quasi probe faciant, duos
litigantes destituunt et relinquunt deduntque eos aduocatis
maliuolis aut auaris, qui lites animasque eorum inflamment
aut odii studio aut lucri.'

XIII

'Liberos' in multitudinis numero etiam unum filium filiamue ueteres dixisse.

1 Antiqui oratores historiaeque aut carminum scriptores
etiam unum filium filiamue 'liberos' multitudinis numero
2 appellarunt. Idque nos, cum in complurium ueterum libris
scriptum aliquotiens aduerterimus, nunc quoque in libro
Sempronii Asellionis *rerum gestarum* quinto ita esse positum
3 offendimus. Is Asellio sub P. Scipione Africano tribunus
militum ad Numantiam fuit resque eas, quibus gerendis
ipse interfuit, conscripsit.

4 Eius uerba de Tiberio Gracccho tribuno pl., quo in tempore
interfectus in Capitolio est, haec sunt: 'Nam Gracchus domo
cum proficiscebatur, numquam minus terna aut quaterna

27 fr. 6 Peter

7 adnitenda *R*: ad mitenda *V*: admittenda *P* 9 alteri *Carrio*: alter *VPR* 16 filiamue ς: filiam *VP* 20 appellarunt ς: apellarunt *R*: appellarant *VP* 21 aduerterimus *Carrio*: aduerteremus *VPR* 23 tribunus (*s*. trib.) ς: tribuni *VPR*

milia hominum sequebantur.' Atque inde infra de eodem **5**
Graccho ita scripsit: 'Orare coepit id quidem, ut se defenderent liberosque suos; eum, quem uirile secus tum in eo
tempore habebat, produci iussit populoque commendauit
prope flens.'

XIV

Quod M. Cato in libro, qui inscriptus est *contra Tiberium exulem*, 'stitisses uadimonium' per 'i' litteram dicit, non 'stetisses'; eiusque uerbi ratio reddita.

In libro uetere M. Catonis, qui inscribitur *contra Tiberium* **1**
exulem, scriptum sic erat: 'Quid si uadimonium capite
obuoluto stitisses?' Recte ille quidem 'stitisses' scripsit: sed **2**
falsa et audax *** emendatores 'e' scripto et per libros
'stetisses' fecerunt, tamquam 'stitisses' uanum et nihili
uerbum esset. Quin potius ipsi nequam et nihili sunt, qui **3**
ignorant 'stitisses' dictum a Catone, quoniam 'sisteretur'
uadimonium, non 'staretur'.

XV

Quod antiquitus aetati senectae potissimum habiti sint ampli honores; et cur postea ad maritos et ad patres idem isti honores delati sint; atque ibi de capite quaedam legis Iuliae septimo.

Apud antiquissimos Romanorum neque generi neque **1**
pecuniae praestantior honos tribui quam aetati solitus,
maioresque natu a minoribus colebantur ad deum prope et
parentum uicem atque omni in loco inque omni specie honoris

2 fr. 7 Peter   11 fr. 202 Malc.[2]

---

1 infra de ς: in fraude *VPR* 2 cepit id quidem *PR*: quidem cepit id *V*: coepit, inquit *Gronov*: coepit Quirites *F. Skutsch* 3 eum *VPR*: eumque *Cramer* tum in *VPR*: unum *Gronov* 11 exulem ς: exule *VPR* sic *Gronov*: quid sic *VPR* 12 ille quidem *PR*: quidem ille *V* stitisses ς: stitisse *VPR* 13 *lac. statuit Hertz* 19 sint ς: sunt *VP*

2 priores potioresque habiti. A conuiuio quoque, ut scriptum
in antiquitatibus est, seniores a iunioribus domum deduce-
bantur, eumque morem accepisse Romanos a Lacedaemoniis
traditum est, apud quos Lycurgi legibus maior omnium
rerum honos aetati maiori habebatur.
3 Sed postquam suboles ciuitati necessaria uisa est et ad
prolem populi frequentandam praemiis atque inuitamentis
usus fuit, tum antelati quibusdam in rebus qui uxorem
quique liberos haberent senioribus neque liberos neque
4 uxores habentibus. Sicuti kapite VII. legis Iuliae priori ex
consulibus fasces sumendi potestas fit, non qui pluris annos
natus est, sed qui pluris liberos quam collega aut in sua
5 potestate habet aut bello amisit. Sed si par utrique numerus
liberorum est, maritus aut qui in numero maritorum est,
6 praefertur; si uero ambo et mariti et patres totidem liberorum sunt, tum ille pristinus honos instauratur et qui maior
7 natu est, prior fasces sumit. Super his autem, qui aut
caelibes ambo sunt et parem numerum filiorum habent aut
mariti sunt et liberos non habent, nihil scriptum in lege de
8 aetate est. Solitos tamen audio, qui lege potiores essent,
fasces primi mensis collegis concedere aut longe aetate
prioribus aut nobilioribus multo aut secundum consulatum
ineuntibus.

XVI

Quod Caesellius Vindex a Sulpicio Apollinari reprehensus est in sensus Vergiliani enarratione.

1 Vergilii uersus sunt e libro sexto:

ille, uides, pura iuuenis qui nititur hasta,
proxima sorte tenet lucis loca. primus ad auras
aetherias Italo commixtus sanguine surget

28 *Aen.* 6. 760

---

3 Romanos ς: romanis *VPR* 9 haberent ς: habent *VR*: habentem *P* 13 amisit V^1: admisit V^2PR 16 instauratur *Carrio*: instauratus VPR^2: inte auratus R^1 18 et *Heineccius*: aut *VPR* 19 de *Carrio*: de ea *VPR*: ea de *Vogel*

Siluius, Albanum nomen, tua postuma proles,
quem tibi longaeuo serum Lauinia coniunx
educet siluis regem regumque parentem:
unde genus Longa nostrum dominabitur Alba.

Videbantur haec nequaquam conuenire: 2

tua postuma proles,

et:

quem tibi longaeuo serum Lauinia coniunx
educet siluis.

Nam si hic Siluius, ita ut in omnium ferme annalium monu- 3
mentis scriptum est, post ⟨patris⟩ mortem natus est ob
eamque causam praenomen ei Postumo fuit, qua ratione
subiectum est:

quem tibi longaeuo serum Lauinia coniunx
educet siluis?

Haec enim uerba significare uideri possunt Aenea uiuo ac 4
iam sene natum ei Siluium et educatum. Itaque hanc senten- 5
tiam esse uerborum istorum Caesellius opinatus in *commentario lectionum antiquarum*: '"postuma"' inquit '"proles"'
non eum significat, qui patre mortuo, sed qui postremo loco
natus est, sicuti Siluius, qui Aenea iam sene tardo seroque
partu est editus.' Sed huius historiae auctorem idoneum 6
nullum nominat; Siluium autem post Aeneae mortem, sicuti 7
diximus, natum esse multi tradiderunt.

Idcirco Apollinaris Sulpicius inter cetera, in quis Caesel- 8
lium reprehendit, hoc quoque eius quasi erratum animaduertit errorisque istius hanc esse causam dixit, quod scriptum
ita sit 'Quem tibi longaeuo'. ⟨'"Longaeuo"'⟩ inquit 'non
seni significat—hoc enim est contra historiae fidem—, sed
in longum iam aeuum et perpetuum recepto immortalique

11 ⟨patris⟩ mortem *scripsi*: mortem ⟨patris⟩ ς: mortem ⟨Aeneae⟩ *Hertz* 12 Postumo *P*: positum o *VR* 16 ac iam ς: acam *VPR* 27–28 dixit: 'Quod s. itast: "Q. t. l.", inquit *Hertz* 28 ita sit *PR*: sit ita *V* ⟨Longaeuo⟩ *add. Carrio* 29 significat—hoc *Hertz*: significato *VR*: significatio *P*

9 facto. Anchises enim, qui haec ad filium dicit, sciebat eum,
cum hominum uita discessisset, immortalem atque indige-
10 tem futurum et longo perpetuoque aeuo potiturum.' Hoc
sane Apollinaris argute. Sed aliud tamen est 'longum
aeuum', aliud 'perpetuum', neque dii 'longaeui' appellantur,
sed 'inmortales'.

XVII

Cuiusmodi esse naturam quarundam praepositionum M. Cicero animaduerterit; disceptatumque ibi super eo ipso, quod Cicero obseruauerat.

1 Obseruate curioseque animaduertit M. Tullius 'in' et 'con' praepositiones uerbis aut uocabulis praepositas tunc produci atque protendi, cum litterae sequerentur, quae primae sunt in 'sapiente' atque 'felice', in aliis autem omnibus correpte pronuntiari.

2 Verba Ciceronis haec sunt: 'Quid uero hoc elegantius, quod non fit natura, sed quodam instituto? "indoctus" dicimus breui prima littera, "insanus" producta, "inhumanus" breui, "infelix" longa et, ne multis, quibus in uerbis hae primae litterae sunt, quae in "sapiente" atque "felice", producte dicuntur, in ceteris omnibus breuiter; itemque "conposuit", "consueuit", "concrepuit", "confecit". Consule ueritatem, reprehendet; refer ad auris, probabunt; quaere cur ita sit: dicent iuuare. Voluptati autem aurium morigerari debet oratio.'

3 Manifesta quidem ratio suauitatis est in his uocibus, de
quibus Cicero locutus est. Sed quid dicemus de praepositione
'pro', quae, cum produci et corripi soleat, obseruationem
4 hanc tamen M. Tullii aspernata est? Non enim semper

16 *or.* 159

13 primae ς: prima *VPR* 16 hoc ς: haec *VPR* 23 reprehendet *Cic.*: reprehende et *VPR* 28 produci et corripi ς: producet corripi *VP*: produci *R*

producitur, cum sequitur ea littera, quae prima est in uerbo
'fecit', quam Cicero hanc habere uim significat, ut propter
eam rem 'in' et 'con' praepositiones producantur. Nam 'pro- 5
ficisci' et 'profugere' et 'profundere' et 'profanum' et 'profes-
tum' correpte dicimus, 'proferre' autem et 'profligare' et
'proficere' producte. Cur igitur ea littera, quam Cicero 6
productionis causam facere obseruauit, non in omnibus
consimilibus eandem uim aut rationis aut suauitatis tenet,
sed aliam uocem produci facit, aliam corripi?

Neque uero 'con' particula tum solum producitur, cum
ea littera, de qua Cicero dixit, insequitur. Nam et Cato et 7
Sallustius: 'faenoribus' inquiunt 'copertus est'. Praeterea 8
'coligatus' et 'conexus' producte dicitur.

Sed tamen uideri potest in his, quae posui, ob eam 9
causam particula haec produci, quoniam eliditur ex ea 'n'
littera: nam detrimentum litterae productione syllabae compensatur. Quod quidem etiam in eo seruatur, quod est 'cogo'; 10
neque repugnat, quod 'coegi' correpte dicimus: non enim 11
salua id ἀναλογίᾳ dicitur a uerbo, quod est 'cogo'.

XVIII

Quod Phaedon Socraticus seruus fuit; quodque item alii complusculi seruitutem seruierunt.

Phaedon Elidensis ex cohorte illa Socratica fuit Socratique 1
et Platoni per fuit familiaris. Eius nomini Plato librum illum 2
diuinum de immortalitate animae dedit. Is Phaedon seruus 3
fuit forma atque ingenio liberali et, ut quidam scripserunt,
a lenone domino puer ad merendum coactus. Eum Cebes 4

11 Cat. fr. inc. 50 Jordan 12 Sall. *Hist.* 4 fr. 52 Maur. 23 sqq. cf. Macr. *Sat.* 1. 11. 41

3 rem *VPR*: *del. Damsté* 11 ea ς: a *VPR* 12 copertus *Hertz*: coopertus *VPR* 13 coligatus *Carrio*: colligatus *VPR*: coiugatus *Lachmann* conexus *VP*: connexus *R* 21 alii *VP*: alii ⟨philosophi⟩ *Carrio* 23 Phaedon *P*: Phedron *V*: Phediō *R* 25 Phaedon *P*: phedron *V*: fedrō *R*

Socraticus hortante Socrate emisse dicitur habuisseque in
5 philosophiae disciplinis. Atque is postea philosophus inlustris fuit, sermonesque eius de Socrate admodum elegantes leguntur.

6 Alii quoque non pauci serui fuerunt, qui post philosophi
7 clari extiterunt. Ex quibus ille Menippus fuit, cuius libros M. Varro in saturis aemulatus est, quas alii 'cynicas', ipse appellat 'Menippeas'.

8 Sed et Theophrasti Peripatetici seruus Pompylus et Zenonis Stoici seruus, qui Persaeus uocatus est, et Epicuri, cui Mys nomen fuit, philosophi non incelebres uixerunt.

9 Diogenes etiam Cynicus seruitutem seruiuit. Sed is ex libertate in seruitutem uenum ierat. Quem cum emere uellet *Ξενιάδης Κορίνθιος*, ecquid artificii nouisset, percontatus 'noui'
10 inquit Diogenes 'hominibus liberis imperare'. Tum *Ξενιάδης* responsum eius demiratus emit et manu emisit filiosque suos ei tradens: 'accipe' inquit 'liberos meos, quibus imperes'.

De Epicteto autem philosopho nobili, quod is quoque seruus fuit, recentior est memoria, quam ut scribi quasi oblitteratum debuerit.

XIX

'Rescire' uerbum quid sit; et quam habeat ueram atque propriam significationem.

1 Verbum 'rescire' obseruauimus uim habere propriam quandam, non ex communi significatione ceterorum uerborum, quibus eadem praepositio imponitur; neque ut 'rescribere', 'relegere', ⟨'restituere'⟩ *** substituere dicimus,
2 itidem dicimus 'rescire'; nam qui factum aliquod occultius

2 is *R*: his *VP* 7 cynicas *Macr.*: ginicas *VPR* 9 Pompylus *V*: pamphylus *P*: pomplius R^1: pompilius R^2 13 seruitutem *Macr.*: seruitute *VPR* 14 ecquid *codd. Macr. pars*: et qui *VPR*: et quid *Pm. rec.* ⟨et⟩ ecquid a.n. ⟨esset⟩ percontatus *Hertz* 16 eius demiratus *Macr.*: eiusdem miratus *VPR* 21 Rescire V^1 *r littera in mg. adscripta*: Nescire V^2: Res scire *P* 26 ⟨restituere⟩ *** substituere *Hertz*: substituere *VPR*: restituere ς 27 occultius ς: occtius *V*: occius *P*: hocc tius *R*

aut inopinatum insperatumque cognoscit, is dicitur proprie
'rescire'.

Cur autem in hoc uno uerbo 're' particula huius sententiae 3
uim habeat, equidem adhuc quaero. Aliter enim dictum esse 4
'resciui' aut 'rescire' apud eos, qui diligenter locuti sunt,
nondum inuenimus, quam super is rebus, quae aut consulto
consilio latuerint aut contra spem opinionemue usu uenerint,
quamquam ipsum 'scire' de omnibus communiter rebus dica- 5
tur uel aduersis uel prosperis uel insperatis uel expectatis.
Naeuius in *Triphallo* ita scripsit: 6

> si umquam quicquam filium resciuero
> argentum amoris causa sumpse mutuum,
> extemplo illo te ducam, ubi non despuas.

Claudius Quadrigarius in primo *annali*: 'Ea Lucani ubi 7
resciuerunt sibi per fallacias uerba data esse.' Item Quadri- 8
garius in eodem libro in re tristi et inopinata uerbo isto ita
utitur: 'Id ubi rescierunt propinqui obsidum, quos Pontio
traditos supra demonstrauimus, eorum parentes cum propinquis capillo passo in uiam prouolarunt.' M. Cato in 9
quarto *originum*: 'Deinde dictator iubet postridie magistrum
equitum arcessi: "mittam te, si uis, cum equitibus". "Sero
est", inquit magister equitum "iam resciuere".'

XX

Quae uolgo dicuntur 'uiuaria', id uocabulum ueteres non dixisse; et quid pro eo P. Scipio in oratione ad populum, quid postea M. Varro in libris *de re rustica* dixerit.

'Viuaria', quae nunc dicuntur saepta quaedam loca, in 1
quibus ferae uiuae pascuntur, M. Varro in libro *de re rustica*

11 u. 96 Ribbeck^2 14 fr. 16 Peter 17 fr. 19 Peter 20 fr. 87 Peter

4 equidem ς: et quidem *VPR* esse ς: est *VPR* 6 is *VR*^{1}: his *PR*^{2} 12 sumpse *Carrio*: sumpsisse *VPR*^{2}: sumpsuse *R*^{1} 13 extemplo *VP*: exemplo *R*: extempulo *Fruterius* illo te *VPR*: te illo *Bothe* 20 quarto *VPR*: quinto *Nipperdey* 26 dixerit *V*: dixerit hinc susu *V mg. P*

2 III. dicit 'leporaria' appellari. Verba Varronis subieci: 'Vil-
laticae pastionis genera sunt tria, ornithones, leporaria,
⟨piscinae. Nunc ornithonas dico omnium alitum, quae intra
parietes uillae solent pasci. Leporaria⟩ te accipere uolo, non
ea, quae tritaui nostri dicebant, ubi soli lepores sint, sed
omnia saepta, adficta uillae quae sunt et habent inclusa
3 animalia, quae pascuntur.' Is item infra eodem in libro ita
scribit: 'Cum emisti fundum Tusculanum a M. Pisone, in
leporario apri multi fuere.'
4 'Viuaria' autem quae nunc uulgus dicit, quos παραδείσους
Graeci appellant, quae 'leporaria' Varro dicit, haut usquam
5 memini apud uetustiores scriptum. Sed quod apud Scipionem
omnium aetatis suae purissime locutum legimus 'roboraria',
aliquot Romae doctos uiros dicere audiui id significare,
quod nos 'uiuaria' dicimus, appellataque esse a tabulis
roboreis, quibus saepta essent; quod genus saeptorum uidi-
6 mus in Italia locis plerisque. Verba ex oratione eius *contra
Claudium Asellum* quinta haec sunt: 'Vbi agros optime cul-
tos atque uillas expolitissimas uidisset, in his regionibus
excelsissimo loco grumam statuere aiebat; inde corrigere
uiam, aliis per uineas medias, aliis per roborarium atque
piscinam, aliis per uillam.'
7 Lacus uero aut stagna piscibus uiuis coercendis clausa suo
atque proprio nomine 'piscinas' nominauerunt.
8 'Apiaria' quoque uulgus dicit loca, in quibus siti sunt
aluei apum; sed neminem ferme, qui incorrupte locuti sunt,
9 aut scripsisse memini aut dixisse. M. autem Varro in libro

1 *r.r.* 3. 3. 1   8 *r.r.* 3. 3. 8   18 fr. 20 Malc.[2]

---

2 ornithones *Varro*: cornithones *VPR*   3 piscinae...Leporaria *Varro*: *om.* *VPR*   5 soli *VPR*: soliti *codd. Varr.*   6 adficta *Varro*: aedificia *VPR*   11 quae...dicit *VPR*: *del. Hertz*   18 Asellum ς: asellium *VPR*   20 loco grumam *Madvig*: locorum mu *VR*: locorum *P*: loco grumum *Hertz*   aiebat *VPR*: auebat *Cima*   corrigere *VPR*: derigere *Madvig*   23 piscibus uiuis coercendis *Gronov*: p.v. coercentur *VPR*: ⟨quae⟩ p.v. coercentur ς

de re rustica tertio: 'Melissonas' inquit 'ita facere oportet, quae quidam "mellaria" appellant.' Sed hoc uerbum, quo Varro usus est, Graecum est; nam μελισσῶνες ita dicuntur, ut ἀμπελῶνες et δαφνῶνες.

XXI

Super eo sidere, quod Graeci ἅμαξαν, nos 'septentriones' uocamus; ac de utriusque uocabuli ratione et origine.

Ab Aegina in Piraeum complusculi earundem disciplina- 1
rum sectatores Graeci Romanique homines eadem in naui
tramittebamus. Nox fuit et clemens mare et anni aestas 2
caelumque liquide serenum. Sedebamus ergo in puppi simul
uniuersi et lucentia sidera considerabamus. Tum, qui eodem 3
in numero Graecas res eruditi erant, quid ἅμαξα esset, et
quaenam maior et quae minor, cur ita appellata et quam in
partem procedentis noctis spatio moueretur et quamobrem
Homerus solam eam non occidere dicat, tum et quaedam
alia, scite ista omnia ac perite disserebant.

Hic ego ad nostros iuuenes conuertor et 'quin' inquam 4
'uos opici dicitis mihi, quare, quod ἅμαξαν Graeci uocant,
nos "septentriones" uocamus? non enim satis est, quod 5
septem stellas uidemus, sed quid hoc totum, quod "septentriones" dicimus, significet, scire' inquam 'id prolixius uolo.'

Tum quispiam ex his, qui se ad litteras memoriasque 6
ueteres dediderat: 'uulgus' inquit 'grammaticorum "septentriones" a solo numero stellarum dictum putat. "Triones" 7

1. *rr.* 3.16.12. 16 *Il.* 18. 489; *Od.* 5. 275

1 Melissonas *e Varr. scripsi*: ΜΕΛΙϹϹѠΝΑϹ *VP*: me gr̄. *R* 3 μελισσῶνες ς: melissones *VP* (nam...δαφνῶνες *om. R*) 4 δαφνῶνες ς: ΔΑΦΝѠΝ *VP* 11 caelumque *P*[2]: calumque *VP*[1]*R* 13 esset *Hertz*: esset quid ΒΟΟΤΕϹ *VPR* 15 moueretur *Hertz*: mouerentur *VPR* 16 tum *Gronov*: cum *VPR*: cum e.q.a. ⟨non occidant astra⟩ *Hosius* 17 disserebant *Gronov*: disserebat *VPR* 18 quin *Markland*: quid *VPR* 19 opici *ed. Iunt. 1513*: opicii *VPR* quod ἅμαξαν ς: quod oda ΕΜΑΞΑΝ *VP*: quod gr̄. *R*

enim per sese nihil significare aiunt, sed uocabuli esse
supplementum; sicut in eo, quod "quinquatrus" dicamus,
8 quinque ab Idibus dierum numerus sit, "atrus" nihil. Sed
ego quidem cum L. Aelio et M. Varrone sentio, qui "triones"
rustico uocabulo boues appellatos scribunt quasi quosdam
"terriones", hoc est arandae colendaeque terrae idoneos.
9 Itaque hoc sidus, quod a figura posituraque ipsa, quia simile
plaustri uidetur, antiqui Graecorum ἅμαξαν dixerunt, nostri
quoque ueteres a bubus iunctis "septentriones" appellarunt,
id est septem stellas, ex quibus quasi iuncti triones
10 figurantur. Praeter hanc' inquit 'opinionem id quoque Varro
addit dubitare sese, an propterea magis hae septem stellae
"triones" appellatae sint, quia ita sunt sitae, ut ternae
stellae proximae quaeque inter sese faciant "trigona", id
est triquetras figuras.'

11 Ex his duabus rationibus, quas ille dixit, quod posterius
est, subtilius elegantiusque est uisum. Intuentibus enim nobis
in illud ita propemodum res erat, ut forma esse triquetra
uideretur.

XXII

De uento 'iapyge' deque aliorum uentorum uocabulis regionibusque accepta ex Fauorini sermonibus.

1 Apud mensam Fauorini in conuiuio familiari legi solitum
erat aut uetus carmen melici poetae aut historia partim
2 Graecae linguae, alias Latinae. Legebatur ergo ibi tunc in
carmine Latino 'iapyx' uentus quaesitumque est, quis hic
uentus et quibus ex locis spiraret et quae tam infrequentis

4 L. Ael. fr. 42 Fun. Varr. *l.l.* 7. 74 23 sqq. cf. Apul. *de mundo* 13 sqq.; Non. 50. 16 sqq.

---

3 quinque *Hertz*: quod quinque *VPR* 4 quidem ς: quid *VPR* 5 rustico *Damsté*: rustico cetero *VPR*: rustico cetera *Gronov* 8 uidetur *VR*: uideatur *P*: uidebatur *Madvig* 10 stellas *F. Skutsch*: stellis *VPR* 17 est *alt. Lion*: esse *VPR* 18 esse *Carrio*: esset ut *VPR* 19 uideretur ς: uiderentur *VPR*

uocabuli ratio esset; atque etiam petebamus, ut super
ceterorum nominibus regionibusque docere nos ipse uellet,
quia uulgo neque de appellationibus eorum neque de finibus
neque de numero conueniret.

Tum Fauorinus ita fabulatus est: 'Satis' inquit 'notum 3
est limites regionesque esse caeli quattuor: exortum, occasum, meridiem, septentriones. Exortus et occasus mobilia 4
et uaria sunt, meridies septentrionesque statu perpetuo
stant et manent. Oritur enim sol non indidem semper, sed 5
aut "aequinoctialis" oriens dicitur, cum in circulo currit,
qui appellatur ἰσημερινός, aut "solstitialis", quae sunt θεριναὶ
τροπαί, aut "brumalis", quae sunt χειμεριναὶ τροπαί. Item 6
cadit sol non in eundem semper locum. Fit enim similiter
occasus eius aut "aequinoctialis" aut "solstitialis" aut
"brumalis". Qui uentus igitur ab oriente uerno, id est 7
aequinoctiali, uenit, nominatur "eurus" ficto uocabulo, ut
isti ἐτυμολογικοί aiunt, ὁ ἀπὸ τῆς ἠοῦς ῥέων. Is alio quoque 8
a Graecis nomine ἀφηλιώτης, Romanis nauticis "subsolanus"
cognominatur. Sed qui ab aestiua et solstitiali orientis meta 9
uenit, Latine "aquilo", βορέας Graece dicitur, eumque propterea quidam dicunt ab Homero αἰθρηγενέτην appellatum;
boream autem putant dictum ἀπὸ τῆς βοῆς, quoniam sit
uiolenti flatus et sonori. Tertius uentus, qui ab oriente 10
hiberno spirat—"uolturnum" Romani uocant—, eum plerique Graeci mixto nomine, quod inter notum et eurum sit,
εὐρόνοτον appellant. Hi sunt igitur tres uenti orientales: 11
"aquilo", "uolturnus", "eurus", quorum medius eurus est.
His oppositi et contrarii sunt alii tres occidui: "caurus", 12
quem solent Graeci ⟨appellare⟩ ἀργέστην: is aduersus aquilonem flat; item alter "fauonius", qui Graece ζέφυρος uocatur:
is aduersus eurum flat; tertius "africus", qui Graece λίψ:

21 *Od.* 5. 296

3 quia *R*: qui ad *VP* 11 quae sunt θεριναὶ...χειμεριναὶ τροπαί *Hertz*: aut brumalis quae sunt θεριναὶ...ΤΡΟΠΑΙ *V*: aut brumalis que sunt ΧΕΙΜΕΡΙΝΑΙ ΤΡΟΠΑΙ *P*: aut brumalis *R* 28 caurus ς: chaurus *VPR* 29 ⟨appellare⟩ *add. Hertz* (ς)

13 ⟨is⟩ aduersus uolturnum facit. Hae duae regiones caeli
orientis occidentisque inter sese aduersae sex habere uentos
14 uidentur. Meridies autem, quoniam certo atque fixo limite
est, unum meridialem uentum habet: is Latine "auster",
Graece *νότος* nominatur, quoniam est nebulosus atque ume-
15 ctus; *νοτίς* enim Graece umor nominatur. Septentriones
autem habent ob eandem causam unum. Is obiectus derec-
tusque in austrum, Latine "septentrionarius", Graece *ἀπαρ-*
16 *κτίας* appellatus. Ex his octo uentis alii quattuor uentos
detrahunt atque id facere se dicunt Homero auctore, qui
solos quattuor uentos nouerit: eurum, austrum, aquilonem,
17 fauonium, a quattuor caeli partibus, quas quasi primas
nominauimus, oriente scilicet atque occidente latioribus
18 atque simplicibus, non tripertitis. Partim autem sunt, qui
pro octo duodecim faciant tertios quattuor in media loca
inserentes circum meridiem ⟨et⟩ septentriones eadem ratione,
qua secundi quattuor intersiti sunt inter primores duos apud
orientem occidentemque.

19 'Sunt porro alia quaedam nomina quasi peculiarium uentorum, quae incolae in suis quisque regionibus fecerunt aut
ex locorum uocabulis, in quibus colunt, ⟨aut⟩ ex alia qua
20 causa, quae ad faciendum uocabulum acciderat. Nostri
namque Galli uentum ex sua terra flantem, quem saeuissi-
mum patiuntur, "circium" appellant a turbine, opinor, eius
21 ac uertigine; ⟨ex⟩ *Ἰαπυγίας* ipsius orae proficiscentem quasi
sinibus Apuli eodem, quo ipsi sunt, nomine "iapygem"
22 dicunt. Eum esse propemodum caurum existimo; nam et est
23 occidentalis et uidetur exaduersum eurum flare. Itaque

10 *Od.* 5. 295; 331

1 ⟨is⟩ *add.* ς facit *VPR*: flat *TY* 16 circum *Hertz*: cur *VPR*: circa *Gronov* meridiem ⟨et⟩ *Gronov*: meridie *VPR* 20 quisque *VPR*: quique *Eussner* 21 ⟨aut⟩ *add. Gronov* alia qua *P*: aliqua *VR* 22 acciderat *TY*: acciderant *VPR* 25 ⟨ex⟩ ...Apuli *Hertz, cf. Apul. de mundo 14*: ΙΑΠΥΓΙΑ (ΙΑΠΥΤΙΑ *P*: ΙΑΡΙΓΑ *R*) ipsius ore proficiscente (profisistente *R*) quasi finibus Apulia *VPR* 28 ex aduersum *P*: et aduersum *V*: aduersus *R*

Vergilius Cleopatram e nauali proelio in Aegyptum fugientem uento "iapyge" ferri ait, ecum quoque Apulum eodem,
quo uentum, uocabulo "iapygem" appellauit. Est etiam 24
uentus nomine *καικίας*, quem Aristoteles ita flare dicit, ut nubes non procul propellat, sed ut ad sese uocet, ex quo uersum istum prouerbialem factum ait:

ἕλκων ἐφ' αὑτὸν ὥσ⟨τε⟩ καικίας νέφος.

Praeter hos autem, quos dixi, sunt alii plurifariam uenti 25
commenticii et suae quisque regionis indigenae, ut est Horatianus quoque ille "atabulus", quos ipsos quoque executurus fui; addidissemque eos, qui "etesiae" et "prodromi" appellitantur, qui certo tempore anni, cum canis oritur, ex alia atque alia parte caeli spirant, rationesque omnium uocabulorum, quoniam plus paulo adbibi, effutissem, nisi multa iam prosus omnibus uobis reticentibus
uerba fecissem, quasi fieret a me *ἀκρόασις ἐπιδεικτική*. In 26
conuiuio autem frequenti loqui solum unum neque honestum est' inquit 'neque commodum.'

Haec nobis Fauorinus in eo, quo dixi, tempore apud 27
mensam suam summa cum elegantia uerborum totiusque
sermonis comitate atque gratia denarrauit. Sed quod ait 28
uentum, qui ex terra Gallia flaret, 'circium' appellari, M. Cato in libris *originum* eum uentum 'cercium' dicit, non
'circium'. Nam cum de Hispanis scriberet, qui citra Hiberum 29
colunt, uerba haec posuit: 'Set in his regionibus ferrareae, argentifodinae pulcherrimae, mons ex sale mero magnus;

2 *Aen.* 8.710 3 *Aen.* 11.678 4 *meteor.* 2.6; *probl.* 26. 29 7 trag. fr. adesp. 75 Nauck[2] 10 *serm.* 1. 5. 78 25 fr. 93 Peter

---

3 appellauit *VPR*: appellatur ut *A* 5 sese *VPR*: se *A* uocet *A*: uocat *VPR* ex...*νέφος om.* R 6 istum *A*: situm *VP* 7 *αὑτὸν Ar.*: ΕΑΥΤΟΝ *VP* *ὥστε Hertz*: ΩC *VP* 10 atabulus *Hor.*: atapulus *A*: ad apulos *VP*: apud apulos *R* ipsos *A*: ipse *VPR* 11 fui *A*: fuit *VPR* 12 appellitantur *VPR*[2]: appellantur *AR*[1] 14 effutissem *Gebhard*: effus(s)issem *VPR* 16 quasi ς: quam *VPR* *ἐπιδεικτική* ς: ΕΠΙΔΙΚΤΙΑΙCΤΙΚΑ *VP*

quantum demas, tantum adcrescit. Ventus cercius, cum
loquare, buccam implet, armatum hominem, plaustrum
oneratum percellit.'
30 Quod supra autem dixi ἐτησίας ex alia atque alia parte
caeli flare, haut scio an secutus opinionem multorum temere
31 dixerim. P. enim Nigidii in secundo librorum, quos *de uento*
composuit, uerba haec sunt: 'Et ἐτησίαι et austri anni-
uersarii secundo sole flant.' Considerandum igitur est, quid
sit 'secundo sole'.

XXIII

Consultatio diiudicatioque locorum facta ex comoedia Menandri et Caecilii, quae *Plocium* inscripta est.

1 Comoedias lectitamus nostrorum poetarum sumptas ac
uersas de Graecis Menandro aut Posidippo aut Apollodoro
2 aut Alexide et quibusdam item aliis comicis. Neque, cum
legimus eas, nimium sane displicent, quin lepide quoque et
uenuste scriptae uideantur, prorsus ut melius posse fieri
3 nihil censeas. Sed enim si conferas et componas Graeca ipsa,
unde illa uenerunt, ac singula considerate atque apte iunctis
et alternis lectionibus committas, oppido quam iacere atque
sordere incipiunt, quae Latina sunt; ita Graecarum, quas
aemulari nequiuerunt, facetiis atque luminibus obsolescunt.
4,5 Nuper adeo usus huius rei nobis uenit. Caecili *Plocium*
legebamus; hautquaquam mihi et, qui aderant, displicebat.
6 Libitum et Menandri quoque *Plocium* legere, a quo istam
7 comoediam uerterat. Sed enim postquam in manus Menander uenit, a principio statim, di boni, quantum stupere

7 fr. 104 Swoboda

1 adcrescit *V*: adorescit PR^2: adorrescit R^1 4 atque alia parte caeli *P*: atque alia caeli parte *V*: parte atque alia caeli *R*   5 an *R*: aut *VP*   14 Posidippo *ed. Ascens. 1511*: posidio *VP*: possidonio *R*   17 uideantur *VPR*: uidentur *F. Skutsch*   18 Sed *Hertz*: et *VPR*   25 et *VPR*: est ς   26 uerterat V^2R: uerteret V^1P

atque frigere quantumque mutare a Menandro Caecilius
uisus est! Diomedis hercle arma et Glauci non dispari magis
pretio existimata sunt. Accesserat dehinc lectio ad eum 8
locum, in quo maritus senex super uxore diuite atque
deformi querebatur, quod ancillam suam, non inscito puellam ministerio et facie haut inliberali, coactus erat uenundare suspectam uxori quasi paelicem. Nihil dicam ego, quantum differat; uersus utrimque eximi iussi et aliis ad
iudicium faciundum exponi. Menander sic: 9

ἐπ' ἀμφότερα νῦν ἡπίκληρος ἡ κ⟨αλὴ⟩
μέλλει καθευδήσειν. κατείργασται μέγα
καὶ περιβόητον ἔργον· ἐκ τῆς οἰκίας
ἐξέβαλε τὴν λυποῦσαν, ἣν ἐβούλετο,
ἵν' ἀποβλέπωσιν πάντες εἰς τὸ Κρωβύλης
πρόσωπον ᾗ τ' εὔγνωστος οὖσ' ἐμὴ γυνὴ
δέσποινα. καὶ τὴν ὄψιν, ἣν ἐκτήσατο
ὄνος ἐν πιθήκοις τοῦτο δὴ τὸ λεγόμενον
ἔστιν. σιωπᾶν βούλομαι τὴν νύκτα τὴν
πολλῶν κακῶν ἀρχηγόν. οἴμοι Κρωβύλην
λαβεῖν ἔμ' εἰ καὶ δέκα τάλαντα . . .
τὴν ῥῖν' ἔχουσαν πήχεως· εἶτ' ἐστὶ τὸ
φρύαγμα πῶς ὑποστατόν; ⟨μὰ τὸν⟩ Δία
τὸν 'Ολύμπιον καὶ τὴν Ἀθηνᾶν, οὐδαμῶς.
παιδισκάριον θεραπευτικὸν δὲ καὶ λόγου
τάχιον ἀπαγέσθ' ὧδε. τίς ἄρ' ἂν εἰσάγοι;

10 fr. 333 Koerte

2 arma ς: amerca *VPR* 8 eximi iussi *Gronov*: eximius si *VPR* 10 *post* ΕΠΑΝ *Graeca om. P* *νῦν Scaliger*: ΝΙΝ *V* *καλὴ Ribbeck*: *κ V* 11 *μέλλει Grotius*: ΜΕΜΕΙΝ *V* *καθευδήσειν* ς: ΚΑΘΕΥΔΕCΕΙ *V* *κατείργασται Dorvillius*: ΚΑΤΕΙΡΓΑCΑCΑ *V* 13 *λυποῦσαν ἣν* ς: ΛΟΥΠΟΥCΙΝΕΝ *V* 14 *Κρωβύλης* ς: ΚΡΩΒΟΥΛΗC *V* 15 *ᾗ . . . ἐμὴ Haupt*: ΗΤΕΥΝΩΕΤΟCΥCΛΕΜΕ *V* 16 *ἣν Grotius*: ΩΝ *V* 17 *τοῦτο . . . ἔστιν Haupt*: ΤΟΙΤΟΔΕΤΟΛΕΓΟΜΕΝΟΝΕCΤΙΝΔΚΤΟΥΤΟ *V* 20 *ἔμ', εἰ Kaibel*: ΕΜΕ *V* *τάλαντα V*: *τάλαντ' ⟨ἠνέγκατο⟩ Kaibel* 21 *τὴν ῥῖν' ἔχουσαν Kock*: ΓΕΙΝΕCΟΥCΑΝ *V* 22 *πῶς Spengel*: ΕΙΚΤΩCΑΝ *V* *⟨μὰ τὸν⟩ add. Grotius* 24 *λόγου* ς: ΛΟΓΟΙ *V* 25 *ἂν εἰσάγοι Spengel*: ΑΝΠΙCΑΓΑΓΟΙ *V*

10 Caecilius autem sic:

is demum miser est, qui aerumnam suam nescit occultare
†ferre: ita me uxor forma et factis facit, si taceam, tamen indicium.
quae nisi dotem, omnia, quae nolis, habet: qui sapiet, de me discet,
qui quasi ad hostes captus liber seruio salua urbe atque arce.
quae mihi, quidquid placet, eo † priuatu uim me seruatum.
dum ⟨ego⟩ eius mortem inhio, egomet uiuo mortuus inter uiuos.
ea me clam se cum mea ancilla ait consuetum, id me arguit,
ita plorando, orando, instando atque obiurgando me obtudit,
eam uti uenderem; nunc credo inter suas
aequalis et cognatas sermonem serit:
'quis uestrarum fuit integra aetatula,
quae hoc idem a uiro
impetrarit suo, quod ego anus modo
effeci, paelice ut meum priuarem uirum?'
haec erunt concilia hodie, differor sermone miser.

11 Praeter uenustatem autem rerum atque uerborum in duobus libris nequaquam parem in hoc equidem soleo animum attendere, quod, quae Menander praeclare et apposite et facete scripsit, ea Caecilius, ne qua potuit quidem, cona-
12 tus est enarrare, sed quasi minime probanda praetermisit et

2 u. 142 Ribbeck[2]

2 qui P^2R: quia VP^1 nescit ς: nequit *VPR* 3 ferre *VPR*: foris *Ribbeck* 7 captus liber ς: captus libere *VP*: libere captus *R* 9 priuatu *VPR*: priuat. tu *Carrio* uim me seruatum *VPR*: uin seruatam uelim? *Hertz* 11 ego *Nonius 502, 12*: *om. VPR* 15 orando *VP*: atque orando *R* 18 et *VP*: atque *R* 23 differor *VPR*: differar *Ribbeck*

alia nescio qua mimica inculcauit et illud Menandri de uita hominum media sumptum, simplex et uerum et delectabile, nescio quo pacto omisit. Idem enim ille maritus senex cum altero sene uicino colloquens et uxoris locupletis superbiam deprecans haec ait:

A. ἔχω δ' ἐπίκληρον Λάμιαν· οὐκ εἴρηκά σοι
τοῦτ'; εἶτ' ἄρ' οὐχί; κυρίαν τῆς οἰκίας
καὶ τῶν ἀγρῶν καὶ † πάντων ἀντ' ἐκείνης
ἔχομεν. B. Ἄπολλον, ὡς χαλεπόν. A. χαλεπώτατον.
ἅπασι δ' ἀργαλέα 'στίν, οὐκ ἐμοὶ μόνῳ,
υἱῷ πολὺ μᾶλλον, θυγατρί. B. πρᾶγμ' ἄμαχον λέγεις.
A. εὖ οἶδα.

Caecilius uero hoc in loco ridiculus magis, quam personae 13
isti, quam tractabat, aptus atque conueniens uideri maluit. Sic enim haec corrupit:

A. sed tua morosane uxor, quaeso, est? B. ua! rogas?
A. qui tandem? B. taedet mentionis, quae mihi,
ubi domum adueni, adsedi, extemplo sauium
dat ieiuna anima. A. nil peccat de sauio.
ut deuomas, uult, quod foris potaueris.

Quid de illo quoque loco in utraque comoedia posito 14
existimari debeat, manifestum est, cuius loci haec ferme
sententia: Filia hominis pauperis in peruigilio uitiata est. 15
Ea res clam patrem fuit, et habebatur pro uirgine. Ex eo 16,17

6 fr. 334 Koerte 16 u. 158 Ribbeck[2]

---

1 mimica ς: inimica *VPR* 2 uerum *Pm. rec.*: ueru *VPR* 6 *Graeca om. R et praeter* ΕΑΩΔΕ *P* 7 τουτὶ γὰρ οὐχί *uicino addixit Kaibel* 8 καὶ *alt.* ς: ΚΙ *V* τῶν ἁπάντων ἄντικρυς *Kock* ἐκείνης ς: ΕΚΕΙΝΕϹ *V* 9 χαλεπόν ς *pars*: ΛΑΛΕΠΟΝ *V*: χαλεπῶν ς *alii* 16 ua! *Ribb.*: quam *VPR* rogas ς: errogas *V*: ęrogas *P*: me rogas *R* 17 qui *VP*: quas qui *R* 18 adsedi *Nonius 233. 13*: ac sedi *VPR* 19 nil ς: ni(c)hil *VPR* 20 foris ς: toris (thoris *V*) *VPR* potaueris *ed. Ven. 1472*: putaueris *VPR* 23 uiciata est V^2P: nunciata est V^1: est uicia *R*

18 uitio grauida mensibus exactis parturit. Seruus bonae frugi, cum pro foribus domus staret et propinquare partum erili filiae atque omnino uitium esse oblatum ignoraret, gemitum et ploratum audit puellae in puerperio enitentis: timet,
19 irascitur, suspicatur, miseretur, dolet. Hi omnes motus eius affectionesque animi in Graeca quidem comoedia mirabiliter acres et illustres, apud Caecilium autem pigra istaec omnia
20 et a rerum dignitate atque gratia uacua sunt. Post, ubi idem seruus percontando, quod acciderat repperit, has aput Menandrum uoces facit:

ὦ τρὶς κακόδαιμον, ὅστις ὢν πένης γαμεῖ
καὶ παιδοποιεῖ. ὡς ἀλόγιστός ἐστ' ἀνήρ,
ὃς μήτε φυλακὴν τῶν ἀναγκαίων ἔχει,
μήτ', ἂν ἀτυχήσῃ εἰς τὰ κοινὰ τοῦ βίου,
ἐπαμφιέσαι δύναιτο τοῦτο χρήμασιν,
ἀλλ' ἐν ἀκαλύπτῳ καὶ ταλαιπώρῳ βίῳ
χειμαζόμενος ζῇ τῶν μὲν ἀνιαρῶν ἔχων
τὸ μέρος ἁπάντων, ⟨τῶν δ'⟩ ἀγαθῶν οὐδὲν μέρος.
ὑπὲρ γὰρ ἑνὸς ἀλγῶν ἅπαντας νουθετῶ.

21 Ad horum autem sinceritatem ueritatemque uerborum an adspirauerit Caecilius, consideremus. Versus sunt hi Caecili trunca quaedam ex Menandro dicentis et consarcinantis uerba tragici tumoris:

is demum infortunatus est homo,
pauper qui educit in egestatem liberos,
cui fortuna et res ut est continuo patet.
nam opulento famam facile occultat factio.

11 fr. 335 Koerte 24 u. 169 Ribbeck[2]

---

6 affectionesque ς: affectionisque *VPR* 7 istaec *J. Gronov*: ista haec *VPR* 11 *Graeca om. AR et praeter* ωTP *P* *γαμεῖ Stob. ecl. 4. 22. 31*: ANHP *V* 15 *δύναιτο Meineke*: ΔΙΝΑΤΟ *V* 18 *τῶν δ' Stob. om. V* *οὐδὲν μέρος Zedelius*: ΟΥΔΙΝΑΜΕΝΟϹ *V* 19 *ἀλγῶν Stob.*: ΑΛΕΓΩΝ *V* 21 adspirauerit *A*: aspirauerat *VPR* 22 consarcinantis *VPR*: CONSARCIENTIS *A* 24 inf. est ς: est inf. *AVPR* 26 ut est *VPR*: utut est *uel* nuda est *Ribb.* 27 famam *VP*: famem *R* facile ς: facilem *VPR*

Itaque, ut supra dixi, cum haec Caecilii seorsum lego, **22**
neutiquam uidentur ingrata ignauaque, cum autem Graeca
comparo et contendo, non puto Caecilium sequi debuisse,
quod assequi nequiret.

XXIV

De uetere parsimonia, deque antiquis legibus sumptuariis.

Parsimonia apud ueteres Romanos et uictus atque cenarum **1**
tenuitas non domestica solum obseruatione ac disciplina,
sed publica quoque animaduersione legumque complurium
sanctionibus custodita est. Legi adeo nuper in Capitonis **2**
Atei *coniectaneis* senatus decretum uetus C. Fannio et M.
Valerio Messala consulibus factum, in quo iubentur principes ciuitatis, qui ludis Megalensibus antiquo ritu mutita-
rent, id est mutua inter sese dominia agitarent, iurare apud
consules uerbis conceptis non amplius in singulas cenas
sumptus esse facturos, quam centenos uicenosque aeris
praeter olus et far et uinum, neque uino alienigena, sed
patriae usuros neque argenti in conuiuio plus pondo quam
libras centum inlaturos.

Sed post id senatus consultum lex Fannia lata est, quae **3**
ludis Romanis, item ludis plebeis et Saturnalibus et aliis
quibusdam diebus in singulos dies centenos aeris insumi
concessit decemque aliis diebus in singulis mensibus tricenos,
ceteris autem diebus omnibus denos. Hanc Lucilius poeta **4**
legem significat, cum dicit:

Fanni centussis misellus.

In quo errauerunt quidam commentariorum in Lucilium **5**
scriptores, quod putauerunt Fannia lege perpetuos in omne

11 fr. 3 Strzelecki 26 u. 1172 Marx

4 assequi nequiret ς: assequiret *VPR* 16 esse *VPR*: ⟨se⟩ esse *Hertz*: sese *Mommsen* 18 quam libras *VPR*: libras *Gronov*: *del. Mommsen* 26 [mi]sellus *A*: misellos *VPR*

6 dierum genus centenos aeris statutos. Centum enim aeris
Fannius constituit, sicuti supra dixi, festis quibusdam diebus eosque ipsos dies nominauit, aliorum autem dierum
omnium in singulos dies sumptum inclusit intra aeris alias
tricenos, alias denos.

7 Lex deinde Licinia rogata est, quae cum certis diebus,
sicuti Fannia, centenos aeris inpendi permisisset, nuptiis
ducenos indulsit ceterisque diebus statuit aeris tricenos;
cum et carnis autem et salsamenti certa pondera in singulos
dies constituisset, quidquid esset tamen e terra, vite, arbore,
8 promisce atque indefinite largita est. Huius legis Laeuius
9 poeta meminit in *Erotopaegniis*. Verba Laeuii haec sunt,
quibus significat haedum, qui ad epulas fuerat adlatus,
dimissum cenamque ita, ut lex Licinia sanxisset, pomis
oleribusque instructam:

'lex Licinia' inquit 'introducitur,
lux liquida haedo redditur'.

10 Lucilius quoque legis istius meminit in his uerbis:

legem uitemus Licini.

11 Postea L. Sulla dictator, cum legibus istis situ atque senio
oblitteratis plerique in patrimoniis amplis elluarentur et
familiam pecuniamque suam prandiorum ⟨conuiuiorum⟩que
gurgitibus proluissent, legem ad populum tulit, qua cautum
est, ut Kalendis, Idibus, Nonis diebusque ludorum et feriis
quibusdam sollemnibus sestertios trecenos in cenam insumere

16 fr. 23 Morel 19 u. 1200 Marx

---

4 singulos *A*: singulis *VPR* sumptum *A*: sum(p)tus *VPR* 7 sicuti *VPR*: SICVM *A* nuptiis *V*: nuptus *PR*: NVBTIS *A* 9 autem *AVPR*: aridae ς *e Macr. Sat. 3. 17. 9* 10 constituisset *A*: constituit sed *VPR* tamen *AVPR*: natum ς *e Macr.* 11 Laeuius *Carrio*: lelius *VPR* 12 Laeuii *Carrio*: lelii *VPR* 13 allatus *VR*: ablatus *P* 17 liquida *VPR*: liquidula *Leo* 19 Licini ς: licinii V^2PR: lucilii licinii V^1 21 plerique ς: plerisque *VPR* 22 ⟨conuiuiorum⟩ *add. Hertz* 25 trecenos *Hotomanus*: tricenos *VPR*

ius potestasque esset, ceteris autem diebus omnibus non amplius tricenos.

Praeter has leges Aemiliam quoque legem inuenimus, qua **12**
lege non sumptus cenarum, sed ciborum genus et modus praefinitus est.

Lex deinde Antia praeter sumptum aeris id etiam sanxit, **13**
ut qui magistratus esset magistratumue capturus esset, ne quo ad cenam, nisi ad certas personas, itaret.

Postrema lex Iulia ad populum peruenit Caesare Augusto **14**
imperante, qua profestis quidem diebus ducenti finiuntur, Kalendis, Idibus, Nonis et aliis quibusdam festis trecenti, nuptiis autem et repotiis sestertii mille.

Esse etiam dicit Capito Ateius edictum—diuine Augusti **15**
an Tiberii Caesaris non satis commemini—, quo edicto per dierum uarias sollemnitates a trecentis sestertiis adusque duo sestertia sumptus cenarum propagatus est, ut his saltem finibus luxuriae efferuescentis aestus coerceretur.

XXV

Quid Graeci *ἀναλογίαν*, quid contra *ἀνωμαλίαν* uocent.

In Latino sermone, sicut in Graeco, alii *ἀναλογίαν* sequen- **1**
dam putauerunt, alii *ἀνωμαλίαν*. *Ἀναλογία* est similium similis **2**
declinatio, quam quidam Latine 'proportionem' uocant. *Ἀνω-* **3**
μαλία est inaequalitas declinationum consuetudinem sequens.
Duo autem Graeci grammatici illustres Aristarchus et Crates **4**
summa ope, ille *ἀναλογίαν*, hic *ἀνωμαλίαν* defensitauit. M. **5**
Varronis liber ⟨ad⟩ Ciceronem *de lingua Latina* octauus
nullam esse obseruationem similium docet inque omnibus

13 fr. 8 Strzelecki 26 p. 146 G. et S.

---

6 Antia ϛ, *cf. Macr.* § *13*: ancia *VPR* 9 postrema *PR*: postremo *V* 12 repotiis ϛ: repotu *V*: repotii *P*: repni *R* 13 diuine ϛ: diuine rուę *V*: diuine rue *PR*: diuine uero *F. Skutsch* 20 *ἀναλογίαν ed. Ald. 1515*: analogiam *VPR et sic passim codd.* 26 ⟨ad⟩ *add.* ϛ

paene uerbis consuetudinem dominari ostendit: 'Sicuti cum 6
dicimus' inquit '"lupus lupi", "probus probi" et "lepus
leporis", item "paro paraui" et "lauo laui", "pungo pupugi",
"tundo tutudi" et "pingo pinxi". Cumque' inquit 'a "ceno" 7
et "prandeo" et "poto" et "cenatus sum" et "pransus sum"
et "potus sum" dicamus, a "destringor" tamen et "exter-
geor" et "lauor" "destrinxi" et "extersi" et "laui" dicimus.
Item cum dicamus ab "Osco", "Tusco", "Graeco" "Osce", 8
"Tusce", "Graece", a "Gallo" tamen et "Mauro" "Gallice"
et "Maurice" dicimus; item a "probus" "probe", ⟨a⟩ "doctus" "docte", sed ⟨a⟩ "rarus" non dicitur "rare", sed alii
"raro" dicunt, alii "rarenter".' Inde M. Varro in eodem 9
libro: '"Sentior"' inquit 'nemo dicit et id per se nihil est, "ad-
sentior" tamen fere omnes dicunt. Sisenna unus "adsentio"
in senatu dicebat et eum postea multi secuti, neque tamen
uincere consuetudinem potuerunt.' Sed idem Varro in aliis 10
libris multa pro ἀναλογίᾳ tuenda scribsit. Sunt igitur ii tam- 11
quam loci quidam communes contra ἀναλογίαν dicere et
item rursum pro ἀναλογίᾳ.

XXVI

Sermones M. Frontonis et Fauorini philosophi de generibus colorum uocabulisque eorum Graecis et Latinis; atque inibi color 'spadix' cuiusmodi sit.

Fauorinus philosophus, cum ad M. Frontonem consularem 1
pedibus aegrum uisum iret, uoluit me quoque ad eum secum
ire. Ac deinde, cum ibi aput Frontonem plerisque uiris doc- 2
tis praesentibus sermones de coloribus uocabulisque eorum
agitarentur, quod multiplex colorum facies, appellationes

3 laui *R*: et laui *VP* 7 lauor ς: labor *VPR* 10–11 a *bis add.* ς 12 rarenter *AVP*: rariter *R* Inde M. Varro ς: EODEMVARRO *A*: Inde Mauro *VPR*: Idem M. Varro *F. Skutsch* 17 scribsit *A*: scribit *VPR* 19 rursum *A*: rursus *VPR* 21 Sermones ς: Sermonem *VP* 25 uisum iret *Mai*: VISVNIRET *A*: uisere *VPR* 27 uocabulisque *A*: uocabulis *VPR*

3 autem incertae et exiguae forent, 'plura' inquit 'sunt' Fauorinus 'in sensibus oculorum quam in uerbis uocibusque
4 colorum discrimina. Nam ut alias eorum inconcinnitates
omittamus, simplices isti rufus et uiridis colores singula
quidem uocabula, multas autem species differentis habent.
5 Atque eam uocum inopiam in lingua magis Latina uideo,
quam in Graeca. Quippe qui "rufus" color a rubore quidem
appellatus est, sed cum aliter rubeat ignis, aliter sanguis,
aliter ostrum, aliter crocum, ⟨aliter aurum,⟩ has singulas
rufi uarietates Latina oratio singulis propriisque uocabulis
non demonstrat omniaque ista significat una "ruboris"
appellatione, cum ex ipsis rebus uocabula colorum mutuatur
et "igneum" aliquid dicit et "flammeum" et "sanguineum"
6 et "croceum" et "ostrinum" et "aureum". "Russus" enim
color et "ruber" nihil a uocabulo "rufi" dinoscuntur neque
proprietates eius omnes declarant, *ξανθός* autem et *ἐρυθρός* et
πυρρός et *κιρρός* et *φοῖνιξ* habere quasdam distantias coloris
rufi uidentur uel augentes eum uel remittentes uel mixta
quadam specie temperantes.'
7 Tum Fronto ad Fauorinum: 'non infitias' inquit 'imus,
quin lingua Graeca, quam tu uidere elegisse, prolixior
fusiorque sit quam nostra; sed in his tamen coloribus,
quibus modo dixisti, denominandis non proinde inopes
8 sumus, ut tibi uidemur. Non enim haec sunt sola uocabula
rufum colorem demonstrantia, quae tu modo dixisti, "russus" et "ruber", sed alia quoque habemus plura, quam quae
dicta abs te Graeca sunt: "fuluus" enim et "flauus" et
"rubidus" et "poeniceus" et "rutilus" et "luteus" et "spadix"
appellationes sunt rufi coloris aut acuentes eum quasi incendentes aut cum colore uiridi miscentes aut nigro infuscantes

3 inconcinnitates *Mommsen*: concinni(e *R*)tates *VPR* 4 uiridis *TY*: uiridi *VPR* 9 ⟨aliter aurum⟩ *add. Gronov* 12 *post* cum *lac. stat. Hertz*: ⟨nisi⟩ cum *F. Skutsch* 14 Russus *Carrio*: rufus *VPR* 15 ruber ς: rubor *VPR* dinoscuntur *Heraeus*: dicuntur *VPR*: ⟨diuersi⟩ dicuntur *Hertz* 17 *κιρρός Gronov*: ΠΥΡΡΟϹ *VP* 21 elegisse *Mommsen*: legisse *VPR* 25 russus *Carrio*: rufus *VPR* 29 quasi incendentes *VPR*: *del. Hertz*: ⟨et⟩ quasi inc. *Gronov*

aut uirenti sensim albo illuminantes. Nam "poeniceus", 9
quem tu Graece *φοίνικα* dixisti, et "rutilus" et "spadix"
poenicei *συνώνυμος*, qui factus ⟨e⟩ Graeco noster est, ex-
uberantiam splendoremque significant ruboris, quales sunt
fructus palmae arboris non admodum sole incocti, unde
spadici et poeniceo nomen est: *σπάδικα* enim Dorici uocant 10
auulsum e palma termitem cum fructu. "Fuluus" autem 11
uidetur de rufo atque uiridi mixtus in aliis plus uiridis, in
aliis plus rufi habere. Sic poeta uerborum diligentissimus
"fuluam aquilam" dicit et "iaspidem", "fuluos galeros" et
"fuluum aurum" et "arenam fuluam" et "fuluum leonem",
sic Q. Ennius in *annalibus* "aere fuluo" dixit. "Flauus" 12
contra uidetur e uiridi et rufo et albo concretus: sic "flauentes
comae" et, quod mirari quosdam uideo, frondes olearum
a Vergilio "flauae" dicuntur, sic multo ante Pacuuius aquam 13
"flauam" dixit et "fuluum puluerem". Cuius uersus, quoniam sunt iucundissimi, libens commemini:

cedo tuum pedem ⟨mi⟩, lymphis flauis fuluum ut puluerem
manibus isdem, quibus Vlixi saepe permulsi, abluam
lassitudinemque minuam manuum mollitudine.

"Rubidus" autem est rufus atrior et nigrore multo inus- 14
tus, "luteus" contra rufus color est dilutior; inde ei nomen 15
quoque esse factum uidetur. Non igitur,' inquit 'mi Fauor- 16
ine, species rufi coloris plures aput Graecos, quam aput nos
nominantur. Sed ne uiridis quidem color pluribus a uobis 17

10 sqq. Verg. *Aen.* 11. 751; 4. 261; 7. 688; 7. 279 etc.; 5. 374 etc.; 2. 722 etc. 12 *ann.* u. 454 Vahlen[2] 13 *Aen.* 4. 590 15 *Aen.* 5. 309 18 u. 244 Ribbeck[2]

---

3 ⟨e⟩ Graeco *Gronov*: graece *VPR* 6 Dorici *VPR*: δωριστὶ *Hertz, sed cf. Serv. Aen. 7. 769* 12 sic Q. ς: sicque *VPR* fuluo *VPR*: fulua *Gell. 13. 21. 14* 15 multo *TY*: multos *VPR* 18 tuum *Fleckeisen*: tum *VPR* ⟨mi⟩ *add. Peerlkamp*: *om. AVPR* fuluum *A*: fauum *VPR* 19 permulsi *A*: permulsis *VPR* 20 manuum *A*: manum *VPR* 21 est *A*: et *VPR* inustus *VPR*: INIVSTVS *A* 22 dilutior ς: DELVTIOR *A*: dilucio (-tio *R*) *VPR* inde ei *Mai*: INDEI *A*: unde ei *VPR*

uocabulis dicitur, neque non potuit Vergilius colorem equi 18
significare uiridem uolens caerulum magis dicere ecum quam
"glaucum", sed maluit uerbo uti notiore Graeco, quam
inusitato Latino. Nostris autem ueteribus "caesia" dicta 19
est, quae a Graecis γλαυκῶπις, ut Nigidius ait, "de colore
caeli quasi caelia." '

Postquam haec Fronto dixit, tum Fauorinus scientiam 20
rerum uberem uerborumque eius elegantiam exosculatus:
'absque te' inquit 'uno forsitan lingua profecto Graeca longe
anteisset; sed tu, mi Fronto, quod in uersu Homerico est, id
facis: καί νύ κεν ἢ παρέλασσας ἢ ἀμφήριστον ἔθηκας. Sed cum 21
omnia libens audiui, quae peritissime dixisti, tum maxime,
quod uarietatem flaui coloris enarrasti fecistique, ut intellegerem uerba illa ex *annali* quarto decimo Ennii amoenissima, quae minime intellegebam:

uerrunt extemplo placidum mare: marmore flauo
caeruleum spumat mare conferta rate pulsum;

non enim uidebatur "caeruleum mare" cum "marmore 22
flauo" conuenire. Sed cum sit, ita ut dixisti, flauus color e 23
uiridi et albo mixtus, pulcherrime prorsus spumas uirentis
maris "flauom marmor" appellauit.'

XXVII

Quid T. Castricius existimarit super Sallustii uerbis et Demosthenis, quibus alter Philippum descripsit, alter Sertorium.

Verba sunt haec grauia atque illustria de rege Philippo 1
Demosthenis: Ἑώρων δ' αὐτὸν ⟨τὸν⟩ Φίλιππον, πρὸς ὃν ἦν

1 *georg.* 3. 82 5 fr. 72 Swoboda 11 *Il.* 23. 382 16 *ann.* u. 384 Vahlen[2] 26 *de cor.* 67

---

2 caerulum *A*: caeruleum *VPR* 4 caesia *A*: caecia *V*: caetia *PR* 16 placidum *Parrhasius*: placide *VPR*[2]: placidem *R*[1] 17 mare *VPR*: sale *Prisc. GLK 2. 171. 12* 19 color e *Gronov*: colore *VPR* 21 flauom *Scioppius*: flauo *VPR* 25 rege ς: rege atque *VPR* 26 αὐτὸν τὸν *Dem.*: ΟΥΤΟΝ *V* (*Gr. om. PR*)

ἡμῖν ὁ ἀγών, ὑπὲρ ἀρχῆς καὶ δυναστείας τὸν ὀφθαλμὸν ἐκκεκομ-
μένον, τὴν κλεῖν κατεαγότα, τὴν χεῖρα, τὸ σκέλος πεπηρωμένον,
πᾶν ὅ τι βουληθείη μέρος ἡ τύχη τοῦ σώματος παρελέσθαι, τοῦτο
2 προϊέμενον, ὥστε τῷ λοιπῷ μετὰ τιμῆς καὶ δόξης ζῆν. Haec
aemulari uolens Sallustius de Sertorio duce in *historiis* ita
scribsit: 'Magna gloria tribunus militum in Hispania T.
Didio imperante, magno usui bello Marsico paratu militum
et armorum fuit, multaque tum ductu eius ⟨iussu⟩que
patrata primo per ignobilitatem, deinde per inuidiam scriptorum incelebrata sunt, quae uiuus facie sua ostentabat
aliquot aduersis cicatricibus et effosso oculo. Quin ille de-
honestamento corporis maxime laetabatur neque illis anxius,
quia reliqua gloriosius retinebat.'
3 De utriusque his uerbis T. Castricius cum iudicaret,
'nonne' inquit 'ultra naturae humanae modum est dehonesta-
mento corporis laetari? siquidem laetitia dicitur exultatio
quaedam animi gaudio efferuentior euentu rerum expeti-
4 tarum. Quanto illud sinceriusque et humanis magis condicionibus conueniens: πᾶν ὅ τι ἂν βουληθείη μέρος ἡ τύχη τοῦ
5 σώματος παρελέσθαι, τοῦτο προϊέμενον. Quibus uerbis' inquit
'ostenditur Philippus non, ut Sertorius, corporis dehonesta-
mento laetus, quod est' inquit 'insolens et inmodicum, sed
prae studio laudis et honoris iacturarum damnorumque corporis contemptor, qui singulos artus suos fortunae prodigendos daret quaestu atque compendio gloriarum.'

6 *Hist.* I fr. 88 Maur.

---

4 προϊέμενον *Dem.*: ΠΡΟΕΙΜΕΝΟΝ *V* 6 tribunus militum *A*: tribus milibus *VPR* T. *VPR*: ET *A* 7 usui *A*: usi *VPR* 8 ⟨iussu⟩ *add. Hertz*: ⟨manu⟩ *Linker* -que patrata *Dietsch*: que rapta *VPR*: coerata *Carrio* 10 incelebrata *J. Gronov*: celebrata *VPR*: celata *Ciacconi* facie sua *Carrio*: faciem suam *VPR* 11 Quin *Dietsch*: quid *VPR* 12 neque illis anxius *ante* quin *Maur.* 16 laetari ς: letaris quid sit leticia (leticun* *V*: leticuri *R*) *VPR* 17 euentu ς: euentum *VPR* 18 condicionibus *Gronov*: communibus *VPR*: comm. ⟨sensibus⟩ *Hertz* 24 prodigendos *A*: producendos *VPR* 25 gloriarum *A*: atque gloriarum *VPR*

XXVIII

Non esse compertum, cui deo rem diuinam fieri oporteat, cum terra mouet.

Quaenam esse causa uideatur, quamobrem terrae tremores 1
fiant, non modo his communibus hominum sensibus opinioni-
busque incompertum, sed ne inter physicas quidem philosophias satis constitit, uentorumne ui accidant specus
hiatusque terrae subeuntium an aquarum subter in terrarum cauis undantium pulsibus fluctibusque, ita uti uidentur existimasse antiquissimi Graecorum, qui Neptunum
σεισίχθονα appellauerunt, an cuius aliae rei causa alteriusue
dei ui ac numine, nondum etiam, sicuti diximus, pro certo
creditum. Propterea ueteres Romani cum in omnibus aliis 2
uitae officiis tum in constituendis religionibus atque in dis
inmortalibus animaduertendis castissimi cautissimique, ubi
terram mouisse senserant nuntiatumue erat, ferias eius rei
causa edicto imperabant, sed dei nomen, ita uti solet, cui
seruari ferias oporteret, statuere et edicere quiescebant, ne
alium pro alio nominando falsa religione populum alli-
garent. Eas ferias si quis polluisset piaculoque ob hanc rem 3
opus esset, hostiam 'si deo, si deae' immolabant, idque ita
ex decreto pontificum obseruatum esse M. Varro dicit,
quoniam, et qua ui et per quem deorum dearumue terra
tremeret, incertum esset.

Sed de lunae solisque defectionibus non minus in eius rei 4
causa reperienda sese exercuerunt. Quippe M. Cato, uir in 5
cognoscendis rebus multi studii, incerta tamen et incuriose
super ea re opinatus est. Verba Catonis ex *originum* quarto 6

22 fr. 1 p. cliii Merkel

---

4 tremores *A*: mores *VPR* 6 incompertum *F. Skutsch*: compertum *AVPR* 7 accidant *A*: accidat *VPR* 8 aquarum *A*: aptarum *VPR* 9 pulsibus *Gronov*: pulsibusque *VPR* 17 caus. ed. imp. ς: cause dicto impetrabat *VPR* 20 rem opus *Lipsius*: remotus *VPR* 25 minus *VPR*: minus ⟨inprospere⟩ *Hertz*

haec sunt: 'Non lubet scribere, quod in tabula apud pontificem maximum est, quotiens annona cara, quotiens lunae
7 aut solis lumine caligo aut quid obstiterit.' Vsque adeo parui
fecit rationes ueras solis et lunae deficientium uel scire uel
dicere.

XXIX

Apologus Aesopi Phrygis memoratu non inutilis.

1 Aesopus ille e Phrygia fabulator haut inmerito sapiens
existimatus est, cum, quae utilia monitu suasuque erant,
non seuere neque imperiose praecepit et censuit, ut philosophis mos est, sed festiuos delectabilesque apologos commentus res salubriter ac prospicienter animaduersas in
mentes animosque hominum cum audiendi quadam in-
2 lecebra induit. Velut haec eius fabula *de auiculae nidulo*
lepide atque iucunde promonet spem fiduciamque rerum,
quas efficere quis possit, haut umquam in alio, set in semet-
3 ipso habendam. 'Auicula' inquit 'est parua, nomen est
4 cassita. Habitat nidulaturque in segetibus id ferme tem-
5 poris, ut appetat messis pullis iam iam plumantibus. Ea
cassita in sementes forte congesserat tempestiuiores; propterea frumentis flauescentibus pulli etiam tunc inuolucres
6 erant. Dum igitur ipsa iret cibum pullis quaesitum, monet
eos, ut, si quid ibi rei nouae fieret diceretur ue, animaduer-
7 terent idque uti sibi, ubi redisset, nuntiarent. Dominus
postea segetum illarum filium adulescentem uocat et "ui-
desne" inquit "haec ematuruisse et manus iam postulare?
idcirco die crastini, ubi primum diluculabit, fac amicos eas

1 fr. 77 Peter

---

1 lubet *R*: lubeis *V*: iubet *P* 11 commentus ς: commementus *VP*: comentus *R* 14 induit *VPR*: indit *Mommsen* 16 alio: sed *ed. Ven. 1494*: alios et *VPR* 20 congesserat *Titius*: concesserat *VPR* 21 flauescentibus *VR*: flauentibus *P* 22 Dum *P*: cum *VR* pullis *PR*: pusillis *V* 27 crastini *VR*: crastina *P*

et roges, ueniant operamque mutuam dent et messim hanc
nobis adiuuent." Haec ubi ille dixit, et discessit. Atque ubi **8**
redit cassita, pulli tremibundi, trepiduli circumstrepere
orareque matrem, ut iam statim properet inque alium locum
sese asportet: "nam dominus" inquiunt "misit, qui amicos
roget, uti luce oriente ueniant et metant". Mater iubet eos **9**
otioso animo esse: "si enim dominus" inquit "messim ad
amicos reicit, crastino seges non metetur neque necessum
est, hodie uti uos auferam." Die' inquit 'postero mater in **10**
pabulum uolat. Dominus, quos rogauerat, opperitur. Sol
feruit, et fit nihil; it dies, et amici nulli eunt. Tum ille rur- **11**
sum ad filium: "amici isti magnam partem" inquit "cessa-
tores sunt. Quin potius imus et cognatos adfinesque nostros
oramus, ut assint cras temperi ad metendum?" Itidem hoc
pulli pauefacti matri nuntiant. Mater hortatur, ut tum **12**
quoque sine metu ac sine cura sint; cognatos adfinesque
nullos ferme tam esse obsequibiles ait, ut ad laborem capes-
sendum nihil cunctentur et statim dicto oboediant: "vos
modo" inquit "aduertite, si modo quid denuo dicetur".
Alia luce orta auis in pastum profecta est. Cognati et adfines **13**
operam, quam dare rogati sunt, supersederunt. Ad postre- **14**
mum igitur dominus filio: "ualeant" inquit "amici cum
propinquis. Afferes primo luci falces duas; unam egomet
mihi et tu tibi capies alteram, et frumentum nosmetipsi
manibus nostris cras metemus". Id ubi ex pullis dixisse **15**
dominum mater audiuit: "tempus" inquit "est cedendi et
abeundi; fiet nunc dubio procul, quod futurum dixit. In
ipso enim iam uertitur, cuia res est, non in alio, unde petitur". Atque ita cassita nidum migrauit, seges a domino **16**
demessa est.'

Haec quidem est Aesopi fabula de amicorum et propin- **17**
quorum leui plerumque et inani fiducia. Sed quid aliud **18**

3 tremibundi *A*: *om.* *VPR* 7 otioso animo *A*: animo otioso *P*: amotu ociosos *VR* 8 necessum *A*: necesse *VPR* 9 inquit *A*: igitur *VPR* 11 it *Gronov*: et *AVPR* eunt *A*: erant *VPR* 13 adfinesque *Hertz*: adfines amicosque *VPR* 23 primo luci *P*: prima luce *VR*

sanctiores libri philosophorum monent, quam ut in nobis
19 tantum ipsis nitamur, alia autem omnia, quae extra nos
extraque nostrum animum sunt, neque pro nostris neque pro
20 nobis ducamus? Hunc Aesopi apologum Q. Ennius in *satiris*
scite admodum et uenuste uersibus quadratis composuit.
Quorum duo postremi isti sunt, quos habere cordi et
memoriae operae pretium esse hercle puto:

> hoc erit tibi argumentum semper in promptu situm:
> ne quid expectes amicos, quod tute agere possies.

XXX

Quid obseruatum sit in undarum motibus, quae in mari alio atque alio modo fiunt austris flantibus aquilonibusque.

1 Hoc saepenumero in undarum motu, quas aquilones uenti
quique ex eadem caeli regione aer fluit, faciunt *** in mari
2 austri atque africi. Nam fluctus, qui flante aquilone maximi
et creberrimi excitantur, simul ac uentus posuit, sternuntur
3 et conflaccescunt et mox fluctus esse desinunt. At non idem
fit flante austro uel africo; quibus iam nihil spirantibus
undae tamen factae diutius tument, et a uento quidem iamdudum tranquilla sunt, sed mare est etiam atque etiam
4 undabundum. Eius rei causa esse haec coniectatur, quod
uenti a septentrionibus ex altiore caeli parte in mare in-
cidentes deorsum in aquarum profunda quasi praecipites
deferuntur undasque faciunt non prorsus inpulsas, sed imi-
tus commotas, quae tantisper erutae uoluuntur, dum illius
5 infusi desuper spiritus uis manet. Austri uero et africi ad
meridianum orbis circulum et ad partem axis infimam

8 *sat.* lib. inc. p. 209 Vahlen[2]

---

4 nobis *VPR*: bonis *Vogel* 8 hoc *P*[2]: haec *VP*[1]*R* promptu *T*: prom(p)tum *VPRY* 9 ne quid *V*: nequit *P*: neque *R* tute agere possies *Fruterius*: tu agere possis *VPR* 14 *lac. hic stat. Mommsen* 26 et *PR*: aut *V*

depressi inferiores et humiles per suprema aequoris euntes
protrudunt magis fluctus quam eruunt, et idcirco non desuper laesae, sed propulsae in aduersum aquae etiam desistente flatu retinent aliquantisper de pristino pulsu impetum.
Id autem ipsum, quod dicimus, ex illis quoque Homericis 6
uersibus, si quis non incuriose legat, adminiculari potest.
Nam de austri flatibus ita scripsit: 7

ἔνθα νότος μέγα κῦμα ποτὶ σκαιὸν ῥίον ὠθεῖ,

contra autem de borea, quem 'aquilonem' nos appellamus, 8
alio dicit modo:

καὶ βορέης αἰθρηγενέτης μέγα κῦμα κυλίνδων.

Ab aquilonibus enim, qui alti supernique sunt, fluctus exci- 9
tatos quasi per prona uolui dicit, ab austris autem, his qui
humiliores sunt, maiore ui quadam propelli sursum atque
subici. Id enim significat uerbum ὠθεῖ, sicut alio in loco: 10

λᾶαν ἄνω ὤθεσκε ποτὶ λόφον.

Id quoque a peritissimis rerum philosophis obseruatum 11
est austris spirantibus mare fieri glaucum et caeruleum,
aquilonibus obscurius atriusque. Cuius rei causam, cum
Aristotelis libros *problematorum* praecerperemus, notaui.

8 *Od.* 3. 295 11 *Od.* 5. 296 16 *Od.* 11. 596 20 *probl.* 26. 37

1 euntes ς: euntis *VPR* 3 desistente flatu ς: desistent efflatu *V*: desistent et flatu *PR* 12 excitatos ς: excitatus *VPR* 13 autem *PR*: enim *V* 14 ui P^2: ut VP^1R sursum ς: rursum *VPR*

A. GELLII

NOCTIVM ATTICARVM LIBER TERTIVS

I

Quaesitum atque tractatum, quam ob causam Sallustius auaritiam dixerit non animum modo uirilem, sed corpus quoque ipsum effeminare.

1 HIEME iam decedente apud balneas Titias in area subcalido sole cum Fauorino philosopho ambulabamus, atque
ibi inter ambulandum legebatur *Catilina* Sallustii, quem in
2 manu amici conspectum legi iusserat. Cumque haec uerba
ex eo libro lecta essent: 'Auaritia pecuniae studium habet,
quam nemo sapiens concupiuit; ea quasi uenenis malis
inbuta corpus animumque uirilem effeminat, semper infinita et insatiabilis est, neque copia neque inopia minuitur',
3 tum Fauorinus me aspiciens 'quo' inquit 'pacto corpus
hominis auaritia effeminat? quid enim istuc sit, quod animum uirilem ab ea effeminari dixit, uideor ferme assequi;
set quonam modo corpus quoque hominis effeminet, non-
4 dum reperio.' 'Et ego' inquam 'longe iamdiu in eo ipse
quaerendo fui ac, nisi tu occupasses, ultro te hoc rogassem.'
5 Vix ego haec dixeram cunctabundus, atque inibi quispiam de sectatoribus Fauorini, qui uidebatur esse in litteris
ueterator, 'Valerium' inquit 'Probum audiui hoc dicere:
usum esse Sallustium circumlocutione quadam poetica et,
cum dicere uellet hominem auaritia corrumpi, corpus et

9 *Cat.* 11. 3

5 Titias *Lipsius*: sticias *VP*: stitias *R* subcalido *Mommsen*: sub calido *VPR* 9 pecuniae *VR*: et pecunia et *P* 18 nisi V^2PR: nisi si V^1

animum dixisse, quae duae res hominem demonstrarent;
namque homo ex animo et corpore est.' 'Numquam,' inquit **6**
Fauorinus 'quod equidem scio, tam inportuna tamque audaci
argutia fuit noster Probus, ut Sallustium, uel subtilissimum
breuitatis artificem, periphrasis poetarum facere diceret.'
Erat tum nobiscum in eodem ambulacro homo quispiam **7**
sane doctus. Is quoque a Fauorino rogatus, ecquid haberet **8**
super ea re dicere, huiuscemodi uerbis usus est: 'Quorum' **9**
inquit 'auaritia mentem tenuit et corrupit quique sese
quaerundae undique pecuniae dediderunt, eos plerosque tali
genere uitae occupatos uidemus, ut sicuti alia in his omnia
prae pecunia, ita labor quoque uirilis exercendique corporis
studium relictui sit. Negotiis enim se plerumque umbraticis **10**
et sellulariis quaestibus intentos habent, in quibus omnis
eorum uigor animi corporisque elanguescit et, quod Sallustius ait, "effeminatur".'
Tum Fauorinus legi denuo uerba eadem Sallustii iubet **11**
atque, ubi lecta sunt, 'quid igitur' inquit 'dicimus, quod
multos uidere est pecuniae cupidos et eosdem tamen corpore
esse uegeto ac ualenti?' Tum ille ita respondit non hercle **12**
inscite. 'Quisquis' inquit 'est pecuniae cupiens et corpore
tamen est bene habito ac strenuo, aliarum quoque rerum uel
studio uel exercitio eum teneri necessum est atque in sese
colendo non aeque esse parcum. Nam si auaritia sola summa **13**
omnes hominis partes affectionesque occupet et si ad incuriam usque corporis grassetur, ut per illam unam neque
uirtutis neque uirium neque corporis neque animi cura adsit,
tum denique id uere dici potest effeminando esse et animo et
corpori, qui neque sese neque aliud curent, nisi pecuniam.'
Tum Fauorinus: 'aut hoc,' inquit 'quod dixisti, probabile **14**

7 ecquid haberet ς: eo quid haret *VPR* 8 dicere ς: diceret *VPR* 9 auaritia mentem *Dziatzko*: auaritiam *VPR* 10 quaer. und. pec. *Hertz*: quaerunda und. pec(c)unia *VR*: querunda pecunia *P* 20 respondit ς: respondit respondis *VPR*: respondit. Respondes ς *alii* 22 habito ς: habuito *VPR* 27 neque corp. neq. an. *VPR*: *del. Hertz* 29 corpori *Gronov*: corpore *VPR* qui *VPR*: ⟨si⟩ qui *H. J. Müller*

est, aut Sallustius odio auaritiae plus, quam oportuit, eam criminatus est.'

II

Quemnam esse natalem diem M. Varro dicat, qui ante noctis horam sextam postue eam nati sunt; atque inibi de temporibus terminisque dierum, qui ciuiles nominantur et usquequaque gentium uarie obseruantur; et praeterea quid Q. Mucius scripserit super ea muliere, quae a marito non iure se usurpauisset, quod rationem ciuilis anni non habuerit.

1 Quaeri solitum est, qui noctis hora tertia quartaue siue
qua alia nati sunt, uter dies natalis haberi appellarique
debeat, isne, quem nox ea consecuta est, an qui dies noctem
2 consecutus est. M. Varro in libro *rerum humanarum*, quem
de diebus scripsit: 'homines', inquit 'qui inde a media nocte
ad proximam mediam noctem in his horis uiginti quattuor
3 nati sunt, uno die nati dicuntur.' Quibus uerbis ita uidetur
dierum obseruationem diuisisse, ut qui post solem occasum
ante mediam noctem natus sit, is ei dies natalis sit, a quo die
ea nox coeperit; contra uero, qui in sex noctis horis posterioribus
nascatur, eo die uideri natum, qui post eam noctem diluxerit.

4 Athenienses autem aliter obseruare idem Varro in eodem
libro scripsit eosque a sole occaso ad solem iterum occidentem
omne id medium tempus unum diem esse dicere.
5 Babylonios porro aliter; a sole enim exorto ad exortum
eiusdem incipientem totum id spatium unius diei nomine
6 appellare; multos uero in terra Vmbria unum et eundem
diem esse dicere a meridie ad insequentem meridiem; 'quod
quidem' inquit 'nimis absurdum est. Nam qui Kalendis hora

10 sqq. cf. Macr. *Sat.* 1. 3. 2 14 XVI fr. 2 Mirsch 22 sqq. cf. Serv. *Aen.* 5. 738 23 XVI fr. 3 Mirsch

1 oportuit *Scriverius*: potuit *VPR* 6 dierum ς: deorum *VP* 8 quae a *Erbius*: quia *VP* 14 inde a *Hertz*: in *VPR*: ex *Macr.* 20 nascatur *VP*: nascitur *R Macr.* uideri natum *VPR*: uideatur natus *Macr.* post eam *R*: postea *VP* 23 sole occaso *VR*: sole occasu *P*: solis occasu *Macr.* 26 diei nomine *R*: die in homine *VP*

sexta apud Vmbros natus est, dies eius natalis uideri debebit
et Kalendarum dimidiarum et qui est post Kalendas dies
ante horam eius diei sextam.'

Populum autem Romanum ita, uti Varro dixit, dies **7**
singulos adnumerare a media nocte ad mediam proximam
multis argumentis ostenditur. Sacra sunt Romana partim **8**
diurna, alia nocturna; sed ea, quae inter noctem fiunt,
diebus addicuntur, non noctibus; quae igitur sex posteriori- **9**
bus noctis horis fiunt, eo die fieri dicuntur, qui proximus
eam noctem inlucescit. Ad hoc ritus quoque et mos auspi- **10**
candi eandem esse obseruationem docet: nam magistratus,
quando uno die eis auspicandum est et id, super quo auspi-
cauerunt, agendum, post mediam noctem auspicantur et
post meridialem solem agunt, auspicatique esse et egisse
eodem die dicuntur. Praeterea tribuni plebei, quos nullum **11**
diem abesse Roma licet, cum post mediam noctem proficiscuntur et post primam facem ante mediam sequentem
reuertuntur, non uidentur afuisse unum diem, quoniam ante
horam noctis sextam regressi parte aliqua illius in urbe
Roma sunt.

⟨Q.⟩ quoque Mucium iureconsultum dicere solitum legi **12**
non esse usurpatam mulierem, quae, cum Kalendis Ianuariis
apud uirum matrimonii causa esse coepisset, ante diem IV.
Kalendas Ianuarias sequentes usurpatum isset: non enim **13**
posse impleri trinoctium, quod abesse a uiro usurpandi
causa ex *duodecim tabulis* deberet, quoniam tertiae noctis
posteriores sex horae alterius anni essent, qui inciperet ex
Kalendis.

21 fr. 7 Huschke

---

2 dimidiarum *VPR*: dimidiatus *Macr.*: dimidium a meridie *Schreiner*: dimidium *F. Skutsch* 8 addicuntur *VR*: abdicuntur *P* 13 post *VPR*: ⟨cum⟩ post *Puteanus* 14 meridialem solem agunt *Hertz*: meridiem sole magnum *V*: meridiem solem agnum *PR*: exortum solem agunt *Macr.* 15 eodem *Macr.*: et eodem *VPR* 18 afuisse *R*[2]: affuisse *VPR*[1] 21 ⟨Q.⟩ *Macr.*: *om.* *VPR* 27 posteriores *Macr.*: posterioris *VPR* inciperet *Macr.*: inciperent *VPR*

14 Ista autem omnia de dierum temporibus et finibus ⟨ad⟩ obseruationem disciplinamque iuris antiqui pertinentia cum in libris ueterum inueniremus, non dubitabamus, quin Vergilius quoque id ipsum ostenderit, non exposite atque aperte, sed, ut hominem decuit poeticas res agentem, recondita et quasi operta ueteris ritus significatione:

15 'torquet' inquit 'medios nox umida cursus,
et me saeuus equis oriens afflauit anhelis.'

16 His enim uersibus oblique, sicuti dixi, admonere uoluit diem, quem Romani 'ciuilem' appellauerunt, a sexta noctis hora oriri.

III

De noscendis explorandisque Plauti comoediis, quoniam promisce uerae atque falsae nomine eius inscriptae feruntur; atque inibi, quod Plautus et Naeuius in carcere fabulas scriptitarint.

1 Verum esse comperior, quod quosdam bene litteratos homines dicere audiui, qui plerasque Plauti comoedias curiose atque contente lectitarunt, non indicibus Aelii nec Sedigiti nec Claudii nec Aurelii nec Accii nec Manilii super his fabulis, quae dicuntur 'ambiguae', crediturum, sed ipsi
2 Plauto moribusque ingeni atque linguae eius. Hac enim
3 iudicii norma Varronem quoque usum uidemus. Nam praeter illas unam et uiginti, quae 'Varronianae' uocantur, quas idcirco a ceteris segregauit, quoniam dubiosae non erant, set consensu omnium Plauti esse censebantur, quasdam item alias probauit adductus filo atque facetia sermonis Plauto congruentis easque iam nominibus aliorum occupatas Plauto

7 *Aen.* 5. 738

---

1 Ista *V*: Iste *PR* ⟨ad⟩ *add.* ς 2 disciplinamque ς: discipuli namque *VPR* 6 operta *Macr.*: aperta *VPR* 7 medios *Verg.*: media *VPR* 15 scriptitarint *V*: scriptitarent *P* 19 Sedigiti *ed. Iunt. 1513*: sedigitii *R*: se digicii *VP* 20 crediturum *Gronov*: creditorum *VPR* 26 probauit ς: probabit *VPR*

uindicauit, sicuti istam, quam nuperrime legebamus, cui est
nomen *Boeotia*. Nam cum in illis una et uiginti non sit et 4
esse Aquili dicatur, nihil tamen Varro dubitauit, quin
Plauti foret, neque alius quisquam non infrequens Plauti
lector dubitauerit, si uel hos solos ex ea fabula uersus
cognouerit, qui quoniam sunt, ut de illius Plauti more
dicam, Plautinissimi, propterea et meminimus eos et ascrip-
simus. Parasitus ibi esuriens haec dicit: 5

> ut illum di perdant, primus qui horas repperit,
> quique adeo primus statuit hic solarium!
> qui mihi comminuit misero articulatim diem.
> nam me puero uenter erat solarium
> multo omnium istorum optimum et uerissimum:
> ubi is te monebat, esses, nisi cum nihil erat.
> nunc etiam quod est, non estur, nisi soli libet;
> itaque adeo iam oppletum oppidum est solariis,
> maior pars populi aridi reptant fame.

Fauorinus quoque noster, cum *Neruulariam* Plauti legerem, 6
quae inter incertas habita est, et audisset ex ea comoedia
uersum hunc:

> scrattae, scrupedae, strittiuillae sordidae,

delectatus faceta uerborum antiquitate meretricum uitia atque deformitates significantium: 'uel unus hercle' inquit 'hic uersus Plauti esse hanc fabulam satis potest fidei fecisse'.

9 Plaut. fr. u. 21 Lindsay; Aquil. u. 1 Ribbeck^2 12 cf. Amm. Marc. 23. 6. 77 21 fr. u. 97 Lindsay cf. Non. 169. 11; Varr. *l.l.* 7. 65

---

3 Aquili *VPR*: Atilii *Popma* 5 si uel ς: siue *VPR* 6 illius *VPR*: ipsius *Scioppius* 9 di ς: dii *VPR* 12 nam *VPR*: nam ⟨unum⟩ *Hertz* uenter *Bentley*: ueter *VR*: uetet *P* 14 is te *Dziatzko*: iste *VPR* esses *Dziatzko*: esse *VPR* 15 quod *VP*: quid *R*: quom *Bothe* estur ς: est *VPR* 16 oppidum est *Hermann*: est oppidum *VPR* 17 populi *VPR*: populi ⟨iam⟩ *Hertz* aridi *VPR*: arida *Hertz ex Amm. 19. 8. 8* 21 scratte *PR*: sacrate V^1: scrate V^2 22 faceta ς: facetia *VPR*

7 Nos quoque ipsi nuperrime, cum legeremus *Fretum*—
nomen est id comoediae, quam Plauti esse quidam non
putant—, haut quicquam dubitauimus, quin ea Plauti foret,
8 et omnium quidem maxime genuina. Ex qua duo hos uersus
exscripsimus, ut historiam quaereremus oraculi Arretini:

> nunc illud est, quod 'responsum Arreti' ludis magnis dicitur:
> peribo, si non fecero, si faxo, uapulabo.

9 M. tamen Varro in libro *de comoediis Plautinis* primo
Accii uerba haec ponit: 'Nam nec *Geminei lenones* nec *Con-
dalium* nec *Anus* Plauti nec *Bis compressa* nec *Boeotia*
unquam fuit neque adeo *Agroecus* neque *Commorientes*
Macci Titi.'
10 In eodem libro Varronis id quoque scriptum et Plautium
fuisse quempiam poetam comoediarum. Quoniam fabulae
⟨illae⟩ 'Plauti' inscriptae forent, acceptas esse quasi Plauti-
nas, cum essent non a Plauto Plautinae, sed a Plautio
Plautianae.
11 Feruntur autem sub Plauti nomine comoediae circiter
12 centum atque triginta; sed homo eruditissimus L. Aelius
13 quinque et uiginti eius esse solas existimauit. Neque tamen
dubium est, quin istaec, quae scriptae a Plauto non uidentur
et nomini eius addicuntur, ueterum poetarum fuerint et ab
eo retractatae, expolitae sint ac propterea resipiant stilum
14 Plautinum. Sed enim *Saturionem* et *Addictum* et tertiam
quandam, cuius nunc mihi nomen non subpetit, in pistrino
eum scripsisse Varro et plerique alii memoriae tradiderunt,

6 fr. u. 73 Lindsay 9 Varr. fr. 88 Fun. 10 Acc. fr. 19 Fun. 20 Ael. fr. 4 Fun.

---

1 ipsi ς: ipse *VPR* 6 responsum Arreti *Leo*: Arretini responsum *VPR* 7 magnis ς: magis *VPR* 10 lenones *Thysius*: leones *VPR* 13 Macci *Ritschl*: m̄. accii (actii *V*) *VPR* 15 Quoniam *VPR*: ⟨cuius⟩ quoniam ς 16 ⟨illae⟩ *add. Hertz* 20 L. Aelius *Carrio*: l(a)elius *VPR* 22 istaec *V*R^2: istae *P*: ista h' R^1 24 expolitae *VPR*: ⟨et⟩ expolitae ς

cum pecunia omni, quam in operis artificum scaenicorum pepererat, in mercatibus perdita inops Romam redisset et ob quaerendum uictum ad circumagendas molas, quae 'trusatiles' appellantur, operam pistori locasset.
Sicuti de Naeuio quoque accepimus fabulas eum in car- 15
cere duas scripsisse, *Hariolum* et *Leontem*, cum ob assiduam
maledicentiam et probra in principes ciuitatis de Graecorum
poetarum more dicta in uincula Romae a triumuiris coniec-
tus esset. Vnde post a tribunis plebis exemptus est, cum in
his, quas supra dixi, fabulis delicta sua et petulantias dic-
torum, quibus multos ante laeserat, diluisset.

IV

Quod P. Africano et aliis tunc uiris nobilibus ante aetatem senectam barbam et genas radere mos patrius fuit.

In libris, quos de uita P. Scipionis Africani compositos 1
legimus, scriptum esse animaduertimus P. Scipioni, Pauli
filio, postquam de Poenis triumphauerat censorque fuerat,
diem dictum esse ad populum a Claudio Asello tribuno
plebis, cui equum in censura ademerat, eumque, cum esset
reus, neque barbam desisse radi neque non candida ueste
uti neque fuisse cultu solito reorum. Sed cum in eo tempore 2
Scipionem minorem quadraginta annorum fuisse constaret,
quod de barba rasa ita scriptum esset, mirabamur. Com- 3
perimus autem ceteros quoque in isdem temporibus nobiles
uiros barbam in eiusmodi aetate rasitauisse, idcircoque
plerasque imagines ueterum, non admodum senum, sed in
medio aetatis, ita factas uidemus.

15 libris V^2PR^2: libros V^1: *om.* R^1 16 Scipioni ς: scipionis *VPR* 19 cui *P*: cum *VR* cum P^2: tum VP^1R 20 non *VPR*: *del. Gronov* 21 cultu ς: cultus *VPR* 22 minorem *VPR*: maiorem *Perizonius*: minorem ⟨maiorem⟩ *Hertz* 23 esset ς: esse *VPR*

V

Deliciarum uitium et mollities oculorum et corporis ab Arcesila philosopho cuidam obprobrata acerbe simul et festiuiter.

1 Plutarchus refert Arcesilaum philosophum uehementi uerbo usum esse de quodam nimis delicato diuite, qui incorrup-
2 tus tamen et a stupro integer dicebatur. Nam cum uocem
eius infractam capillumque arte compositum et oculos ludi-
bundos atque inlecebrae uoluptatisque plenos uideret: 'nihil
interest,' inquit 'quibus membris cinaedi sitis, posterioribus
an prioribus'.

VI

De ui atque natura palmae arboris, quod lignum ex ea ponderibus positis renitatur.

1 Per hercle rem mirandam Aristoteles in septimo *problema-*
2 *torum* et Plutarchus in octauo *symposiacorum* dicit. 'Si
super palmae' inquiunt 'arboris lignum magna pondera in-
ponas ac tam grauiter urgeas oneresque, ut magnitudo oneris
sustineri non queat, non deorsum palma cedit nec intra
flectitur, sed aduersus pondus resurgit et sursum nititur
3 recuruaturque'; 'propterea' inquit Plutarchus 'in certaminibus palmam signum esse placuit uictoriae, quoniam ingenium ligni eiusmodi est, ut urgentibus opprimentibusque
non cedat.'

4 *Mor.* 126 A; 705 E 14 sqq. cf. Ioh. Saris. *Policrat.* 5. 6 14 fr. 229 Rose 15 *Mor.* 724 E

2 Arcesila *Hertz*: artesila *V*: arte sila *P* 14 rem *P*: re *VR* problematorum *PR*[2]: prolematorum *V*: problematum *R*[1] 17 tam *TY*: tamen *VPR*

VII

Historia ex annalibus sumpta de Q. Caedicio tribuno militum; uerbaque ex *originibus* M. Catonis apposita, quibus Caedici uirtutem cum Spartano Leonida aequiperat.

Pulcrum, dii boni, facinus Graecarumque facundiarum 1
magniloquentia condignum M. Cato libris *originum* de Q.
Caedicio tribuno militum scriptum reliquit.
Id profecto est ad hanc ferme sententiam: Imperator 2,3
Poenus in terra Sicilia bello Carthaginiensi primo obuiam
Romano exercitu progreditur, colles locosque idoneos prior
occupat. Milites Romani, uti res nata est, in locum insinuant 4
fraudi et perniciei obnoxium. Tribunus ad consulem uenit, 5
ostendit exitium de loci importunitate et hostium circum-
stantia maturum. 'Censeo,' inquit 'si rem seruare uis, faciun- 6
dum, ut quadringentos aliquos milites ad uerrucam illam'
—sic enim Cato locum editum asperumque appellat—'ire
iubeas, eamque uti occupent, imperes horterisque; hostes
profecto ubi id uiderint, fortissimus quisque et promptissimus ad occursandum pugnandumque in eos praeuertentur
unoque illo negotio sese alligabunt, atque illi omnes quadringenti procul dubio obtruncabuntur. Tunc interea occupa- 7
tis in ea caede hostibus tempus exercitus ex hoc loco
educendi habebis. Alia nisi haec salutis uia nulla est.' Consul 8
tribuno respondit consilium quidem istud aeque prouidens
sibi uiderier; 'sed istos' inquit 'milites quadringentos ad eum
locum in hostium cuneos quisnam erit, qui ducat?' 'Si alium' 9
inquit tribunus 'neminem reperis, me licet ad hoc periculum
utare; ego hanc tibi et reipublicae animam do.' Consul 10
tribuno gratias laudesque agit. Tribunus et quadringenti 11
ad moriendum proficiscuntur. Hostes eorum audaciam 12

6 fr. 83 Peter 14 sqq. cf. Non. 187. 20

9 terra Sicilia *VR*: terra siciliam P^1: terram siciliam P^2 10 exercitu *VR*: exercitui *P* 17 occupent *VP*: occupem *R* 22 exercitus *PR*: et exercitus *V* 24 istud aeque *P*: istuc quidem atque *V*: atque *R* 27 tribunus ς: tribunum *VPR*

demirantur; quorsum ire pergant, in expectando sunt.
13 Sed ubi apparuit ad eam uerrucam occupandam iter intendere, mittit aduersum illos imperator Carthaginiensis peditatum equitatumque, quos in exercitu uiros habuit
14 strenuissimos. Romani milites circumueniuntur, circumuenti
15 repugnant; fit proelium diu anceps. Tandem superat multi-
16 tudo. Quadringenti omnes cum uno perfossi gladiis aut
17 missilibus operti cadunt. Consul interim, dum ibi pugnatur, se in locos tutos atque editos subducit.

18 Sed quod illi tribuno, duci militum quadringentorum, diuinitus in eo proelio usu uenit, non iam nostris, sed ipsius
19 Catonis uerbis subiecimus: 'Dii inmortales tribuno militum fortunam ex uirtute eius dedere. Nam ita euenit: cum saucius multifariam ibi factus esset, tamen uolnus capiti nullum euenit, eumque inter mortuos defetigatum uolneribus atque, quod sanguen eius defluxerat, cognouere. Eum sustulere, isque conualuit, saepeque postilla operam reipublicae fortem atque strenuam perhibuit illoque facto, quod illos milites subduxit, exercitum ceterum seruauit. Sed idem benefactum quo in loco ponas, nimium interest. Leonides Laco, qui simile apud Thermopylas fecit, propter eius uirtutes omnis Graecia gloriam atque gratiam praecipuam claritudinis inclitissimae decorauere monumentis: signis, statuis, elogiis, historiis aliisque rebus gratissimum id eius factum habuere; at tribuno militum parua laus pro factis relicta, qui idem fecerat atque rem seruauerat.'

19 cf. Vopisc. *Prob.* 1

2 ad eam *Gronov*: eadem VP^1R^2: ad eandem P^2: adem R^1 6 Tandem *PR*: tamen *V* 8 interim...se *P*: inter ibi (inter ibidem V^1)dum ea pugna (puga *R*) se *VR* 10 tribuno *P*: tribuni *VR* 11 usu ς: usus *VPR* 12 tribuno P^2: tribuni *VR*: tribunus P^1 13 euenit ς: euenit ita *VPR* 14 esset *P*: esse *VR* 16 sanguen eius *Hertz*: sanguineis eius *P*: sanguen *VR*: sanguenis *V m. rec.* 17 postilla *VR*: post illam *P* 18 perhibuit *VP*: peribuit *R*: praehibuit *Quicherat* 21 Laco *Gronov*: lacu *VP*: lacn *R* 22 Graecia ς: graciam VP^2: greciam P^1R 24 gratissimum *PR*: grauissimum *V* 25 at V^2P^2: Ad V^1R: A P^1

Hanc Q. Caedici tribuni uirtutem M. Cato tali suo testi- 20
monio decorauit. Claudius autem Quadrigarius *annali* tertio 21
non Caedicio nomen fuisse ait, sed Laberio.

VIII

Litterae eximiae consulum C. Fabricii et Q. Aemilii ad regem Pyrrum a Q. Claudio scriptore historiarum in memoriam datae.

Cum Pyrrus rex in terra Italia esset et unam atque alteram 1
pugnas prospere pugnasset satisque agerent Romani et
pleraque Italia ad regem desciuisset, tum Ambraciensis quispiam Timochares, regis Pyrri amicus, ad C. Fabricium consulem furtim uenit ac praemium petiuit et, si de praemio
conueniret, promisit regem uenenis necare idque facile esse
factu dixit, quoniam filii sui pocula in conuiuio regi ministrarent. Eam rem Fabricius ad senatum scripsit. Senatus 2,3
ad regem legatos misit mandauitque, ut de Timochare nihil
proderent, sed monerent, uti rex circumspectius ageret atque
a proximorum insidiis salutem tutaretur. Hoc ita, uti dixi- 4
mus, in Valeri Antiatis *historia* scriptum est. Quadrigarius 5
autem in libro tertio non Timocharem, sed Niciam adisse ad
consulem scripsit neque legatos a senatu missos, sed a consulibus, et ⟨Pyrrum⟩ populo Romano laudes atque gratias
scripsisse captiuosque omnes, quos tum habuit, uestiuisse et
reddidisse.

Consules tum fuerunt C. Fabricius et Q. Aemilius. Lit- 6
teras, quas ad regem Pyrrum super ea causa miserunt, 7
Claudius Quadrigarius scripsit fuisse hoc exemplo:

'Consules Romani salutem dicunt Pyrro regi. 8

2 fr. 42 Peter 7 sqq. cf. Amm. Marc. 30. 1. 22; Ioh. Saris. *Policrat.* 5. 7 18 fr. 21 Peter 19 fr. 40 Peter

---

2 annali ς: annalis *VPR* 3 Laberio ς: lauerio *VPR* 11 et ς: ut *VPR* 13 filii sui *V*: fili sui *R*: filius suus *P* regi ministrarent *R*: reministrarent *V*: regi ministraret *P* 21 ⟨Pyrrum⟩ *add. Hertz*

Nos pro tuis iniuriis continuis animo tenus commoti inimiciter tecum bellare studemus. Sed communis exempli et fidei ergo uisum, ut te saluum uelimus, ut esset, quem armis uincere possimus. Ad nos uenit Nicias familiaris tuus, qui sibi praemium a nobis peteret, si te clam interfecisset. Id nos negauimus uelle, neue ob eam rem quicquam commodi expectaret, et simul uisum est, ut te certiorem faceremus, ne quid eiusmodi, si accidisset, nostro consilio ciuitates putarent factum, et quod nobis non placet pretio aut praemio aut dolis pugnare. Tu, nisi caues, iacebis.'

IX

Quis et cuiusmodi fuerit qui in prouerbio fertur equus Seianus; et qualis color equorum sit qui 'spadices' uocantur; deque istius uocabuli ratione.

Gauius Bassus in *commentariis* suis, item Iulius Modestus 1
in secundo *quaestionum confusarum* historiam de equo Seiano
tradunt dignam memoria atque admiratione: Gnaeum Seium 2
quempiam scribam fuisse eumque habuisse equum natum
Argis in terra Graecia, de quo fama constans esset, tamquam
de genere equorum progenitus foret, qui Diomedis Thracis
fuissent, quos Hercules Diomede occiso e Thracia Argos
perduxisset. Eum equum fuisse dicunt magnitudine inuisi- 3
tata, ceruice ardua, colore poeniceo, flora et comanti iuba,
omnibusque aliis equorum laudibus quoque longe praestitisse; sed eundem equum tali fuisse fato siue fortuna ferunt, ut, quisquis haberet eum possideretque, ut is cum omni domo familia fortunisque omnibus suis ad internecionem

15 fr. 4 Fun. 16 fr. 1 Mazzarino

1 continuis animo tenus *Gronov*: continuo animo tenui *VPR* 3 ut te *P*: uit(a)e *VR* 6 negauimus ς: negamus *VPR* 9 pretio *VPR*: *del. L. Müller* 10 iacebis V^2*PR*: tacebis V^1 13 deque istius *P m. rec.*: dequestius *VP* 17 memoria *V*: memoriam *P*: memorari *R* 18 scribam *P*: scribant *VR* 21 quos *Y*: quod *VPRT* 22 inuisitata *V*: inusitata *PR*

deperiret. Itaque primum illum Gnaeum Seium, dominum **4**
eius, a M. Antonio, qui postea triumuirum reipublicae con-
stituendae fuit, capitis damnatum miserando supplicio af-
fectum esse; eodem tempore Cornelium Dolabellam consulem
in Syriam proficiscentem fama istius equi adductum Argos
deuertisse cupidineque habendi eius exarsisse emisseque
eum sestertiis centum milibus; sed ipsum quoque Dolabellam in Syria bello ciuili obsessum atque interfectum esse;
mox eundem equum, qui Dolabellae fuerat, C. Cassium, qui
Dolabellam obsederat, abduxisse. Eum Cassium postea satis **5**
notum est uictis partibus fusoque exercitu suo miseram
mortem oppetisse; deinde post Antonium post interitum
Cassii parta uictoria equum illum nobilem Cassii requisisse
et, cum eo potitus esset, ipsum quoque postea uictum atque
desertum detestabili exitio interisse. Hinc prouerbium de **6**
hominibus calamitosis ortum dicique solitum: 'ille homo
habet equum Seianum'.

Eadem sententia est illius quoque ueteris prouerbii, quod **7**
ita dictum accepimus: 'aurum Tolosanum'. Nam cum oppidum Tolosanum in terra Gallia Quintus Caepio consul
diripuisset multumque auri in eius oppidi templis fuisset,
quisquis ex ea direptione aurum attigit, misero cruciabilique
exitu perit.

Hunc equum Gauius Bassus uidisse Argis refert haut **8**
credibili pulcritudine uigoreque et colore exuberantissimo.

Quem colorem nos, sicuti dixi, 'poeniceum' dicimus, **9**
Graeci partim φοίνικα, alii σπάδικα appellant, quoniam palmae termes ex arbore cum fructu auulsus 'spadix' dicitur.

2 triumuirum *VR*: triumuir *P* 5 fama *P*: famam *VR* 11 partibus *VP*: parthis R^2: phartis R^1 20 Gallia *Erasmus*: italia VR^2: italica *P*: aitalia R^1 Caepio *VR*: scipio *P* 24 uidisse *VPR*: uidisse se *TY* 25 exuberantissimo *TY*: exuperantissimo *VPR* 26 dicimus *P*: *om.* *VR*

X

Quod est quaedam septenarii numeri uis et facultas in multis naturae rebus animaduersa, de qua M. Varro in *hebdomadibus* disserit copiose.

1 M. Varro in primo librorum, qui inscribuntur *hebdomades*
uel de imaginibus, septenarii numeri, quem Graece *ἑβδομάδα*
2 appellant, uirtutes potestatesque multas uariasque dicit. 'Is
namque numerus' inquit 'septentriones maiores minoresque
in caelo facit, item uergilias, quas *πλειάδας* Graeci uocant,
facit etiam stellas, quas alii "erraticas", P. Nigidius "erro-
3 nes" appellat.' Circulos quoque ait in caelo circum longi-
tudinem axis septem esse; ex quis duos minimos, qui axem
extimum tangunt, *πόλους* appellari dicit; sed eos in sphaera,
4 quae *κρικωτή* uocatur, propter breuitatem non inesse. Ac
neque ipse zodiacus septenario numero caret; nam in septimo signo fit solstitium a bruma, in septimo bruma a sol-
5 stitio, in septimo aequinoctium ab aequinoctio. Dies deinde
illos, quibus alcyones hieme anni in aqua nidulantur, eos
6 quoque septem esse dicit. Praeterea scribit lunae curriculum
confici integris quater septenis diebus; 'nam die ⟨duo-⟩
detricesimo luna', inquit 'ex quo uestigio profecta est,
eodem redit', auctoremque opinionis huius Aristidem esse
Samium; in qua re non id solum animaduerti debere dicit,
quod quater septenis, id est octo et uiginti, diebus conficeret
luna iter suum, sed quod is numerus septenarius, si ab uno
profectus, dum ad semetipsum progreditur, omnes, per quos
progressus est, numeros comprehendat ipsumque se addat,
facit numerum octo et uiginti, quot dies sunt curriculi

5 p. 255 ed. Bipont. 10 fr. 87 Swoboda 17 sqq. cf. Non. 144. 4

---

6 Graece *VP*: graeci *R* *ἑβδομάδα ed. Ald. 1515*: (h)ebdoma *VPR* 9 item *VP*: sicuti *R* 11 Circulos . . . § 9 septenarios] multa dimito dicta a Macrobio (*i.e. somn. 1. 6*) *R* 12 quis ς: quae *VP* 16 bruma a ς: a bruma a *VP* 20 ⟨duo-⟩ *add. Hertz* 22 redit *V*: rediit *P* 23 animaduerti *P*: animaduertere *V* 28 quot ς: quod *VP*

lunaris. Ad homines quoque nascendos uim numeri istius 7
porrigi pertinereque ait: 'Nam cum in uterum' inquit
'mulieris genitale semen datum est, primis septem diebus
conglobatur coagulaturque fitque ad capiendam figuram
idoneum. Post deinde quarta hebdomade, quod eius uirile
secus futurum est, caput et spina, quae est in dorso, in-
formatur. Septima autem fere hebdomade, id est nono et
quadragesimo die, totus' inquit 'homo in utero absoluitur.'
Illam quoque uim numeri huius obseruatam refert, quod 8
ante mensem septimum neque mas neque femina salubriter
ac secundum naturam nasci potest et quod hi, qui iustissime
in utero sunt, post ducentos septuaginta tres dies, postquam
sunt concepti, quadragesima denique hebdomade inita
nascuntur. Pericula quoque uitae fortunarumque hominum, 9
quae 'climacteras' Chaldaei appellant, grauissimos quosque
fieri affirmat septenarios. Praeter hoc modum esse dicit 10
summum adolescendi humani corporis septem pedes. Quod 11
esse magis uerum arbitramur, quam quod Herodotus, homo
fabulator, in primo *historiarum* inuentum esse sub terra
scripsit Oresti corpus cubita longitudinis habens septem,
quae faciunt pedes duodecim et quadrantem, nisi si, ut
Homerus opinatus est, uastiora prolixioraque fuerunt corpora hominum antiquiorum et nunc quasi iam mundo senescente rerum atque hominum decrementa sunt. Dentes quo- 12
que et in septem mensibus primis et septenos ex utraque
parte gigni ait et cadere annis septimis et genuinos adnasci
annis fere bis septenis. Venas etiam in hominibus uel potius 13
arterias medicos musicos dicere ait numero moueri septenario, quod ipsi appellant τὴν διὰ τεσσάρων συμφωνίαν,
quae fit in collatione quaternarii numeri. Discrimina etiam 14

18 Herod. I. 68 22 *Il.* 5. 304, etc.

---

11 hi ς: hii *P*: dii *V* iustissime ς: iustissimo *VP* 13 quadragesima ς: quadragesime *VP* inita *F. Skutsch*: ita *VP* 16 affirmat *V*: *om. P* 19 fabulator *P*: fabulatur *VR* 23 mundo senescente ς: mundum senescentem *VPR* 24 decrementa *PR*: detrementa *V* Dentes . . . § 17 comparuisse *om. R*

periculorum in morbis maiore ui fieri putat in diebus, qui conficiuntur ex numero septenario, eosque dies omnium maxime, ita ut medici appellant, *κρισίμους* uideri: primam
15 hebdomadam et secundam et tertiam. Neque non id etiam sumit ad uim facultatesque eius numeri augendas, quod, quibus inedia mori consilium est, septimo demum die mortem oppetunt.

16 Haec Varro de numero septenario scripsit admodum conquisite. Sed alia quoque ibidem congerit frigidiuscula: ueluti septem opera esse in orbe terrae miranda et sapientes item ueteres septem fuisse et curricula ludorum circensium sollemnia septem esse et ad oppugnandas Thebas duces septem
17 delectos. Tum ibi addit se quoque iam duodecimam annorum hebdomadam ingressum esse et ad eum diem septuaginta hebdomadas librorum conscripsisse, ex quibus aliquammultos, cum proscriptus esset, direptis bibliothecis suis non comparuisse.

XI

Quibus et quam friuolis argumentis Accius in *didascalicis* utatur, quibus docere nititur Hesiodum esse quam Homerum natu antiquiorem.

1,2 Super aetate Homeri atque Hesiodi non consentitur. Alii Homerum quam Hesiodum maiorem natu fuisse scripserunt, in quis Philochorus et Xenophanes, alii minorem, in
3 quis L. Accius poeta et Ephorus historiae scriptor. M. autem Varro in primo *de imaginibus*, uter prior sit natus, parum constare dicit, sed non esse dubium, quin aliquo tempore

24 Phil. fr. 210 Jac. Xen. fr. 13 Diels 25 Eph. fr. 10 Jac. 26 Varr. fr. 68 Fun.

---

3 uideri ς: cui uideri *VP* 5 sumit *P*: sunt *V* 16 direptis *V*: directis *P* 20 natu ς: natum *VP* 26 imaginibus *V*R^2: ymaginibus *P*: originibus R^1 natus *VP*: *om.* *R*: natu *Gronov*

eodem uixerint, idque ex epigrammate ostendi, quod in
tripode scriptum est, qui in monte Helicone ab Hesiodo
positus traditur. Accius autem in primo *didascalico* leuibus **4**
admodum argumentis utitur, per quae ostendi putat Hesiodum natu priorem: 'quod Homerus,' inquit 'cum in prin- **5**
cipio carminis Achillem esse filium Pelei diceret, quis esset
Peleus, non addidit; quam rem procul' inquit 'dubio dixisset, nisi ab Hesiodo iam dictum uideret. De Cyclope itidem,'
inquit 'uel maxime quod unoculus fuit, rem tam insignem
non praeterisset, nisi aeque prioris Hesiodi carminibus in-
uolgatum esset.'

De patria quoque Homeri multo maxime dissensum est. **6**
Alii Colophonium, alii Smyrnaeum, sunt qui Atheniensem,
sunt etiam qui Aegyptium fuisse dicant, Aristoteles tradidit
ex insula Io. M. Varro in libro *de imaginibus* primo Homeri **7**
imagini epigramma hoc apposuit:

> capella Homeri candida haec tumulum indicat,
> quod hac Ietae mortuo faciunt sacra.

XII

Largum atque auidum bibendi a P. Nigidio, doctissimo uiro, noua et prope absurda uocabuli figura 'bibosum' dictum.

Bibendi auidum P. Nigidius in *commentariis grammaticis* **1**
'bibacem' et 'bibosum' dicit. 'Bibacem' ego ut 'edacem' a **2**
plerisque aliis dictum lego; 'bibosum' dictum nondum etiam
usquam repperi nisi apud Laberium, neque aliud est, quod
simili inclinatu dicatur. Non enim simile est ut 'uinosus' aut **3**

1 ep. = *A.P.* 7. 53 3 Acc. fr. 1 Fun. 5 *Il.* 1. 1
8 Hes. fr. 102 Rz. 10 *Theog.* 142 14 Ar. fr. 76 Rose
15 Varr. fr. 69 Fun. 22 fr. 5 Swoboda

1 ex *VPR*: et *Ritschl* 3 didascalico *VPR*: didascalicon *Osann*
15 insula Io ς: insulc(h)o *VPR* 17 tumulum ς: tumultum *VPR*
18 hac Ietae *Salmasius*: aciete *VP*: aci (haci R^2) etem *R* 20 bibendi *P m. rec.*: uidendi *VP* 21 absurda *V*: absurdum *P*
bibosum ς: uiuosum *VP* 23 ut edacem ς: uedacem *VPR*

'uitiosus' ceteraque, quae hoc modo dicuntur, quoniam a
4 uocabulis, non a uerbo, inclinata sunt. Laberius in mimo,
qui *Salinator* inscriptus est, uerbo hoc ita utitur:

non mammosa, non annosa, non bibosa, non procax.

XIII

Quod Demosthenes etiamtum adulescens, cum Platonis philosophi discipulus foret, audito forte Callistrato rhetore in contione populi destitit a Platone et sectatus Callistratum est.

1 Hermippus hoc scriptum reliquit Demosthenen admodum
adulescentem uentitare in Academiam Platonemque audire
2 solitum. 'Atque is' inquit 'Demosthenes domo egressus, ut
ei mos erat, cum ad Platonem pergeret complurisque populos concurrentes uideret, percontatur eius rei causam cogno-
3 scitque currere eos auditum Callistratum. Is Callistratus
Athenis orator in republica fuit, quos illi δημαγωγούς appel-
4 lant. Visum est paulum deuertere experirique, an digna
5 auditio tanto properantium studio foret. Venit' inquit 'atque
audit Callistratum nobilem illam τὴν περὶ Ὠρωποῦ δίκην
dicentem atque ita motus et demultus et captus est, ut
Callistratum iam inde sectari coeperit, Academiam cum
Platone reliquerit.'

XIV

'Dimidium librum legi' aut 'dimidiam fabulam audiui' aliaque huiuscemodi qui dicat, uitiose dicere; eiusque uitii causas reddere M. Varronem; nec quemquam ueterem hisce uerbis ita usum esse.

1 'Dimidium librum legi' aut 'dimidiam fabulam audiui'
uel quid aliud huiuscemodi male ac uitiose dici existumat

4 u. 80 Ribb.[2] 9 fr. 61 Müller 9 sqq. cf. Amm. Marc. 30. 4. 5

12 populos *VPR*: e populo *Stephanus* 15 quos . . . appellant *om. R* 15 quos illi *Hertz*: QVODILLI *A*: Illi *VP* 17 aud. tant. prop. *A*: audito tanto properatum *VPR* 21 reliquerit *VR*: relinqueret *P*

Varro. 'Oportet enim' inquit 'dicere "dimidiatum librum", 2
non "dimidium", et "dimidiatam fabulam", non "dimidiam". Contra autem si ⟨ex⟩ sextario hemina fusa est, non
"dimidiatum sextarium fusum" dicendum est, et qui ex
mille nummum, quod ei debebatur, quingentos recepit, non
"dimidiatum" recepisse dicemus, sed "dimidium". At si 3
scyphus' inquit 'argenteus mihi cum alio communis in duas
partis disiectus sit, "dimidiatum" eum esse dicere scyphum
debeo, non "dimidium", argentum autem, quod in eo scypho
inest, "dimidium" meum esse, non "dimidiatum",' dis- 4
seritque ac diuidit subtilissime, quid 'dimidium' 'dimidiato'
intersit, et Q. Ennium scienter hoc in *annalibus* dixisse ait: 5

sicut si quis ferat uas uini dimidiatum,

sicuti pars, quae deest ei uaso, non 'dimidiata' dicenda est,
sed 'dimidia'.

Omnis autem disputationis eius, quam subtiliter quidem, 6
sed subobscure explicat, summa haec est: 'dimidiatum' est
quasi 'dismediatum' et in partis duas pares diuisum, 'dimi- 7
diatum' ergo nisi ipsum, quod diuisum est, dici haut conuenit; 'dimidium' uero est, non quod ipsum dimidiatum est, 8
sed quae ex dimidiato pars altera est. Cum igitur partem 9
dimidiam libri legisse uolumus dicere aut partem dimidiam
fabulae audisse, si 'dimidiam fabulam' aut 'dimidium librum' dicimus, peccamus; totum enim ipsum, quod dimidiatum atque diuisum est, 'dimidium' dicis. Itaque Lucilius 10
eadem secutus:

'uno oculo' inquit 'pedibusque duobus dimidiatus
ut porcus',

1 fr. 423 Fun. 13 *ann.* u. 536 Vahlen² 27 u. 1342 Marx

3 ⟨ex⟩ *add.* ς 4 dimidiatum *VPR*: dim. ⟨sed dimidium⟩ *F. Skutsch* 6 At *R*: ac *VP* 8 eum *VPR*: meum ς 9 argentum *P*: argenti *VR* 10 meum ς: eum *VPR* 12 dixisse $V^{2}R$: dixisset $V^{1}P$ 13 sicut ς *Lachmann ad Lucr. 2. 536*: sicuti *VPR* 14 dimidiata P^{2}: dimidiato $VP^{1}R$ 26 eadem ς: eandem *VPR* 27 dimidiatus ς: dimiditus *VR*: dimidius *P*

et alio loco:

> quidni? et scruta quidem ut uendat, scrutarius laudat,
> praefractam strigilem, soleam inprobus dimidiatam.

11 Iam in uicesimo manifestius 'dimidiam horam' dicere studiose
fugit, sed pro 'dimidia' 'dimidium' ponit in hisce uersibus:

> tempestate sua atque eodem uno tempore et horae
> dimidio et tribus confectis dumtaxat eandem
> ad quartam.

12 Nam cum obuium proximumque esset dicere: 'dimidia et
tribus confectis', uigilate atque attente uerbum non probum
13 uitauit. Per quod satis apparet ne 'horam' quidem 'dimidiam' recte dici, sed uel 'dimidiatam horam' uel 'dimidiam
14 partem horae'. Propterea Plautus quoque in *Bacchidibus*
15 'dimidium auri' dicit, non 'dimidiatum aurum'; item in
Aulularia 'dimidium obsoni', non 'dimidiatum obsonium', in
hoc uersu:

> ei adeo obsoni hic iussit dimidium dari;

16 in *Menaechmis* autem 'dimidiatum diem', non 'dimidium',
in hoc uersu:

> dies quidem iam ad umbilicum dimidiatus mortuust.

17 M. etiam Cato in libro, quem *de agricultura* conscripsit:
'Semen cupressi serito crebrum, ita uti linum seri solet. Eo
cribro terram incernito dimidiatum digitum. Iam id bene
18 tabula aut pedibus aut manibus complanato.' 'Dimidiatum'
inquit 'digitum', non 'dimidium'. Nam 'digiti' quidem

2 u. 1282 Marx 6 u. 570 Marx 13 *Bacch.* 1189 17 *Aul.* 291 20 *Men.* 154 22 *r.r.* 151. 3

---

2 uendat ς: uendat et *VPR* 3 praefractam *P*: praefactam *VR* 6 horae ς: hora *VPR* 8 ad *nemo, nisi fallor, ante Hertzium*: at *VPR* 9 dimidia *Hertz*: dimidiam *VPR* 12 dici *V*: dicit *PR* 20 mortuust *Carrio*: mortuus est *VPR* 24 tabula *Cato*: tabulam *VPR*

'dimidium', digitum autem ipsum 'dimidiatum' dici oportet.
Item M. Cato de Carthaginiensibus ita scripsit: 'Homines **19**
defoderunt in terram dimidiatos ignemque circumposuerunt,
ita interfecerunt.' Neque quisquam omnium, qui probe **20**
locuti sunt, his uerbis sequius quam dixi usus est.

XV

Exstare in litteris perque hominum memorias traditum, quod repente multis mortem attulit gaudium ingens insperatum interclusa anima et uim magni nouique motus non sustinente.

Cognito repente insperato gaudio exspirasse animam **1**
refert Aristoteles philosophus Polycritam, nobilem feminam
Naxo insula. Philippides quoque, comoediarum poeta haut **2**
ignobilis, aetate iam edita, cum in certamine poetarum
praeter spem uicisset et laetissime gauderet, inter illud
gaudium repente mortuus est. De Rodio etiam Diagora **3**
celebrata historia est. Is Diagoras tris filios adulescentis
habuit, unum pugilem, alterum pancratiasten, tertium
luctatorem. Eos omnis uidit uincere coronarique Olympiae
eodem die et, cum ibi eum tres adulescentes amplexi coronis
suis in caput patris positis sauiarentur, cum populus gratulabundus flores undique in eum iaceret, ibidem in stadio
inspectante populo in osculis atque in manibus filiorum
animam efflauit.

Praeterea in nostris annalibus scriptum legimus, qua **4**
tempestate apud Cannas exercitus populi Romani caesus
est, anum matrem nuntio de morte filii adlato luctu atque
maerore affectam esse; sed is nuntius non uerus fuit, atque
is adulescens non diu post ex ea pugna in urbem redit: anus
repente filio uiso copia atque turba et quasi ruina incidentis
inopinati gaudii oppressa exanimataque est.

2 fr. 193 Malc.[2] 11 fr. 559 Rose

---

3 ignemque *P m. rec.*: igneque *VPR* 5 sequius quam ς: sequi usquam *VPR* 22 osculis *VP*: oculis *R* 27 atque *VPR*: utque *Petschenig*

XVI

Temporis uarietas in puerperis mulierum quaenam sit a medicis et a philosophis tradita; atque inibi poetarum quoque ueterum super eadem re opiniones multaque alia auditu atque memoratu digna; uerbaque ipsa Hippocratis medici ex libro illius sumpta, qui inscriptus est περὶ τροφῆς.

1 Et medici et philosophi inlustres de tempore humani partus quaesiuerunt. Multa opinio est eaque iam pro uero recepta, postquam mulieris uterum semen conceperit, gigni hominem septimo rarenter, numquam octauo, saepe nono, saepius numero decimo mense, eumque esse hominem gignendi summum finem: decem menses non inceptos, sed
2 exactos. Idque Plautum, ueterem poetam, dicere uidemus in comoedia *Cistellaria* his uerbis:

> tum illa, quam compresserat,
> decumo post mense exacto hic peperit filiam.

3 Hoc idem tradit etiam Menander, poeta uetustior, humanarum opinionum uel peritissimus; uersus eius super ea re de fabula *Plocio* posui:

> γυνὴ κυεῖ δέκα μῆνας ***;

4 sed noster Caecilius, cum faceret eodem nomine et eiusdem argumenti comoediam ac pleraque a Menandro sumeret, in mensibus tamen genitalibus nominandis non praetermisit octauum, quem praeterierat Menander. Caecilii uersus hisce sunt:

> soletne mulier decimo mense parere? — pol nono quoque,
> etiam septimo atque octauo.

15 *Cist.* 162 20 Men. fr. 343 Koerte 26 u. 164 Ribb.[2]

3 et a *P*: et *V* 4 re P^2: se VP^1 opiniones ς: opinione *VP* 7 illustres ς: inlustre *VR*: illustre *P* 9 conceperit *PR*: concepit *V* 11 hominem *VPR*: hominum *Gronov* 20 μῆνας *** *Hertz*: MHINAC *V* 24 hisce *VPR*: hice *Carrio* 26 soletne *Hertz*: insoletne *VPR* nono quoque ς: nonoque *VPR*

Eam rem Caecilium non inconsiderate dixisse neque temere 5
a Menandro atque a multorum opinionibus desciuisse M.
Varro uti credamus facit. Nam mense nonnumquam octauo 6
editum esse partum in libro quarto decimo *rerum diuinarum*
scriptum reliquit; quo in libro etiam undecimo mense aliquando nasci posse hominem dicit, eiusque sententiae tam
de octauo quam de undecimo mense Aristotelem auctorem
laudat. Sed huius de mense octauo dissensionis causa co- 7
gnosci potest in libro Hippocratis, qui inscriptus est *περὶ
τροφῆς*, ex quo libro uerba haec sunt: *Ἔστιν δὲ καὶ οὐκ ἔστιν
τὰ ὀκτάμηνα.* Id tamen obscure atque praecise tamquam ad- 8
uerse dictum Sabinus medicus, qui Hippocratem commodis-
sime commentatus est, uerbis ⟨his⟩ enarrauit: *Ἔστιν μὲν
φαινόμενα ὡς ζῷα μετὰ τὴν ἔκπτωσιν· οὐκ ἔστιν δέ, θνῄσκοντα
μετὰ ταῦτα· καὶ ἔστιν οὖν καὶ οὐκ ἔστιν φαντασίᾳ μὲν παραυτίκα
ὄντα, δυνάμει δὲ οὐκέτι.*

Antiquos autem Romanos Varro dicit non recepisse huius- 9
cemodi quasi monstruosas raritates, sed nono mense aut
decimo neque praeter hos aliis partionem mulieris secundum
naturam fieri existimasse, idcircoque eos nomina Fatis tribus
fecisse a pariendo et a nono atque decimo mense. 'Nam 10
"Parca" ' inquit 'inmutata una littera a partu nominata,
item "Nona" et "Decima" a partus tempestiui tempore.'
Caesellius autem Vindex in *lectionibus* suis *antiquis*: 'tria' 11
inquit 'nomina Parcarum sunt: "Nona", "Decuma", "Morta" ', et uersum hunc Liuii, antiquissimi poetae, ponit ex
Ὀδυσσείᾳ:

quando dies adueniet, quem profata Morta est.

4 fr. 12ª Agahd 7 *hist. an.* 7. 4 10 2. 23 Kühn
28 fr. 11 Morel

---

3 nonnumquam ς: non umquam *VPR* 11 *ὀκτ.* *Hertz*: ΟΚΤΑΜΕΝΕΑ *V* tamquam *VPR*: ⟨et⟩ tamquam *Otho* 13 uerbis ⟨his⟩ *Hertz*: uerbis *VP*: *om.* *R* 14 *ἔκπτωσιν* *Hertz*: ΕΚΠϹѠϹΙΝ *V*: *ἔκτρωσιν* *Sab. ap. Gal.* 15. 409 *K.* 16 *δυνάμει* ς: ΔΙΑΝΜΕΙ *V* 19 aliis *Carrio*: alios *VPR* 20 id(ic-)circoque *PR*: idcirco *V* 22 Parca ς: parga *VPR* 25 inquit *VR*: sine quod *P* Morta ς: orta *VPR* 28 Morta *PR*: mortua *V*

Sed homo minime malus Caesellius 'Mortam' quasi nomen accepit, cum accipere quasi Moeram deberet.

12 Praeterea ego de partu humano, praeterquam quae scripta in libris legi, hoc quoque usu uenisse Romae comperi: feminam bonis atque honestis moribus, non ambigua pudicitia, in undecimo mense post mariti mortem peperisse, factumque esse negotium propter rationem temporis, quasi marito mortuo postea concepisset, quoniam decemuiri in decem mensibus gigni hominem, non in undecimo scripsissent; sed diuum Hadrianum causa cognita decreuisse in undecimo quoque mense partum edi posse; idque ipsum eius rei decretum nos legimus. In eo decreto Hadrianus id statuere se dicit requisitis ueterum philosophorum et medicorum sententiis.

13 Hodie quoque in satura forte M. Varronis legimus, quae
inscribitur *Testamentum*, uerba haec: 'Si quis mihi filius
unus pluresue in decem mensibus gignantur, ii, si erunt *ὄνοι
λύρας*, exheredes sunto; quod si quis undecimo mense *κατὰ
Ἀριστοτέλην* natus est, Attio idem, quod Tettio, ius esto
14 apud me.' Per hoc uetus prouerbium Varro significat, sicuti
uulgo dici solitum erat de rebus nihil inter sese distantibus:
'idem Atti, quod Tetti', ita pari eodemque iure esse in decem
mensibus natos et in undecim.

15 Quod si ita neque ultra decimum mensem fetura mulierum protolli potest, quaeri oportet, cur Homerus scripserit Neptunum dixisse puellae a se recens compressae:

> *χαῖρε γυνὴ φιλότητι· περιπλομένου δ' ἐνιαυτοῦ*
> *τέξεις ἀγλαὰ τέκν', ἐπεὶ οὐκ ἀποφώλιοι εὐναὶ*
> *ἀθανάτων.*

8 *XII Tabb.* 4. 4 16 fr. 543 Bücheler 19 *hist. an.* 7. 4 27 *Od.* 11. 248

---

17 gignantur *V*: gignuntur *PR* 18 sunto ς: sunt *VPR* 19 Attio *Hertz*: accio *V*: atcio *P* (*deest in R*) Tettio *Gerlach ad Non. 40. 1*: tetio *V*: tecio *P* 22 idem *VR*: item *P* Tetti *Gerlach*: teti *VPR*

Id cum ego ad complures grammaticos attulissem, partim 16
eorum disputabant Homeri quoque aetate, sicuti Romuli, annum fuisse non duodecim mensium, sed decem; alii conuenisse Neptuno maiestatique eius dicebant, ut longiori tempore fetus ex eo grandesceret; alii alia quaedam nugalia.
Sed Fauorinus mihi ait περιπλομένου ἐνιαυτοῦ non 'confecto' 17
esse 'anno', sed 'adfecto'.

In qua re uerbo usus est non uulgariae significationis. 18
'Adfecta' enim, sicuti Marcus Cicero et ueterum elegantis- 19
simi locuti sunt, ea proprie dicebantur, quae non ad finem ipsum, sed proxime finem progressa deductaue erant. Hoc uerbum ad hanc sententiam Cicero in hac fecit, quam dixit *de prouinciis consularibus*.

Hippocrates autem in eo libro, de quo supra scripsi, cum 20
et numerum dierum, quibus conceptum in utero coagulum conformatur, et tempus ipsius partionis nono aut decimo mense definisset neque id tamen semper eadem esse fini dixisset, sed alias ocius fieri, alias serius, hisce ad postremum uerbis usus est: *Γίνεται δὲ ἐν τούτοις καὶ πλείω καὶ ἐλάσσω καὶ ὅλον καὶ κατὰ μέρος· οὐ πολλὸν δὲ καὶ πλείω πλείω καὶ ἐλάσσω ἐλάσσω.* Quibus uerbis significat, quod aliquando ocius fieret, non multo tamen fieri ocius, neque quod serius, multo serius.

Memini ego Romae accurate hoc atque sollicite quaesitum 21
negotio non rei tunc paruae postulante, an octauo mense infans ex utero uiuus editus et statim mortuus ius trium liberorum suppleuisset, cum abortio quibusdam, non partus, uideretur mensis octaui intempestiuitas.

12 *de prou. cons.* 19; 29 19 22. 24 Kühn

---

4 longiori *P*: longiore *VR* 6 confecto esse anno ς: confectos esse annos *VP*: confectos *R* 7 affecto *PR*: adfectos *V* 11 proxime finem ς: proximi effinem *V*: proximye finem *PR* 12 in hac fecit *Gronov*: in hoc fecit *P*: in hoc fuit *VR* 15 numerum R^2: numero VPR^1 18 serius ς: setius *VP*: secius *R* 19 *τούτοις Hipp.*: TOYTOYCOY *V* 22 serius m. serius ς: sepius m. sepius *VPR* 25 postulante *P m. rec.*: postulant *VPR*

22 Sed quoniam de Homerico annuo partu ac de undecimo
mense diximus quae cognoueramus, uisum est non praetereundum, quod in Plinii Secundi libro septimo *naturalis*
23 *historiae* legimus. Id autem quia extra fidem esse uideri
potest, uerba ipsius Plinii posuimus: 'Masurius auctor est
L. Papirium praetorem secundo herede lege agente bonorum
possessionem contra eum dedisse, cum mater partum se
tredecim mensibus tulisse diceret, quoniam nullum certum
24 tempus pariendi statutum ei uideretur.' In eodem libro Plini
Secundi uerba haec scripta sunt: 'Oscitatio in nixu letalis
est, sicut sternuisse a coitu abortiuum.'

XVII

Id quoque esse a grauissimis uiris memoriae mandatum, quod tris libros Plato Philolai Pythagorici et Aristoteles pauculos Speusippi philosophi mercati sunt pretiis fidem non capientibus.

1 Memoriae mandatum est Platonem philosophum tenui
admodum pecunia familiari fuisse atque eum tamen tris
Philolai Pythagorici libros decem milibus denarium merca-
2 tum. Id ei pretium donasse quidam scripserunt amicum eius
Dionem Syracosium.
3 Aristotelem quoque traditum libros pauculos Speusippi
philosophi post mortem eius emisse talentis Atticis tribus;
ea summa fit nummi nostri sestertia duo et septuaginta
milia.
4 Τίμων amarulentus librum maledicentissimum conscrip-
5 sit, qui σίλλος inscribitur. In eo libro Platonem philosophum
contumeliose appellat, quod inpenso pretio librum Pythagoricae disciplinae emisset exque eo *Timaeum*, nobilem

5 *n.h.* 7. 40 10 *n.h.* 7. 42

9 statutum P^2R: statum VP^1 11 a coitu *Plin.*: accitu *VPR* 23 sestercia *VPR*: sestertium *J. Gronov* 24 milia *VP*: mia *R*: *del. Carrio* 26 philosophum *Gronov*: philosophum ten. ad. p. f. fuisse *ex* § *1* *VPR*

illum dialogum, concinnasset. Versus super ea re *Τίμωνος* hi sunt:

καὶ σύ, Πλάτων, καὶ γάρ σε μαθητείης πόθος ἔσχεν,
πολλῶν δ' ἀργυρίων ὀλίγην ἠλλάξαο βίβλον,
ἔνθεν ἀπαρχόμενος ⟨τιμαιο⟩γραφεῖν ἐδιδάχθης.

XVIII

Quid sint 'pedari senatores' et quam ob causam ita appellati; quamque habeant originem uerba haec ex edicto tralaticio consulum: 'senatores quibusque in senatu sententiam dicere licet'.

Non pauci sunt, qui opinantur 'pedarios senatores' appel- **1**
latos, qui sententiam in senatu non uerbis dicerent, sed in
alienam sententiam pedibus irent. Quid igitur? cum senatus- **2**
consultum per discessionem fiebat, nonne uniuersi senatores
sententiam pedibus ferebant? Atque haec etiam uocabuli **3**
istius ratio dicitur, quam Gauius Bassus in *commentariis*
suis scriptam reliquit. Senatores enim dicit in ueterum **4**
aetate, qui curulem magistratum gessissent, curru solitos
honoris gratia in curiam uehi, in quo curru sella esset, super
quam considerent, quae ob eam causam 'curulis' appel-
laretur; sed eos senatores, qui magistratum curulem nondum
ceperant, pedibus itauisse in curiam; propterea senatores nondum maioribus honoribus 'pedarios' nominatos.
M. autem Varro in *satira Menippea*, quae *'Ιπποκύων* in- **5**
scripta est, equites quosdam dicit 'pedarios' appellatos uide-
turque eos significare, qui nondum a censoribus in senatum
lecti senatores quidem non erant, sed, quia honoribus populi
usi erant, in senatum ueniebant et sententiae ius habebant.

3 fr. 54 Diels   15 fr. 7 Fun.   23 fr. 220 Bücheler

4 *βίβλον . . . ἐδιδάχθης testes alii*: ΒΙΒΛΟΘΕΝΠΑΡΧΟΜΕΝΟϹΓΡΑΦΕΙΝΕΔΙΔΑΧΘΗΝ *V*   15 Gauius *Scioppius*: G. *VPR*   19 considerent ϛ: consideret *VPR*   curulis ϛ: currulis *VPR et sic saepe*   21 ita uis se *V*: ita iuisse *R*: intrauisse *P*   22 honoribus *VPR*: hon. ⟨functos⟩ ϛ: hon. ⟨usos⟩ *Hertz*   27 sententiae ius ϛ: sententia (-ciam P^{2}) eius $VP^{1}R$

6 Nam et curulibus magistratibus functi, si nondum a censoribus in senatum lecti erant, senatores non erant et, quia in
postremis scripti erant, non rogabantur sententias, sed,
7 quas principes dixerant, in eas discedebant. Hoc significabat
edictum, quo nunc quoque consules, cum senatores in
curiam uocant, seruandae consuetudinis causa tralaticio
8 utuntur. Verba edicti haec sunt: 'Senatores quibusque in
senatu sententiam dicere licet.'

9 Versum quoque Laberii, in quo id uocabulum positum
est, notari iussimus, quem legimus in mimo, qui *Stricturae*
inscriptus est:

caput sine lingua pedarii sententia est.

10 Hoc uocabulum a plerisque barbare dici animaduertimus;
nam pro 'pedariis' 'pedaneos' appellant.

XIX

Qua ratione Gauius Bassus scripserit 'parcum' hominem appellatum et quam esse eius uocabuli causam putarit; et contra, quem in modum quibusque uerbis Fauorinus hanc traditionem eius eluserit.

1 Apud cenam Fauorini philosophi cum discubitum fuerat
coeptusque erat apponi cibus, seruus assistens mensae eius
legere inceptabat aut Graecarum quid litterarum aut no-
stratium; uelut eo die, quo ego affui, legebatur Gauii Bassi,
2 eruditi uiri, liber *de origine uerborum et uocabulorum*. In quo
ita scriptum fuit: ' "Parcus" composito uocabulo est dictus
quasi "par arcae", quando, sicut in arca omnia reconduntur
eiusque custodia seruantur et continentur, ita homo tenax

12 u. 88 Ribbeck^{2} 24 fr. 6 Fun.

---

1 functi si *Scioppius*: functis *VPR* 5 consules ς: consules que *VPR* 7 utuntur ς: mutantur *VPR* 12 caput s. l. *VPR*: s. l. caput *Fleckeisen* pedarii *Flecckeisen*: pedani *VPR* 21 inceptabat ς: attemptabat *V*: temptabat *P*: tentabat R^1: ntemptabat R^2

paruoque contentus omnia custodita ac recondita habet
sicuti arca. Quam ob causam "parcus" quasi "pararcus" est
nominatus.'
Tum Fauorinus, ubi haec audiuit: 'superstitiose' inquit 3
'et nimis moleste atque odiose confabricatus commolitusque
magis est originem uocabuli Gauius iste Bassus, quam enarrauit. Nam si licet res dicere commenticias, cur non proba- 4
bilius uideatur, ut accipiamus "parcum" ob eam causam
dictum, quod pecuniam consumi atque inpendi arceat et
prohibeat quasi "pecuniarcus"? Quin potius,' inquit 'quod 5
simplicius ueriusque est, id dicimus? "Parcus" enim neque
ab arca neque ab arcendo, sed ab eo, quod est "parum" et
"paruum", denominatus est.'

2 pararcus *Hertz*: pararce V^2PR^2: parce V^1R^1 6 quam enarrauit ς: quem narrauit *VP*: que narrauit *R* 7 si licet *VR*: scilicet *P* commenticias ς: commentaticias *V*: commendaticias *P*: commentaticas *R* 11 ueriusque V^2P^2: uenusque V^1P^1R

A. GELLII

NOCTIVM ATTICARVM LIBER QVARTVS

I

Sermo quidam Fauorini philosophi cum grammatico iactantiore factus in Socraticum modum; atque ibi in sermone dictum, quibus uerbis 'penus' a Q. Scaeuola definita sit; quodque eadem definitio culpata reprehensaque est.

1 In uestibulo aedium Palatinarum omnium fere ordinum
multitudo opperientes salutationem Caesaris constiterant;
atque ibi in circulo doctorum hominum Fauorino philosopho
praesente ostentabat quispiam grammaticae rei ditior scho-
lica quaedam nugalia de generibus et casibus uocabulorum
disserens cum arduis superciliis uocisque et uultus grauitate
composita tamquam interpres et arbiter Sibyllae oracu-
2 lorum. Tum aspiciens ad Fauorinum, quamquam ei nondum
etiam satis notus esset: ' "penus" quoque' inquit 'uariis
generibus dictum et uarie declinatum est. Nam et "hoc
penus" et "haec penus" et "huius peni" et "penoris"
3 ueteres dictauerunt; "mundum" quoque muliebrem Lucilius
in *satirarum* XVI. non uirili genere, ut ceteri, sed neutro
appellauit his uerbis:

legauit quidam uxori mundum omne penumque.
atqui quid mundum, quid non? quis diuidet istuc?'

14 sqq. cf. Non. 51. 3 17 sqq. cf. Non. 214. 14 20 u. 519 Marx

---

11 uultus ς: uultibus *VP*: uocibus *R* 15 est *PR*: *om.* *V* 16 penoris P^2R: penuris VP^1 18 ceteri ς: ceteris *VPR* 20 ux. mun. om. *VP*: m. omne ux. sue *R* penumque. atqui quid *Hertz*: atque penum que quid *VPR* 21 quid non *VR*: quod non *P*

Atque horum omnium et testimoniis et exemplis constrepe- 4
bat; cumque nimis odiose blatiret, intercessit placide Fauorinus et 'amabo,' inquit 'magister, quicquid est nomen tibi,
abunde multa docuisti, quae quidem ignorabamus et scire
haud sane postulabamus. Quid enim refert mea eiusque, 5
quicum loquor, quo genere "penum" dicam aut in quas
extremas litteras declinem, si nemo id non nimis barbare
fecerimus? sed hoc plane indigeo discere, quid sit "penus" et 6
qua fini id uocabulum dicatur, ne rem cotidiani usus, tamquam qui in uenalibus Latine loqui coeptant, alia quam
oportet uoce appellem.'

'Quaeris' inquit 'rem minime obscuram. Quis adeo igno- 7
rat "penum" esse uinum et triticum et oleum et lentim et
fabam atque huiuscemodi cetera?' 'Etiamne' inquit Fauori- 8
nus 'milium et panicum et glans et hordeum "penus" est?
sunt enim propemodum haec quoque eiusdemmodi'; cum- 9
que ille reticens haereret, 'nolo' inquit 'hoc iam labores, an
ista, quae dixi, "penus" appelletur. Sed potesne mihi non
speciem aliquam de penu dicere, sed definire genere pro-
posito et differentiis adpositis, quid sit "penus"?' 'Quod'
inquit 'genus et quas differentias dicas, non hercle intellego.'
'Rem' inquit Fauorinus 'plane dictam postulas, quod diffi- 10
cillimum est, dici planius; nam hoc quidem peruolgatum est
definitionem omnem ex genere et differentia consistere. Sed 11
si me tibi praemandere, quod aiunt, postulas, faciam sane id
quoque honoris tui habendi gratia.'

Ac deinde ita exorsus est: 'Si' inquit 'ego te nunc rogem, 12
ut mihi dicas et quasi circumscribas uerbis, cuiusmodi

2 blatiret *Hosius*: plateret *VR*: placeret *P*: blateraret *Bentley* 3 amabo *J. Gronov*: ambo *VPR* 8 fecerimus *P*: fecerim *VR* 9 qua fini *Gronov*: quo fani *VPR* 13 lentim *AVR*: lentam *P* 15 glans *A*: glandem *VPR* 16 eiusdemmodi *A*: eiusmodi *VP*: huiusmodi *R* 18 appelletur *A*: appellentur *VPR* non ς: nos *VPR*: *om. A* 19 dicere *A*: diceres *VPR* 20 quid *A*: qui *VPR* 21 inquit genus *A*: sint p(o)enus *VPR* 22 dictam *VPR*: dicam *A* postulas *A*P^2: postulans *V*P^1*R* 25 praemandere *Erasmus*: praemandare *AVP*: premandadare *R* 28 ut *A*: uti *VPR* cuiusmodi *A*: quid *V*P^2*R*: quod P^1

"homo" sit, non, opinor, respondeas hominem esse te atque
me. Hoc enim, quis homo sit, ostendere est, non, quid
homo sit, dicere. Sed si, inquam, peterem, ut ipsum illud,
quod homo est, definires, tum profecto mihi diceres hominem esse animal mortale rationis et scientiae capiens uel
quo alio modo diceres, ut eum a ceteris omnibus separares.
Proinde igitur nunc te rogo, ut, quid sit "penus", dicas, non
13 ut aliquid ex penu nomines.' Tum ille ostentator uoce iam
molli atque demissa: 'philosophias' inquit 'ego non didici
neque discere adpetiui et, si ignoro, an hordeum ex "penu"
sit aut quibus uerbis "penus" definiatur, non ea re litteras
quoque alias nescio.'
14 'Scire,' inquit ridens iam Fauorinus 'quid "penus" sit,
non ex nostra magis est philosophia quam ex grammatica
15 tua. Meministi enim, credo, quaeri solitum, quid Vergilius
dixerit, "penum struere" uel "longam" uel "longo ordine";
16 utrumque enim profecto scis legi solitum. Sed ut faciam te
aequiore animo ut sis, ne illi quidem ueteres iuris magistri,
qui "sapientes" appellati sunt, definisse satis recte existi-
17 mantur, quid sit "penus". Nam Quintum Scaeuolam ad
demonstrandam penum his uerbis usum audio: " 'Penus'
est", inquit "quod esculentum aut posculentum est, quod
ipsius patrisfamilias ⟨aut matris familias⟩ aut liberum patrisfamilias ⟨aut familiae⟩ eius, quae circum eos aut liberos eius
est et opus non facit, causa paratum est. ***, ut Mucius ait,
'penus' uideri debet. Nam quae ad edendum bibendumque
in dies singulos prandii aut cenae causa parantur, 'penus'
non sunt; sed ea potius, quae huiusce generis longae usionis

15 *Aen.* 1. 703 20 fr. 1 Huschke

---

3 dicere *VPR*: discere *A* 4 tum *V*: tu *P*: *om. R* 5 animal *A*: *om. VPR* 7 ut *A*: uti *VPR* 10 discere *AP*: dicere *VR* 16 struere *Verg.*: instruere *VPR* 18 ueteres *R*: ueteris *VP* 21 penum ς: penu *VPR* 22 posculentum *VR*: postulentum P^1: potulentum P^2 23 *add. Hertz, cf. Dig.* 33. 9. 3 24 *add. Hertz* quae ς: quam *VPR* eos *VPR*: eum *Carrio* 2 *lac. stat. Mommsen*

gratia contrahuntur et reconduntur, ex eo, quod non in
promptu est, sed intus et penitus habeatur, 'penus' dicta
est." Haec ego,' inquit 'cum philosophiae me dedissem, non **18**
insuper tamen habui discere; quoniam ciuibus Romanis
Latine loquentibus rem non ⟨suo⟩ uocabulo demonstrare
non minus turpe est, quam hominem non suo nomine
appellare.'

Sic Fauorinus sermones id genus communes a rebus par- **19**
uis et frigidis abducebat ad ea, quae magis utile esset audire
ac discere, non allata extrinsecus, non per ostentationem,
sed indidem nata acceptaque.

Praeterea de penu adscribendum hoc etiam putaui Ser- **20**
uium Sulpicium in *reprehensis Scaeuolae capitibus* scripsisse
Cato Aelio placuisse, non quae esui et potui forent, sed thus
quoque et cereos in penu esse, quod esset eius ferme rei
causa comparatum. Masurius autem Sabinus in *iuris ciuilis* **21**
secundo etiam, quod iumentorum causa apparatum esset,
quibus dominus uteretur, penori attributum dicit. Ligna **22**
quoque et uirgas et carbones, quibus conficeretur penus,
quibusdam ait uideri esse in penu. Ex his autem, quae **23**
promercalia et usuaria isdem in locis ⟨essent⟩, esse ea sola
penoris putat, quae satis sint usu annuo.

II

Morbus et uitium quid differat; et quam uim habeant uocabula ista in edicto aedilium; et an eunuchus et steriles mulieres redhiberi possint; diuersaeque super ea re sententiae.

In *edicto aedilium curulium*, qua parte de mancipiis uen- **1**
dundis cautum est, scriptum sic fuit: 'Titulus seruorum

13 Sulp. fr. 4 Huschke 14 Ael. fr. 1 H. 16 Sab. fr. 1 H. 28 *FIR*^{7}, p. 237

---

2 habeatur *R*: habeantur *VP* 3 est *R*: sunt *VP* 5 ⟨suo⟩ *add.* ς 8 id g. communes *Mercier*: in g. commune *VPR* 14 Cato ς: sato *VPR*^{2}: sate *R*^{1} 15 esset ς: esset non *VPR* 18 Ligna ς: signa *VPR* 21 ⟨essent⟩ *add. Mommsen* 25 an ς: ne *V*: *om. P* 28 seruorum ς: scriptorum *VPR*: *del. Hertz*

singulorum scriptus sit curato ita, ut intellegi recte possit,
quid morbi uitiiue cuique sit, quis fugitiuus erroue sit
noxaue solutus non sit.'
2 Propterea quaesierunt iureconsulti ueteres, quod 'man-
cipium morbosum' quodue 'uitiosum' recte diceretur quan-
3 tumque 'morbus' a 'uitio' differret. Caelius Sabinus in libro,
quem *de edicto aedilium curulium* composuit, Labeonem
refert, quid esset 'morbus', hisce uerbis definisse: 'Morbus est
habitus cuiusque corporis contra naturam, qui usum eius
4 facit deteriorem.' Sed 'morbum' alias in toto corpore accidere dicit, alias in parte corporis. Totius corporis 'morbum'
esse, ueluti sit pthisis aut febris, partis autem, ueluti sit
5 caecitas aut pedis debilitas. 'Balbus autem' inquit 'et atypus
uitiosi magis quam morbosi sunt, et equus mordax aut cal-
citro uitiosus, non morbosus est. Sed cui morbus est, idem
etiam uitiosus est. Neque id tamen contra fit; potest enim
qui uitiosus est non morbosus esse. Quamobrem, cum de
homine morboso agetur, aeque' inquit 'ita dicetur: "quanto
ob id uitium minoris erit".'
6 De eunucho quidem quaesitum est, an contra edictum
aedilium uideretur uenundatus, si ignorasset emptor eum
7 eunuchum esse. Labeonem respondisse aiunt redhiberi posse
8 quasi morbosum; sues etiam feminae si sterilae essent et
uenum issent, ex edicto aedilium posse agi Labeonem scrip-
9 sisse. De sterila autem muliere, si natiua sterilitate sit,
10 Trebatium contra Labeonem respondisse dicunt. Nam cum
redhiberi eam Labeo quasi minus sanam putasset, negasse

6 Sab. fr. 1 H. 7 Lab. fr. 27 H. 22 Lab. fr. 28 H. 27 Lab. fr. 28 H.

---

8 est P^2R: et VP^1 9 cuiusque *VP*: huiusque *R*: quisque *Huschke, sed cf. Dig. 21. 1. 1. 7* 12 pthisis P^2: phisis VP^1R 13 atypus *ed. Ald. 1515* (*cf. Dig. 21. 1. 10*): atyphus *VP*: atiphus *R* 18 aeque *Huschke*: neque *VPR* quanto ς: quando *VPR* 23 feminae *Huschke*: feminas *VPR* sterile VP^1R: steriles P^2 25 sterila *V*: sterili *P*: terili *R* 27 negasse *J. Gronov*: necesse *VPR*

aiunt Trebatium ex edicto agi posse, si ea mulier a principio
genitali sterilitate esset. At si ualitudo eius offendisset exque
ea uitium factum esset, ut concipere fetus non posset, tum
sanam non uideri et esse in causa redhibitionis. De myope **11**
quoque, qui 'luscitiosus' Latine appellatur, dissensum est;
alii enim redhiberi omnimodo debere, alii contra, nisi id
uitium morbo contractum esset. Eum uero, cui dens deesset, **12**
Seruius redhiberi posse respondit, Labeo in causa esse red-
hibendi negauit: 'nam et magna' inquit 'pars dente aliquo
carent, neque eo magis plerique homines morbosi sunt, et
absurdum admodum est dicere non sanos nasci homines,
quoniam cum infantibus non simul dentes gignuntur.'

Non praetereundum est id quoque in libris ueterum **13**
iurisperitorum scriptum esse 'morbum' et 'uitium' distare,
quod 'uitium' perpetuum, 'morbus' cum accessu decessu-
que sit. Sed hoc si ita est, neque caecus neque eunuchus **14**
morbosus est contra Labeonis, quam supra dixi, sententiam.

Verba Masuri Sabini apposui ex libro *iuris ciuilis* secundo: **15**
'Furiosus mutusue cuiue quod membrum lacerum laesumue
est aut obest, quo ipse minus aptus sit, morbosi sunt. Qui
natura longe minus uidet tam sanus est quam qui tardius
currit.'

III

Quod nullae fuerunt rei uxoriae actiones in urbe Roma ante Caruilianum diuortium; atque inibi, quid sit proprie 'paelex', quaeque eius uocabuli ratio sit.

Memoriae traditum est quingentis fere annis post Romam **1**
conditam nullas rei uxoriae neque actiones neque cautiones

1 Treb. fr. 10 H. 8 Seru. fr. 17 H. Lab. fr. 29 H. 14 sqq. cf. Non. 440. 32 18 Sab. fr. 5 H.

---

1 agi posse *J. Gronov*: aposse VP^2: aposses P^1: aposa *R* 4 De myope *ed. Beroald. 1503*: emum ope *VP*: demum ope *R* 7 Eum ς: cum *VPR* 20 ipse ς: ipsi *VPR* Qui P^2: Cui VP^1R 26 eius *ed. Iunt. 1513*: eis *VP*

in urbe Roma aut in Latio fuisse, quoniam profecto nihil desiderabantur nullis etiamtunc matrimoniis diuertentibus.
2 Seruius quoque Sulpicius in libro quem composuit *de dotibus* tum primum cautiones rei uxoriae necessarias esse uisas scripsit, cum Spurius Caruilius, cui Ruga cognomentum fuit, uir nobilis, diuortium cum uxore fecit, quia liberi ex ea corporis uitio non gignerentur, anno urbis conditae quingentesimo uicesimo tertio M. Atilio P. Valerio consulibus. Atque is Caruilius traditur uxorem, quam dimisit, egregie dilexisse carissimamque morum eius gratia habuisse, set iurisiurandi religionem animo atque amori praeuertisse, quod iurare a censoribus coactus erat uxorem se liberum quaerundum gratia habiturum.

3 'Paelicem' autem appellatam probrosamque habitam, quae iuncta consuetaque esset cum eo, in cuius manu mancipioque alia matrimonii causa foret, hac antiquissima lege ostenditur, quam Numae regis fuisse accepimus: 'Paelex aedem Iunonis ne tangito; si tangit, Iunoni crinibus demissis agnum feminam caedito.'

'Paelex' autem quasi *πάλλαξ*, id est quasi *παλλακίς*. Vt pleraque alia, ita hoc quoque uocabulum de Graeco flexum est.

IV

Quid Seruius Sulpicius in libro, qui est *de dotibus*, scripserit de iure atque more ueterum sponsaliorum.

1 Sponsalia in ea parte Italiae, quae Latium appellatur, hoc more atque iure solita fieri scripsit Seruius Sulpicius in

3 Serv. fr. 1 H. 17 *FIR*[7], p. 8 20 sqq. cf. Non. 6. 18

2 desiderabantur ς: desiderabatur *VPR* 7 quin. u. t. *VPR*: DXXVII ς 8 consulibus ς: consule *VPR* 10 carissimamque ς: carissimaque *VPR* sed *Carrio*: et *VPR* 14 probrosamque ς: probosamque *VPR* 15 esset *R*: esse *VP* manu P^2: manum VP^1R 18 aedem *VPR*: aram *Paulus p. 248 L*

libro, quem scripsit *de dotibus*: 'Qui uxorem' inquit 'ductu- **2**
rus erat, ab eo, unde ducenda erat, stipulabatur eam in
matrimonium datum *** iri; qui ducturus erat, itidem
spondebat. Is contractus stipulationum sponsionumque dicebatur "sponsalia". Tunc, quae promissa erat, "sponsa" appellabatur, qui spoponderat ducturum, "sponsus". Sed si
post eas stipulationis uxor non dabatur aut non ducebatur,
qui stipulabatur, ex sponsu agebat. Iudices cognoscebant.
Iudex quamobrem data acceptaue non esset uxor quaerebat.
Si nihil iustae causae uidebatur, litem pecunia aestimabat,
quantique interfuerat eam uxorem accipi aut dari, eum, qui
spoponderat, ⟨ei⟩ qui stipulatus erat, condemnabat.'

Hoc ius sponsaliorum obseruatum dicit Seruius ad id **3**
tempus, quo ciuitas uniuerso Latio lege Iulia data est.
Haec eadem Neratius scripsit in libro quem *de nuptiis* **4**
composuit.

V

Historia narrata de perfidia aruspicum Etruscorum; quodque ob eam rem uersus hic a pueris Romae urbe tota cantatus est: 'Malum consilium consultori pessimum est'.

Statua Romae in comitio posita Horatii Coclitis, fortis- **1**
simi uiri, de caelo tacta est. Ob id fulgur piaculis luendum **2**
aruspices ex Etruria acciti inimico atque hostili in populum
Romanum animo instituerant eam rem contrariis religioni- **3**
bus procurare atque illam statuam suaserunt in inferiorem
locum perperam transponi, quem sol oppositu circum undique altarum aedium numquam illustraret. Quod cum ita **4**

1 fr. 2 Huschke 15 fr. 1 Huschke

3 *lac. stat. Mommsen* qui ς: cui *VPR* 6 spoponderat ς: sponderat *VP*: spondera *R* 7 eas ς: ea *VPR* 10 uidebatur *R*: uidebantur *VP* 12 ⟨ei⟩ *add. Cramer*: ⟨aut⟩ ς 13 Hoc ius P^2: occius *V*: octius P^1: doctius *R* 14 uniuerso *ed. Iunt. 1513*: uniuersa *VR*: ui uersa *P* 15 Neratius ς: ueratius *P*: ueracius *VR* 24 contr. rel. ς: contractis (-at' *R*) regionibus *VPR* 26 undique *VR*: montis *P*: Monetae *Mommsen* 27 altarum *Jahn*: aliarum *VR*: aliarumque *P*

fieri persuasissent, delati ad populum proditique sunt et,
cum de perfidia confessi essent, necati sunt, constititque
eam statuam, proinde ut uerae rationes post compertae
monebant, in locum editum subducendam atque ita in area
Volcani sublimiore loco statuendam; ex quo res bene et
5 prospere populo Romano cessit. Tum igitur, quod in Etruscos aruspices male consulentis animaduersum uindicatumque fuerat, uersus hic scite factus cantatusque esse a pueris urbe tota fertur:

malum consilium consultori pessimum est.

6 Ea historia de aruspicibus ac de uersu isto senario scripta
est in *annalibus maximis*, libro undecimo, et in Verri Flacci
7 libro primo *rerum memoria dignarum*. Videtur autem uersus
hic de Graeco illo Hesiodi uersu expressus:

ἡ δὲ κακὴ βουλὴ τῷ βουλεύσαντι κακίστη.

VI

Verba ueteris senatusconsulti posita, quo decretum est hostiis maioribus expiandum, quod in sacrario hastae Martiae mouissent; atque ibi enarratum, quid sint 'hostiae succidaneae', quid item 'porca praecidanea'; et quod Capito Ateius ferias quasdam 'praecidaneas' appellauit.

1 Vt terram mouisse nuntiari solet eaque res procuratur, ita
in ueteribus memoriis scriptum legimus nuntiatum esse
2 senatui in sacrario in regia hastas Martias mouisse. Eius rei
causa senatusconsultum factum est M. Antonio A. Postumio
consulibus, eiusque exemplum hoc est: 'Quod C. Iulius L.

10 p. 30 Morel   12 *ann. max.* fr. 3 Peter   13 Verr. p. 510 Fun.
15 *opp.* 266

2 confessi essent *P*: confessent *V*: confesserant *R*   7 animaduersum ς: anim *VR*: *om. P*   17 ueteris ς: ueteri *VP*   posita *Lion*: sita *VP*   18 hastae Martiae ς: hostie marti *V*: hostie arti *P*   19 porca praec. *Gronov*: tempore apracidanea *VP*   25 consultum ς: consilium *VPR*

filius pontifex nuntiauit in sacrario ⟨in⟩ regia hastas Martias
mouisse, de ea re ita censuerunt, uti M. Antonius consul
hostiis maioribus Ioui et Marti procuraret et ceteris dis,
quibus uideretur, lactantibus. ⟨Ibus⟩ uti procurasset, satis
habendum censuerunt. Si quid succidaneis opus esset, robiis
succideret.'

Quod 'succidaneas' hostias senatus appellauit, quaeri **3**
solet, quid uerbum id significet. In Plauti quoque comoedia,
quae *Epidicus* inscripta est, super eodem ipso uerbo requiri **4**
audio in his uersibus:

> men piacularem oportet fieri ob stultitiam tuam,
> ut meum tergum tuae stultitiae subdas succidaneum?

'Succidaneae' autem 'hostiae' dicuntur 'ae' littera per **5**
morem compositi uocabuli in ⟨'i'⟩ litteram mutata quasi
'succaedaneae', appellatae, quoniam, si primis hostiis lita- **6**
tum non erat, aliae post easdem ductae hostiae caedebantur;
quae quia prioribus iam caesis luendi piaculi gratia sub-
debantur et succidebantur, 'succidaneae' nominatae ⟨'i'⟩
littera scilicet tractim pronuntiata; audio enim quosdam
eam litteram in hac uoce barbare corripere.

Eadem autem ratione uerbi 'praecidaneae' quoque hos- **7**
tiae dicuntur, quae ante sacrificia sollemnia pridie caeduntur. 'Porca' etiam 'praecidanea' appellata, quam piaculi **8**
gratia ante fruges nouas captas immolare Cereri mos fuit, si
qui familiam funestam aut non purgauerant aut aliter eam
rem, quam oportuerat, procurauerant.

Sed porcam et hostias quasdam 'praecidaneas', sicuti dixi, **9**
appellari uolgo notum est, ferias 'praecidaneas' dici id,

11 u. 139

---

1 ⟨in⟩ *add.* ς   3 Marti ς: M. *VPR*   4 lactantibus *Hertz*: plantantibus *VPR*   ⟨Ibus⟩ *add. Scioppius*   13 ae littera *J. Gronov*: aliter *VPR*   14 ⟨i⟩ *add.* ς   mutata *Hosius*: nam *VPR*: commutata ς   17 quae quia *Otho*: Due qua *VPR*[2]: Due quas *R*[1]   18 ⟨i⟩ littera *scripsi*: littera *VPR*: littera ⟨i⟩ *male* ς   24 captas *VPR*: carptas *Gronov*   25 qui ς: quid *VPR*

10 opinor, a uolgo remotum est. Propterea uerba Atei Capitonis ex quinto librorum, quos *de pontificio iure* composuit, scripsi: 'Tib. Coruncanio pontifici maximo feriae praecidaneae in atrum diem inauguratae sunt. Collegium decreuit non habendum religioni, quin eo die feriae praecidaneae essent.'

VII

De epistula Valerii Probi grammatici ad Marcellum scripta super accentu nominum quorundam Poenicorum.

1 Valerius Probus grammaticus inter suam aetatem prae-
2 stanti scientia fuit. Is 'Hannibalem' et 'Hasdrubalem' et
'Hamilcarem' ita pronuntiabat, ut paenultimam circum-
flecteret, et est epistula eius scripta *ad Marcellum,* in qua
Plautum et Ennium multosque alios ueteres eo modo pro-
3 nuntiasse affirmat, solius tamen Ennii uersum unum ponit
ex libro, qui *Scipio* inscribitur.
4 Eum uersum quadrato numero factum subiecimus, in quo,
nisi tertia syllaba de Hannibalis nomine circumflexe proma-
5 tur, numerus clausurus est. Versus Ennii, quem dixit, ita est:

quaque propter Hannibalis copias considerat.

VIII

Quid C. Fabricius de Cornelio Rufino homine auaro dixerit, quem cum odisset inimicusque esset, designandum tamen consulem curauit.

1 Fabricius Luscinus magna gloria uir magnisque rebus
2 gestis fuit. P. Cornelius Rufinus manu quidem strenuus et

3 fr. 10 Strzelecki 20 *uaria*, u. 13 Vahlen[2]

---

2 quos ς: quod *VPR* 3 scripsi Tib. *Gronov*: scripsit ibi *VPR* 8 super accentu ς: supra centum *VP* 13 et est *Lion*: ut est *VPR*: teste *Gronov* 20 quaque *Hertz*: qua *VPR*: si qua *Bücheler* considerat = *VPR*

bellator bonus militarisque disciplinae peritus admodum
fuit, sed furax homo et auaritia acri erat. Hunc Fabricius 3
non probabat neque amico utebatur osusque eum morum
causa fuit. Sed cum in temporibus rei difficillimis consules 4
creandi forent et is Rufinus peteret consulatum competitoresque eius essent inbelles quidam et futtiles, summa ope
adnixus est Fabricius, uti Rufino consulatus deferretur.
Eam rem plerisque admirantibus, quod hominem auarum, 5
cui esset inimicissimus, creari ⟨consulem uellet, 'malo,' in- 6
quit 'ciuis me⟩ compilet, quam hostis uendat'.

Hunc Rufinum postea bis consulatu et dictatura functum 7
censor Fabricius senatu mouit ob luxuriae notam, quod
decem pondo libras argenti facti haberet. Id autem, quod 8
supra scripsi Fabricium de Cornelio Rufino ita, uti in pleraque historia scriptum est, dixisse, M. Cicero non aliis a Fabricio, sed ipsi Rufino gratias agenti, quod ⟨ope⟩ eius designatus esset, dictum esse refert in libro secundo *de oratore*.

IX

Quid significet proprie 'religiosus'; et in quae diuerticula significatio istius uocabuli flexa sit; et uerba Nigidii Figuli ex *commentariis* eius super ea re sumpta.

Nigidius Figulus, homo, ut ego arbitror, iuxta M. Var- 1
ronem doctissimus, in undecimo *commentariorum grammaticorum* uersum ex antiquo carmine refert memoria hercle dignum:

> religentem esse oportet, religiosus ne fuas,

17 *de or.* 2. 268 24 fr. 4 Swoboda 27 p. 6 Morel

1 disciplinae *P*: disciplina *VR* 3 osusque P^{2}: ususque $VP^{1}R$ 5 forent ς: ferent *VPR* 7 est ς: et *VPR* 9 *add. Hertz* 13 facti haberet *Scioppius*: factitaret *VPR* 14 uti in *R*: ut in *V*: uti *P* 15 aliis ς: alius *VPR* 16 ⟨ope⟩ *add. Hertz* (*duce Gronov*) 17 designatus *Lambecius*: dedignatus *VPR* esse ς: esset *VPR* 25 uersum ς: uersu *VPR* 27 esse *VPR*: ⟨t ed⟩ esse *Fleckeisen* ne fuas *Fleckeisen*: nefas *VPR*

2 cuius autem id carmen sit, non scribit. Atque in eodem loco
Nigidius: 'Hoc' inquit 'inclinamentum semper huiuscemodi
uerborum, ut "uinosus", "mulierosus", "religiosus", significat copiam quandam inmodicam rei, super qua dicitur.
Quocirca "religiosus" is appellabatur, qui nimia et super-
stitiosa religione sese alligauerat, eaque res uitio assigna-
batur.'
3 Sed praeter ista, quae Nigidius dicit, alio quodam diuerti-
culo significationis 'religiosus' pro casto atque obseruanti
4 cohibentique sese certis legibus finibusque dici coeptus. Simili
autem modo illa quoque uocabula ab eadem profecta
origine diuersum significare uidentur: 'religiosi dies' et 're-
5 ligiosa delubra'. 'Religiosi' enim 'dies' dicuntur tristi omine
infames inpeditique, in quibus et res diuinas facere et rem
quampiam nouam exordiri temperandum est, quos multitudo imperitorum praue et perperam 'nefastos' appellat.
6 Itaque M. Cicero in libro *epistularum* nono *ad Atticum*
'maiores' inquit 'nostri funestiorem diem esse uoluerunt
Aliensis pugnae quam urbis captae, quod hoc malum ex illo.
Itaque alter religiosus etiamnunc dies, alter in uolgus igno-
7 tus'. Idem tamen M. Tullius in oratione *de accusatore constituendo* 'religiosa delubra' dicit non ominosa nec tristia, sed
8 maiestatis uenerationisque plena. Masurius autem Sabinus
in *commentariis*, quos *de indigenis* composuit: '"religiosum"'
inquit 'est, quod propter sanctitatem aliquam remotum ac
sepositum a nobis est; uerbum a "relinquendo" dictum,
9 tamquam "caerimoniae" a "carendo".' Secundum hanc
Sabini interpretationem templa quidem ac delubra, quae

13 sqq. cf. Non. 379. 1 18 *ad Att.* 9. 5. 2 22 *in Q. Caec. div.* 3 24 fr. 13 Huschke

---

13 § 5 *om. R* omine inf. inp. ς: homine (homines VP^2) infame inpenditeque *VP* 14 diuinas ς: diuina *VP* 19 Aliensis *Cic.*: alienis *VPR* 28 delubra *Mommsen*: delubra quia horum cumulus in uituperationem non cadit ut illorum quoram laus in modo exstat *VPR*

non uolgo ac temere, sed cum castitate caerimoniaque
adeundum, et reuerenda et reformidanda sunt magis quam
inuolganda: sed dies 'religiosi' dicti, quos ex contraria **10**
causa propter ominis diritatem relinquimus. **[11]**
Quod si, ut ait Nigidius, omnia istiusmodi inclinamenta **12**
nimium ac praeter modum significant et idcirco in culpas
cadunt, ut 'uinosus', 'mulierosus', 'morosus', 'uerbosus',
'famosus', cur 'ingeniosus' et 'formosus' et 'officiosus', quae
pariter ab ingenio et forma et officio inclinata sunt, cur
etiam 'disciplinosus', 'consiliosus', 'uictoriosus', quae M.
Cato ita figurauit, cur item 'facundiosa', quod Sempronius
Asellio XIII *rerum gestarum* ita scripsit: 'facta sua spectare
oportere, non dicta, si minus facundiosa essent', cur, inquam,
ista omnia numquam in culpam, sed in laudem dicuntur,
quamquam haec item incrementum sui nimium demon-
strent? an propterea quia illis quidem, quae supra posui,
adhibendus est modus quidam necessarius? Nam et gratia, **13**
si nimia atque inmodica, et mores, si multi atque uarii, et
uerba, si perpetua atque infinita et obtundentia, et fama, si
magna et inquieta et inuidiosast, neque laudabilia neque
utilia sunt; ingenium autem et officium et forma et disci- **14**
plina et consilium et uictoria et facundia sicut ipsae uirtutum amplitudines nullis finibus cohibentur, sed quanto
maiora auctioraque sunt, multo etiam tanto laudatiora sunt.

11 fr. inc. 42 Jordan 12 fr. 10 Peter

---

4 relinquimus *Hertz*: relinquimus. Et Terentius (*haut. 228*) tum quod dem recte est. an nichil esse mihi religio est dicere *VPR* 8 officiosus *Damsté*: off. et speciosus *VPR* 11 figurauit *P*: afigurauit *V*: affigurauit *R* 15 haec item *Hosius*: haec cum *VPR*: aecum *Hertz* 16 posui ς: posuit *VPR* 20 inuidiosast *Madvig*: inuidiosa sit *VPR* 24 multo *Gronov*: mito *VR*: inito *P*

X

Quid obseruatum de ordine rogandarum in senatu sententiarum; iurgiumque in senatu C. Caesaris consulis et M. Catonis diem dicendo eximentis.

1 Ante legem, quae nunc de senatu habendo obseruatur,
2 ordo rogandi sententias uarius fuit. Alias primus rogabatur,
qui princeps a censoribus in senatum lectus fuerat, alias,
3 qui designati consules erant; quidam e consulibus studio aut
necessitudine aliqua adducti, quem is uisum erat, honoris
4 gratia extra ordinem sententiam primum rogabant. Obseruatum tamen est, cum extra ordinem fieret, ne quis
quemquam ex alio quam ex consulari loco sententiam pri-
5 mum rogaret. C. Caesar in consulatu, quem cum M. Bibulo
gessit, quattuor solos extra ordinem rogasse sententiam dicitur. Ex his quattuor principem rogabat M. Crassum; sed
postquam filiam Cn. Pompeio desponderat, primum coeperat Pompeium rogare.

6 Eius rei rationem reddidisse eum senatui Tiro Tullius, M.
Ciceronis libertus, refert itaque se ex patrono suo audisse
7 scribit. Id ipsum Capito Ateius in libro, quem *de officio*
senatorio composuit, scriptum reliquit.

8 In eodem libro Capitonis id quoque scriptum est: 'C.' inquit 'Caesar consul M. Catonem sententiam rogauit. Cato rem, quae consulebatur, quoniam non e republica uidebatur, perfici nolebat. Eius rei ducendae gratia longa oratione utebatur eximebatque dicendo diem. Erat enim ius senatori, ut sententiam rogatus diceret ante quicquid uellet aliae rei et quoad uellet. Caesar consul uiatorem uocauit eumque, cum finem non faceret, prendi loquentem et in carcerem duci iussit. Senatus consurrexit et prosequebatur Catonem in carcerem. Hac' inquit 'inuidia facta Caesar destitit et mitti Catonem iussit.'

18 fr. 9 Fun.   20 fr. 4 Strzelecki

---

3 iurgiumque *Boot*: iurgiorum qui *VP*   9 quem ς: quam *VPR*   18 reddidisse ς: reddisse *VPR*   26 Erat *V*: orat *PR*

XI

Quae qualiaque sint, quae Aristoxenus quasi magis comperta de Pythagora memoriae mandauit; et quae item Plutarchus in eundem modum de eodem Pythagora scripserit.

Opinio uetus falsa occupauit et conualuit Pythagoram 1
philosophum non esitauisse ex animalibus, item abstinuisse
fabulo, quem Graeci *κύαμον* appellant. Ex hac opinione Cal- 2
limachus poeta scripsit:

> *καὶ κυάμων ἄπο χεῖρας ἔχειν ἀνιῶντος ἐδεστοῦ*
> *κἀγώ, Πυθαγόρας ὡς ἐκέλευε, λέγω.*

Ex eadem item opinione M. Cicero in libro *de diuinatione* 3
primo haec uerba posuit: 'Iubet igitur Plato sic ad somnum proficisci corporibus affectis, ut nihil sit, quod errorem animis perturbationemque afferat. Ex quo etiam Pythagoreis interdictum putatur, ne faba uescerentur, quae res habet inflationem magnam tranquillitatem mentis quaerentibus contrariam.'

Haec quidem M. Cicero. Sed Aristoxenus musicus, uir 4
litterarum ueterum diligentissimus, Aristoteli philosophi auditor, in libro, quem *de Pythagora* reliquit, nullo saepius legumento Pythagoram dicit usum quam fabis, quoniam is
cibus et subduceret sensim aluum et leuigaret. Verba ipsa 5
Aristoxeni subscripsi: *Πυθαγόρας δὲ τῶν ὀσπρίων μάλιστα τὸν κύαμον ἐδοκίμασεν· λειαντικόν τε γὰρ εἶναι καὶ διαχωρητικόν· διὸ καὶ μάλιστα κέχρηται αὐτῷ.*

Porculis quoque minusculis et haedis tenerioribus uicti- 6
tasse idem Aristoxenus refert. Quam rem uidetur cognouisse 7

9 fr. 553 Pf. 12 *de div.* I. 62 23 fr. 25 Wehrli

6 item ς: uitam *V*: uitem uel fabam *P*: uiam *R* 8 poeta *R*: poete *VP* 9 χεῖρας ς: XEIPIAC *V* ἔχειν *utraque ed. Colon. 1526*: EXEN *V* ἐδεστοῦ *Hecker*: ΕΔΕCΤΟΥC *V* 16 magnam *Gronov*: magnam is cibus *VPR* quaerentibus *Gronov*: quaerentibus constat esse *VPR* 19 Aristotili P^{1}: aristotelis *VR*: aristotilis P^{2} 23 δὲ τῶν *ed. Iunt. 1513*: ΛΕΓ*(Ο)ωΝ *V* 24 λειαντικόν *Cobet*: ΛΙΑΝΚΥΤΥΚΟΝ *V* 26 minusculis *R*: munusculis *VP*

e Xenophilo Pythagorico, familiari suo, et ex quibusdam
8 aliis natu maioribus, qui ab aetate Pythagorae ***. Ac de
animalibus Alexis etiam poeta in comoedia, quae *Πυθαγορί-*
9 *ζουσα* inscribitur, docet. Videtur autem de *κυάμῳ* non esitato
causam erroris fuisse, quia in Empedocli carmine, qui disciplinas Pythagorae secutus est, uersus hic inuenitur:

δειλοί, πάνδειλοι, κυάμων ἄπο χεῖρας ἔχεσθαι.

10 Opinati enim sunt plerique *κυάμους* legumentum dici, ut
a uulgo dicitur. Sed qui diligentius scitiusque carmina
Empedocli arbitrati sunt, *κυάμους* hoc in loco testiculos
significare dicunt, eosque more Pythagorae operte atque
symbolice *κυάμους* appellatos, quod sint *αἴτιοι τοῦ κυεῖν* et
geniturae humanae uim praebeant; idcircoque Empedoclen
uersu isto non a fabulo edendo, sed a rei ueneriae proluuio
uoluisse homines deducere.

11 Plutarchus quoque, homo in disciplinis graui auctoritate,
in primo librorum, quos *de Homero* composuit, Aristotelem
philosophum scripsit eadem ipsa de Pythagoricis scripsisse,
quod non abstinuerint edundis animalibus, nisi pauca carne
12 quadam. Verba ipsa Plutarchi, quoniam res inopinata est,
subscripsi: *Ἀριστοτέλης δὲ μήτρας καὶ καρδίας καὶ ἀκαλήφης
καὶ τοιούτων τινῶν ἄλλων ἀπέχεσθαί φησιν τοὺς Πυθαγορικούς,*
13 *χρῆσθαι δὲ τοῖς ἄλλοις. Ἀκαλήφη* autem est animal marinum,
quod 'urtica' appellatur. Sed et piscibus mullis abstinere
Pythagoricos Plutarchus in *Symposiacis* dicit.

14 Pythagoram uero ipsum sicuti celebre est Euphorbum
primo fuisse dictasse, ita haec remotiora sunt his, quae

3 fr. 199 Kock 7 fr. 141 Diels 17 fr. 194 Rose 21 7, p. 100 Bern. 25 *Symp.* 8. 8

---

2 ⟨haud multum aberant⟩ *suppl.* ς 3 *Πυθ. Reinesius*: pythagori (pitagori *V*) uia *VP*: pytagoruua *R* 4 docet *R*: indocet *VP* 5 causam *VPR*: causa *Mommsen* 7 ἔχεσθαι *Carrio*: ΕΛΕϹΘΑΙ *V* 8 dici ut *Salmasius*: dicitur *VP*: *om. R* 13 Emp. ς: in emp. *VPR* 21 subscripsi ς: subscripsit *VPR* 24 mullis *VPR*: multis *Mommsen*: *del. Hertz*

Clearchus et Dicaearchus memoriae tradiderunt, fuisse eum postea Pyrrum, deinde Aethaliden, deinde feminam pulcra facie meretricem, cui nomen fuerat Alco.

XII

Notae et animaduersiones censoriae in ueteribus monumentis repertae memoria dignae.

Si quis agrum suum passus fuerat sordescere eumque in- 1
diligenter curabat ac neque arauerat neque purgauerat, siue
quis arborem suam uineamque habuerat derelictui, non id
sine poena fuit, sed erat opus censorium, censoresque aerarium faciebant. Item, quis eques Romanus equum habere 2
gracilentum aut parum nitidum uisus erat, 'inpolitiae' nota-
batur; id uerbum significat, quasi tu dicas 'incuriae'. Cuius 3
rei utriusque auctoritates sunt, et M. Cato id saepenumero
adtestatus est.

XIII

Quod incentiones quaedam tibiarum certo modo factae ischiacis mederi possunt.

Creditum hoc a plerisque esse et memoriae mandatum, 1
ischia cum maxime doleant, tum, si modulis lenibus tibicen
incinat, minui dolores, ego nuperrime in libro Theophrasti 2
scriptum inueni. Viperarum morsibus tibicinium scite modu- 3
lateque adhibitum mederi refert etiam Democriti liber, qui
inscribitur ***, in quo docet plurimis hominum morbidis

1 Cl. fr. 10 Wehrli Dic. fr. 36 Wehrli 14 fr. 2, p. 52 Jordan 21 fr. 87 Wimmer

---

2 Pyrrum *Hertz* (P. Pyranthium *coniecit*): pi(py- *P*)rrandum *VPR*: pirandrum ς deinde Aeth. *Menagius*: deinde tha(ta- *R*)lidena *VR*: de inda et halidena *P* 6 memoria ς: memoriae *VP* 10 pena R^{1}: pene VPR^{2} 11 quis *VPR*: quisquis *C. F. W. Müller* 14 auctoritates R: auctoritate *VP* 17 certo ς: certe *VP* ischiacis ς: sciacis *VP* 21 Theoph. ⟨περὶ ἐνθουσιασμοῦ⟩ *Hosius* 24 ⟨περὶ λοιμῶν⟩ *suppl. Hertz*: ⟨περὶ ῥυθμῶν καὶ ἁρμονίας⟩ *Sprockhoff*

4 medicinae fuisse incentiones tibiarum. Tanta prosus adfinitas est corporibus hominum mentibusque et propterea uitiis quoque aut medellis animorum et corporum.

XIV

Narratur historia de Hostilio Mancino aedilium et Manilia meretrice; uerbaque decreti tribunorum, ad quos a Manilia prouocatum est.

1 Cum librum IX Atei Capitonis *coniectaneorum* legeremus, qui inscriptus est *de iudiciis publicis*, decretum tribunorum
2 uisum est grauitatis antiquae plenum. Propterea id meminimus, idque ob hanc causam et in hanc sententiam scriptum
3 est: Aulus Hostilius Mancinus aedilis curulis fuit. Is Maniliae meretrici diem ad populum dixit, quod e tabulato eius noctu
4 lapide ictus esset, uulnusque ex eo lapide ostendebat. Manilia
5 ad tribunos plebi prouocauit. Apud eos dixit comessatorem Mancinum ad aedes suas uenisse; eum sibi recipere non fuisse e re sua, sed cum ui inrumperet, lapidibus depulsum.
6 Tribuni decreuerunt aedilem ex eo loco iure deiectum, quo eum uenire cum corollario non decuisset; propterea, ne cum populo aedilis ageret, intercesserunt.

XV

Defensa a culpa sententia ex historia Sallustii, quam iniqui eius cum insectatione maligni reprehenderint.

1 Elegantia orationis Sallustii uerborumque fingendi et nouandi studium cum multa prorsus inuidia fuit, multique

7 fr. 5 Strzelecki

5 narratur ς: narratu *VP* aed. *Cramer*: aedulium *VP*: aedili ς: aedilium curulium *Hertz* 7 IX *VPR*: VIII *Scioppius, sed u. Strzelecki, 'Herm.' 1958, 248* Capitonis ς: catonis *VPR* 9 est ς: et *VPR* Propterea ς: praeterea *VPR* 10 hanc sent. ς: hac sententia (-ciam *V*) *VPR* 12 quod ς: et quod *VPR* e tab. *Salmasius*: et ambulato *VPR* 13 Manilia *P*²: maniliam *VP*¹*R* 16 e re *Bentley*: ede *VPR* 18 corollario *Thysius*: coronario *VPR* ne cum ς: neum *VPR* 21 a culpa ς: a culpe *V*: culpe *P* 22 reprehenderint *V*²*P*: reprehenderunt *V*¹ 23 fingendi *Gronov*: findi *VPR*

non mediocri ingenio uiri conati sunt reprehendere pleraque
et obtrectare. In quibus plura inscite aut maligne uellicant.
Nonnulla tamen uideri possunt non indigna reprehensione;
quale illud in *Catilinae historia* repertum est, quod habeat
eam speciem quasi parum adtente dictum. Verba Sallustii
haec sunt: 'Ac mihi quidem, tametsi hautquaquam par 2
gloria sequitur scriptorem et auctorem rerum, tamen inprimis arduum uidetur res gestas scribere: primum, quod
facta dictis exaequanda sunt; dein, quia plerique, quae
delicta reprehenderis, maliuolentia et inuidia dicta putant.
Vbi de magna uirtute atque gloria bonorum memores, quae
sibi quisque facilia factu putat, aequo animo accipit; supra,
ueluti ficta, pro falsis ducit.' 'Proposuit' inquiunt 'dicturum 3
causas, quamobrem uideatur esse arduum res gestas scribere; atque ibi cum primam causam ⟨dixerit, dein non
alteram causam⟩, sed querellas dicit. Non enim causa uideri 4
debet, cur historiae opus arduum sit, quod hi, qui legunt,
aut inique interpretantur quae scripta sunt, aut uera esse
non credunt.' Obnoxiam quippe et obiectam falsis existima- 5
tionibus eam rem dicendam aiunt quam 'arduam'; quia,
quod est arduum, sui operis difficultate est arduum, non
opinionis alienae erroribus.

Haec illi maliuoli reprehensores dicunt. Sed 'arduum' 6
Sallustius non pro difficili tantum, sed pro eo quoque ponit,
quod Graeci χαλεπόν appellant, quod est cum difficile, tum
molestum quoque et incommodum et intractabile. Quorum
uerborum significatio a sententia Sallustii supra scripta non
abhorret.

6 *Cat.* 3. 2

---

7 auctorem *VP*: actorem *RV m. rec.* 9 exaequanda *V m. rec.*: exequenda *VPR* 10 repreh. ς: deprehenderis (-detis *V*; -distis *R*) *VPR* 15 *add. Hosius* (*Hertz*) 23 maliuoli *V*: mali maliuoli *P*: mali *R*

XVI

De uocabulis quibusdam a Varrone et Nigidio contra cotidiani sermonis consuetudinem declinatis; atque inibi id genus quaedam cum exemplis ueterum relata.

1 M. Varronem et P. Nigidium, uiros Romani generis doctissimos, comperimus non aliter elocutos esse et scripsisse, quam 'senatuis' et 'domuis' et 'fluctuis', qui est patrius casus ab eo, quod est 'senatus', 'domus'⟨, 'fluctus'⟩; huic 'senatui', ⟨'domui',⟩ 'fluctui' ceteraque is consimilia pariter
2 dixisse. Terentii quoque comici uersus in libris ueteribus itidem scriptus est:

eius anuis causa, opinor, quae est emortua.

3 Hanc eorum auctoritatem quidam e ueteribus grammaticis ratione etiam firmare uoluerunt, quod omnis datiuus singularis 'i' littera finitus, si non similis est genetiui singularis, 's' littera addita genetiuum singularem facit, ut 'patri patris',
4 'duci ducis', 'caedi caedis'. 'Cum igitur' inquiunt 'in casu dandi "huic senatui" dicamus, genetiuus ex eo singularis "senatuis" est, non "senatus".'

5 Set non omnes concedunt in casu datiuo 'senatui' magis
6 dicendum quam 'senatu'. Sicuti Lucilius in eodem casu 'uictu' et 'anu' dicit, non 'uictui' nec 'anui', in hisce uersibus:

quod sumptum atque epulas uictu praeponis honesto

et alio in loco:

'anu noceo' inquit.

5 Nig. fr. 63 Swoboda 12 *haut.* 287 22 sqq. cf. Non. 501. 24 24 u. 1288 Marx 26 u. 280 Marx

3 id ς: in id *VP* 6 elocutos V^2P^1R: locutos V^1P^2 8, 9 ⟨fluctus⟩ *et* ⟨domui⟩ *add.* ς 9 senatui V^1: senatu V^2PR 12 causa opinor quae *Ter.*: opinor causaqu(a)e *VPR* est *PR*: eius *V* 15 i *R*: *om.* *VP* 20 Sed ς: et *VPR* 24 sumptum *Non. 501. 25*: sum(p)tu *VPR*

Vergilius quoque in casu dandi 'aspectu' dicit, non 'as- 7
pectui':

> teque aspectu ne subtrahe nostro

et in *georgicis*:

> quod nec concubitu indulgent.

C. etiam Caesar, grauis auctor linguae Latinae, in *Anti-* 8
catone: 'unius' inquit 'arrogantiae, superbiae dominatuque.'
Item *in Dolabellam actionis I.* lib. I.: 'Isti, quorum in aedibus fanisque posita et honori erant et ornatu.' In *libris* 9
quoque *analogicis* omnia istiusmodi sine ⟨'i'⟩ littera dicenda
censet.

XVII

De natura quarundam particularum, quae praepositae uerbis intendi atque produci barbare et inscite uidentur, exemplis rationibusque plusculis disceptatum.

Lucilii ex XI. uersus sunt: 1

> Scipiadae magno improbus obiciebat Asellus
> lustrum illo censore malum infelixque fuisse.

'Obiciebat' 'o' littera producta multos legere audio, idque eo
facere dicunt, ut ratio numeri salua sit. Idem infra: 2

> conicere in uersus dictum praeconis uolebam
> Grani.

3 *Aen.* 6. 465 5 *georg.* 4. 198 8 fr. 23 Malc.[2] 10 fr. 26 Fun. 17 u. 394 Marx 21 u. 411 Marx

---

1 casu ς: causa *VPR* 7 dominatuque *R*: dominatuque dñatu *VP*: dominatuque mandatus *Baehrens*: dom. damnatus *Damsté* 8 Dolabellam *Carrio*: dolabella *VPR* I. lib. I: Isti *Hertz*: in libusti *VP*: in libuisti *R* 10 analogicis ς: anagolicis *VPR* ⟨i⟩ *add.* ς 11 censet ς: censent *VPR* 14 uidentur ς: uidetur *VP*

In hac quoque primi uerbi praepositione ⟨'o'⟩ ob eandem
3 causam producunt. Item XV:

subicit huic humilem et suffercitus posteriorem,

'subicit' 'u' littera longa legunt, quia primam syllabam
4 breuem esse in uersu heroico non conuenit. Item apud
Plautum in *Epidico* 'con' syllabam productam pronuntiant:

age nunciam orna te, Epidice, et palliolum in collum conice.

5 Apud Vergilium quoque 'subicit' uerbum produci a plerisque
audio:

etiam Parnasia laurus
parua sub ingenti matris se subicit umbra.

6 Sed neque 'ob' neque 'sub' praepositio producendi habet
naturam, neque item ⟨'con'⟩, nisi cum eae litterae secuntur,
quae in uerbis 'constituit' et 'confecit' secundum eam primae sunt, uel cum eliditur ⟨ex⟩ ea 'n' littera, sicut Sallustius:
7 'faenoribus' inquit 'copertus.' In his autem, quae supra
posui, et metrum esse integrum potest et praepositiones
istae possunt non barbare protendi; secunda enim littera in
8 his uerbis per duo ⟨'i'⟩, non per unum scribenda est. Nam
uerbum ipsum, cui supradictae particulae praepositae sunt,
non est 'icio', sed 'iacio', et praeteritum non 'icit' facit, sed
'iecit'. Id ubi compositum est, 'a' littera in 'i' mutatur, sicuti
fit in uerbis 'insilio' et 'incipio', atque ita uim consonantis
capit, et idcirco ea syllaba productius latiusque paulo pronuntiata priorem syllabam breuem esse non patitur, sed

3 u. 509 Marx 7 *Epid.* 194 11 *georg.* 2. 18 17 *hist.* 4 fr. 52 Maur.

---

1 ⟨o⟩ *add. Mommsen* 3 suffercitus *VPR*: suffert citus *Lion* 7 palliolum *Plaut.*: pallium *VPR* 13 sub praepositio ς: supra positio *VPR* 14 ⟨con⟩ *add.* ς eae *scripsi*: eam *VPR* 16 ex ea n ς: ea non *VPR* 19 protendi ς: pretendi *VPR* 20 ⟨i⟩ *add.* ς 23 a *Lion*: ex a *VPR*

reddit eam positu longam, propterea que et numerus in
uersu et ratio in pronuntiatu manet.

Haec, quae diximus, eo etiam conducunt, ut, ⟨quod⟩ **9**
apud Vergilium in sexto positum inuenimus:

> eripe me his, inuicte, malis aut tu mihi terram
> inice,

sic esse 'iniice', ut supra dixi, et scribendum et legendum
sciamus, nisi quis tam indocilis est, ⟨ut⟩ in hoc quoque uerbo
'in' praepositionem metri gratia protendat.

Quaerimus igitur, in 'obicibus' 'o' littera qua ratione inten- **10**
datur, cum id uocabulum factum sit a uerbo 'obiicio' et
nequaquam simile sit, quod a uerbo 'moueo' 'motus' 'o'
littera longa dicitur. Equidem memini Sulpicium Apol- **11**
linarem, uirum praestanti litterarum scientia, 'obices' et
'obicibus' 'o' littera correpta dicere, in Vergilio quoque sic
eum legere:

> qua ui maria alta tumescant
> obicibus ruptis;

sed ita, ut diximus, 'i' litteram, quae in ⟨hoc⟩ uocabulo **12**
quoque gemina esse debet, paulo uberius largiusque pronuntiabat.

Congruens igitur est, ut 'subices' etiam, quod proinde **13**
ut 'obices' compositum est, 'u' littera breui dici oporteat.
Ennius in tragoedia, quae *Achilles* inscribitur, 'subices' pro **14**
aere alto ponit, qui caelo subiectus est, in his uersibus:

> per ego deum sublimas subices
> humidas, unde oritur imber sonitu saeuo et spiritu;

plerosque omnes tamen legere audias 'u' littera producta. Id **15**

5 *Aen.* 6. 365 17 *georg.* 2. 479 26 u. 10 Vahlen[2]

---

1 positu ς: prositu *VPR* 2 in ς: et *VPR* 3 ⟨quod⟩ *add.* ς 7 iniice ς: inice *VPR* 8 ⟨ut⟩ *add.* ς 11 obiicio ς: obicio *V*: obitio *PR* 19 ⟨hoc⟩ *add. Hertz* 23 breui ς: breuis *VPR* 27 spiritu *Festus 394. 37 L.*: strepitu *VPR*

ipsum autem uerbum M. Cato sub alia praepositione dicit in oratione, quam *de consulatu suo* habuit: 'ita nos' inquit 'fert uentus ad primorem Pyrenaeum, quo proicit in altum.' Et Pacuuius item in *Chryse*:

Idae promunturium, cuius lingua in altum proicit.

XVIII

De P. Africano superiore sumpta quaedam ex annalibus memoratu dignissima.

1 Scipio Africanus antiquior quanta uirtutum gloria praesti-
terit et quam fuerit altus animi atque magnificus et qua sui
conscientia subnixus, plurimis rebus, quae dixit quaeque
2 fecit, declaratum est. Ex quibus sunt haec duo exempla eius
fiduciae atque exuperantiae ingentis:
3 Cum M. Naeuius tribunus plebis accusaret eum ad populum diceretque accepisse a rege Antiocho pecuniam, ut
condicionibus gratiosis et mollibus pax cum eo populi
Romani nomine fieret et quaedam item alia crimini daret
indigna tali uiro, tum Scipio pauca praefatus, quae dignitas
uitae suae atque gloria postulabat: 'memoria,' inquit 'Quirites, repeto diem esse hodiernum, quo Hannibalem Poenum
imperio uestro inimicissimum magno proelio uici in terra
Africa pacemque et uictoriam uobis peperi inspectabilem.
Non igitur simus aduersum deos ingrati et, censeo, relinqua-
mus nebulonem hunc, eamus hinc protinus Ioui optimo
4 maximo gratulatum.' Id cum dixisset, auertit et ire in
5 Capitolium coepit. Tum contio uniuersa, quae ad sententiam
de Scipione ferendam conuenerat, relicto tribuno Scipionem

2 fr. 30 Malc.[2] 5 u. 94 Ribbeck[2]

---

2 nos ς: hos *VPR* 3 primorem *Mommsen*: priorem *VPR* 5 Idae *Vossius*: id *VPR* lingua ς: ling(u)am *VPR* 17 crimini ς: crimina *VPR* 19 gloria ς: glorie *VPR* 22 inspectabilem *VPR*: spectabilem *Scioppius* 25 in *VR*: ad *P*

in Capitolium comitata atque inde ad aedes eius cum laetitia
et gratulatione sollemni prosecuta est. Fertur etiam oratio, **6**
quae uidetur habita eo die a Scipione, et qui dicunt eam non
ueram, non eunt infitias, quin haec quidem uerba fuerint,
quae dixi, Scipionis.

Item aliud est factum eius praeclarum. Petilii quidam **7**
tribuni plebis a M., ut aiunt, Catone, inimico Scipionis,
comparati in eum atque inmissi desiderabant in senatu in-
stantissime, ut pecuniae Antiochinae praedaeque in eo bello
captae rationem redderet; fuerat enim L. Scipioni Asiatico, **8**
fratri suo, imperatori in ea prouincia legatus. Ibi Scipio **9**
exsurgit et prolato e sinu togae libro rationes in eo scriptas
esse dixit omnis pecuniae omnisque praedae; illatum, ut **10**
palam recitaretur et ad aerarium deferretur. 'Sed enim id **11**
iam non faciam' inquit 'nec me ipse afficiam contumelia'
eumque librum statim coram discidit suis manibus et con- **12**
cerpsit aegre passus, quod, cui salus imperii ac reipublicae
accepta ferri deberet, rationem pecuniae praedaticiae posceretur.

XIX

Quid M. Varro in *logistorico* scripserit de moderando uictu puerorum inpubium.

Pueros inpubes conpertum est, si plurimo cibo nimioque **1**
somno uterentur, hebetiores fieri ad ueterni usque aut eluci
tarditatem, corporaque eorum inprocera fieri minusque ad-
olescere. Idem plerique alii medicorum philosophorumque et **2**
M. Varro in *logistorico* scripsit, qui inscriptus est *Catus aut de
liberis educandis*.

27 fr. 17 Riese

1 in Cap. *VR*: *om. P* 10 captae *J. Gronov*: capta erat *VPR* Asiatico ς: asiaco *VPR* 18 rationem *Carrio*: ratione *VPR* praedatitiae *ed. Ald. 1515*: praedaceae *R*: predacte *V*: predate *P* 21 logistorico *ed. Ald. 1515*: longi historia *VP*: logistoria *Hertz* 26 Idem R^2: dē *V*: dest *P* (*uterque spat. ante* d *rel.*): Idem deest R^1 27 logistorico *ed. Ald. 1515*: longa historia *VPR* qui inscriptus *Lion*: quae inscripta *VPR* Catus *Mercier*: capis *VPR*

XX

Notati a censoribus, qui audientibus iis dixerant ioca quaedam intempestiuiter; ac de eius quoque nota deliberatum, qui steterat forte apud eos oscitabundus.

1 Inter censorum seueritates tria haec exempla in litteris
2 sunt castigatissimae disciplinae. Vnum est huiuscemodi:
3 Censor agebat de uxoribus sollemne iusiurandum; uerba
erant ita concepta: 'Vt tu ex animi tui sententia uxorem
habes?' Qui iurabat, cauillator quidam et canicula et nimis
4 ridicularius fuit. Is locum esse sibi ioci dicundi ratus, cum
ita, uti mos erat, censor dixisset 'ut tu ex animi tui sententia
5 uxorem habes?', 'habeo equidem' inquit 'uxorem, sed non
6 hercle ex animi mei sententia.' Tum censor eum, quod intempestiue lasciuisset, in aerarios rettulit causamque hanc
ioci scurrilis apud se dicti subscripsit.
7, 8 Altera seueritas eiusdem sectae disciplinaeque est. Deliberatum est de nota eius, qui ad censores ab amico aduocatus est et in iure stans clare nimis et sonore oscitauit atque
inibi ut plecteretur fuit, tamquam illud indicium esset uagi
9 animi et alucinantis et fluxae atque apertae securitatis. Sed
cum ille deiurasset inuitissimum sese ac repugnantem oscita-
tione uictum tenerique eo uitio, quod 'oscedo' appellatur,
10 tum notae iam destinatae exemptus est. Publius Scipio
Africanus, Pauli filius, utramque historiam posuit in oratione, quam dixit in censura, cum ad maiorum mores populum hortaretur.
11 Item aliud refert Sabinus Masurius in septimo *memoriali*
seuere factum: 'Censores' inquit 'Publius Scipio Nasica et

24 fr. 13 Malc.[2] 27 sqq. cf. Non. 168. 18 28 fr. 16 Huschke

3 ac de ς: accede *VP* 5 Inter censorum *Gronov*: intercessorum *VPR* 10 sibi ioci dicendi (dicundi *Gronov*) ratus ς: sibioci dicunt iratus (ratus R^2) *VPR* 15 ioci . . . dicti R^2: iocis currilis a. s. dictis VPR^1 23 notae iam R^2: noctae iam R^1: nota iam *P*: notelam *V* 27 XVII *Non.* memoriali ς: memor (memorum *P*) memoriali *VPR*

Marcus Popilius cum equitum censum agerent, equum nimis strigosum et male habitum, sed equitem eius uberrimum et habitissimum uiderunt et "cur" inquiunt "ita est, ut tu sis quam equus curatior?" "Quoniam" inquit "ego me curo, equum Statius nihili seruos." Visum est parum esse reuerens responsum, relatusque in aerarios, ut mos est.'

'Statius' autem seruile nomen fuit. Plerique apud ueteres 12
serui eo nomine fuerunt. Caecilius quoque ille comoediarum 13
poeta inclutus seruus fuit et propterea nomen habuit 'Statius'. Sed postea uersum est quasi in cognomentum, appellatusque est 'Caecilius Statius'.

5 nihili *Gronov*: nichil *VPR* 8 ille *VR*: *om. P*

A. GELLII

NOCTIVM ATTICARVM LIBER QVINTVS

I

Quod Musonius philosophus reprehendit inprobauitque laudari philosophum disserentem a uociferantibus et in laudando gestientibus.

1 *** Musonium philosophum solitum accepimus. 'Cum philosophus' inquit 'hortatur, monet, suadet, obiurgat aliudue
quid disciplinarum disserit, tum, qui audiunt, si de summo
et soluto pectore obuias uulgatasque laudes effutiunt, si
clamitant etiam, si gestiunt, si uocum eius festiuitatibus, si
modulis uerborum, si quibusdam quasi fritamentis orationis
mouentur, exagitantur et gestiunt, tum scias et qui dicit et
qui audiunt frustra esse neque illi philosophum loqui, sed
2 tibicinem canere. Animus' inquit 'audientis philosophum,
⟨dum⟩, quae dicuntur, utilia ac salubria sunt et errorum
atque uitiorum medicinas ferunt, laxamentum atque otium
3 prolixe profuseque laudandi non habet. Quisquis ille est,
qui audit, nisi ille est plane deperditus, inter ipsam philosophi orationem et perhorrescat necesse est et pudeat taci-
4 tus et paeniteat et gaudeat et admiretur, uarios adeo uultus
disparilesque sensus gerat, proinde ut eum conscientiamque
eius adfecerit utrarumque animi partium aut sincerarum
aut aegrarum philosophi pertractatio.'

5 Praeterea dicebat magnam laudem non abesse ab admiratione, admirationem autem, quae maxima est, non

4 fr. 49 Hense

4 *lac. stat. Hertz* 8 si gestiunt *VPR*: si exsiliunt *Gronov*: *del. Carrio* 9 fritamentis *Heraeus*: fretamentis *VPR*: frequentamentis ς orationis ς: orationibus *VPR* 13 ⟨dum⟩ *add. Hertz* 14 ferunt ς: fuerunt *VPR*

uerba parere, sed silentium. 'Idcirco' inquit 'poetarum 6
sapientissimus auditores illos Vlixi labores suos inlustrissime
narrantis, ubi loquendi finis factus, non exsultare nec
strepere nec uociferari facit, sed consiluisse uniuersos dicit
quasi attonitos et obstupidos delenimentis aurium ad origines usque uocis permanantibus:

> *ὣς φάτο· τοὶ δ' ἄρα πάντες ἀκὴν ἐγένοντο σιωπῇ,*
> *κηληθμῷ δ' ἔσχοντο κατὰ μέγαρα σκιόεντα.'*

II

Super equo Alexandri regis, qui Bucephalas appellatus est.

Equus Alexandri regis et capite et nomine 'Bucephalas' 1
fuit. Emptum Chares scripsit talentis tredecim et regi 2
Philippo donatum; hoc autem aeris nostri summa est sestertia trecenta duodecim. Super hoc equo dignum memoria 3
uisum, quod, ubi ornatus erat armatusque ad proelium,
haud umquam inscendi sese ab alio nisi ab rege passus sit.
Id etiam de isto equo memoratum est, quod, cum insidens in 4
eo Alexander bello Indico et facinora faciens fortia in hostium cuneum non satis sibi prouidens inmisisset coniectisque
undique in Alexandrum telis uulneribus altis in ceruice atque
in latere equus perfossus esset, moribundus tamen ac prope
iam exsanguis e mediis hostibus regem uiuacissimo cursu
retulit atque, ubi eum extra tela extulerat, ilico concidit et
domini iam superstitis securus quasi cum sensus humani
solacio animam exspirauit. Tum rex Alexander parta eius 5
belli uictoria oppidum in isdem locis condidit idque ob equi
honores 'Bucephalon' appellauit.

7 *Od.* 13. 1 12 fr. 18 Jacoby

---

1 parere V^2P: parare V^1: parcere *R* 12 Chares *Scioppius*: cares *VR*: ikares *P* 13 donatum *VR*: datum *P* hoc autem *R*: *om. V (lac. quinque litt. rel.), et P* 19 cuneum *VR*: cum eum *P*: cuneum ⟨eum⟩*Hertz* 21 esset *Hertz*: est *VPR*

III

Quae causa quodque initium fuisse dicatur Protagorae ad philosophiae litteras adeundi.

1 Protagoram, uirum in studiis doctrinarum egregium,
cuius nomen Plato libro suo illi incluto inscripsit, adulescentem aiunt uictus quaerendi gratia in mercedem missum
2 uecturasque onerum corpore suo factitauisse, quod genus
3 Graeci ἀχθοφόρους uocant, Latine 'baiulos' appellamus. Is de
proximo rure Abdera in oppidum, cuius popularis fuit,
caudices ligni plurimos funiculo breui circumdatos portabat.
4 Tum forte Democritus, ciuitatis eiusdem ciuis, homo ante
alios uirtutis et philosophiae gratia uenerandus, cum egre-
deretur extra urbem, uidet eum cum illo genere oneris tam
impedito ac tam incohibili facile atque expedite ince-
dentem et prope accedit et iuncturam posituramque ligni
scite periteque factam considerat petitque, ut paululum ad-
5 quiescat. Quod ubi Protagoras, ut erat petitum, fecit atque
itidem Democritus aceruum illum et quasi orbem caudicum
breui uinculo comprehensum ratione quadam quasi geometrica librari continerique animaduertit, interrogauit, quis id
lignum ita composuisset, et, cum ille a se compositum dixisset, desiderauit, uti solueret ac denuo in modum eundem col-
6 locaret. At postquam ille soluit ac similiter composuit, tum
Democritus animi aciem sollertiamque hominis non docti
demiratus: 'mi adulescens,' inquit 'cum ingenium bene
faciendi habeas, sunt maiora melioraque, quae facere mecum
possis', abduxitque eum statim secumque habuit et sumptum ministrauit et philosophias docuit et esse eum fecit,
quantus postea fuit.
7 Is tamen Protagoras insincerus quidem philosophus, sed
acerrimus sophistarum fuit; pecuniam quippe ingentem
cum a discipulis acciperet annuam, pollicebatur se id docere,

2 dicatur ς: dictatur *VP* 5 inscripsit ς: scripsit *VPR* 6 mercedem ς: mercede *VPR* 20 interrogauit *VR*: interrogauitque *P* 23 At *V*: ac *PR*

quanam uerborum industria causa infirmior fieret fortior, quam rem Graece ita dicebat: τὸν ἥττω λόγον κρείττω ποιεῖν.

IV

De uerbo 'duouicesimo', quod uolgo incognitum, set a uiris doctis multifariam in libris scriptum est.

Apud Sigillaria forte in libraria ego et Iulius Paulus poeta, 1
uir memoria nostra doctissimus, consideramus; atque ibi
expositi erant Fabii *annales*, bonae atque sincerae uetustatis
libri, quos uenditor sine mendis esse contendebat. Gram- 2
maticus autem quispiam de nobilioribus ab emptore ad
spectandos libros adhibitus repperisse unum in libro mendum dicebat; sed contra librarius in quoduis pignus uocabat,
si in una uspiam littera delictum esset. Ostendebat gram- 3
maticus ita scriptum in libro quarto: 'Quapropter tum
primum ex plebe alter consul factus est duouicesimo anno,
postquam Romam Galli ceperunt.' 'Non' inquit ' "duouice- 4
simo", sed "duoetuicesimo" scribi oportuit. Quid enim est 5
"duouicesimo?" ' *** hic ita scripsit: 'Mortuus est anno
duouicesimo; rex fuit annos XXI ***'

V

Cuiusmodi ioco incauillatus sit Antiochum regem Poenus Hannibal.

In libris ueterum memoriarum scriptum est Hannibalem 1
Carthaginiensem apud regem Antiochum facetissime cauil-
latum esse. Ea cauillatio huiuscemodi fuit: Ostendebat ei 2

14 fr. 6 Peter 17 sqq. cf. Non. 100. 9 18 Varr. *ant. rer. hum.* 16 fr. 1 Mirsch 22 sqq. cf. Macr. *Sat.* 2. 2. 1

4 duouicesimo *Hadr. Iunius ad Non.*: duodeuicesimo *VP* set *Hertz*: est *VP* 11 unum *VPR*: ⟨se⟩ unum *Hertz*: uno *Birt* 15 duouicesimo *Hadr. Iunius ad Non.*: duo et uicesimo *VPR* (*et sic usque ad fin. cap.*) 17 duoetuicesimo *Hertz*: duodeuicesimo *VPR* 18 *lac. stat. Thysius* (*cf. Non.*) 19 annos *P*: anno *V*: *om. R*

Antiochus in campo copias ingentis, quas bellum populo
Romano facturus comparauerat, conuertebatque exercitum
3 insignibus argenteis et aureis florentem; inducebat etiam
currus cum falcibus et elephantos cum turribus equitatumque frenis, ephippiis, monilibus, phaleris praefulgentem.
4 Atque ibi rex contemplatione tanti ac tam ornati exercitus
gloriabundus Hannibalem aspicit et 'putasne' inquit 'con-
5 ferri posse ac satis esse Romanis haec omnia?' Tum Poenus
eludens ignauiam inbelliamque militum eius pretiose arma-
torum: 'Satis, plane satis esse credo Romanis haec omnia,
6 etiamsi auarissimi sunt.' Nihil prorsum neque tam lepide
7 neque tam acerbe dici potest: rex de numero exercitus sui
ac de aestimanda aequiperatione quaesiuerat, respondit
Hannibal de praeda.

VI

De coronis militaribus; quae sit earum triumphalis, quae obsidionalis, quae ciuica, quae muralis, quae castrensis, quae naualis, quae oualis, quae oleaginea.

1, 2 Militares coronae multae, uariae sunt. Quarum quae
nobilissimae sunt, has ferme esse accepimus: 'triumphalem,
3 obsidionalem, ciuicam, muralem, castrensem, naualem'; est
4 ea quoque corona, quae 'oualis' dicitur, est item postrema
'oleaginea', qua uti solent, qui in proelio non fuerunt, sed
triumphum procurant.

5 'Triumphales' coronae sunt aureae, quae imperatoribus
6 ob honorem triumphi mittuntur. Id uulgo dicitur 'aurum
7 coronarium'. Haec antiquitus e lauru erant, post fieri ex
auro coeptae.

8 'Obsidionalis' est, quam ii, qui liberati obsidione sunt,

19 sqq. = Varr. *ant. rer. hum.* 22 fr. 16 Mirsch

3 inducebat *VR Macr.*: inducebatque *P* 8 esse *Macr.*: esse credo *VR*: esse credam *P*: esse credis ς 19 multae uariae *VPR*: multifariae ς: multae ⟨et⟩ uariae *Lion* om. *R* 29 ii ς: hii *V*: hi *P*:

dant ei duci, qui liberauit. Ea corona graminea est, ob- 9
seruarique solitum, ut fieret e gramine, quod in eo loco
gnatum esset, intra quem clausi erant, qui obsidebantur.
Hanc coronam gramineam senatus populusque Romanus 10
Q. Fabio Maximo dedit bello Poenorum secundo, quod
urbem Romam obsidione hostium liberasset.

'Ciuica' corona appellatur, quam ciuis ciui, a quo in 11
proelio seruatus est, testem uitae salutisque perceptae dat.
Ea fit e fronde quernea, quoniam cibus uictusque antiquis- 12
simus quercus capi solitus; fuit etiam ex ilice, quod genus
superiori proximum est, sicuti scriptum est in quadam
comoedia Caecilii:

†'aduehuntur' inquit 'cum ilignea corona et chlamyde:
di uestram fidem!'

Masurius autem Sabinus in undecimo *librorum memorialium* 13
ciuicam coronam tum dari solitam dicit, cum is, qui ciuem
seruauerat, eodem tempore etiam hostem occiderat neque
locum in ea pugna reliquerat; aliter ius ciuicae coronae negat
concessum. Tiberium tamen Caesarem consultum, an ciui- 14
cam coronam capere posset, qui ciuem in proelio seruasset et
hostes ibidem duos interfecisset, sed locum, in quo pugna-
bat, non retinuisset eoque loco hostes potiti essent, rescrip-
sisse dicit eum quoque ciuica dignum uideri, quod appareret
e tam iniquo loco ciuem ab eo seruatum, ut etiam a fortiter
pugnantibus retineri non quiuerit. Hac corona ciuica L. 15
Gellius, uir censorius, in senatu Ciceronem consulem donari
a republica censuit, quod eius opera esset atrocissima illa
Catilinae coniuratio detecta uindicataque.

'Muralis' est corona, qua donatur ab imperatore, qui 16

13 u. 269 Ribbeck^2 15 fr. 17 Huschke

4 senatus ς: senatusque *VPR Hache* 13 adu. in. cum il. *VPR*: Aduehitur in. cum iligna *Fleckeisen*: aduehunt in. | Eum cum ilignea *C. F. W. Müller* 22 potiti ς: positi *VPR* 24 e tam ς: et tam *VP* itā *R* ut ς: et *VPR* 25 Hac ς: ac PR^2: a VR^1

primus murum subiit inque oppidum hostium per uim
ascendit; idcirco quasi muri pinnis decorata est.
'Castrensis' est corona, qua donat imperator eum, qui 17
primus hostium castra pugnans introiuit; ea corona insigne
ualli habet.
'Naualis' est, qua donari solet, maritimo proelio qui 18
primus in hostium nauem ui armatus transiluit; ea quasi
nauium rostris insignita est. Et 'muralis' autem et 'castren- 19
sis' et 'naualis' fieri ex auro solent.
'Oualis' corona murtea est; ea utebantur imperatores, qui 20,21
ouantes urbem introibant. Ouandi ac non triumphandi
causa est, cum aut bella non rite indicta neque cum iusto
hoste gesta sunt aut hostium nomen humile et non idoneum
est, ut seruorum piratarumque, aut deditione repente facta
inpuluerea, ut dici solet, incruentaque uictoria obuenit. Cui 22
facilitati aptam esse Veneris frondem crediderunt, quod non
Martius, sed quasi Venerius quidam triumphus foret. Ac 23
murteam coronam M. Crassus, cum bello fugitiuorum confecto ouans rediret, insolenter aspernatus est senatusque
consultum faciundum per gratiam curauit, ut lauro, non
murto, coronaretur.
Marcus Cato obicit M. Fuluio Nobiliori, quod milites per 24
ambitum coronis de leuissimis causis donasset. De qua re 25
uerba ipsa apposui Catonis. 'Iam principio quis uidit corona
donari quemquam, cum oppidum captum non esset aut
castra hostium non incensa essent?' Fuluius autem, in quem 26
hoc a Catone dictum est, coronis donauerat milites, quia
uallum curauerant, aut qui puteum strenue foderant.

24 fr. 148 Malc.^{2}

---

6 qua P^2: quo *V*P^1*R* donari *VR*: ornari *P* 7 ui *VPR*: *del. Kronenberg* (*cf. Paul.* 157. 7 *L.*) transiluit *P*R^2: transiliuit *V*: transilut R^1 12 indicta ς: indigna *VPR* 15 inpuluerea ut *Carrio*: in puluere aut *VPR* 17 Martius ς: marcium *VR*: martium *P* 21 coronaretur *VP*: coronarentur *R* 23 ambitum *R*: ambitium (-cium *V*) *VP* 24 Iam P^2*R*: nam *V*: am P^1(*spatio litt. init. rel.*) corona donari *VP*: coronari *R* 27 quia *VPR*: qui *Lion*

27 Praetereundum non est, quod ad ouationes attinet, super quo dissensisse ueteres scriptores accipio. Partim enim scripserunt, qui ouaret, introire solitum equo uehentem; set Sabinus Masurius pedibus ingredi ouantes dicit sequentibus eos non militibus, sed uniuerso senatu.

VII

'Personae' uocabulum quam lepide interpretatus sit quamque esse uocis eius originem dixerit Gauius Bassus.

1 Lepide mi hercules et scite Gauius Bassus in libris, quos *de origine uocabulorum* composuit, unde appellata 'persona' sit, interpretatur; a personando enim id uocabulum factum esse
2 coniectat. Nam 'caput' inquit 'et os coperimento personae tectum undique unaque tantum uocis emittendae uia peruium, quoniam non uaga neque diffusa est, ⟨set⟩ in unum tantummodo exitum collectam coactamque uocem ciet, magis claros canorosque sonitus facit. Quoniam igitur indumentum illud oris clarescere et resonare uocem facit, ob eam causam "persona" dicta est "o" littera propter uocabuli formam productiore.'

VIII

Defensus error a Vergilii uersibus, quos arguerat Iulius Hyginus grammaticus; et ibidem, quid sit lituus; deque ἐτυμολογίᾳ uocis eius.

1 Ipse Quirinali lituo paruaque sedebat
subcinctus trabea laeuaque ancile gerebat.

In his uersibus errasse Hyginus Vergilium scripsit, tamquam non animaduerterit deesse aliquid hisce uerbis:

ipse Quirinali lituo.

4 fr. 26 Huschke 12 fr. 8 Fun. 23 sqq. cf. Macr. *Sat.* 6. 8. 1 *Aen.* 7. 187 25 Hyg. fr. 5 Fun.

2 accipio ς: scipio *VPR* 3 uehentem *ed. Iunt. 1513*: uehentes *VPR* set *Hertz*: et *VPR* 5 militibus ς: milibus *VPR* 9 scite P^{2}: site $VP^{1}R$ 14 uaga ... ⟨set⟩ *Hertz*: uaga neque diffusa est (diffusest *V*: difu (*spat. rel.*) est *R*) *VPR*: uagam neque diffusam, set *Mommsen*

'Nam si nihil' inquit 'deesse animaduerterimus, uidetur ita 2
dictum, ut fiat "lituo et trabea subcinctus", quod est' inquit
'absurdissimum; quippe cum lituus sit uirga breuis in parte,
qua robustior est, incurua, qua augures utuntur, quonam
modo "subcinctus lituo" uideri potest?'

Immo ipse Hyginus parum animaduertit sic hoc esse 3
dictum, ut pleraque dici per defectionem solent. Veluti cum 4
dicitur 'M. Cicero homo magna eloquentia' et 'Q. Roscius
histrio summa uenustate', non plenum hoc utrumque neque
perfectum est, sed enim pro pleno atque perfecto auditur.
Vt Vergilius alio in loco: 5

> uictorem Buten inmani corpore,

id est corpus inmane habentem, et item alibi:

> in medium geminos inmani pondere caestus
> proiecit

ac similiter:

> domus sanie dapibusque cruentis,
> intus opaca, ingens.

Sic igitur id quoque uideri dictum debet: 'Picus Quirinali 6
lituo erat', sicuti dicimus: 'statua grandi capite erat'. Et 7
'est' autem et 'erat' et 'fuit' plerumque absunt cum elegantia sine detrimento sententiae.

Et quoniam facta litui mentio est, non praetermittendum 8
est, quod posse quaeri animaduertimus, utrum lituus auguralis a tuba, quae lituus appellatur, an tuba a lituo augurum

12 *Aen.* 5. 372 14 *Aen.* 5. 401 17 *Aen.* 3. 618

7 defectionem *Macr.*: defensionem *VPR* 8 magna eloquentia R^1 *Macr.*: magneloquencia *V*: magne loquentie *P*: magne eloquencia R^2 9 uenustate *R*: uetustate *VP* 20 statua *VR*: fatua *P* 25 tuba *alt.* *R*: tubam *VP*

lituus dicta sit; utrumque enim pari forma et pariter in- 9
curuum est. Sed si, ut quidam putant, tuba a sonitu lituus 10
appellata est ex illo Homerico uerbo:

λίγξε βιός,

necesse est ita accipi, ut uirga auguralis a tubae similitudine
lituus uocetur. Vtitur autem uocabulo isto Vergilius et pro 11
tuba:

et lituo pugnas insignis obibat et hasta.

IX

Historia de Croesi filio sumpta ex Herodoti libris.

Filius Croesi regis, cum iam fari per aetatem posset, in- 1
fans erat et, cum iam multum adoleuisset, item nihil fari
quibat. Mutus adeo et elinguis diu habitus est. Cum in 2
patrem eius bello magno uictum et urbe, in qua erat, capta
hostis gladio educto regem esse ignorans inuaderet, diduxit
adulescens os clamare nitens eoque nisu atque impetu spiritus uitium nodumque linguae rupit planeque et articulate
elocutus est clamans in hostem, ne rex Croesus occideretur.
Tum et hostis gladium reduxit, et rex uita donatus est, et 3
adulescens loqui prorsum deinceps incepit. Herodotus in 4
historiis huius memoriae scriptor est, eiusque uerba sunt,
quae prima dixisse filium Croesi refert: *Ἄνθρωπε, μὴ κτεῖνε
Κροῖσον.*

Sed et quispiam Samius athleta,—nomen illi fuit *Ἐχε-* 5
κλοῦς—cum antea non loquens fuisset, ob similem dicitur
causam loqui coepisse. Nam cum in sacro certamine sortitio 6
inter ipsos et aduersarios non bona fide fieret et sortem

4 *Il.* 4. 125 8 *Aen.* 6. 167 22 Herod. 1. 85

10 filio sumpta ς: filium tam *VP*: filio muto *Hertz* 13 in *VR*: *om. P* 14 urbe *P*: urbem *VR* 15 educto *Gronov*: deducto *VPR* 17 uitium *VPR*: uinclum *Cornelissen* 24 *Ἐχεκλοῦς Kempf*: exΛAOIC *V*: EXAAOYC *P*: 7IAOYC *R* 27 ipsos *VPR*: ipsum ς

nominis falsam subici animaduertisset, repente in eum, qui id faciebat, uidere sese, quid faceret, magnum inclamauit. Atque is oris uinculo solutus per omne inde uitae tempus non turbide neque adhaese locutus est.

X

De argumentis, quae Graece ἀντιστρέφοντα appellantur, a nobis 'reciproca' dici possunt.

1 Inter uitia argumentorum longe maximum esse uitium
2 uidetur, quae ἀντιστρέφοντα Graeci dicunt. Ea quidam e
nostris non hercle nimis absurde 'reciproca' appellauerunt.
3 Id autem uitium accidit hoc modo, cum argumentum pro-
positum referri contra conuertique in eum potest, a quo
dictum est, et utrimque pariter ualet; quale est peruolgatum
illud, quo Protagoram, sophistarum acerrimum, usum esse
ferunt aduersus Euathlum, discipulum suum.
4 Lis namque inter eos et controuersia super pacta mercede
5 haec fuit. Euathlus, adulescens diues, eloquentiae discendae
6 causarumque orandi cupiens fuit. Is in disciplinam Protagorae sese dedit daturumque promisit mercedem grandem
pecuniam, quantam Protagoras petiuerat, dimidiumque eius
dedit iam tunc statim, priusquam disceret, pepigitque, ut
relicum dimidium daret, quo primo die causam apud iudices
7 orasset et uicisset. Postea cum diutule auditor adsectatorque
Protagorae fuisset ⟨et⟩ in studio quidem facundiae abunde
promouisset, causas tamen non reciperet tempusque iam
longum transcurreret et facere id uideretur, ne relicum
mercedis daret, capit consilium Protagoras, ut tum existi-
8 mabat, astutum: petere instituit ex pacto mercedem, litem
cum Euathlo contestatur.

17 sqq. cf. Ioh. Saris. *Policrat.* 5. 12

13 utrimque *R*: utrumque *VP* 16 Lis ς: is *VPR* 22 primo *VR*: primum *P*: primam *Gronov* 24 ⟨et⟩ *add.* ς 27 tum *R*: cum *VP*

Et cum ad iudices coniciendae consistendaeque causae 9
gratia uenissent, tum Protagoras sic exorsus est: 'Disce,'
inquit 'stultissime adulescens, utroque id modo fore, uti
reddas, quod peto, siue contra te pronuntiatum erit siue
pro te. Nam si contra te lis data erit, merces mihi ex senten- 10
tia debebitur, quia ego uicero; sin uero secundum te iudicatum erit, merces mihi ex pacto debebitur, quia tu uiceris.'
Ad ea respondit Euathlus: 'Potui' inquit 'huic tuae tam 11
ancipiti captioni isse obuiam, si uerba non ipse facerem
atque alio patrono uterer. Sed maius mihi in ista uictoria 12
prolubium est, cum te non in causa tantum, sed in argumento quoque isto uinco. Disce igitur tu quoque, magister 13
sapientissime, utroque modo fore, uti non reddam, quod
petis, siue contra me pronuntiatum fuerit siue pro me. Nam 14
si iudices pro causa mea senserint, nihil tibi ex sententia
debebitur, quia ego uicero; sin contra me pronuntiauerint,
nihil tibi ex pacto debebo, quia non uicero.'
Tum iudices dubiosum hoc inexplicabileque esse, quod 15
utrimque dicebatur, rati, ne sententia sua, utramcumque in
partem dicta esset, ipsa sese rescinderet, rem iniudicatam
reliquerunt causamque in diem longissimam distulerunt.
Sic ab adulescente discipulo magister eloquentiae inclutus 16
suo sibi argumento confutatus est et captionis uersute ex-
cogitatae frustratus fuit.

XI

Biantis de re uxoria syllogismum non posse uideri ἀντιστρέφειν.

Existimant quidam etiam illud Biantis, uiri sapientis ac 1
nobilis, responsum consimile esse atque est Protagorion
illud, de quo dixi modo, ἀντιστρέφον. Nam cum rogatus 2

1 consistendeque *P*: consistende *VR*: constituendaeque *Saris.*: consciendaeque *Lachmann* 8 potui *R*: o tu *V*: opto *P* 15 si *P*: sic *VR* 23 excogitate *VR*: et excogitate *P* 26 Biantis ς: iantis (*litt. init. spat. rel.*) *P*: Liantis *V*: Bionis (*et sic passim*) *Casaubon e Diog. Laert. 4. 48*

esset a quodam Bias, deberetne uxorem ducere, an uitam
uiuere caelibem: *ἤτοι* inquit *καλὴν ἄξεις ἢ αἰσχράν· καὶ εἰ
καλήν, ἕξεις κοινήν, εἰ δὲ αἰσχράν, ἕξεις ποινήν· ἑκάτερον δὲ οὐ
ληπτέον· οὐ γαμητέον ἄρα.*
3 Sic autem hoc rursum conuertunt: *Εἰ μὲν καλὴν ἄξω, οὐχ
4 ἕξω ποινήν· εἰ δὲ αἰσχράν, οὐχ ἕξω κοινήν· γαμητέον ἄρα.* Sed
minime hoc esse uidetur *ἀντιστρέφον*, quoniam ex altero
5 latere conuersum frigidius est infirmiusque. Nam Bias proposuit non esse ducendam uxorem propter alterutrum incommodum, quod necessario patiendum erit ei, qui duxerit.
6 Qui conuertit autem, non ab eo se defendit incommodo,
7 quod adest, sed carere se altero dicit, quod non adest. Satis
est autem tuendae sententiae, quam Bias dixit, quod eum,
qui duxit uxorem, pati necesse est ex duobus incommodis
alterum, ut aut *κοινήν* habeat aut *ποινήν*.

8 Sed Fauorinus noster, cum facta esset forte mentio syl-
logismi istius, quo Bias usus est, cuius prima protasis est:
ἤτοι καλὴν ἄξεις ἢ αἰσχράν, non ratum id neque iustum diiunctiuum esse ait, quoniam non necessum sit alterum ex
9 duobus, quae diiunguntur, uerum esse, quod in proloquio
diiunctiuo necessarium est. Eminentia enim quadam signi-
10 ficari formarum turpes et pulcrae uidentur. 'Est autem'
inquit 'tertium quoque inter duo ista, quae diiunguntur,
11 cuius rationem prospectumque Bias non habuit. Inter enim
pulcherrimam feminam et deformissimam media forma
quaedam est, quae et a nimiae pulcritudinis periculo et a
12 summae deformitatis odio uacat; qualis a Quinto Ennio in
Melanippa perquam eleganti uocabulo 'stata' dicitur, quae
13 neque *κοινή* futura sit neque *ποινή*.' Quam formam modicam

28 *scen.* u. 294 Vahlen[2]

---

5 Sic *VR*: Hic *P* 9 alterutrum *VP*: alterum *R* 12 adest *prius* ς: abest *VPR* 18 diiunctiuum *VR*: disiunctiuum *P* (*in uu. seqq. alii quoque saepe*) 20 uerum R^2: ueterum VPR^1 21 quadam ς: quedam *VP*: que *R* 26 a nimie P^2: anime VP^1: animi et *R* 28 stata *PR*: tecta *V* 29 Quam P^2: quam in VP^1R

et modestam Fauorinus non mi hercule inscite appellabat
'uxoriam'. Ennius autem in ista, quam dixit, tragoedia 14
eas fere feminas ait incolumi pudicitia esse, quae stata
forma forent.

XII

De nominibus deorum populi Romani Diouis et Vediouis.

In antiquis precationibus nomina haec deorum inesse 1
animaduertimus: 'Diouis' et 'Vediouis'; est autem etiam 2
aedes Vediouis Romae inter arcem et Capitolium. Eorum 3
nominum rationem esse hanc comperi: 'Iouem' Latini ueteres 4
a 'iuuando' appellauere eundemque alio uocabulo iuncto
'patrem' dixerunt. Nam quod est elisis aut inmutatis quibus- 5
dam litteris 'Iupiter', id plenum atque integrum est 'Iouis-
pater'. Sic et 'Neptunuspater' coniuncte dictus est ⟨et⟩
'Saturnuspater' et 'Ianuspater' et 'Marspater'—hoc enim
est 'Marspiter'—itemque Iouis 'Diespiter' appellatus, id est
diei et lucis pater. Idcircoque simili nomine Iouis 'Diouis' 6
dictus est et 'Lucetius', quod nos die et luce quasi uita ipsa
afficeret et iuuaret. 'Lucetium' autem Iouem Cn. Naeuius in 7
libris *belli Poenici* appellat.

Cum Iouem igitur et Diouem a iuuando nominassent, 8
eum contra deum, qui non iuuandi potestatem, sed uim
nocendi haberet—nam deos quosdam, ut prodessent, cele-
brabant, quosdam, ut ne obessent, placabant—, 'Vediouem'
appellauerunt dempta atque detracta iuuandi facultate. 'Ve' enim particula, quae in aliis atque aliis uocabulis 9

19 fr. 51 Strzelecki

2 dixit *VP*: dixi *R* 6 Diouis et Vediouis ς: di iouis et uediiouis *VP* (*ut fere semper*) 7 precationibus *Preller*: spectacionibus *VPR*: comprecationibus *Kretzschmer* 9 Eorum *VR*: quorum *P* 12 elisis *Longolius*: in elisis *VPR* 14 ⟨et⟩ *add. ed. Basil. 1519* 15 et *prius* V^2: *om.* V^1P (*hunc locum foede corrumpit R*) 17 Iouis Diouis *Hertz*: diiouis diiouis *VPR* 22 eum *Hertz*: eumque *VPR*

uaria, tum per has duas litteras, tum 'a' littera media in-
missa dicitur, duplicem significatum eundemque inter sese
10 diuersum capit. Nam et augendae rei et minuendae ualet,
sicuti aliae particulae plurimae; propter quod accidit, ut
quaedam uocabula, quibus particula ista praeponitur, ambigua sint et utroqueuersum dicantur, ueluti 'uescum',
'uehemens' et 'uegrande', de quibus alio in loco uberiore
tractatu facto admonuimus; 'uesani' autem et 'uecordes' ex
una tantum parte dicti, quae priuatiua est, quam Graeci
κατὰ στέρησιν dicunt.

11 Simulacrum igitur dei Vediouis, quod est in aede, de qua
supra dixi, sagittas tenet, quae sunt uidelicet partae ad
12 nocendum. Quapropter eum deum plerumque Apollinem
esse dixerunt; immolaturque ritu humano capra, eiusque
animalis figmentum iuxta simulacrum stat.

13 Propterea Vergilium quoque aiunt multae antiquitatis
hominem sine ostentationis odio peritum numina laeua in
georgicis deprecari significantem uim quandam esse huiuscemodi deorum in laedendo magis quam in iuuando potentem.
Versus Vergilii sunt:

> in tenui labor; at tenuis non gloria, si quem
> numina laeua sinunt auditque uocatus Apollo.

14 In istis autem diis, quos placari oportet, uti mala a nobis uel
a frugibus natis amoliantur, Auruncus quoque habetur et
Robigus.

XIII

De officiorum gradu atque ordine moribus populi Romani obseruato.

1 Seniorum hominum et Romae nobilium atque in morum
disciplinarumque ueterum doctrina memoriaque praestantium

7 *noct. Att.* 16. 5. 6 21 *georg.* 4. 6

1 uaria, tum *Carrio*: uariatum *VPR* 6 utroqueuersum ς: utroque uersu *VPR* 12 parte *VPR*: paratae ς 17 odio *VPR*: studio *Cornelissen* (*cf.* 5. 14. 3; 5. 21. 1) 21 at *Verg.*: ac *VPR* 24 Auruncus *Thysius*: arungus *V*: aurungus PR^{2}: augrungus R^{1}

disceptatio quaedam fuit praesente et audiente me de
gradu atque ordine officiorum. Cumque quaereretur, quibus
nos ea prioribus potioribusque facere oporteret, si necesse
esset in opera danda faciendoque officio alios aliis anteferre,
non consentiebatur. Conueniebat autem facile constabatque **2**
ex moribus populi Romani primum iuxta parentes locum
tenere pupillos debere fidei tutelaeque nostrae creditos;
secundum eos proximum locum clientes habere, qui sese
itidem in fidem patrociniumque nostrum dediderunt;
tum in tertio loco esse hospites; postea esse cognatos
adfinesque.

Huius moris obseruationisque multa sunt testimonia **3**
atque documenta in antiquitatibus perscripta, ex quibus
unum hoc interim de clientibus cognatisque, quod prae
manibus est, ponemus. M. Cato in oratione, quam dixit *apud* **4**
censores in Lentulum, ita scripsit: 'Quod maiores sanctius
habuere defendi pupillos quam clientem non fallere. Aduersus cognatos pro cliente testatur, testimonium aduersus
clientem nemo dicit. Patrem primum, postea patronum
proximum nomen habuere.'

Masurius autem Sabinus in libro *iuris ciuilis* tertio anti- **5**
quiorem locum hospiti tribuit quam clienti. Verba ex eo
libro haec sunt: 'In officiis apud maiores ita obseruatum est:
primum tutelae, deinde hospiti, deinde clienti, tum cognato,
postea adfini. Aequa causa feminae uiris potiores habitae
pupillarisque tutela muliebri praelata. Etiam aduersus quem
adfuissent, eius filiis tutores relicti in eadem causa pupillo
aderant.'

16 fr. 200 Malc.[2] 23 fr. 6 Huschke

---

3 nos ea ς: nosse a *VPR* 5 consent. *Hosius*: constituebat *VP*: confatuebat *R*: constituebatur *Gudeman* (*T.L.L. s.v.* 521. 9): *num* consistebatur? facile ς: facere *VPR* 10 tum ς: tunc *VPR* 18 testatur *VPR*: testamur *Gronov*: testari, cum *Mommsen* 20 habuere *Maiansius*: habere *VPR* 24 clienti tum ς: cli-(cly-*P*)entium *VPR* 25 Aequa *Boot*: De qua *VPR* uiris *VR*: *om. P* 26 muliebri praelata *Carrio*: mulieri praelata *VR*: mulieris lata *P*

6 Firmum atque clarum isti rei testimonium perhibet auctoritas C. Caesaris pontificis maximi, qui in oratione, quam *pro Bithynis* dixit, hoc principio usus est: 'Vel pro hospitio regis Nicomedis uel pro horum necessitate, quorum res agitur, refugere hoc munus, M. Iunce, non potui. Nam neque hominum morte memoria deleri debet, quin a proximis retineatur, neque clientes sine summa infamia deseri possunt, quibus etiam a propinquis nostris opem ferre instituimus.'

XIV

Quod Apion, doctus homo, qui 'Plistonices' appellatus est, uidisse se Romae scripsit recognitionem inter sese mutuam ex uetere notitia hominis et leonis.

1 Apion, qui 'Plistonices' appellatus est, litteris homo multis praeditus rerumque Graecarum plurima atque uaria
2 scientia fuit. Eius libri non incelebres feruntur, quibus
omnium ferme, quae mirifica in Aegypto uisuntur audiun-
3 turque, historia comprehenditur. Sed in his, quae uel audisse
uel legisse sese dicit, fortassean uitio studioque ostentationis sit loquacior—est enim sane quam in praedicandis
4 doctrinis sui uenditator—; hoc autem, quod in libro *Aegyptiacorum* quinto scripsit, neque audisse neque legisse, sed
ipsum sese in urbe Roma uidisse oculis suis confirmat.
5 'In circo maximo' inquit 'uenationis amplissimae pugna
6 populo dabatur. Eius rei, Romae cum forte essem, spectator'
7 inquit 'fui. Multae ibi saeuientes ferae, magnitudines bestiarum excellentes, omniumque inuisitata aut forma erat aut
8 ferocia. Sed praeter alia omnia leonum' inquit 'immanitas
9 admirationi fuit praeterque omnis ceteros unus. Is unus

3 fr. 44 Malc.[2] 13 sqq. cf. Ioh. Saris. *Policrat.* 5. 17 20 fr. 5 Jacoby

4 res ς: re *VPR*: ⟨de⟩ re *Hertz* 5 refugere ς: reffugere *V*: efugere *R et* (*litt. init. spat. rel.*) *P* iunce *ut vid. V*: uince *PR* 16 omnium *ed. Ascens. 1517*: omnibus *VPR* 17 comprehenditur *Carrio*: comprehendit *VPR* 20 sui *Eussner*: suis *VPR* 23 inquit *VR*: *om. P* 25 inquit *VR*: *om. P*

leo corporis impetu et uastitudine terrificoque fremitu et
sonoro, toris comisque ceruicum fluctuantibus animos ocu-
losque omnium in sese conuerterat. Introductus erat inter 10
compluris ceteros ad pugnam bestiarum datus seruus uiri
consularis; ei seruo Androclus nomen fuit. Hunc ille leo ubi 11
uidit procul, repente' inquit 'quasi admirans stetit ac deinde
sensim atque placide tamquam noscitabundus ad hominem
accedit. Tum caudam more atque ritu adulantium canum 12
clementer et blande mouet hominisque se corpori adiungit
cruraque eius et manus prope iam exanimati metu lingua
leniter demulcet. Homo Androclus inter illa tam atrocis 13
ferae blandimenta amissum animum recuperat, paulatim
oculos ad contuendum leonem refert. Tum quasi mutua 14
recognitione facta laetos' inquit 'et gratulabundos uideres
hominem et leonem.'

Ea re prorsus tam admirabili maximos populi clamores 15
excitatos dicit accersitumque a Caesare Androclum quaesi-
tamque causam, cur illi atrocissimus leo uni parsisset. Ibi 16
Androclus rem mirificam narrat atque admirandam. 'Cum 17
prouinciam' inquit 'Africam proconsulari imperio meus
dominus obtineret, ego ibi iniquis eius et cotidianis uerberi-
bus ad fugam sum coactus et, ut mihi a domino, terrae illius
praeside, tutiores latebrae forent, in camporum et arenarum
solitudines concessi ac, si defuisset cibus, consilium fuit
mortem aliquo pacto quaerere. Tum sole medio' inquit 18
'rabido et flagranti specum quandam nanctus remotam
latebrosamque in eam me penetro et recondo. Neque multo 19
post ad eandem specum uenit hic leo debili uno et cruento
pede gemitus edens et murmura dolorem cruciatumque

25 'sole' . . . 27 'recondo' citant Priscianus (*GLK* 2. 259. 23) e Gellii lib. 6 (sic) et Anecd. Helu. (*GLK* 8. 102. 25)

---

1 impetu *VPR*: ambitu *Cornelissen* 7 noscitabundus V^2P: noscitabundii V^1: noscitabundu *R* 11 leniter *Saris.*: leuiter *VPR* illa tam *VR*: illata *P* 18 illi *Saris.*: ille *VPR* 23 tutiores *P*: tuciore *VR* 26 rabido *L. Müller*: rapido *VPR*: et arido *Prisc.*

uulneris commiserantia.' Atque illic primo quidem conspectu aduenientis leonis territum sibi et pauefactum animum
21 dixit. 'Sed postquam introgressus' inquit 'leo, uti re ipsa apparuit, in habitaculum illud suum, uidet me procul delitescentem, mitis et mansues accessit et sublatum pedem ostendere mihi et porrigere quasi opis petendae gratia uisus
22 est. Ibi' inquit 'ego stirpem ingentem uestigio pedis eius haerentem reuelli conceptamque saniem uolnere intimo expressi accuratiusque sine magna iam formidine siccaui
23 penitus atque detersi cruorem. Illa tunc mea opera et medella leuatus pede in manibus meis posito recubuit et
24 quieuit, atque ex eo die triennium totum ego et leo in eadem
25 specu eodemque et uictu uiximus. Nam, quas uenabatur feras, membra opimiora ad specum mihi subgerebat, quae ego ignis copiam non habens meridiano sole torrens edebam.
26 Sed ubi me' inquit 'uitae illius ferinae iam pertaesum est, leone in uenatum profecto reliqui specum et uiam ferme tridui permensus a militibus uisus adprehensusque sum et
27 ad dominum ex Africa Romam deductus. Is me statim rei
28 capitalis damnandum dandumque ad bestias curauit. Intellego autem' inquit 'hunc quoque leonem me tunc separato captum gratiam mihi nunc beneficii et medicinae referre.'

29 Haec Apion dixisse Androclum tradit eaque omnia scripta circumlataque tabula populo declarata atque ideo cunctis petentibus dimissum Androclum et poena solutum leo-
30 nemque ei suffragiis populi donatum. 'Postea' inquit 'uidebamus Androclum et leonem loro tenui reuinctum urbe tota circum tabernas ire, donari aere Androclum, floribus spargi leonem, omnes ubique obuios dicere: "Hic est leo hospes hominis, hic est homo medicus leonis".'

6 porrigere *VR*: pergere *P*: porgere *J. Gronov* 13 et uictu *VP*: uictu *R Saris.* 24 declarata *Gronov*: declarat *VPR*

XV

Corpusne sit uox an *ἀσώματον*, uarias esse philosophorum sententias.

Vetus atque perpetua quaestio inter nobilissimos philo- **1**
sophorum agitata est, corpusne sit uox an incorporeum.
Hoc enim uocabulum quidam finxerunt proinde quod Graece **2**
dicitur *ἀσώματον*. Corpus autem est, quod aut efficiens est **3**
aut patiens; id Graece definitur: *τὸ ἤτοι ποιοῦν ἢ πάσχον*.
Quam definitionem significare uolens Lucretius poeta ita **4**
scripsit:

tangere enim aut tangi nisi corpus nulla potest res.

Alio quoque modo corpus esse Graeci dicunt *τὸ τριχῇ διά-* **5**
στατον. Sed uocem Stoici corpus esse contendunt eamque **6**
esse dicunt ictum aera; Plato autem non esse uocem corpus **7**
putat: 'non enim percussus' inquit 'aer, sed plaga ipsa atque
percussio, id uox est'. Democritus ac deinde Epicurus ex **8**
indiuiduis corporibus uocem constare dicunt eamque, ut
ipsis eorum uerbis utar, *ῥεῦμα ἀτόμων* appellant. Hos aliosque **9**
talis argutae delectabilisque desidiae aculeos cum audiremus
uel lectitaremus neque in his scrupulis aut emolumentum
aliquod solidum ad rationem uitae pertinens aut finem
ullum quaerendi uideremus, Ennianum Neoptolemum proba-
bamus, qui profecto ita ait:

philosophandum est paucis; nam omnino haud placet.

10 Lucr. 1. 304 13 *Tim.* 67 B 15 Ep. p. 353 Usener 23 *scen.* u. 376 Vahlen^2

2 esse ς: esse sese V^1: sese V^2P 4 incorporeum *R*: incorpum *V*: incorpm *P* 17 *ἀτόμων Burchard*: AOMωN (*ex* AOMON) *V*: *om. PR* 21 Ennianum *P*: ennianum autem *VR* 23 est *VPR*: est ⟨sed⟩ *Bothe* (*cf. Cic. Tusc.* 2. 1; *de rep.* 1. 30)

XVI

De ui oculorum deque uidendi rationibus.

1 De uidendi ratione deque cernendi natura diuersas esse
2 opiniones philosophorum animaduertimus. Stoici causas esse
uidendi dicunt radiorum ex oculis in ea, quae uideri queunt,
3 emissionem aerisque simul intentionem. Epicurus afluere
semper ex omnibus corporibus simulacra quaedam corporum ipsorum eaque sese in oculos inferre atque ita fieri
4 sensum uidendi putat. Plato existimat genus quoddam ignis
lucisque de oculis exire idque coniunctum continuatumque
uel cum luce solis uel cum alterius ignis lumine sua ui et
externa nixum efficere, ut, quaecumque offenderit inlustra-
5 ueritque, cernamus. Sed hic aeque non diutius muginandum,
eiusdemque illius Enniani Neoptolemi, de quo supra scripsimus, consilio utendum est, qui degustandum ex philosophia censet, non in eam ingurgitandum.

XVII

Quam ob causam dies primi post Kalendas, Nonas, Idus atri habeantur; et cur diem quoque quartum ante Kalendas uel Nonas uel Idus quasi religiosum plerique uitent.

1 Verrius Flaccus in quarto *de uerborum significatu* dies,
qui sunt postridie Kalendas, Nonas, Idus, quos uulgus im-
perite 'nefastos' dicit, propter hanc causam dictos habitos-
2 que 'atros' esse scribit. 'Vrbe' inquit 'a Gallis Senonibus
recuperata L. Atilius in senatu uerba fecit Q. Sulpicium
tribunum militum ad Alliam aduersus Gallos pugnaturum

6 fr. 319 Usener 9 *Tim.* 45 b 14 *noct. Att.* 5. 15. 9
21 fr. 3 Fun.

---

6 intentionem *PR*: intensionem *V* afluere *PR*: affluere *V*
13 aeque *Petschenig*: eaque *VPR* 20 uitent *Lion*: uitant *VP*
25 Atilius *PR*^{2}: attilius *V*: tilius *R*^{1}: Aquinius *Macr. Sat. 1. 16. 22*: Aquilius *F. Lachmann* q̄ *VPR*: P. *F. Lachmann*

rem diuinam dimicandi gratia postridie Idus fecisse; tum exercitum populi Romani occidione occisum et post diem tertium eius diei urbem praeter Capitolium captam esse; compluresque alii senatores recordari sese dixerunt, quotiens belli gerendi gratia res diuina postridie Kalendas, Nonas, Idus a magistratu populi Romani facta esset, eius belli proximo deinceps proelio rem publicam male gestam esse. Tum senatus eam rem ad pontifices reiecit, ut ipsi, quod uideretur, statuerent. Pontifices decreuerunt nullum his diebus sacrificium recte futurum.'

Ante diem quoque quartum Kalendas uel Nonas uel Idus **3**
tamquam inominalem diem plerique uitant. Eius obserua- **4**
tionis an religio ulla sit tradita, quaeri solet. Nihil nos super **5**
ea re scriptum inuenimus, nisi quod Q. Claudius *annalium*
quinto cladem illam pugnae Cannensis uastissimam factam
dicit ante diem quartum Nonas Sextiles.

XVIII

An quid et quantum differat historia ab annalibus; superque ea re uerba posita ex libro *rerum gestarum* Sempronii Asellionis primo.

'Historiam' ab 'annalibus' quidam differre eo putant, **1**
quod, cum utrumque sit rerum gestarum narratio, earum
tamen proprie rerum sit 'historia', quibus rebus gerendis
interfuerit is, qui narret; eamque esse opinionem quorun- **2**
dam Verrius Flaccus refert in libro *de significatu uerborum*
quarto. Ac se quidem dubitare super ea re dicit, posse
autem uideri putat nonnihil esse rationis in ea opinione,
quod ἱστορία Graece significet rerum cognitionem praesen-
tium. Sed nos audire soliti sumus annales omnino id esse, **3**

11 sqq. cf. Macr. *Sat.* I. 16. 26 14 fr. 53 Peter 24 fr. 4 Fun.

1 idus *R*: idem *VP* tum *R*: cum *VP* 2 exercitum *PR*: exercitu *V* 3 diei *VP*: die *R* 12 inominalem *VR Macr.*: nominalem *P*: ominalem *Salmasius* 18 An quid *scripsi* (*cf. 11. 5. 6; 11. 15. 5; 13. 29 lemma*): inquit *VP*

4 quod historiae sint, historias non omnino esse id, quod
5 annales sint: sicuti, quod est homo, id necessario animal
est; quod est animal, non id necesse est hominem esse.

6 Ita 'historias' quidem esse aiunt rerum gestarum uel ex-
positionem uel demonstrationem uel quo alio nomine id
dicendum est, 'annales' uero esse, cum res gestae plurium
annorum obseruato cuiusque anni ordine deinceps com-
7 ponuntur. Cum uero non per annos, sed per dies singulos res
gestae scribuntur, ea historia Graeco uocabulo ἐφημερίς dicitur, cuius Latinum interpretamentum scriptum est in libro
Semproni Asellionis primo, ex quo libro plura uerba ascripsi-
mus, ut simul, ibidem quid ipse inter res gestas et annales
esse dixerit, ostenderemus.

8 'Verum inter eos', inquit 'qui annales relinquere uoluissent, et eos, qui res gestas a Romanis perscribere conati
essent, omnium rerum hoc interfuit. Annales libri tantummodo, quod factum quoque anno gestum sit, ea demonstra-
bant, id est quasi qui diarium scribunt, quam Graeci
ἐφημερίδα uocant. Nobis non modo satis esse uideo, quod
factum esset, id pronuntiare, sed etiam, quo consilio quaque
9 ratione gesta essent, demonstrare.' Paulo post idem Asellio
in eodem libro: 'Nam neque alacriores' inquit 'ad rempublicam defendundam neque segniores ad rem perperam faci-
undam annales libri commouere quicquam possunt. Scribere
autem, bellum initum quo consule et quo confectum sit et
quis triumphans introierit, et eo libro, quae in bello gesta
sint, non praedicare autem interea quid senatus decreuerit
aut quae lex rogatioue lata sit, neque quibus consiliis ea
gesta sint, iterare: id fabulas pueris est narrare, non historias scribere.'

14 fr. 1 Peter 22 fr. 2 Peter

2 animal est *ed. Ven. 1472*: animal esse *VPR* 16 tantummodo *VR*: tantum *P* 17 quod . . . sit *VPR*: quid . . . esset *Nipperdey* 18 id est *VPR*: ita *Jahn* 19 Nobis *R*: uobis *V*: obis *P* (*litt. init. spat. rel.*) 23 perperam *VPR*: propositam *Jacobi* 26 et eo *Hertz*: ex eo *VPR*: ex eo, ⟨et eo⟩ *Hertz alias* 27 sint *Mommsen*: sint iterare id fabulas *VPR*: sint iterare *Carrio* autem ς: aut *VPR*

XIX

Quid sit adoptatio, quid item sit adrogatio, quantumque haec inter se differant; uerbaque eius quae qualiaque sint, qui in liberis adrogandis super ea re populum rogat.

Cum in alienam familiam inque liberorum locum extranei 1
sumuntur, aut per praetorem fit aut per populum. Quod per 2
praetorem fit, 'adoptatio' dicitur, quod per populum, 'arro-
gatio'. Adoptantur autem, cum a parente, in cuius potestate 3
sunt, tertia mancipatione in iure ceduntur atque ab eo, qui
adoptat, apud eum, apud quem legis actio est, uindicantur;
adrogantur hi, qui, cum sui iuris sunt, in alienam sese 4
potestatem tradunt eiusque rei ipsi auctores fiunt. Sed 5
adrogationes non temere nec inexplorate committuntur;
nam comitia arbitris pontificibus praebentur, quae 'curiata' 6
appellantur, aetasque eius, qui adrogare uult, an liberis
potius gignundis idonea sit, bonaque eius, qui adrogatur, ne
insidiose adpetita sint, consideratur, iusque iurandum a
Q. Mucio pontifice maximo conceptum dicitur, quod in adro- 7
gando iuraretur. Sed adrogari non potest, nisi iam uesticeps. 8
'Adrogatio' autem dicta, quia genus hoc in alienam familiam
transitus per populi rogationem fit.

Eius rogationis uerba haec sunt: 'Velitis, iubeatis, uti 9
L. Valerius L. Titio tam iure legeque filius siet, quam si ex
eo patre matreque familias eius natus esset, utique ei uitae
necisque in eum potestas siet, uti patri endo filio est. Haec
ita, uti dixi, ita uos, Quirites, rogo.'

Neque pupillus autem neque mulier, quae in parentis 10
potestate non est, adrogari possunt: quoniam et cum feminis
nulla comitiorum communio est et tutoribus in pupillos
tantam esse auctoritatem potestatemque fas non est, ut

18 fr. 13 Huschke

16 adrogatur *P*: adrogantur *V*: adrogetur *R* 22 Eius *P*: quis *V*: huius *R* 23 siet *R*: fiet *V*: sit *P* (*in ras. quattuor litt.*) 25 siet *R*: fiet *V*: sit *P* 28 adrogari *VPR*: adr. ⟨adoptariue⟩ *Mommsen* 29 tutoribus P^2: tucioribus VP^1R

caput liberum fidei suae commissum alienae dicioni sub-
11 iciant. Libertinos uero ab ingenuis adoptari quidem iure
12 posse Masurius Sabinus scripsit. Sed id neque permitti dicit
neque permittendum esse umquam putat, ut homines liber-
tini ordinis per adoptiones in iura ingenuorum inuadant.
13 'Alioquin', inquit 'si iuris ista antiquitas seruetur, etiam
seruus a domino per praetorem dari in adoptionem potest.'
14 Idque ait plerosque iuris ueteris auctores posse fieri scripsisse.

15 Animaduertimus in oratione P. Scipionis, quam censor
habuit ad populum *de moribus*, inter ea, quae reprehendebat,
quod contra maiorum instituta fierent, id etiam eum culpa-
uisse, quod filius adoptiuos patri adoptatori inter praemia
16 patrum prodesset. Verba ex ea oratione haec sunt: 'In alia
tribu patrem, in alia filium suffragium ferre, filium adopti-
uum tam procedere, quam si se natum habeat; absentis
censeri iubere, ut ad censum nemini necessus sit uenire.'

XX

Quod uocabulum Latinum soloecismo fecerit Capito Sinnius, quid autem id ipsum appellauerint ueteres Latini; quibusque uerbis soloecismum definierit idem Capito Sinnius.

1 'Soloecismus' Latino uocabulo a Sinnio Capitone eiusdemque aetatis aliis 'inparilitas' appellatus uetustioribus
Latinis 'stribiligo' dicebatur a uersura uidelicet et prauitate
2 tortuosae orationis tamquam 'strobiligo' quaedam. Quod
uitium Sinnius Capito in litteris, quas ad Clodium Tuscum
dedit, hisce uerbis definit: ' "Soloecismus" est' inquit 'im-
par atque inconueniens compositura partium orationis.'
3 Cum Graecum autem uocabulum sit 'soloecismus', an
Attici homines, qui elegantius locuti sunt, usi eo sint, quaeri

3 fr. 27 Huschke 14 fr. 14 Malc.[2] 27 fr. 2 Fun.

1 ditioni ς: condicioni *VR*: conditioni *P* 7 a *VPR*: *del. F. Skutsch* 17 necessus *Hertz*: necessu *VPR*: necessum *P m. rec.* 19 fecerit ς: fuerit *VP*

solet. Sed nos neque 'soloecismum' neque 'barbarismum' 4
apud Graecorum idoneos adhuc inuenimus; nam sicut βάρ- 5
βαρον, ita σόλοικον dixerunt. Nostri quoque antiquiores 6
'soloecum' facile, 'soloecismum' haut scio an umquam
dixerunt. Quod si ita est, neque in Graeca neque in Latina 7
lingua 'soloecismus' probe dicitur.

XXI

'Pluria' qui dicat et 'compluria' et 'compluriens', non barbare dicere, sed Latine.

'Pluria' forte quis dixit sermocinans uir adprime doctus, 1
meus amicus, non hercle studio ⟨se⟩ ferens ostentandi neque
quo 'plura' non dicendum putaret. Est enim doctrina homo 2
seria et ad uitae officia deuincta ac nihil de uerbis laborante.
Sed, opinor, assidua ueterum scriptorum tractatione inole- 3
uerat linguae illius uox, quam in libris saepe offenderat.

Aderat, cum ille hoc dicit, reprehensor audaculus uer- 4
borum, qui perpauca eademque a uolgo protrita legerat
habebatque nonnullas disciplinae grammaticae inauditiun-
culas partim rudes inchoatasque partim non probas easque
quasi puluerem ob oculos, cum adortus quemque fuerat,
adspergebat. Sicut tunc amico nostro: 'barbare' inquit 5
'dixisti "pluria"; nam neque rationem uerbum hoc neque
auctoritates habet.' Ibi ille amicus ridens: 'amabo te,' inquit 6
'uir bone, quia nunc mihi a magis seriis rebus otium est,
uelim doceas nos, cur "pluria" siue "compluria"—nihil
enim differt—non Latine, sed barbare dixerint M. Cato, Q.
Claudius, Valerius Antias, L. Aelius, P. Nigidius, M. Varro,

26 Cat. fr. 24 Peter 27 Claud. fr. 90 Peter Ant. fr. 65 Peter Ael. fr. 48 Fun. Nig. fr. 64 Swoboda

5 dixerunt *PR*: dixerint *V* 11 ⟨se⟩ ferens *Hertz*: ferens *VPR*: semet *Gronov*: *del. Carrio* 20 quemque *VPR²*: quemquam *R¹* 24 magis ς: magnis *VPR f. recte* 27 L. Aelius *Carrio*: l. lelius *VPR*

quos subscriptores approbatoresque huius uerbi habemus
praeter poetarum oratorumque ueterum multam copiam.'
7 Atque ille nimis arroganter: 'tibi' inquit 'habeas auctoritates istas ex Faunorum et Aboriginum saeculo repetitas
8 atque huic rationi respondeas. Nullum enim uocabulum
neutrum comparatiuum numero pluratiuo recto casu ante
extremum "a" habet "i" litteram, sicuti "meliora, maiora,
grauiora." Proinde igitur "plura", non "pluria" dici conuenit,
ne contra formam perpetuam in comparatiuo "i" littera sit
ante extremum "a".'

9 Tum ille amicus noster, cum hominem confidentem pluribus uerbis non dignum existimaret: 'Sinni' inquit 'Capitonis,
doctissimi uiri, epistulae sunt uno in libro multae positae,
10 opinor, in templo Pacis. Prima epistula scripta est ad Pacuuium Labeonem, cui titulus praescriptus est *pluria, non*
11 *plura dici debere*. In ea epistula rationes grammaticas
posuit, per quas docet "pluria" Latinum esse, "plura" bar-
barum.

12,13 Ad Capitonem igitur te dimittimus. Ex eo id quoque simul
disces, si modo assequi poteris, quod in ea epistula scriptum
est, "pluria" siue "plura" absolutum esse et simplex, non,
ut tibi uidetur, comparatiuum.'

14 Huius opinionis Sinnianae id quoque adiumentum est,
quod, 'complures' cum dicimus, non comparatiue dicimus.
15 Ab eo autem, quod est 'compluria', aduerbium est factum
16 'compluriens'. Id quoniam minus usitatum est, uersum
Plauti subscripsi ex comoedia, quae *Persa* inscribitur:

quid metuis? — metuo hercle uero; sensi ego compluriens.

17 Item M. Cato in IV. *originum* eodem in loco ter hoc uerbum
posuit: 'Compluriens eorum milites mercennarii inter se

15 fr. 1 Fun. 25 sqq. cf. Non. 87. 13 28 *Pers.* 534
30 fr. 79 Peter

9 ne *V*: nec *PR* 11 Tum *VR*: cum *P* 23 Huius *VR*:
cuius *P* 29 *Post* Cato *lac. stat. Hertz e Nonio*

multi alteri alteros ⟨in castris⟩ occidere, compluriens multi simul ad hostis transfugere, compluriens in imperatorem impetum facere.'

1 ⟨in castris⟩ *Non.*: *om.* *VPR* 3 impetum *R*: in impetum *VP*

A. GELLII

NOCTIVM ATTICARVM LIBER SEXTVS

I

Admiranda quaedam ex annalibus sumpta de P. Africano superiore.

1 QUOD de Olympiade, Philippi regis uxore, Alexandri matre,
in historia Graeca scriptum est, id de P. quoque Scipionis
matre, qui prior Africanus appellatus est, memoriae datum
2 est. Nam et C. Oppius et Iulius Hyginus aliique, qui de uita
et rebus Africani scripserunt, matrem eius diu sterilem
existimatam tradunt, P. quoque Scipionem, cum quo nupta
3 erat, liberos desperauisse. Postea in cubiculo atque in lecto
mulieris, cum absente marito cubans sola condormisset,
uisum repente esse iuxta eam cubare ingentem anguem
eumque his, qui uiderant, territis et clamantibus elapsum
inueniri non quisse. Id ipsum P. Scipionem ad haruspices
retulisse; eos sacrificio facto respondisse fore, ut liberi
4 gignerentur, neque multis diebus, postquam ille anguis in
lecto uisus est, mulierem coepisse concepti fetus signa atque
sensum pati; exinde mense decimo peperisse natumque esse
hunc P. Africanum, qui Hannibalem et Carthaginienses in
5 Africa bello Poenico secundo uicit. Sed et eum inpendio
magis ex rebus gestis quam ex illo ostento uirum esse uirtutis diuinae creditum est.

6 Id etiam dicere haut piget, quod idem illi, quos supra nominaui, litteris mandauerint Scipionem hunc Africanum solitauisse noctis extremo, priusquam dilucularet, in

6 Opp. fr. 2 Peter   Hyg. fr. 4 Peter

---

2 Admiranda *VP*[2]: admirandam *P*[1]   quaedam *V*: *om. P*
5 datum *VPR*: mandatum *Wölfflin*   16 coepisse *Lambecius*: cepisse *VPR*

Capitolium uentitare ac iubere aperiri cellam Iouis atque ibi solum diu demorari quasi consultantem de republica cum Ioue, aeditumosque eius templi saepe esse demiratos, quod solum id temporis in Capitolium ingredientem canes semper in alios saeuientes neque latrarent eum neque incurrerent.

Has uolgi de Scipione opiniones confirmare atque appro- 7
bare uidebantur dicta factaque eius pleraque admiranda. Ex 8
quibus est unum huiuscemodi. Assidebat obpugnabatque
oppidum in Hispania situ, moenibus, defensoribus ualidum
et munitum, re etiam cibaria copiosum, nullaque eius poti-
undi spes erat, et quodam die ius in castris sedens dicebat,
atque ex eo loco id oppidum procul uisebatur. Tum e militi- 9
bus, qui in iure apud eum stabant, interrogauit quispiam ex
more, in quem diem locumque uadimonium promitti iuberet,
et Scipio manum ad ipsam oppidi, quod obsidebatur, arcem 10
protendens: 'perendie' inquit 'sese sistant illo in loco'.
Atque ita factum: die tertio, in quem uadari iusserat, oppi- 11
dum captum est, eodemque die in arce eius oppidi ius dixit.

II

De Caeselli Vindicis pudendo errore, quem offendimus in libris eius, quos inscripsit *lectionum antiquarum*.

Turpe erratum offendimus in illis celebratissimis *com-* 1
mentariis lectionum antiquarum Caeselli Vindicis, hominis
hercle pleraque haut indiligentis. Quod erratum multos fugit, 2
quamquam multa in Caesellio reprehendendo etiam per
calumnias rimarentur. Scripsit autem Caesellius Q. Ennium 3
in XIII. *annali* 'cor' dixisse genere masculino.
Verba Caeselli subiecta sunt: 'Masculino genere, ut multa 4

28 sqq. cf. Non. 195. 17

9 situ ς: situm *VPR* 11 quodam *VP*: quadam *R* 17 tertio *VP*: tercia *R* 18 eodemque *V*: eodemque eo *P*: eoque *R* (*cf. Mnemos. 1962, 272*) 20 De Caes. Vind. ς: Lete sellium dicis V^1: Lete selli uindicis V^2: Betesellinum dicis *P* 22 erratum ς: erratu *VPR*

alia, enuntiauit Ennius. Nam in XIII. *annali* "quem cor"
5 dixit.' Ascripsit deinde uersus Ennii duo:

> Hannibal audaci cum pectore de ⟨me⟩ hortatur,
> ne bellum faciam, quem credidit esse meum cor?

6 Antiochus est, qui hoc dixit, Asiae rex. Is admiratur et
permouetur, quod Hannibal Carthaginiensis bellum se facere
7 populo Romano uolentem dehortetur. Hos autem uersus
Caesellius sic accipit, tamquam si Antiochus sic dicat: 'Hannibal me, ne bellum geram, dehortatur; quod cum facit, ecquale putat cor habere me et quam stultum esse me credit, cum id mihi persuadere uult?'
8,9 Hoc Caesellius quidem, sed aliud longe Ennius. Nam tres
uersus sunt, non duo, ad hanc Ennii sententiam pertinentes, ex quibus tertium uersum Caesellius non respexit:

> Hannibal audaci cum pectore de me hortatur,
> ne bellum faciam, quem credidit esse meum cor
> suasorem summum et studiosum robore belli.

10 Horum uersuum sensus atque ordo sic, opinor, est: Hannibal ille audentissimus atque fortissimus, quem ego credidi—
hoc est enim 'cor meum credidit', proinde atque diceret
'quem ego stultus homo credidi'—summum fore suasorem
ad bellandum, is me dehortatur dissuadetque, ne bellum
11 faciam. Caesellius autem forte ῥαθυμότερον iunctura ista
uerborum captus 'quem cor' dictum putauit et 'quem' accentu acuto legit, quasi ad cor referretur, non ad Hanni-
12 balem. Sed non fugit me, si aliquis sit tam inconditus, sic

3 u. 381 Vahlen[2]

---

3 cum *VPR*: dum *e* § 9 *Hertz* ⟨me⟩ *e* § 9 *supplendum* hortatur *VPR Non.*: horitatur *Bergk* 5 dixit *VPR*: dicit *Carrio* 10 ecquale *'u.c.' apud Scioppium*: equale *VPR*: quale *Bentley* et *'u.c.' apud Scioppium*: ei *VPR* 13 hanc Ennii *VR*: hanc cennii *P*: hancce Ennii *J. Gronov* 15 cum *sic* § 5: dum *VP*: daī deterret dum *R* 20 diceret *V m. rec.*: deceret *VPR* 26 inconditus *VR*: increditus *P*

posse defendi 'cor' Caeselli masculinum, ut uideatur tertius uersus separatim atque diuise legendus, proinde quasi praecisis interruptisque uerbis exclamet Antiochus: 'suasorem summum!' Sed non dignum est eis, qui hoc dixerint, responderi.

III

Quid Tiro Tullius, Ciceronis libertus, reprehenderit in M. Catonis oratione, quam pro Rodiensibus in senatu dixit; et quid ad ea, quae reprehenderat, responderimus.

Ciuitas Rodiensis et insulae oportunitate et operum nobili- **1**
tatibus et nauigandi sollertia naualibusque uictoriis celebrata est. Ea ciuitas, cum amica atque socia populi Romani **2**
foret, Persa tamen, Philippi filio, Macedonum rege, cum quo
bellum populo Romano fuit, amico usa est, conixique sunt
Rodienses legationibus Romam saepe missis id bellum inter
eos componere. Sed ubi ista pacificatio perpetrari nequiuit, **3**
uerba a plerisque Rodiensibus in contionibus eorum ad
populum facta sunt, ut, si pax non fieret, Rodienses regem
aduersus populum Romanum adiutarent. Sed nullum super **4**
ea re publicum decretum factum est. At ubi Perses uictus **5**
captusque est, Rodienses pertimuere ob ea, quae conpluriens
in coetibus populi acta dictaque erant, legatosque Romam
miserunt, qui temeritatem quorundam popularium suorum
deprecarentur et fidem consiliumque publicum expurgarent.
Legati postquam Romam uenerunt et in senatum intromissi **6**
sunt uerbisque suppliciter pro causa sua factis e curia exces-
serunt, sententiae rogari coeptae; cumque partim senatorum **7**
de Rodiensibus quererentur maleque animatos eos fuisse
dicerent bellumque illis faciendum censerent, tum M. Cato

2 legendus ς: legendo *VPR* praecisis ς: de precisis *VP*: de preciss *R*: decisis *Hertz* 4 est *V m. rec.*: et *VPR* 7 Quid ς: quod *VP* 26 factis e curia *Malaspina* (*qui* cesserunt *scr.*): facti securi *VPR*[2]: habitis facti securi *R*[1]

exsurgit et optimos fidissimosque socios, quorum opibus
diripiendis possidendisque non pauci ex summatibus uiris
intenti infensique erant, defensum conseruatumque pergit
orationemque inclutam dicit, quae et seorsum fertur in-
scriptaque est *pro Rodiensibus* et in quintae *originis* libro
scripta est.
8 Tiro autem Tullius, M. Ciceronis libertus, sane quidem
fuit ingenio homo eleganti et hautquaquam rerum littera-
rumque ueterum indoctus, eoque ab ineunte aetate liberaliter instituto adminiculatore et quasi administro in studiis
9 litterarum Cicero usus est. Sed profecto plus ausus est, quam
10 ut tolerari ignoscique possit. Namque epistulam conscripsit
ad Q. Axium, familiarem patroni sui, confidenter nimis et
calide, in qua sibimet uisus est orationem istam *pro Rodiensi-*
11 *bus* acri subtilique iudicio percensuisse. Ex ea epistula lubi-
tum forte nobis est reprehensiones eius quasdam attingere:
maiore scilicet uenia reprehensuri Tironem, cum ille reprehenderit Catonem.
12 Culpauit autem primum hoc, quod Cato 'inerudite et
ἀναγώγως', ut ipse ait, principio nimis insolenti nimisque
acri et obiurgatorio usus sit, cum uereri sese ostendit, ne
patres gaudio atque laetitia rerum prospere gestarum de
statu mentis suae deturbati non satis consiperent neque ad
13 recte intellegendum consulendumque essent idonei. 'In principiis autem' inquit 'patroni, qui pro reis dicunt, conciliare
sibi et complacare iudices debent sensusque eorum exspec-
tatione causae suspensos rigentesque honorificis uerecun-
disque sententiis commulcere, non iniuris atque imperiosis
14 minationibus confutare.' Ipsum deinde principium apposuit, cuius uerba haec sunt: 'Scio solere plerisque hominibus

19 Tir. fr. 6 Fun. 30 fr. 163 Malc.^{2}

3 infensique *PR*: infessique *V* 13 Axium *ed. Iunt. 1513*: anxium *VPR* 14 calide *Carrio*: callide *VPR* 15 acri ς: sacri *VPR* 25 reis V^2PR^2: regis V^1: regibus R^1 29 minationibus V^2: municionibus V^1PR

rebus secundis atque prolixis atque prosperis animum excellere atque superbiam atque ferociam augescere atque crescere. Quo mihi nunc magnae curae est, quod haec res tam secunde processit, ne quid in consulendo aduorsi eueniat, quod nostras secundas res confutet, neue haec laetitia nimis luxuriose eueniat. Aduorsae res edomant et docent, quid opus siet facto, secundae res laetitia transuorsum trudere solent a recte consulendo atque intellegendo. Quo maiore opere dico suadeoque, uti haec res aliquot dies proferatur, dum ex tanto gaudio in potestatem nostram redeamus.'

'Quae deinde Cato iuxta dicit, ea' inquit 'confessionem **15**
faciunt, non defensionem, neque propulsationem translationemue criminis habent, sed cum pluribus aliis communicationem, quod scilicet nihil ad purgandum est. Atque etiam' inquit 'insuper profitetur Rodienses, qui accusabantur, quod aduersus populum Romanum regi magis cupierint fauerintque, id eos cupisse atque fauisse utilitatis suae gratia, ne Romani Perse quoque rege uicto ad superbiam ferociamque et inmodicum modum insolescerent.' Eaque **16**
ipsa uerba ponit, ita ut infra scriptum: 'Atque ego quidem arbitror Rodienses noluisse nos ita depugnare, uti depugnatum est, neque regem Persen uinci. Sed non Rodienses modo id noluere, sed multos populos atque multas nationes idem noluisse arbitror atque haut scio an partim eorum fuerint, qui non nostrae contumeliae causa id noluerint euenire; sed enim id metuere, si nemo esset homo, quem uereremur, quidquid luberet, faceremus, ne sub solo imperio nostro in

20 fr. 164 Malc.[2]

---

1 rebus *VPR*: in rebus *Gell. 13. 25. 14* 3 Quo *u.d. in ed. Torn. 1592*: quod *VPR* quod *VPR*: quom *Haupt* 5 confutet *VR*: confuter *P* 6 edomant *Pricaeus*: se domant V^2PR: se donant V^1 7 siet *VR*: sit *P* 8 recte ς: recto *VPR* 10 dum ς: cum *VPR* 14 purgandum ς: pugnandum *VPR* 19 et *VPR*: in *Eussner* 22 uinci. Sed *Madvig*: uicisse *VP*: uiciss. *R* 26 metuere si *VR*: metueres *P*: metuere ⟨ne⟩ si *Schaefer* 27 luberet *R*: liberet *P*: iuberet *V*

seruitute nostra essent. Libertatis suae causa in ea sententia
fuisse arbitror. Atque Rodienses tamen Persen publice numquam adiuuere. Cogitate, quanto nos inter nos priuatim
cautius facimus. Nam unusquisque nostrum, si quis aduorsus rem suam quid fieri arbitrantur, summa ui contra
nititur, ne aduorsus eam fiat; quod illi tamen perpessi.'
17 Sed quod ad principium reprehensum attinet, scire oportuit Tironem defensos esse Rodienses a Catone, sed ut a
senatore et consulari et censorio uiro, quidquid optimum
esse publicum existimabat, suadente, non ut a patrono
18 causam pro reis dicente. Alia namque principia conducunt
reos apud iudices defendenti et clementiam misericordiam-
que undique indaganti, alia, cum senatus de republica con-
sulitur, uiro auctoritate praestanti, sententiis quorundam
iniquissimis permoto et pro utilitatibus publicis ac pro
salute sociorum grauiter ac libere indignanti simul ac dolenti.
19 Quippe recte et utiliter in disciplinis rhetorum praecipitur
iudices de capite alieno deque causa ad sese non pertinenti
cognituros, ex qua praeter officium iudicandi nihil ad eos
uel periculi uel emolumenti redundaturum est, conciliandos
esse ac propitiandos placabiliter et leniter existimationi
20 salutique eius, qui apud eos accusatus est. At cum dignitas
et fides et utilitas omnium communis agitur ob eamque rem
aut suadendum quid ut fiat, aut fieri iam coepto differendum est, tum, qui se in eiusmodi principiis occupat, ut
beniuolos benignosque sibi auditores paret, otiosam operam
21 in non necessariis uerbis sumit. Iamdudum enim negotia,
pericula ipsa reipublicae communia consiliis eos capiendis

1 nostra essent *V m. rec.*: nostre (nostrę *R*) sent (sunt *P*) *VPR* 2 Persen ς: perse *VPR*: persem *V m. rec.* 3 adiuuere ς: adiuuare *VPR* Cogitate *V*: cogitare *PR* nos priuatim *Lipsius*: nostri uatim *VPR* 6 eam *ed. Ald. 1515*: ea *VPR* 9 quidquid *Hertz*: qui quod *VPR* 10 esse ς: esset *VPR* 16 ac dolenti ς: adolenti *VP*: adolescenti *R* 19 eos *Gronov*: eo si *VPR* 22 At ς: ac *VPR* 24 aut suad. *VPR*: aut ⟨dissuadendum ne fiat aut⟩ suad. *Hertz* differendum ς: deferendum *VPR* 28 reip. communia *Damsté*: rerum communia *VPR*: rerum communio *Mommsen*

conciliant, et ipsi potius sibi exposcunt consultoris beniuo-
lentiam. Sed quod ait confessum Catonem noluisse Rodiensis **22**
ita depugnari, ut depugnatum est, neque regem Persem a
populo Romano uinci, atque id eum dixisse non Rodienses
modo, sed multas quoque alias nationes noluisse, sed id nihil
ad purgandum extenuandumue crimen ualere, iam hoc
primum Tiro inprobe mentitur. Verba ponit Catonis et aliis **23**
tamen eum uerbis calumniatur. Non enim Cato confitetur **24**
noluisse Rodienses uictoriam esse populi Romani, sed sese
arbitrari dixit id eos noluisse, quod erat procul dubio
opinionis suae professio, non Rodiensium culpae confessio.
In qua re, ut meum quidem iudicium est, non culpa tantum **25**
uacat, sed dignus quoque laude admirationeque est, cum et
ingenue ac religiose dicere uisus est contra Rodienses, quod
sentiebat, et parta sibi ueritatis fide ipsum illud tamen,
quod contrarium putabatur, flexit et transtulit, ut eos idcirco uel maxime aequum esset acceptiores carioresque fieri
populo Romano, quod cum et utile is esset et uellent regi
esse factum, nihil tamen adiuuandi eius gratia fecerint.

Postea uerba haec ex eadem oratione ponit: 'Ea nunc **26**
derepente tanta beneficia ultro citroque, tantam amicitiam
relinquemus? quod illos dicimus uoluisse facere, id nos
priores facere occupabimus?' 'Hoc' inquit 'enthymema **27**
nequam et uitiosum est. Responderi enim potuit: "occupabimus certe; nam si non occupauerimus, opprimemur, inci-
dendumque erit in insidias, a quibus ante non cauerimus."
Recteque' inquit 'hoc uitio dat Lucilius poetae Euripidae, **28**
quod, cum Polyphontes rex propterea se interfecisse fra-
trem diceret, quod ipse ante de nece eius consilium cepisset,
Meropa, fratris uxor, hisce adeo eum uerbis eluserit:

20 fr. 165 Malc.[2] 27 u. 1169 Marx

7 et *VPR*: et ⟨ex⟩ *Hertz* 14 uisus *VPR*: nisus *Hertz* 18 utile is esset *Hertz*: utiles essent *VPR* 20 Ea *VP*: ei *R*: eo *Jordan* 23 occupabimus ς: occupauimus *VPR* inquit ς: inquam *VPR* 30 adeo *Hertz*: ad *VPR*: *del.* ς

εἰ γάρ σ' ἔμελλεν, ὡς σὺ φῄς, κτείνειν πόσις,
χρῆν καὶ σὲ μέλλειν, ὡς χρόνος παρήλθεν.

29 At hoc enim' inquit 'plane stultitiae plenum est eo consilio
atque ea fini facere uelle aliquid, uti numquam id facias,
30 quod uelis.' Sed uidelicet Tiro animum non aduertit non esse
in omnibus rebus cauendis eandem causam, neque humanae
uitae negotia et actiones et officia uel occupandi uel differendi uel etiam ulciscendi uel cauendi similia esse pugnae
31 gladiatoriae. Nam gladiatori composito ad pugnandum pugnae haec proposita sors est aut occidere, si occupauerit, aut
32 occumbere, si cessauerit. Hominum autem uita non tam
iniquis neque tam indomitis necessitatibus circumscripta
est, ut idcirco prior iniuriam facere debeas, quam, nisi
33 feceris, pati possis. Quod tantum aberat a populi Romani
mansuetudine, ut saepe iam in sese factas iniurias ulcisci
neglexerit.

34 Post deinde usum esse Catonem dicit in eadem oratione
argumentis parum honestis et nimis audacibus ac non uiri
eius, qui alioqui fuit, sed uafris ac fallaciosis et quasi
35 Graecorum sophistarum sollertiis. 'Nam cum obiceretur'
inquit 'Rodiensibus, quod bellum populo Romano facere
uoluissent, negauit poena esse dignos, quia id non fecissent,
etsi maxime uoluissent', induxisseque eum dicit, quam dialectici ἐπαγωγήν appellant, rem admodum insidiosam et
sophisticam neque ad ueritates magis quam ad captiones
repertam, cum conatus sit exemplis decipientibus conligere
confirmareque neminem, qui male facere uoluit, plecti
aequum esse, nisi quod factum uoluit, etiam fecerit.
36 Verba autem ex ea oratione M. Catonis haec sunt: 'Qui

1 fr. 451 Nauck[2] 29 fr. 166 Malc.[2]

2 χρῆν *Casaubon*: XPH *V* 7 differendi ϛ: deferendi *VPR*: defendendi *Madvig* 8 pugnae ϛ: pugnae et *VPR*: pugnae ei *Mommsen* 12 circumscripta ϛ: conscripta *VPR* 13 quam *VPR*: quod *uel* quia *Gronov* 15 *post* mansuetudine *uerba* iniuriam ... Romani *iterant tum* occupare *addunt VR* 19 eius qui alioqui fuit *Hertz ed. pr.*: eius (ei *R*) qui alio fuit *VPR*: iusti alioqui *Hertz ed. mai.* 22 poena esse dignos *Madvig*: pene sed ignosci *VPR*

acerrime aduersus eos dicit, ita dicit "hostes uoluisse fieri".
Ecquis est tandem, qui uestrorum, quod ad sese attineat,
aequum censeat poenas dare ob eam rem, quod arguatur
male facere uoluisse? Nemo, opinor; nam ego, quod ad me
attinet, nolim.' Deinde paulo infra dicit: 'Quid nunc? ecqua **37**
tandem lex est tam acerba, quae dicat "si quis illud facere
uoluerit, mille minus dimidium familiae multa esto; si quis
plus quingenta iugera habere uoluerit, tanta poena esto; si
quis maiorem pecuum numerum habere uoluerit, tantum
damnas esto?" Atque nos omnia plura habere uolumus, et id
nobis impune est.' Postea ita dicit. 'Sed si honorem non **38**
aequum est haberi ob eam rem, quod bene facere uoluisse
quis dicit neque fecit tamen, Rodiensibus oberit, quod non
male fecerunt, sed quia uoluisse dicuntur facere?' His argu- **39**
mentis Tiro Tullius M. Catonem contendere et conficere
dicit Rodiensibus quoque impune esse debere, quod hostes
quidem esse populi Romani uoluissent, ut qui maxime non
fuissent. Dissimulari autem non posse ait, quin paria et **40**
consimilia non sint plus quingenta iugera habere uelle, quod
plebiscito Stolonis prohibitum fuit, et bellum iniustum
atque impium populo Romano facere uelle, neque item in-
fitiari posse, quin alia causa in praemio sit, alia in poenis.
'Nam beneficia' inquit 'promissa opperiri oportet neque **41**
ante remunerari, quam facta sint, iniurias autem imminentis
praecauisse iustum est, quam expectauisse. Summa enim **42**
professio stultitiae' inquit 'est non ire obuiam sceleribus
cogitatis, sed manere opperirique, ut, cum admissa et per-
petrata fuerint, tum denique, ubi, quae facta sunt, infecta
fieri non possunt, poeniantur.'

5 fr. 167 Malc.[2]   11 fr. 168 Malc.[2]

---

2 Ecquis *Gronov*: et quis *VPR*   5 ecqua *Meyer*: et qua *VPR*   10 damnas *cod. Fulv. Ursini*: dam(p)na *VPR*   Atque *VPR*: atqui ς   13 oberit *u.d. apud Gronov*: taberit *VR*: *aberit P^1: ñ aberit P^2 14 quia *VPR*: *del. Mommsen*   17 ut *Hertz*: et *VPR*   20 Stolonis *Bentley*: colonis *VPR*   25 iustum est *VPR*: iustiusst *Madvig*   *num* Summae?   27 cum *V*: eum *P* *om. R*

43 Haec Tiro in Catonem non nimis frigide neque sane inaniter;
44 sed enim Cato non nudam nec solitariam nec inprotectam
hanc ἐπαγωγήν facit, sed multis eam modis praefulcit
multisque aliis argumentis conuelat et, quia non Rodiensibus magis quam reipublicae consultabat, nihil sibi dictu
factuque in ea re turpe duxit, quin omni sententiarum uia
45 seruatum ire socios niteretur. Ac primum ea non incallide
conquisiuit, quae non iure naturae aut iure gentium fieri
prohibentur, sed iure legum rei alicuius medendae aut temporis causa iussarum; sicut est de numero pecoris et de
46 modo agri praefinito. In quibus rebus, quod prohibitum est,
fieri quidem per leges non licet; uelle id tamen facere, si
47 liceat, inhonestum non est. Atque eas res contulit sensim
miscuitque cum eo, quod neque facere neque uelle per sese
honestum est; tum deinde, ne disparilitas conlationis euidens fieret, pluribus id propugnaculis defensat neque tenues
istas et enucleatas uoluntatum in rebus inlicitis reprehensiones, qualia in philosophorum otio disputantur, magni
facit, sed id solum ex summa ope nititur, ut causa Rodiensium, quorum amicitiam retineri ex republica fuit, aut aequa
iudicaretur aut quidem certe ignoscenda. Atque interim
neque fecisse Rodienses bellum neque facere uoluisse dicit,
interim autem facta sola censenda dicit atque in iudicium
uocanda, sed uoluntates nudas inanesque neque legibus
neque poenis fieri obnoxias; interdum tamen, quasi deli-
quisse eos concedat, ignosci postulat et ignoscentias utiles
esse rebus humanis docet ac, nisi ignoscant, metus in republica rerum nouarum mouet; sed enim contra, si ignosca-
tur, conseruatum iri ostendit populi Romani magnitudinem.
48 Superbiae quoque crimen, quod tunc praeter cetera in
senatu Rodiensibus obiectum erat, mirifica et prope diuina
49 responsionis figura elusit et eluit. Verba adeo ipsa ponemus

4 aliis *VPR*: ualidis *Hertz ex Amm. Marc. 30. 4. 20* 6 in ea V^{2}: mea $V^{1}PR$ 8 non iure ς: non iuri(a)e *VPR* 11 modo *Carrio*: domo *VPR*

Catonis, quoniam Tiro ea praetermisit: 'Rodiensis superbos **50**
esse aiunt id obiectantes, quod mihi et liberis meis minime
dici uelim. Sint sane superbi. Quid id ad nos attinet? Idne
irascimini, si quis superbior est quam nos?' Nihil prorsus **51**
hac compellatione dici potest neque grauius neque munitius
aduersus homines superbissimos facta, qui superbiam in sese
amarent, in aliis reprehenderent.

Praeterea animaduertere est in tota ista Catonis oratione **52**
omnia disciplinarum rhetoricarum arma atque subsidia mota
esse; sed non proinde ut in decursibus ludicris aut simulacris
proeliorum uoluptariis fieri uidemus. Non enim, inquam,
distincte nimis atque compte atque modulate res acta est,
sed quasi in ancipiti certamine, cum sparsa acies est, multis
locis Marte uario pugnatur, sic in ista tum causa Cato, cum
superbia illa Rodiensium famosissima multorum odio atque inuidia flagraret, omnibus promisce tuendi atque propugnandi
modis usus est et nunc ut optime meritos commendat, nunc
tamquam si innocentes purgat, ⟨nunc,⟩ ne bona diuitiae-
que eorum expetantur, obiurgat, nunc, quasi sit erratum,
deprecatur, nunc ut necessarios reipublicae ostentat, nunc
clementiae, nunc mansuetudinis maiorum, nunc utilitatis
publicae commonefacit. Eaque omnia distinctius numero- **53**
siusque fortassean dici potuerint, fortius atque uiuidius
potuisse dici non uidentur. Inique igitur Tiro Tullius, quod **54**
ex omnibus facultatibus tam opulentae orationis aptis inter
sese et cohaerentibus paruum quippiam nudumque sumpsit, quod obtrectaret, tamquam non dignum M. Catone
fuerit, quod delictorum non perpetratorum uoluntates non
censuerit poeniendas.

Commodius autem rectiusque de his meis uerbis, quibus **55**

1 fr. 169 Malc.[2]

---

1 ea ς: eam *VP* (*hic locus in R periit*) 2 et *V*: e *P* 3 dici *V*: *om. P lac. rel.*: deici *Hertz*: obici (*tum* nolim) *Sauppe* nos *VP*: uos *Wagener* 4 nos *VPR*: uos *Wagener* 11 enim *V*: *om. PR* 17 nunc *alt.* ς: tunc *VPR* 18 ⟨nunc⟩ *add. Hertz* 19 quasi *Hertz*: et quasi *VPR* 30 autem rectiusque *u.d. miscell. obss.* (*1734*) *4. 436*: aut erectiusque *VPR*

Tullio Tironi respondimus, existimabit iudiciumque faciet, qui et orationem ipsam totam Catonis acceperit in manus et epistulam Tironis ad Axium scriptam requirere et legere curauerit. Ita enim nos sincerius exploratiusque uel corrigere poterit uel probare.

IV

Cuiusmodi seruos et quam ob causam Caelius Sabinus, iuris ciuilis auctor, pilleatos uenundari solitos scripserit; et quae mancipia sub corona more maiorum uenierint; atque id ipsum 'sub corona' quid sit.

1 Pilleatos seruos uenum solitos ire, quorum nomine uenditor nihil praestaret, Caelius Sabinus iurisperitus scriptum
2 reliquit. Cuius rei causam esse ait, quod eiusmodi condicionis
mancipia insignia esse in uendundo deberent, ut emptores
errare et capi non possent, neque lex uendundi opperienda
esset, sed oculis iam praeciperent, quodnam esset mancipi-
3 orum genus; 'sicuti' inquit 'antiquitus mancipia iure belli
capta coronis induta ueniebant et idcirco dicebantur "sub
corona" uenire. Namque ut ea corona signum erat captiuorum uenalium, ita pilleus impositus demonstrabat eiusmodi seruos uenundari, quorum nomine emptori uenditor
nihil praestaret.'
4 Est autem alia rationis opinio, cur dici solitum sit captiuos
'sub corona' uendundari, quod milites custodiae causa captiuorum uenalium greges circumstarent eaque circumstatio
5 militum 'corona' appellata sit. Sed id magis uerum esse,
quod supra dixi, M. Cato in libro, quem composuit *de re
militari*, docet.

Verba sunt haec Catonis: 'Vt populus sua opera potius ob rem bene gestam coronatus supplicatum eat, quam re male gesta coronatus ueneat.'

12 fr. 2 Huschke 29 fr. 2 Jordan

---

1 existimabit ς: existimauit *VPR* 7 Cuiusmodi ς: huiusmodi *VP* 14 insignia *VPR*: insignita *Falster* 16 quodnam *V*: quidnam *P*: quenam *R* 31 ueneat ς: ueniat *VPR Festus 400. 12 L.*

V

Historia de Polo histrione memoratu digna.

Histrio in terra Graecia fuit fama celebri, qui gestus et 1
uocis claritudine et uenustate ceteris antistabat: nomen 2
fuisse aiunt Polum, tragoedias poetarum nobilium scite
atque asseuerate actitauit. Is Polus unice amatum filium 3
morte amisit. Eum luctum quoniam satis uisus ⟨est⟩ eluxisse, 4
rediit ad quaestum artis. In eo tempore Athenis Electram 5
Sophoclis acturus gestare urnam quasi cum Oresti ossibus
debebat. Ita compositum fabulae argumentum est, ut ueluti 6
fratris reliquias ferens Electra comploret commisereaturque
interitum eius existimatum. Igitur Polus lugubri habitu 7
Electrae indutus ossa atque urnam e sepulcro tulit filii et
quasi Oresti amplexus oppleuit omnia non simulacris neque
imitamentis, sed luctu atque lamentis ueris et spirantibus.
Itaque cum agi fabula uideretur, dolor actus est. 8

VI

Quid de quorundam sensuum naturali defectione Aristoteles scripserit.

Ex quinque his sensibus, quos animantibus natura tribuit, 1
uisu, auditu, gustu, tactu, odoratu, quas Graeci *αἰσθήσεις* appellant, quaedam animalium alia alio carent et aut caeca
natura gignuntur aut inodora inauritaue. Nullum autem 2
ullum gigni animal Aristoteles dicit, quod aut gustus sensu
careat aut tactus.

Verba ex libro eius, quem *περὶ μνήμης* composuit, haec 3
sunt: *Τὴν δὲ ἁφὴν καὶ τὴν γεῦσιν πάντα ἔχει, πλὴν εἴ τι τῶν ζώων ἀτελές.*

22 sqq. cf. Non. 129. 9 27 *de somno* 2

7 ⟨est⟩ *add.* ς 8 Electram ς: electam *VPR* 12 existimatum *Gronov*: existimatur *VPR* Polus ς: populus *VPR* 13 e *V*: ex *R*: *om.* *P* 23 inodora *Non.*: inora *VPR*

VII

An 'affatim', quasi 'admodum', prima acuta pronuntiandum sit; et quaedam itidem non incuriose tractata super aliarum uocum accentibus.

1 Annianus poeta praeter ingenii amoenitates litterarum
quoque ueterum et rationum in litteris oppido quam peritus
2 fuit et sermocinabatur mira quadam et scita suauitate. Is
'affatim' ut 'admodum' prima acuta, non media, pronunti-
3 abat atque ita ueteres locutos censebat. Itaque se audiente
Probum grammaticum hos uersus in Plauti *Cistellaria* legisse
dicit:

potine tu homo facinus facere strenuum? — aliorum affatim est,
qui faciant; sane ego me nolo fortem perhiberi uirum,

4 causamque esse huic accentui dicebat, quod 'affatim' non
essent duae partes orationis, sed utraque pars in unam
uocem coaluisset, sicuti in eo quoque, quod 'exaduersum'
dicimus, secundam syllabam debere acui existimabat, quoniam una, non duae essent partes orationis; atque ita
oportere apud Terentium legi dicebat in his uersibus:

in quo haec discebat ludo, exaduersum loco
tostrina erat quaedam.

5 Addebat etiam, quod 'ad' praeuerbium tum ferme acuere-
tur, cum significaret ἐπίτασιν, quam 'intentionem' nos dicimus, sicut 'adfabre' et 'admodum' et 'adprobe' dicuntur.
6 Cetera quidem satis commode Annianus. Sed si hanc
particulam semper, cum intentionem significaret, acui
7 putauit, non id perpetuum uidetur; nam et 'adpotus' cum

12 *Cist.* 231 21 *Phorm.* 88

---

11 dicit *VPR*: dixit *F. Skutsch* (*deficit hic R*) 21 discebat *P*: dicebat *V* 23 praeuerbium *Carrio*: prouerbium *VP* 27 intentionem ς: intencione *VP* 28 uidetur V^2: uideretur V^1: putauit *P*

dicimus et 'adprimus' et 'adprime', intentio in his omnibus
demonstratur, neque tamen 'ad' particula satis commode
accentu acuto pronuntiatur. 'Adprobus' tamen, quod signi- 8
ficat 'ualde probus', non infitias eo, quin prima syllaba
acui debeat. Caecilius in comoedia, quae inscribitur *Tri-* 9
umphus, uocabulo isto utitur:

Hierocles hospes est mi adulescens adprobus.

Num igitur in istis uocibus, quas non acui diximus, ea 10
causa est, quod syllaba insequitur natura longior, quae non
ferme patitur acui priorem in uocabulis syllabarum plurium
quam duarum? 'Adprimum' autem longe primum L. Liuius 11
in *Odyssia* dicit in hoc uersu:

ibidemque uir summus adprimus Patroclus.

Idem Liuius in *Odyssia* 'praemodum' dicit, quasi admodum: 12
'parcentes' inquit 'praemodum', quod significat 'supra modum', dictumque est quasi 'praeter modum'; in quo scilicet prima syllaba acui debebit.

VIII

Res ultra fidem tradita super amatore delphino et puero amato.

Delphinos uenerios esse et amasios non modo historiae 1
ueteres, sed recentes quoque memoriae declarant. Nam et 2
sub Caesaris ⟨Augusti imperio⟩ in Puteolano mari, ut Apion
scriptum reliquit, et aliquot saeculis ante apud Naupactum,
ut Theophrastus tradidit, amores flagrantissimi delphino-
rum cogniti compertique sunt. Neque hi amauerunt, quod 3

7 u. 228 Ribbeck[2] 13 fr. 10 Morel 15 fr. 28 Morel

7 mi *Bothe*: mihi *VR*: m̃. *P* 8 non *Scioppius*: nos *VPR* 10 plurium ς: plurimum *VPR* 14 *et* 15 praemodum *VR*: postmodum *P* 19 amatore ς: amatores *VP* 22 Cesaris *P*: cesaribus *VR* ⟨Aug. imp.⟩ *add. Hertz*: Caesare Augusto *Hosius* 24 amores *Gronov*: amatores *VP*: amatore *R*

sunt ipsi, genus, sed pueros forma liberali in nauiculis forte aut in uadis litorum conspectos miris et humanis modis arserunt.
4 Verba subscripsi Ἀπίωνος, eruditi uiri, ex *Aegyptiacorum* libro quinto, quibus delphini amantis et pueri non abhorrentis consuetudines, lusus, gestationes, aurigationes refert
5 eaque omnia sese ipsum multosque alios uidisse dicit: *Αὐτὸς δ' αὖ εἶδον περὶ Δικαιαρχίας ⟨παιδός⟩—Ὑάκινθος ἐκαλεῖτο—πόθοις ἐπτοημένον δελφῖνα. Προσσαίνει τὴν φωνὴν αὐτοῦ τὴν ψυχὴν πτερούμενος ἐντὸς τάς τε ἀκάνθας ὑποστέλλων, μή τι τοῦ ποθουμένου χρωτὸς ἀμύξῃ φειδόμενος, ἱππηδόν ⟨τε⟩ περιβεβηκότα μέχρι διακοσίων ἀνῆγε σταδίων. Ἐξεχεῖτο ἡ Ῥώμη καὶ*
6 *πᾶσα Ἰταλία τῆς Ἀφροδίτης ξυνορῶντες ἡνιοχούμενον ἰχθύν.* Ad hoc adicit rem ⟨non⟩ minus mirandam. 'Postea' inquit 'idem ille puer *δελφινερώμενος* morbo adfectus obit suum
7 diem. At ille amans, ubi saepe ad litus solitum adnauit et puer, qui in primo uado aduentum eius opperiri consueuerat, nusquam fuit, desiderio tabuit exanimatusque est et in litore iacens inuentus ab his, qui rem cognouerant, in sui pueri sepulcro humatus est.'

IX

'Peposci' et 'memordi', 'pepugi' et 'spepondi' et 'cecurri' plerosque ueterum dixisse, non, uti postea receptum est dicere, per 'o' aut per 'u' litteram in prima syllaba positam, atque id eos Graecae rationis exemplo dixisse; praeterea notatum, quod uiri non indocti neque ignobiles a uerbo 'descendo' non 'descendi', sed 'descendidi' dixerunt.

'Poposci', 'momordi', 'pupugi', 'cucurri' probabiliter dici
1 uidetur, atque ita nunc omnes ferme doctiores hisce uerbis

7 fr. 6 Jacoby

4 eruditi ς: erudi *VPR* 6 aurig. ς: arrigat(*uel* -ac-)iones *VPR* refert *ed. Ven. 1472*: ref(f)erre *VPR* 8 ⟨παιδός⟩ *add. Scioppius* 11 ⟨τε⟩ *add. Hertz* 13 TEC *V*: ὑπ' *Damsté* 14 ⟨non⟩ *add.* ς 15 δελφ. *Hertz*: delphine romenus *VPR* 24 id eos *Hertz*: ideo *VP* 26 desc. sed desc. ς: discendi (-dis *P*) sed discendi *VP* 29 hisce ς: huiusce *VPR*

utuntur. Sed Q. Ennius in *saturis* 'memorderit' dixit per 'e' 2
litteram, non 'momorderit':

'meum' inquit 'non est, ac si me canis memorderit.'

Item Laberius in *Gallis*: 3

de integro patrimonio meo centum milia
nummum memordi.

Item idem Laberius in *Coloratore*: 4

itaque leni pruna percoctus simul sub dentes mulieris
ueni, bis, ter memordit.

Item P. Nigidius *de animalibus* libro II.: 'Vt serpens si 5
memordit, gallina diligitur et opponitur.'

Item Plautus in *Aulularia*: 6

ut admemordit hominem.

Sed idem Plautus in *Trigeminis* neque 'praememordisse' 7
⟨neque 'praemomordisse'⟩ dicit, sed 'praemorsisse':

'nisi fugissem' inquit 'medium, credo, praemorsisset.'

Item Atta in *Conciliatrice*: 8

ursum se memordisse autumat.

'Peposci' quoque, non 'poposci', Valerius Antias libro *anna-* 9
lium XLV. scriptum reliquit: 'Denique Licinius tribunus plebi perduellionis ei diem dixit et comitiis diem a M.
Marcio praetore peposcit.' 'Pepugero' aeque Atta in *Aedi-* 10
licia dicit:

sed si pepugero, metuet.

Aelium quoque Tuberonem libro *ad C. Oppium* scripto 11

1 sqq. cf. Non. 140. 20 3 u. 63 Vahlen² 5 u. 49 Ribbeck² 8 u. 27 Ribbeck² 10 Nig. fr. 112 Swoboda 13 *Aul.* fr. 2 Lindsay 16 Plaut. fr. u. 117 Lindsay 18 Att. u. 6 Ribbeck² 20 Ant. fr. 60 Peter 24 Att. u. 2 Ribbeck² 25 fr. 2 Huschke

---

11 diligitur *V*: deligitur *PR* 15 ⟨neque praem.⟩ *hic add. F. Skutsch* (*praeeunte H. J. Müller*) 16 inquit *VPR*: in *Winter*: inquit ⟨in⟩ *F. Skutsch* 17 Atta *R*: acta *VP*: Accius *Non.* 21 perduellionis *Carrio*: per (perdịọ *R*) duellionem *VPR* 22 peposcit ς: poscit *VP*: possịcit *R*

'occecurrit' dixisse Probus adnotauit et haec eius uerba
12 apposuit: 'Si generalis species occecurrerit.' Idem Probus
Valerium Antiatem libro *historiarum* XXII. 'speponderant'
scripsisse annotauit uerbaque eius haec posuit: 'Tiberius
Graccus, qui quaestor C. Mancino in Hispania fuerat, et
ceteri, qui pacem speponderant.'
13 Ratio autem istarum dictionum haec esse uideri potest:
quoniam Graeci in quadam specie praeteriti temporis, quod
παρακείμενον appellant, secundam uerbi litteram in 'e' plerumque uertunt, ut *γράφω γέγραφα, ποιῶ πεποίηκα, λαλῶ λελά-*
14 *ληκα, κρατῶ κεκράτηκα, λούω λέλουκα,* sic igitur mordeo
'memordi', posco 'peposci', tendo 'tetendi', tango 'tetigi',
pungo 'pepugi', curro 'cecurri', tollo 'tetuli', spondeo 'spe-
15 pondi' facit. Sic M. Tullius et C. Caesar 'mordeo, memordi',
'pungo, pepugi', 'spondeo, spepondi' dixerunt.

Praeterea inueni a uerbo 'scindo' simili ratione non
16 'sciderat', sed 'sciciderat' dictum esse. L. Accius in *Sotadi-
corum* libro I. 'sciciderat' dicit. Verba haec sunt:

non ergo aquila ita, uti praedicant, sciciderat pectus?

17 Ennius quoque ⟨in *Melanippa*:

cum saxum sciciderit⟩.

* * *

Valerius Antias in libro *historiarum* LXXV. uerba haec scripsit: 'Deinde funere locato ad forum descendidit.' Laberius quoque in *Catulario* ita scripsit:

ego mirabar, quomodo mammae mihi

* * *

3 Ant. fr. 57 Peter 14 Cic. fr. 14 p. 1060 Orelli[2] Caes. 2 p. 158 Di. 19 fr. 19 Morel 21 *scen.* u. 293 Vahlen[2] 24 fr. 62 Peter 26 u. 19 Ribbeck[2]

2 occecurrerit ς: occurrerit *PR*: occurrit *V* Probus ς: probum *VPR* 19 non *VR Prisc. GLK 2. 517.6*: num *P* uti *Carrio, Leo*: ut hi *VPR*: ut *Prisc.* 20 ⟨in . . . sciciderit⟩ *e Prisc. add. J. Gronov* 23 Valerius . . . 26 mihi *bis afferunt VP*: *om. R* 24 descendidit *VP*: descescendit *Bentley* Laberius ς: Valerius *tum* Nauerius (auerius *P*) *VP* 26 *post* mihi *add.* ⟨descendiderant⟩ ς

X

⟨Vt⟩ 'ususcapio' copulate recto uocabuli casu dicitur, ita 'pignoriscapio' coniuncte eadem uocabuli forma dictum esse.

Vt haec 'ususcapio' dicitur copulato uocabulo 'a' littera in 1
eo tractim pronuntiata, ita 'pignoriscapio' iuncte et producte dicebatur. Verba Varronis sunt ex primo *epistolicarum* 2
quaestionum: 'Pignoriscapio ob aes militare, quod aes a
tribuno aerario miles accipere debebat, uocabulum seorsum
fit.' Per quod satis dilucet hanc 'capionem' posse dici quasi 3
hanc 'captionem' et in usu et in pignore.

XI

Neque 'leuitatem' neque 'nequitiam' ea significatione esse, qua in uulgi sermonibus dicuntur.

'Leuitatem' plerumque nunc pro inconstantia et mutabili- 1
tate dici audio et 'nequitiam' pro sollertia astutiaque. Sed 2
ueterum hominum qui proprie atque integre locuti sunt,
'leues' dixerunt, quos uolgo nunc uiles et nullo honore dignos dicimus, et 'leuitatem' appellauerunt proinde quasi
uilitatem et 'nequam' *** hominem nihili rei neque frugis
bonae, quod genus Graeci fere ἄσωτον uel ἀκόλαστον dicunt.
Qui exempla horum uerborum requirit, ne in libris nimium 3
remotis quaerat, inueniet ea in M. Tullii secunda *Antonia-*
narum. Nam cum genus quoddam sordidissimum uitae atque 4
uictus M. Antoni demonstraturus esset, quod in caupona

7 fr. 224 Fun.

---

2 ⟨Vt⟩ *add. Gronov* ususcapio ς: usucapio *VP* 4 Vt *R*: et *VP* 5 iuncte *Hertz*: iuncte sunt *VPR*: iuncte simul *Damsté* 6 Varronis *Lipsius*: catonis *VPR* 7 militare P^2: militares VP^1R 9 fit ς: sit *VPR* 13 uulgi ς: uulgis *VP* 14 mut. P^2: immutabilitate VP^1R 18 dicimus ς: ducimus *VP* (*deficit hic R ubi nihil adnotaui*) 19 uilitatem *Ranchinus*: leuitatem *VP* *post* nequam *lacunam praebent VP* rei *VPR*: ⟨neque⟩ rei ς

delitisceret, quod ad uesperum perpotaret, quod ore inuoluto iter faceret, ne cognosceretur, haec aliaque eiusdemmodi cum in eum dicturus esset: 'uidete' inquit 'hominis leuitatem', tamquam prorsus ista dedecora hoc conuicio in
5 homine notarentur. Ac postea, cum in eundem Antonium probra quaedam alia ludibriosa et turpia ingessisset, ad extremum hoc addidit: 'O hominem nequam! nihil enim magis proprie possum dicere.'

6 Sed ex eo loco M. Tullii uerba compluscula libuit ponere: 'At uidete leuitatem hominis! Cum hora diei decima fere ad Saxa rubra uenisset, delituit in quadam cauponula atque ibi se occultans perpotauit ad uesperum; inde cisio celeriter ad urbem aduectus domum uenit ore inuoluto. Ianitor rogat: "Quis tu?" "A Marco tabellarius." Confestim ad eam, cuius causa uenerat, deducitur eique epistulam tradit. Quam illa cum legeret flens—erat enim scripta amatorie; caput autem litterarum hoc erat: sibi cum illa mima posthac nihil futurum, omnem se amorem abiecisse illim atque in hanc transfudisse—, cum mulier fleret uberius, homo misericors ferre non potuit: caput aperuit, in collum inuasit. O hominem nequam!—nihil enim magis proprie possum dicere: ergo ut te catamitum nec opinato cum ostendisses, praeter spem mulier aspiceret, idcirco urbem terrore nocturno, Italiam multorum dierum metu perturbasti?'

7 Consimiliter Q. quoque Claudius in primo *annalium* 'nequitiam' appellauit luxum uitae prodigum effusumque in hisce uerbis: 'Persuadent i cuidam adulescenti Lucano, qui adprime summo genere gnatus erat, sed luxuria et nequitia

3 *Phil.* 2. 77 27 fr. 15 Peter

1 perpotaret ς: perpoparet *VPR* 2 aliaque ς: et aliaque *VPR* 4 conuicio *Gronov*: uicio *VR*: uitio *P* 10 At *Cic.*: ac *VPR* 12 occultans *Cic.*: occulans *VPR* 15 causa *Cic.*: causam *VPR* 16 legeret *Cic.* legere *VPR* erat *Cic.*: erant *VP*: non erat *R* 18 futurum *Cic.*: futurorum *VPR* illim *Lambinus*: illi *VPR*: illic *et* illinc *codd. Cic.* 27 persuadent i *Hertz*: persuadenti *VPR*

pecuniam magnam consumpserat.' M. Varro in libris *de* 8
lingua Latina: 'Vt ex "non" et "uolo"' inquit '"nolo", sic ex
"ne" et "quicquam" media syllaba extrita compositum est
"nequam".' P. Africanus *pro se contra Tiberium Asellum* de 9
multa ad populum: 'Omnia mala, probra, flagitia, quae
homines faciunt, in duabus rebus sunt, malitia atque nequitia. Vtrum defendis, malitiam an nequitiam an utrumque
simul? Si nequitiam defendere uis, licet; si tu in uno scorto
maiorem pecuniam absumpsisti, quam quanti omne instru-
mentum fundi Sabini in censum dedicauisti, si hoc ita est:
qui spondet mille nummum? si tu plus tertia parte pecuniae
paternae perdidisti atque absumpsisti in flagitiis, si hoc ita
est: qui spondet mille nummum? Non uis nequitiam. Age
malitiam saltem defende. Si tu uerbis conceptis coniura-
uisti sciens sciente animo tuo, si hoc ita est: qui spondet
mille nummum?'

XII

De tunicis chirodytis; quod earum ⟨usum⟩ P. Africanus Sulpicio Galo obiecit.

Tunicis uti uirum prolixis ultra brachia et usque in pri- 1
mores manus ac prope in digitos Romae atque in omni
Latio indecorum fuit. Eas tunicas Graeco uocabulo nostri 2
'chirodytas' appellauerunt feminisque solis uestem longe
lateque diffusam decere existimauerunt ad ulnas cruraque
aduersus oculos protegenda. Viri autem Romani primo qui- 3
dem sine tunicis toga sola amicti fuerunt; postea substrictas

2 *l. l.* 10. 81 5 fr. 19 Malc.[2]

2 uolo *Varro*: ex uolo *VPR* 4 Asellum *Carrio*: asellium *VPR* 7 defendis ς: defendit *VPR* 9 absumpsisti ς: abinsumpsisti *VPR* 13 Non uis . . . 16 nummum *bis afferunt VPR* 14 defende *ed. Iunt. 1513*: defendes *VPR* coniur. *VPR*: periurauisti *Meyer*: iurauisti *Hertz* 18 chirodytis *Marx ad Lucil. 71*: chiroditis *V*: chyrodytis *P* (*similiter in seqq.*) ⟨usum⟩ *add.* ς 19 Galo *Münzer, RE 'Sulpicius' 65*: gallo *VP* 24 decere *Gronov*: indecere *VP*: incedere *R*

et breues tunicas citra humerum desinentis habebant, quod
4 genus Graeci dicunt ἐξωμίδας. Hac antiquitate indutus P.
Africanus, Pauli filius, uir omnibus bonis artibus atque omni
uirtute praeditus, P. Sulpicio Galo, homini delicato, inter
pleraque alia, quae obiectabat, id quoque probro dedit,
quod tunicis uteretur manus totas operientibus.
5 Verba sunt haec Scipionis: 'Nam qui cotidie unguentatus
aduersum speculum ornetur, cuius supercilia radantur, qui
barba uulsa feminibusque subuulsis ambulet, qui in conuiuiis adulescentulus cum amatore cum chirodyta tunica
interior accubuerit, qui non modo uinosus, sed uirosus quoque sit, eumne quisquam dubitet, quin idem fecerit, quod
cinaedi facere solent?'
6 Vergilius quoque tunicas huiuscemodi quasi femineas
probrosas criminatur:

'et tunicae' inquit 'manicas et habent redimicula mitrae.'

7 Q. quoque Ennius Carthaginiensium 'tunicatam iuuentu-
tem' non uidetur sine probro dixisse.

XIII

Quem 'classicum' dicat M. Cato, quem 'infra classem'.

1 'Classici' dicebantur non omnes, qui in quinque classibus
erant, sed primae tantum classis homines, qui centum et
2 uiginti quinque milia aeris ampliusue censi erant. 'Infra
classem' autem appellabantur secundae classis ceterarum-
que omnium classium, qui minore summa aeris, quod supra
3 dixi, censebantur. Hoc eo strictim notaui, quoniam in

7 fr. 17 Malc.^{2} 16 *Aen.* 9. 616 17 *ann.* u. 325 Vahlen^{2}

2 indutus *VPR*: inbutus *Hertz* 4 Galo *Münzer*: gaulo *VPR* 8 radantur *Carrio*: raduntur *VPR* 11 interior *Lipsius*: inferior *VPR* 14 femineas ς: feminas *VPR*: femineas ⟨ac⟩ ς *alii* 21 in quinque *Scioppius*: inque *V*P^{1}*R*: in P^{2} 25 quod *VPR*: quam ς: ⟨quam⟩ quod *F. Skutsch*

M. Catonis oratione, *qua Voconiam legem suasit*, quaeri solet, quid sit 'classicus', quid 'infra classem'.

XIV

De tribus dicendi generibus; ac de tribus philosophis, qui ab Atheniensibus ad senatum Romam legati sunt.

Et in carmine et in soluta oratione genera dicendi proba- 1
bilia sunt tria, quae Graeci *χαρακτῆρας* uocant nominaque
eis fecerunt *ἁδρόν, ἰσχνόν, μέσον*. Nos quoque, quem primum 2
posuimus, 'uberem' uocamus, secundum 'gracilem', tertium
'mediocrem'.

Vberi dignitas atque amplitudo est, gracili uenustas et 3
subtilitas, medius in confinio est utriusque modi particeps.

His singulis orationis uirtutibus uitia agnata sunt pari 4
numero, quae earum modum et habitum simulacris falsis
ementiuntur. Sic plerumque sufflati atque tumidi fallunt 5
pro uberibus, squalentes et ieiunidici pro gracilibus, incerti
et ambigui pro mediocribus. Vera autem et propria huiusce- 6
modi formarum exempla in Latina lingua M. Varro esse
dicit ubertatis Pacuuium, gracilitatis Lucilium, mediocri-
tatis Terentium. Sed ea ipsa genera dicendi iam antiquitus 7
tradita ab Homero sunt tria in tribus: magnificum in Vlixe
et ubertum, subtile in Menelao et cohibitum, mixtum
moderatumque in Nestore.

Animaduersa eadem tripertita uarietas est in tribus philo- 8
sophis, quos Athenienses Romam ad senatum populi ⟨R.⟩
legauerant inpetratum, uti multam remitteret, quam fecerat
is propter Oropi uastationem. Ea multa fuerat talentum

1 fr. 160 Malc.[2] 11 *Vberi* . . . 12 *particeps* citat Dunchad Gloss. *in* Mart. 151, 10 *Lutz* 18 fr. 322 Fun. 24 sqq. cf. Macr. *Sat.* 1. 5 14.

5 Romam ς: romae *VP* 8 *ἁδρόν . . . μέσον Gronov*: apponixc (-cx *P*) non mecon *VP*: *om. R* Nos quoque P: nosque V: *foede corrumpit h. l. R* 16 ieiuni dici *VPR*: eiuncidi *Heraeus* 22 ubertum *VPR*: uber, tum *Stephanus* 25 pop. ⟨R.⟩ *Hertz in adn.*: populi *VPR*: *om. Hertz cum Macr.* 26 remitteret *P Macr.*: remitterent *VR* feceratis *P*: fecerant *VR*

9 fere quingentum. Erant isti philosophi Carneades ex Academia, Diogenes Stoicus, Critolaus Peripateticus. Et in
senatum quidem introducti interprete usi sunt C. Acilio
senatore; sed ante ipsi seorsum quisque ostentandi gratia
10 magno conuentu hominum dissertauerunt. Tum admirationi
fuisse aiunt Rutilius et Polybius philosophorum trium sui
cuiusque generis facundiam. 'Violenta' inquiunt 'et rapida
Carneades dicebat, scita et teretia Critolaus, modesta Diogenes et sobria.'

11 Vnumquodque autem genus, ut diximus, cum caste pudiceque ornatur, fit illustrius, cum fucatur atque praelinitur, fit praestigiosum.

XV

Quam seuere moribus maiorum in fures uindicatum sit; et quid scripserit Mucius Scaeuola super eo, quod seruandum datum commodatumue esset.

1 Labeo in libro *de duodecim tabulis* secundo acria et seuera
iudicia de furtis habita esse apud ueteres scripsit idque
Brutum solitum dicere et furti damnatum esse, qui iumen-
tum aliorsum duxerat, quam quo utendum acceperat, item
qui longius produxerat, quam in quem locum petierat.
2 Itaque Q. Scaeuola in librorum, quos *de iure ciuili* composuit, XVI. uerba haec posuit: 'Quod cui seruandum datum
est, si id usus est, siue, quod utendum accepit, ad aliam rem,
atque accepit, usus est, furti se obligauit.'

6 Rut. fr. 3 Peter Polyb. 33. 2 7 *Violentia* (sic) . . . 9 *sobria* citat Dunchad *Glos. in Mart.* 151, 10 Lutz 17 Lab. fr. 23 Huschke 19 Brut. fr. 6 Huschke 22 Scaeu. fr. 2 Huschke

---

3 C. Acilio *Lipsius*: cacilio *P*: cecilio *VR*: Caelio *Macr.* 8 teretia *VPR* Dunchad: tereti *Orth* (*cf. Macr.*) 11 fucatur ς: fugatur *VPR* 15 Mutius ς: marc(h)us *VP* 19 dicere et *Hertz*: dicerent *VPR* 23 XVI *VR*: XIII *P*

XVI

Locus exscriptus ex satura M. Varronis, quae *περὶ ἐδεσμάτων* inscripta est, de peregrinis ciborum generibus; et appositi uersus Euripidi, quibus delicatorum hominum luxuriantem gulam confutauit.

M. Varro in satura, quam *περὶ ἐδεσμάτων* inscripsit, lepide **1**
admodum et scite factis uersibus cenarum ciborum exquisi-
tas delicias comprehendit. Nam pleraque id genus, quae hel- **2**
luones isti terra et mari conquirunt, exposuit inclusitque in
numeros senarios.

Et ipsos quidem uersus, cui otium erit, in libro, quo dixi, **3**
positos legat; genera autem nominaque edulium et domicilia **4**
ciborum omnibus aliis praestantia, quae profunda ingluuies
uestigauit, quae Varro obprobrans exsecutus est, haec sunt
ferme, quantum nobis memoriae est: pauus e Samo, Phrygia **5**
attagena, grues Melicae, haedus ex Ambracia, pelamys Chal-
cedonia, muraena Tartesia, aselli Pessinuntii, ostrea Tarenti,
petunculus ***, helops Rhodius, scari Cilices, nuces Thasiae,
palma Aegyptia, glans Hiberica.

Hanc autem peragrantis gulae et in sucos inquirentis **6**
industriam atque has undiqueuorsum indagines cuppedi-
arum maiore detestatione dignas censebimus, si uersus Euripidi recordemur, quibus saepissime Chrysippus philosophus
tamquam edendi *** repertas esse non per usum uitae
necessarium, sed per luxum animi parata atque facilia
fastidientis per inprobam satietatis lasciuiam.

Versus Euripidi adscribendos putaui: **7**

6 fr. 403 Bücheler 23 fr. 706 v. Arnim

---

2 Locus *P*: Iocus *V* 7 ciborum *VPR*: ciborumque ς (*cf. Amm. Marc. 30. 4. 14*) 16 Melicae *ed. Ascens 1532*: mellice *VPR* 17 Tartesia *ed. Iunt. 1513*: tar(r)esia *VPR* 18 ⟨Chius⟩ *suppl.* ς: ⟨Siculus⟩ *Hertz*: ⟨Lesbius⟩ (*ante* pet.) *Bücheler* 23 philosophus *VPR*: phil. ⟨usus⟩ *Hertz* 24 *lac. stat. Hertz* 27 Euripidi ς: euridi *VPR*

ἐπεὶ τί δεῖ βροτοῖσι πλὴν δυεῖν μόνον,
Δήμητρος ἀκτῆς πώματός θ' ὑδρηχόου,
ἅπερ πάρεστι καὶ πέφυχ' ἡμᾶς τρέφειν;
ὧν οὐκ ἀπαρκεῖ πλησμονή, τρυφῇ δέ τοι
ἄλλων ἐδεστῶν μηχανὰς θηρώμεθα.

XVII

Sermo habitus cum grammatico insolentiarum et inperitiarum pleno de significatione uocabuli, quod est 'obnoxius'; deque eius uocis origine.

1 Percontabar Romae quempiam grammaticum primae in
docendo celebritatis non hercle experiundi uel temptandi
gratia, sed discendi magis studio et cupidine, quid significaret 'obnoxius' quaeque eius uocabuli origo ac ratio esset.
2 Atque ille aspicit me inludens leuitatem quaestionis prauita-
temque: 'Obscuram' inquit 'sane rem quaeris multaque
3 prorsus uigilia indagandam. Quis adeo tam linguae Latinae
ignarus est, quin sciat eum dici "obnoxium", cui quid ab eo,
cui esse "obnoxius" dicitur, incommodari et noceri potest et
qui habeat aliquem noxae, id est culpae suae, conscium?
Quin potius' inquit 'haec mittis nugalia et affers ea, quae
digna quaeri tractarique sint?'
4 Tum uero ego permotus agendum iam oblique ut cum
homine stulto existimaui et 'cetera,' inquam 'uir doctissime,
remotiora grauioraque si discere et scire debuero, quando
mihi usus uenerit, tum quaeram ex te atque discam; sed
enim quia dixi saepe "obnoxius" et, quid dicerem, nesciui,
didici ex te et scire nunc coepi, quod non ego omnium solus,
ut tibi sum uisus, ignoraui, sed, ut res est, Plautus quoque,
homo linguae atque elegantiae in uerbis Latinae princeps,

1 fr. 892 Nauck[2]

---

2 θ' ὑδρηχόου, ἅπερ *testes alii*: ΤΕΙΔΡΕΧΟΟΥΟΠΕΡ *V* 4 τοι *Teles ap. Stob.* (*Wachsmuth et Hense vol. 5, p. 985*): COI *V* 18 et qui *Acidalius*: ei qui *VPR*: *** ei qui *Hertz*: eo quia ς 23 cetera *PR*[2]: quae ter(r)a *VR*[1]

quid esset "obnoxius", nesciuit; uersus enim est in *Sticho* illius ita scriptus:

nunc ego hercle peri plane, non obnoxie,

quod minime congruit cum ista, quam me docuisti, significatione; composuit enim Plautus tamquam duo inter se contraria "plane" et "obnoxie", quod a tua significatione longe abest.'

Atque ille grammaticus satis ridicule, quasi 'obnoxius' et 5
'obnoxie' non declinatione sola, sed re atque sentencia dif-
ferrent: 'ego' inquit 'dixi, quid esset "obnoxius", non quid
"obnoxie".' Ac tunc ego admirans insolentis hominis in- 6
scitiam: 'mittamus,' inquam 'sicuti uis, quod Plautus "obnoxie" dixit, si id nimis esse remotum putas, atque illud 7
quoque praetermittamus, quod Sallustius in *Catilina* scribit:
"Minari etiam ferro, ni sibi obnoxia foret", et quod uidetur 8
nouius peruulgatiusque esse, id me doce. Versus enim
Vergilii sunt notissimi:

nam neque tunc astris acies obtunsa uideri,
nec fratris radiis obnoxia surgere luna,

quod tu ais "culpae suae conscium". Alio quoque loco 9
Vergilius uerbo isto utitur a tua sententia diuerse in his
uersibus:

iuuat arua uidere
non rastris hominum, non ulli obnoxia curae;

cura enim prodesse aruis solet, non nocere, quod tu de
"obnoxio" dixisti. Iam uero illud etiam Q. Enni quo pacto 10

3 *Stich.* 497 15 *Cat.* 23. 3 18 *georg.* 1. 395 23 *georg.* 2. 438

---

10 obnoxius n. q. obnoxie ς: obnoxie n. q. obnoxius *VPR* 16 nouius *Hertz*: nobis *VPR*: nobis ⟨propius⟩ *F. Skutsch* 18 nam *V*: Iam *PR* astris ς: castris *VPR*: stellis *Verg.* obtunsa *VP*: obtusa *R* 21 a *R*: ac *V*: at *P*

congruere tecum potest, quod scribit in *Phoenice* in hisce uersibus:

sed uirum uera uirtute uiuere animatum addecet
fortiterque innoxium † uocare aduersum aduersarios
ea libertas est, qui pectus purum et firmum gestitat,
aliae res obnoxiosae nocte in obscura latent?'

11 At ille oscitans et alucinanti similis: 'nunc' inquit 'mihi operae non est. Cum otium erit, reuises ad me atque disces, quid in uerbo isto et Vergilius et Sallustius et Plautus et Ennius senserint.'

12 At nebulo quidem ille, ubi hoc dixit, digressus est; si quis autem uolet non originem solam uerbi istius, sed significationem quoque eius uarietatemque recensere, ut hoc etiam Plautinum spectet, adscripsi uersus ex *Asinaria*:

maximas opimitates gaudio effertissimas
suis eris ille una mecum pariet, gnatoque et patri,
adeo ut aetatem ambo ambobus nobis sint obnoxii
nostro deuincti beneficio.

13 Qua uero ille grammaticus finitione usus est, ea uidetur in uerbo tam multiplici unam tantummodo usurpationem eius notasse, quae quidem congruit cum significatu, quo Caecilius usus est in *Chrysio* in his uersibus:

quamquam ego mercede huc conductus tua
aduenio, ne tibi me esse ob eam rem obnoxium
reare; audibis male, si maledicis mihi.

3 *scen.* u. 300 Vahlen². 15 *asin.* 282 23 u. 21 Ribbeck²

1 congruere tecum ς: congrueret equum (cum *PR*) *VPR* 3 addecet *Carrio*: adiecit *VPR* 4 uocare *VPR*: stare *Bentley*: orare *Ribbeck* 14 spectet ς: spectat *VPR* 16 una mecum *Plaut.*: namecum *VPR* patri . . . aetatem *Plaut.*: patria deuota etate *VPR* 20 tam ς: iam *VPR* 23 conductus *VP*: adductus *R*

XVIII

De obseruata custoditaque apud Romanos iurisiurandi sanctimonia; atque inibi de decem captiuis, quos Romam Hannibal deiurio ab his accepto legauit.

Iusiurandum apud Romanos inuiolate sancteque habitum 1
seruatumque est. Id et moribus legibusque multis ostenditur, et hoc, quod dicemus, ei rei non tenue argumentum
esse potest. ⟨Post⟩ proelium Cannense Hannibal, Cartha- 2
giniensium imperator, ex captiuis nostris electos decem
Romam misit mandauitque eis pactusque est, ut, si populo
Romano uideretur, permutatio fieret captiuorum et pro his,
quos alteri plures acciperent, darent argenti pondo libram
et selibram. Hoc, priusquam proficiscerentur, iusiurandum 3
eos adegit redituros esse in castra Poenica, si Romani captiuos non permutarent.

Veniunt Romam decem captiui. Mandatum Poeni impera- 4, 5
toris in senatu exponunt. Permutatio senatui non placita. 6
Parentes cognati adfinesque captiuorum amplexi eos post- 7
liminio in patriam redisse dicebant statumque eorum integrum incolumemque esse ac, ne ad hostes redire uellent,
orabant. Tum octo ex his postliminium iustum non esse sibi 8
responderunt, quoniam deiurio uincti forent, statimque, uti
iurati erant, ad Hannibalem profecti sunt. Duo reliqui 9
Romae manserunt solutosque esse se ac liberatos religione
dicebant, quoniam, cum egressi castra hostium fuissent,
commenticio consilio regressi eodem, tamquam si ob aliquam fortuitam causam, issent atque ita iureiurando satis-
facto rursum iniurati abissent. Haec eorum fraudulenta 10
calliditas tam esse turpis existimata est, ut contempti uulgo
discerptique sint censoresque eos postea omnium notarum
et damnis et ignominiis adfecerint, quoniam, quod facturos
deierauerant, non fecissent.

8 potest. ⟨Post⟩ *Hertz*: potest *VPR*: est. Post *Lambecius* 13 Hoc *VPR*: Hos ς 26 aliquam *PR*: aliam *V* 30 discerptique *VP*: discertique *R*: dispretique *Lipsius*

11 Cornelius autem Nepos in libro *exemplorum* quinto id quoque litteris mandauit multis in senatu placuisse, ut hi, qui redire nollent, datis custodibus ad Hannibalem deducerentur, sed eam sententiam numero plurium, quibus id non uideretur, superatam; eos tamen, qui ad Hannibalem non redissent, usque adeo intestabiles inuisosque fuisse, ut taedium uitae ceperint necemque sibi consciuerint.

XIX

Historia ex annalibus sumpta de Tiberio Graccho, Gracchorum patre, tribuno plebis; atque inibi tribunicia decreta cum ipsis uerbis relata.

1 Pulcrum atque liberale atque magnanimum factum Tiberii
2 Sempronii Gracchi in *exemplis* repositum est. Id exemplum
huiuscemodi est: L. Scipioni Asiatico, P. Scipionis Africani
superioris fratri, C. Minucius Augurinus tribunus plebi multam irrogauit eumque ob eam causam praedes poscebat.
3 Scipio Africanus fratris nomine ad collegium tribunorum
prouocabat petebatque, ut uirum consularem triumphalem-
4 que a collegae ui defenderent. Octo tribuni cognita causa
decreuerunt.

5 Eius decreti uerba, quae posui, ex annalium monumentis
exscripta sunt: 'Quod P. Scipio Africanus postulauit pro L.
Scipione Asiatico fratre, cum contra leges contraque morem
maiorum tribunus pl. hominibus accitis per uim inauspicato
sententiam de eo tulerit multamque nullo exemplo irroga-
uerit praedesque eum ob eam rem dare cogat aut, si non
det, in uincula duci iubeat, ut eum a collegae ui prohibe-
amus; et quod contra collega postulauit, ne sibi interceda-
mus, quominus suapte potestate uti liceat, de ea re nostrum
sententia omnium ea est: si L. Cornelius Scipio Asiaticus

1 fr. 12 Malc. 14 Corn. Nep. fr. 13 Malc.

---

13 repositum *VPR*: Nepotis positum *Thysius* 17 fratris ς: patris *VPR* 18 prouocabat petebatque P^2: prouocabant petebantque (petebat *R*) VP^1R 27 ut ς: et *VPR*

collegae arbitratu praedes dabit, collegae, ne eum in uincula ducat, intercedemus; si eius arbitratu praedes non dabit, quominus collega sua potestate utatur, non intercedemus.'

Post hoc decretum cum Augurinus tribunus L. Scipionem **6**
praedes non dantem prendi et in carcerem duci iussisset, tunc Tiberius Sempronius Gracchus tr. pl., pater Tiberi atque C. Gracchorum, cum P. Scipioni Africano inimicus grauis ob plerasque in republica dissensiones esset, iurauit palam in amicitiam inque gratiam se cum P. Africano non redisse, atque ita decretum ex tabula recitauit.

Eius decreti uerba haec sunt: 'Cum L. Cornelius Scipio **7**
Asiaticus triumphans hostium duces in carcerem coniectarit, alienum uidetur esse dignitate reipublicae in eum locum imperatorem populi Romani duci, in quem locum ab eo coniecti sunt duces hostium; itaque L. Cornelium Scipionem Asiaticum a collegae ui prohibeo.'

Valerius autem Antias contra hanc decretorum memoriam **8**
contraque auctoritates ueterum annalium post Africani mortem intercessionem istam pro Scipione Asiatico factam esse a Tiberio Graccho dixit neque multam irrogatam Scipioni, sed damnatum eum peculatus ob Antiochinam pecuniam, quia praedes non daret, in carcerem duci coeptum atque ita intercedente Graccho exemptum.

XX

Quod Vergilius a Nolanis ob aquam sibi non permissam sustulit e uersu suo 'Nolam' et posuit 'oram'; atque ibi quaedam alia de iucunda consonantia litterarum.

Scriptum in quodam commentario repperi uersus istos a **1**
Vergilio ita primum esse recitatos atque editos:

17 fr. 45 Peter   28 sqq. cf. [Seru.] *Aen.* 7. 740 (codd. Ital. saec. xv)

7 Scipioni ς: scipione *VPR*   7–9 inimicus . . . Africano *om. R*
8 esset ς: esse *VP*   21 Antiochinam *V*P^2: antiochiam P^1*R*
22 quia ς: qui *VPR*   25 a Nol. ob aq. *VP*: ob aq. a Nol. *Carrio*

talem diues arat Capua et uicina Veseuo
Nola iugo;

postea Vergilium petisse a Nolanis, aquam uti duceret in propincum rus, Nolanos beneficium petitum non fecisse, poetam offensum nomen urbis eorum, quasi ex hominum memoria, sic ex carmine suo derasisse 'oram'que pro 'Nola' mutasse atque ita reliquisse:

et uicina Veseuo
ora iugo.

2 Ea res uerane an falsa sit, non laboro; quin tamen melius suauiusque ad aures sit 'ora' quam 'Nola,' dubium id non
3 est. Nam uocalis in priore uersu extrema eademque in sequenti prima canoro simul atque iucundo hiatu tractim
4 sonat. Est adeo inuenire apud nobiles poetas huiuscemodi suauitatis multa, quae appareat nauata esse, non fortuita;
5 sed praeter ceteros omnis apud Homerum plurima. Vno quippe in loco tales tamque hiantes sonitus in assiduis uocibus pluribus facit:

ἡ δ' ἑτέρη θέρεϊ προρέει εἰκυῖα χαλάζῃ
ἢ χιόνι ψυχρῇ ἢ ἐξ ὕδατος κρυστάλλῳ,

atque item alio in loco:

λᾶαν ἄνω ὤθεσκε ποτὶ λόφον.

6 Catullus quoque elegantissimus poetarum in hisce uersibus:

minister vetuli puer Falerni,
inger mi calices amariores,
ut lex Postumiae iubet magistrae,
ebria acina ebriosioris,

1 *georg.* 2. 224 19 *Il.* 22. 151 22 *Od.* 11. 596 25 *Cat.* 27. 1

6 Nola ς: nolam *VP*: nolaę iam *R* 17 tales tamque hiantes *Lambecius*: talestamque (ital- *VR*) hiant et *VPR* 18 pluribus *VPR*: pluris *Carrio* 26 *In vocc.* ingermicabiles amariores *explicit* *R* 27 iubet *Cat.*: iuuet *VP* 28 ebria acina *Haupt*: ebriose ac in (ac me *P*) *VP*

cum dicere 'ebrio' posset, ⟨et⟩ quod erat usitatius 'acinum' in neutro genere appellare, amans tamen hiatus illius Homerici suauitatem 'ebriam' dixit propter insequentis 'a' litterae concentum. Qui 'ebriosa' autem Catullum dixisse putant aut 'ebrioso'—nam id quoque temere scriptum inuenitur—, in libros scilicet de corruptis exemplaribus factos inciderunt.

XXI

'Quoad uiuet' 'quoad'que 'morietur' cur id ipsum temporis significent, cum ex duobus sint facta contrariis.

'Quoad uiuet' ⟨cum dicitur⟩, cum item dicitur 'quoad 1
morietur', uidentur quidem duae res dici contrariae; sed
idem atque unum tempus utraque uerba demonstrant. Item 2
cum dicitur 'quoad senatus habebitur' et 'quoad senatus
dimittetur', tametsi 'haberi' atque 'dimitti' contraria sunt,
unum atque id ipsum tamen utroque in uerbo ostenditur.
Tempora enim duo cum inter sese opposita sunt atque ita 3
cohaerentia, ut alterius finis cum alterius initio misceatur,
non refert, utrum per extremitatem prioris an per initium
sequentis locus ipse confinis demonstretur.

XXII

Quod censores equum adimere soliti sunt equitibus corpulentis et praepinguibus; quaesitumque, utrum ea res cum ignominia an incolumi dignitate equitum facta sit.

Nimis pingui homini et corpulento censores equum ad- 1
imere solitos scilicet minus idoneum ratos esse cum tanti
corporis pondere ad faciendum equitis munus. Non enim 2

1 ebrio *Haupt*: (h)ebriosi *VP* ⟨et⟩ *add.* ς 3 ebriam *Haupt*: (h)ebriosam *VP* 4 ebriosa *Haupt*: (h)ebrios *VP* 5 ebrioso *Haupt*: (h)ebriosos *VP* 9 quoadque *Hertz*: et quo atque *VP* 11 ⟨cum dicitur⟩ *add. Hertz* 25 homini *P*: hominis *V* 26 solitos ς: solito *VP* esse *VP*: *del. F. Skutsch*

poena id fuit, ut quidam existimant, sed munus sine igno-
3 minia remittebatur. Tamen Cato in oratione, quam *de sacrificio commisso* scripsit, obicit hanc rem criminosius, uti
4 magis uideri possit cum ignominia fuisse. Quod si ita accipias, id profecto existimandum est non omnino inculpatum
neque indesidem uisum esse, cuius corpus in tam inmodicum modum luxuriasset exuberassetque.

2 fr. 78 Malc.[2]

8 obnoxia, ut proprietas eorum est ipsa et qualitas. Nam si sunt
per naturam primitus salubriter utiliterque ficta, omnem
illam uim, quae de fato extrinsecus ingruit, inoffensius
tractabiliusque transmittunt. Sin uero sunt aspera et inscita
et rudia nullisque artium bonarum adminiculis fulta, etiamsi
paruo siue nullo fatalis incommodi conflictu urgeantur, sua
tamen scaeuitate et uoluntario impetu in assidua delicta et
9 in errores se ruunt. Idque ipsum ut ea ratione fiat, naturalis
illa et necessaria rerum consequentia efficit, quae fatum
10 uocatur. Est enim genere ipso quasi fatale et consequens, ut
mala ingenia peccatis et erroribus non uacent.'
11 Huius deinde fere rei exemplo non hercle nimis alieno
neque inlepido utitur. 'Sicut' inquit 'lapidem cylindrum si
per spatia terrae prona atque derupta iacias, causam quidem
ei et initium praecipitantiae feceris, mox tamen ille praeceps uoluitur, non quia tu id iam facis, sed quoniam ita
sese modus eius et formae uolubilitas habet: sic ordo et
ratio et necessitas fati genera ipsa et principia causarum
mouet, impetus uero consiliorum mentiumque nostrarum
actionesque ipsas uoluntas cuiusque propria et animorum
12 ingenia moderantur.' Infert deinde uerba haec his, quae
dixi, congruentia: *Διὸ καὶ ὑπὸ τῶν Πυθαγορείων εἴρηται·*

γνώσει δ' ἀνθρώπους αὐθαίρετα πήματ' ἔχοντας,

*ὡς τῶν βλαβῶν ἑκάστοις παρ' αὐτοὺς γινομένων καὶ καθ' ὁρμὴν
αὐτῶν ἁμαρτανόντων τε καὶ βλαπτομένων καὶ κατὰ τὴν αὐτῶν
13 διάνοιαν καὶ θέσιν.* Propterea negat oportere ferri audirique
homines aut nequam aut ignauos et nocentes et audaces,
qui, cum in culpa et in maleficio reuicti sunt, perfugiunt ad

23 *aur. dict.* 54

8 errores se ruunt *Gronov*: errore seruunt (seruiunt *P*) *VP*: errores irruunt *Hosius* 12 fere rei *Hertz*: fieri *VP*: rei ς alieno ς: aliene *VP* 14 causam ς: causa *VP* (*unde* fueris *Hertz*) 17 modus *VP*: motus *Hosius* 22 εἴρηται ς: ΕΥΡΗΤΑΙ *V* 24 αὐτοὺς *V*: αὐτοῖς ς: αὐτῶν *Grotius* 27 aut ign. et *VP*: et ign. aut *Gercke* 28 reuicti *VP*: reuincti ς

A. GELLII

NOCTIVM ATTICARVM LIBER SEPTIMVS

I

Quem in modum responderit Chrysippus aduersum eos, qui prouidentiam consistere negauerunt.

⟨QVIBUS non uidetur mundus dei et hominum causa in-
stitutus neque res humanae prouidentia gubernari, graui se 1
argumento uti putant, cum ita dicunt: 'si esset prouidentia,
nulla essent mala.' Nihil enim minus aiunt prouidentiae
congruere, quam in eo mundo, quem propter⟩ homines fecisse
dicatur, tantam uim esse aerumnarum et malorum. Aduer- 2
sus ea Chrysippus cum in libro *περὶ προνοίας* quarto dissereret: 'nihil est prorsus istis' inquit 'insubidius, qui opinantur
bona esse potuisse, si non essent ibidem mala. Nam cum 3
bona malis contraria sint, utraque necessum est opposita
inter sese et quasi mutuo aduerso quaeque fulta nisu consistere; nullum adeo contrarium est sine contrario altero.
Quo enim pacto iustitiae sensus esse posset, nisi essent 4
iniuriae? aut quid aliud iustitia est quam iniustitiae priuatio? quid item fortitudo intellegi posset nisi ex ignauiae
adpositione? quid continentia nisi ex intemperantiae? quo
item modo prudentia esset, nisi foret contra inprudentia?
Proinde' inquit 'homines stulti cur non hoc etiam desiderant, 5

4 sqq. (§§ 1–6) cf. Lactant. *epit. inst. diu.* 24. 5 10 fr. 1169 v. Arnim

4 ⟨Quibus . . . 8 propter⟩ *e Lact. supplenda* 8 quem propter *Davis*: propter quem *cod. Lact.* 9 Aduersus *VP*: Ad *Lact.* 11 istis *Lact.*: istius *VP* insubidius *VP*: insulsius *Lact.* 14 inter *VP*: esse inter *Lact.* aduerso quaeque *VP*: aduersoque *Lact.* 19 intemp. *VP*: intemperantia *Lact.*

ut ueritas sit et non sit mendacium? Namque itidem sunt
bona et mala, felicitas et infortunitas, dolor et uoluptas.
6 Alterum enim ex altero, sicuti Plato ait, uerticibus inter
se contrariis deligatum est; si tuleris unum, abstuleris
utrumque.'

7 Idem Chrysippus in eodem libro tractat consideratque
dignumque esse id quaeri putat, *εἰ αἱ τῶν ἀνθρώπων νόσοι κατὰ
φύσιν γίνονται*, id est, ⟨si⟩ natura ipsa rerum uel prouidentia,
quae compagem hanc mundi et genus hominum fecit, morbos quoque et debilitates et aegritudines corporum, quas
8 patiuntur homines, fecerit. Existimat autem non fuisse hoc
principale naturae consilium, ut faceret homines morbis
obnoxios; numquam enim hoc conuenisse naturae auctori
9 parentique omnium rerum bonarum. 'Sed cum multa' inquit 'atque magna gigneret pareretque aptissima et utilissima, alia quoque simul adgnata sunt incommoda his ipsis,
quae faciebat, cohaerentia'; eaque ⟨non⟩ per naturam, sed
per sequellas quasdam necessarias facta dicit, quod ipse
10 appellat *κατὰ παρακολούθησιν*. 'Sicut,' inquit 'cum corpora
hominum natura fingeret, ratio subtilior et utilitas ipsa
operis postulauit, ut tenuissimis minutisque ossiculis caput
11 compingeret. Sed hanc utilitatem rei maioris alia quaedam
incommoditas extrinsecus consecuta est, ut fieret caput
tenuiter munitum et ictibus offensionibusque paruis fragile.
12 Proinde morbi quoque et aegritudines partae sunt, dum
13 salus paritur. Sicut hercle,' inquit 'dum uirtus hominibus
per consilium naturae gignitur, uitia ibidem per adfinitatem
contrariam nata sunt.'

3 *Phaed.* 3. 60 B 6 fr. 1170 v. Arnim

---

2 inf. *VP*: inportunitas *Lact.* 4 deligatum *Lact.*: delicatum *VP* 7 *εἰ αἱ* ς: EIN *VP* 8 *γίνονται* ς: TEINONTAI *V* 15 gigneret ς: gignerent *VP* aptissima *P*: apertissima *V* 17 ⟨non⟩ *add.* ς: ⟨neque⟩ *J. Gronov* 18 sequellas ς: sequerelas *VP* 22 maioris *VP*: maiorem *Eussner* 28 contrariam *VP*: contraria *F. Skutsch*

II

Quo itidem modo et uim necessitatemque fati constituerit et ess
tamen in nobis consilii iudiciique nostri arbitrium confirmauerit.

Fatum, quod *εἱμαρμένην* Graeci uocant, ad hanc ferm sententiam Chrysippus, Stoicae princeps philosophiae, de finit: 'Fatum est' inquit 'sempiterna quaedam et indeclin bilis series rerum et catena uoluens semetipsa sese et inplicar per aeternos consequentiae ordines, ex quibus apta nexaq est.' Ipsa autem uerba Chrysippi, quantum ualui memori ascripsi, ut, si cui meum istud interpretamentum uidebit esse obscurius, ad ipsius uerba animaduertat. In lib enim *περὶ προνοίας* quarto *εἱμαρμένην* esse dicit *φυσικήν τι σύνταξιν τῶν ὅλων ἐξ ἀιδίου τῶν ἑτέρων τοῖς ἑτέροις ἐπακολ θούντων καὶ μεταπολουμένων ἀπαραβάτου οὔσης τῆς τοιαύτ ἐπιπλοκῆς.*

Aliarum autem opinionum disciplinarumque auctores h definitioni ita obstrepunt: 'Si Chrysippus' inquiunt 'f putat omnia moueri et regi nec declinari transcendique po agmina fati et uolumina, peccata quoque hominum et licta non suscensenda neque inducenda sunt ipsis uolunt busque eorum, sed necessitati cuidam et instantiae, q oritur ex fato', omnium quae sit rerum domina et arbi per quam necesse sit fieri, quicquid futurum est; et prop ea nocentium poenas legibus inique constitutas, si hom ad maleficia non sponte ueniunt, sed fato trahuntur.

Contra ea Chrysippus tenuiter multa et argute diss sed omnium fere, quae super ea re scripsit, huiuscen sententia est. 'Quamquam ita sit,' inquit 'ut ratione qua necessaria et principali coacta atque conexa sint fato om ingenia tamen ipsa mentium nostrarum proinde sunt

5 fr. 1000 v. Arnim

---

7 sese *VP*: ex se *Otho*: semper *Damsté*: *del. Gronov* 14
Kumanudes: ΜΕΑΠΟΑΥΜΕΝѠΝ (*ex* -ON) *V*: *μὴ ἀπολυομένων*
29 necessaria *ed. Ald. 1515*: necessario *VP*

fati necessitatem tamquam in aliquod fani asylum et, quae pessime fecerunt, ea non suae temeritati, sed fato esse attribuenda dicunt.

Primus autem hoc sapientissimus ille et antiquissimus 14
poetarum dixit hisce uersibus:

> ὢ πόποι, οἷον δή νυ θεοὺς βροτοὶ αἰτιόωνται.
> ἐξ ἡμέων γάρ φασι κάκ' ἔμμεναι· οἱ δὲ καὶ αὐτοὶ
> σφῇσιν ἀτασθαλίῃσιν ὑπὲρ μόρον ἄλγε' ἔχουσιν.

Itaque M. Cicero in libro, quem *de fato* conscripsit, cum 15
quaestionem istam diceret obscurissimam esse et inplicatissimam, Chrysippum quoque philosophum non expedisse se in ea ⟨ait⟩ his uerbis: 'Chrysippus aestuans laboransque, quonam hoc modo explicet et fato omnia fieri et esse aliquid in nobis, intricatur.'

III

Historia sumpta ex libris Tuberonis de serpente inuisitatae longitudinis.

Tubero in *historiis* scriptum reliquit bello primo Poenico 1
Atilium Regulum consulem in Africa castris apud Bagradam flumen positis proelium grande atque acre fecisse aduersus unum serpentem in illis locis stabulantem inuisitatae inmanitatis eumque magna totius exercitus conflictione balistis atque catapultis diu oppugnatum, eiusque interfecti corium longum pedes centum et uiginti Romam misisse.

6 Hom *Od.* I. 32   11 fr. 977 v. Arnim   12 *de fat.* fr. 1 Orelli^2 18 fr. 8 Peter

---

7 φασι *Hom.*: ΦΗCΙ *V*   12 ⟨ait⟩ *add. Lion*   13 hoc modo *huc transp. Hertz*: *post* intricatur *habent VP*   explicet ς: explicit *VP*   14 aliquid ς: aliquod *VP*   22 tocius V^2: ocius V^1P

IV

Quid idem Tubero nouae historiae de Atilio Regulo a Carthaginiensibus capto litteris mandauerit; quid etiam Tuditanus super eodem Regulo scripserit.

1 Quod satis celebre est de Atilio Regulo, id nuperrime
legimus scriptum in Tuditani libris: Regulum captum ad ea,
quae in senatu Romae dixit suadens, ne captiui cum Carthaginiensibus permutarentur, id quoque addidisse uenenum
sibi Carthaginienses dedisse, non praesentarium, sed eiusmodi, quod mortem in diem proferret, eo consilio, ut uiueret
quidem tantisper, quoad fieret permutatio, post autem
grassante sensim ueneno contabesceret.
2 Eundem Regulum Tubero in *historiis* redisse Carthagi-
nem nouisque exemplorum modis excruciatum a Poenis
3 dicit: 'In atras' inquit 'et profundas tenebras eum claude-
bant ac diu post, ubi erat uisus sol ardentissimus, repente
educebant et aduersus ictus solis oppositum continebant
atque intendere in caelum oculos cogebant. Palpebras quoque eius, ne coniuere posset, sursum ac deorsum diductas
4 insuebant.' Tuditanus autem somno diu prohibitum atque
ita uita priuatum refert, idque ubi Romae cognitum est,
nobilissimos Poenorum captiuos liberis Reguli a senatu
deditos et ab his in armario muricibus praefixo destitutos
eademque insomnia cruciatos interisse.

V

Quod Alfenus iureconsultus in uerbis ueteribus interpretandis errauit.

1 Alfenus iureconsultus, Seruii Sulpicii discipulus rerumque antiquarum non incuriosus, in libro *digestorum* tricesimo et quarto, *coniectaneorum* autem secundo: 'in foedere,' inquit

6 fr. 5 Peter 13 fr. 9 Peter 27 fr. 1 Huschke

5 celebre *VP*: incelebre *Hosius* 7 dixit V^2P: scripsit V^1 12 ueneno *V*: ueneni *P* contab. *P*: cor tabesceret *V* 16 diu *VP*: die *Markland* 17 *in uoce* solis *explicit P* 23 mur. praefixo ς: municibus praefixos *V*

'quod inter populum Romanum et Carthaginienses factum
est, scriptum inuenitur, ut Carthaginienses quotannis populo
Romano darent certum pondus argenti puri puti, quaesitumque est, quid esset "purum putum". Respondi' inquit
'ego "putum" esse ualde purum, sicuti nouum "nouicium"
dicimus et proprium "propicium" augere atque intendere
uolentes noui et proprii significationem.'

Hoc ubi legimus, mirabamur eandem adfinitatem uisam 2
esse Alfeno 'puri' et 'puti', quae sit 'nouicii' et 'noui'; nam 3
si esset 'puricium', tum sane uideretur dici quasi 'nouicium'.
Id etiam mirum fuit, quod 'nouicium' per augendi figuram 4
dictum existimauit, cum sit 'nouicium' non, quod magis
nouum sit, sed quod a 'nouo' dictum sit inclinatumque. His 5
igitur assentimus, qui 'putum' esse dicunt a 'putando'
dictum et ob eam causam prima syllaba breui pronuntiant,
non longa, ut existimasse Alfenus uidetur, qui a 'puro' id
esse factum scripsit. 'Putare' autem ueteres dixerunt uacan- 6
tia ex quaque re ac non necessaria aut etiam obstantia et
aliena auferre et excidere et, quod esse utile ac sine uitio
uideretur, relinquere. Sic namque arbores et uites et sic 7
rationes etiam 'putari' dictum. Verbum quoque ipsum 'puto', 8
quod declarandae sententiae nostrae causa dicimus, non
significat profecto aliud, quam id agere nos in re dubia obscuraque, ut decisis amputatisque falsis opinionibus, quod
uideatur esse uerum et integrum et incorruptum, retineamus. Argentum ergo in Carthaginiensi foedere 'putum' 9
dictum est quasi exputatum excoctumque omnique aliena
materia carens omnibusque ex eo uitiis detractis emaculatum et candefactum.

Scriptum est autem 'purum putum' non in Carthaginiensi 10
solum foedere, sed cum in multis aliis ueterum libris, tum in
Q. quoque Ennii tragoedia, quae inscribitur *Alexander*, et in
satira M. Varronis, quae inscripta est δὶς παῖδες οἱ γέροντες.

32 Enn. *scen.* u. 78 Vahlen[2]   33 Varr. *sat.* fr. 91 Bücheler

2 est ς: et *V*   3 certum V^2: centum V^1 16 uidetur qui a ς: uideretur quia *V*   17 factum ς: factus *V*   23 nos ς: non *V*

VI

Temere inepteque reprehensum esse a Iulio Hygino Vergilium, quod 'praepetes' Daedali pennas dixit; atque inibi, quid sint aues praepetes et quid illae sint aues, quas Nigidius 'inferas' appellauit.

1 Daedalus, ut fama est, fugiens Minoia regna
praepetibus pennis ausus se credere caelo.

2 In his Vergilii uersibus reprehendit Iulius Hyginus 'pennis
3 praepetibus' quasi inproprie et inscite dictum. 'Nam "praepetes" ' inquit 'aues ab auguribus appellantur, quae aut
4 opportune praeuolant aut idoneas sedes capiunt.' Non apte
igitur usum uerbo augurali existimauit in Daedali uolatu
nihil ad augurum disciplinam pertinente.
5 Sed Hyginus nimis hercle ineptus fuit, cum, quid 'praepetes' essent, se scire ratus est, Vergilium autem et Cn.
Matium, doctum uirum, ignorasse, qui in secundo *Iliadis*
Victoriam uolucrem 'praepetem' appellauit in hoc uersu:

dum dat uincendi praepes Victoria palmam.

6 Cur autem non Q. quoque Ennium reprehendit, qui in
annalibus non pennas Daedali, sed longe diuersius:

'Brundisium' inquit 'pulcro praecinctum praepete portu'?

7 Set si uim potius naturamque uerbi considerasset neque id
solum, quod augures dicerent, inspexisset, ueniam prorsus
poetis daret similitudine ac translatione uerborum, non
8 significatione propria utentibus. Nam quoniam non ipsae
tantum aues, quae prosperius praeuolant, sed etiam loci,
quos capiunt, quod idonei felicesque sunt, 'praepetes' appel-

5 *Aen.* 6. 14 7 Hyg. fr. 6 Fun. 17 fr. 3 Morel
20 *ann.* u. 488 Vahlen²

---

3 inibi quid ς: ibi inquid (-it *V*) *VP* 12 pertinente ς: pertinentes *V* 14 essent ς: esse *V*: esset ς *alii* Cn. Mattium *Scaliger*: trimacium *V* 15 secundo *V* (*i.e.* *2. 332*): septimo *Carrio* (*7. 291*) 20 inquit *Vahlen*: quid *V* portu. Set *Scioppius*: portus et *V*: portu et ς: portust *olim Vahlen*

A. GELLII

NOCTIVM ATTICARVM LIBER SEPTIMVS

I

Quem in modum responderit Chrysippus aduersum eos, qui prouidentiam consistere negauerunt.

⟨QVIBVS non uidetur mundus dei et hominum causa in-
stitutus neque res humanae prouidentia gubernari, graui se 1
argumento uti putant, cum ita dicunt: 'si esset prouidentia,
nulla essent mala.' Nihil enim minus aiunt prouidentiae
congruere, quam in eo mundo, quem propter⟩ homines fecisse
dicatur, tantam uim esse aerumnarum et malorum. Aduer- 2
sus ea Chrysippus cum in libro περὶ προνοίας quarto dissereret: 'nihil est prorsus istis' inquit 'insubidius, qui opinantur
bona esse potuisse, si non essent ibidem mala. Nam cum 3
bona malis contraria sint, utraque necessum est opposita
inter sese et quasi mutuo aduerso quaeque fulta nisu consistere; nullum adeo contrarium est sine contrario altero.
Quo enim pacto iustitiae sensus esse posset, nisi essent 4
iniuriae? aut quid aliud iustitia est quam iniustitiae priuatio? quid item fortitudo intellegi posset nisi ex ignauiae
adpositione? quid continentia nisi ex intemperantiae? quo
item modo prudentia esset, nisi foret contra inprudentia?
Proinde' inquit 'homines stulti cur non hoc etiam desiderant, 5

4 sqq. (§§ 1–6) cf. Lactant. *epit. inst. diu.* 24. 5 10 fr. 1169 v. Arnim

4 ⟨Quibus . . . 8 propter⟩ *e Lact. supplenda* 8 quem propter *Davis*: propter quem *cod. Lact.* 9 Aduersus *VP*: Ad *Lact.* 11 istis *Lact.*: istius *VP* insubidius *VP*: insulsius *Lact.* 14 inter *VP*: esse inter *Lact.* aduerso quaeque *VP*: aduersoque *Lact.* 19 intemp. *VP*: intemperantia *Lact.*

ut ueritas sit et non sit mendacium? Namque itidem sunt
bona et mala, felicitas et infortunitas, dolor et uoluptas.
6 Alterum enim ex altero, sicuti Plato ait, uerticibus inter
se contrariis deligatum est; si tuleris unum, abstuleris
utrumque.'
7 Idem Chrysippus in eodem libro tractat consideratque
dignumque esse id quaeri putat, *εἰ αἱ τῶν ἀνθρώπων νόσοι κατὰ
φύσιν γίνονται*, id est, ⟨si⟩ natura ipsa rerum uel prouidentia,
quae compagem hanc mundi et genus hominum fecit, morbos quoque et debilitates et aegritudines corporum, quas
8 patiuntur homines, fecerit. Existimat autem non fuisse hoc
principale naturae consilium, ut faceret homines morbis
obnoxios; numquam enim hoc conuenisse naturae auctori
9 parentique omnium rerum bonarum. 'Sed cum multa' inquit 'atque magna gigneret pareretque aptissima et utilissima, alia quoque simul adgnata sunt incommoda his ipsis,
quae faciebat, cohaerentia'; eaque ⟨non⟩ per naturam, sed
per sequellas quasdam necessarias facta dicit, quod ipse
10 appellat *κατὰ παρακολούθησιν*. 'Sicut,' inquit 'cum corpora
hominum natura fingeret, ratio subtilior et utilitas ipsa
operis postulauit, ut tenuissimis minutisque ossiculis caput
11 compingeret. Sed hanc utilitatem rei maioris alia quaedam
incommoditas extrinsecus consecuta est, ut fieret caput
tenuiter munitum et ictibus offensionibusque paruis fragile.
12 Proinde morbi quoque et aegritudines partae sunt, dum
13 salus paritur. Sicut hercle,' inquit 'dum uirtus hominibus
per consilium naturae gignitur, uitia ibidem per adfinitatem
contrariam nata sunt.'

3 *Phaed.* 3. 60 B 6 fr. 1170 v. Arnim

2 inf. *VP*: inportunitas *Lact.* 4 deligatum *Lact.*: delicatum *VP* 7 *εἰ αἱ* ς: ΕΙΝ *VP* 8 *γίνονται* ς: ΤΕΙΝΟΝΤΑΙ *V* 15 gigneret ς: gignerent *VP* aptissima *P*: apertissima *V* 17 ⟨non⟩ *add.* ς: ⟨neque⟩ *J. Gronov* 18 sequellas ς: sequerelas *VP* 22 maioris *VP*: maiorem *Eussner* 28 contrariam *VP*: contraria *F. Skutsch*

II

Quo itidem modo et uim necessitatemque fati constituerit et esse tamen in nobis consilii iudiciique nostri arbitrium confirmauerit.

Fatum, quod *εἱμαρμένην* Graeci uocant, ad hanc ferme **1**
sententiam Chrysippus, Stoicae princeps philosophiae, definit: 'Fatum est' inquit 'sempiterna quaedam et indeclina-
bilis series rerum et catena uoluens semetipsa sese et inplicans
per aeternos consequentiae ordines, ex quibus apta nexaque
est.' Ipsa autem uerba Chrysippi, quantum ualui memoria, **2**
ascripsi, ut, si cui meum istud interpretamentum uidebitur
esse obscurius, ad ipsius uerba animaduertat. In libro **3**
enim *περὶ προνοίας* quarto *εἱμαρμένην* esse dicit *φυσικήν τινα
σύνταξιν τῶν ὅλων ἐξ ἀιδίου τῶν ἑτέρων τοῖς ἑτέροις ἐπακολου-
θούντων καὶ μεταπολουμένων ἀπαραβάτου οὔσης τῆς τοιαύτης
ἐπιπλοκῆς.*

Aliarum autem opinionum disciplinarumque auctores huic **4**
definitioni ita obstrepunt: 'Si Chrysippus' inquiunt 'fato **5**
putat omnia moueri et regi nec declinari transcendique posse agmina fati et uolumina, peccata quoque hominum et delicta non suscensenda neque inducenda sunt ipsis uoluntatibusque eorum, sed necessitati cuidam et instantiae, quae oritur ex fato', omnium quae sit rerum domina et arbitra, per quam necesse sit fieri, quicquid futurum est; et propterea nocentium poenas legibus inique constitutas, si homines ad maleficia non sponte ueniunt, sed fato trahuntur.

Contra ea Chrysippus tenuiter multa et argute disserit; **6**
sed omnium fere, quae super ea re scripsit, huiuscemodi
sententia est. 'Quamquam ita sit,' inquit 'ut ratione quadam **7**
necessaria et principali coacta atque conexa sint fato omnia,
ingenia tamen ipsa mentium nostrarum proinde sunt fato

5 fr. 1000 v. Arnim

---

7 sese *VP*: ex se *Otho*: semper *Damsté*: *del. Gronov* 14 *μεταπ. Kumanudes*: ΜΕΑΠΟΑΥΜΕΝΩΝ (*ex* -ON) *V*: *μὴ ἀπολυομένων Usener* 29 necessaria *ed. Ald. 1515*: necessario *VP*

8 obnoxia, ut proprietas eorum est ipsa et qualitas. Nam si sunt
per naturam primitus salubriter utiliterque ficta, omnem
illam uim, quae de fato extrinsecus ingruit, inoffensius
tractabiliusque transmittunt. Sin uero sunt aspera et inscita
et rudia nullisque artium bonarum adminiculis fulta, etiamsi
paruo siue nullo fatalis incommodi conflictu urgeantur, sua
tamen scaeuitate et uoluntario impetu in assidua delicta et
9 in errores se ruunt. Idque ipsum ut ea ratione fiat, naturalis
illa et necessaria rerum consequentia efficit, quae fatum
10 uocatur. Est enim genere ipso quasi fatale et consequens, ut
mala ingenia peccatis et erroribus non uacent.'
11 Huius deinde fere rei exemplo non hercle nimis alieno
neque inlepido utitur. 'Sicut' inquit 'lapidem cylindrum si
per spatia terrae prona atque derupta iacias, causam quidem
ei et initium praecipitantiae feceris, mox tamen ille praeceps uoluitur, non quia tu id iam facis, sed quoniam ita
sese modus eius et formae uolubilitas habet: sic ordo et
ratio et necessitas fati genera ipsa et principia causarum
mouet, impetus uero consiliorum mentiumque nostrarum
actionesque ipsas uoluntas cuiusque propria et animorum
12 ingenia moderantur.' Infert deinde uerba haec his, quae
dixi, congruentia: *Διὸ καὶ ὑπὸ τῶν Πυθαγορείων εἴρηται·*

γνώσει δ' ἀνθρώπους αὐθαίρετα πήματ' ἔχοντας,

*ὡς τῶν βλαβῶν ἑκάστοις παρ' αὐτοὺς γινομένων καὶ καθ' ὁρμὴν
αὐτῶν ἁμαρτανόντων τε καὶ βλαπτομένων καὶ κατὰ τὴν αὐτῶν
13 διάνοιαν καὶ θέσιν.* Propterea negat oportere ferri audirique
homines aut nequam aut ignauos et nocentes et audaces,
qui, cum in culpa et in maleficio reuicti sunt, perfugiunt ad

23 *aur. dict.* 54

8 errores se ruunt *Gronov*: errore seruunt (seruiunt *P*) *VP*: errores irruunt *Hosius* 12 fere rei *Hertz*: fieri *VP*: rei ς alieno ς: aliene *VP* 14 causam ς: causa *VP* (*unde* fueris *Hertz*) 17 modus *VP*: motus *Hosius* 22 εἴρηται ς: ΕΥΡΗΤΑΙ *V* 24 αὐτοὺς *V*: αὐτοῖς ς: αὐτῶν *Grotius* 27 aut ign. et *VP*: et ign. aut *Gercke* 28 reuicti *VP*: reuincti ς

fati necessitatem tamquam in aliquod fani asylum et, quae pessime fecerunt, ea non suae temeritati, sed fato esse attribuenda dicunt.

Primus autem hoc sapientissimus ille et antiquissimus **14**
poetarum dixit hisce uersibus:

ὢ πόποι, οἷον δή νυ θεοὺς βροτοὶ αἰτιόωνται.
ἐξ ἡμέων γάρ φασι κάκ' ἔμμεναι· οἱ δὲ καὶ αὐτοὶ
σφῇσιν ἀτασθαλίῃσιν ὑπὲρ μόρον ἄλγε' ἔχουσιν.

Itaque M. Cicero in libro, quem *de fato* conscripsit, cum **15**
quaestionem istam diceret obscurissimam esse et inplicatissimam, Chrysippum quoque philosophum non expedisse se in ea ⟨ait⟩ his uerbis: 'Chrysippus aestuans laboransque, quonam hoc modo explicet et fato omnia fieri et esse aliquid in nobis, intricatur.'

III

Historia sumpta ex libris Tuberonis de serpente inuisitatae longitudinis.

Tubero in *historiis* scriptum reliquit bello primo Poenico **1**
Atilium Regulum consulem in Africa castris apud Bagradam flumen positis proelium grande atque acre fecisse aduersus unum serpentem in illis locis stabulantem inuisitatae inmanitatis eumque magna totius exercitus conflictione balistis atque catapultis diu oppugnatum, eiusque interfecti corium longum pedes centum et uiginti Romam misisse.

6 Hom *Od.* 1. 32 11 fr. 977 v. Arnim 12 *de fat.* fr. 1 Orelli[2] 18 fr. 8 Peter

---

7 *φασι Hom.*: ΦΗCΙ *V* 12 ⟨ait⟩ *add. Lion* 13 hoc modo *huc transp. Hertz*: *post* intricatur *habent VP* explicet ς: explicit *VP* 14 aliquid ς: aliquod *VP* 22 tocius V^2: ocius V^1P

IV

Quid idem Tubero nouae historiae de Atilio Regulo a Carthaginiensibus capto litteris mandauerit; quid etiam Tuditanus super eodem Regulo scripserit.

1 Quod satis celebre est de Atilio Regulo, id nuperrime
legimus scriptum in Tuditani libris: Regulum captum ad ea,
quae in senatu Romae dixit suadens, ne captiui cum Carthaginiensibus permutarentur, id quoque addidisse uenenum
sibi Carthaginienses dedisse, non praesentarium, sed eiusmodi, quod mortem in diem proferret, eo consilio, ut uiueret
quidem tantisper, quoad fieret permutatio, post autem
grassante sensim ueneno contabesceret.

2 Eundem Regulum Tubero in *historiis* redisse Carthagi-
nem nouisque exemplorum modis excruciatum a Poenis
3 dicit: 'In atras' inquit 'et profundas tenebras eum claude-
bant ac diu post, ubi erat uisus sol ardentissimus, repente
educebant et aduersus ictus solis oppositum continebant
atque intendere in caelum oculos cogebant. Palpebras quoque eius, ne coniuere posset, sursum ac deorsum diductas
4 insuebant.' Tuditanus autem somno diu prohibitum atque
ita uita priuatum refert, idque ubi Romae cognitum est,
nobilissimos Poenorum captiuos liberis Reguli a senatu
deditos et ab his in armario muricibus praefixo destitutos
eademque insomnia cruciatos interisse.

V

Quod Alfenus iureconsultus in uerbis ueteribus interpretandis errauit.

1 Alfenus iureconsultus, Seruii Sulpicii discipulus rerumque antiquarum non incuriosus, in libro *digestorum* tricesimo et quarto, *coniectaneorum* autem secundo: 'in foedere,' inquit

6 fr. 5 Peter   13 fr. 9 Peter   27 fr. 1 Huschke

5 celebre *VP*: incelebre *Hosius*   7 dixit V^2P: scripsit V^1 12 ueneno *V*: ueneni *P*   contab. *P*: cor tabesceret *V*   16 diu *VP*: die *Markland*   17 *in uoce* solis *explicit P*   23 mur. praefixo ς: municibus praefixos *V*

'quod inter populum Romanum et Carthaginienses factum est, scriptum inuenitur, ut Carthaginienses quotannis populo Romano darent certum pondus argenti puri puti, quaesitumque est, quid esset "purum putum". Respondi' inquit 'ego "putum" esse ualde purum, sicuti nouum "nouicium" dicimus et proprium "propicium" augere atque intendere uolentes noui et proprii significationem.'

Hoc ubi legimus, mirabamur eandem adfinitatem uisam 2
esse Alfeno 'puri' et 'puti', quae sit 'nouicii' et 'noui'; nam 3
si esset 'puricium', tum sane uideretur dici quasi 'nouicium'.
Id etiam mirum fuit, quod 'nouicium' per augendi figuram 4
dictum existimauit, cum sit 'nouicium' non, quod magis
nouum sit, sed quod a 'nouo' dictum sit inclinatumque. His 5
igitur assentimus, qui 'putum' esse dicunt a 'putando'
dictum et ob eam causam prima syllaba breui pronuntiant,
non longa, ut existimasse Alfenus uidetur, qui a 'puro' id
esse factum scripsit. 'Putare' autem ueteres dixerunt uacan- 6
tia ex quaque re ac non necessaria aut etiam obstantia et
aliena auferre et excidere et, quod esse utile ac sine uitio
uideretur, relinquere. Sic namque arbores et uites et sic 7
rationes etiam 'putari' dictum. Verbum quoque ipsum 'puto', 8
quod declarandae sententiae nostrae causa dicimus, non
significat profecto aliud, quam id agere nos in re dubia obscuraque, ut decisis amputatisque falsis opinionibus, quod
uideatur esse uerum et integrum et incorruptum, retineamus. Argentum ergo in Carthaginiensi foedere 'putum' 9
dictum est quasi exputatum excoctumque omnique aliena materia carens omnibusque ex eo uitiis detractis emaculatum et candefactum.

Scriptum est autem 'purum putum' non in Carthaginiensi 10
solum foedere, sed cum in multis aliis ueterum libris, tum in Q. quoque Ennii tragoedia, quae inscribitur *Alexander*, et in satira M. Varronis, quae inscripta est δὶς παῖδες οἱ γέροντες.

32 Enn. *scen.* u. 78 Vahlen[2]   33 Varr. *sat.* fr. 91 Bücheler

---

2 est ς: et *V*   3 certum *V*[2]: centum *V*[1]   16 uidetur qui a ς: uideretur quia *V*   17 factum ς: factus *V*   23 nos ς: non *V*

VI

Temere inepteque reprehensum esse a Iulio Hygino Vergilium, quod 'praepetes' Daedali pennas dixit; atque inibi, quid sint aues praepetes et quid illae sint aues, quas Nigidius 'inferas' appellauit.

1 Daedalus, ut fama est, fugiens Minoia regna
praepetibus pennis ausus se credere caelo.

2 In his Vergilii uersibus reprehendit Iulius Hyginus 'pennis
3 praepetibus' quasi inproprie et inscite dictum. 'Nam "praepetes"' inquit 'aues ab auguribus appellantur, quae aut
4 opportune praeuolant aut idoneas sedes capiunt.' Non apte
igitur usum uerbo augurali existimauit in Daedali uolatu
nihil ad augurum disciplinam pertinente.
5 Sed Hyginus nimis hercle ineptus fuit, cum, quid 'praepetes' essent, se scire ratus est, Vergilium autem et Cn.
Matium, doctum uirum, ignorasse, qui in secundo *Iliadis*
Victoriam uolucrem 'praepetem' appellauit in hoc uersu:

dum dat uincendi praepes Victoria palmam.

6 Cur autem non Q. quoque Ennium reprehendit, qui in
annalibus non pennas Daedali, sed longe diuersius:

'Brundisium' inquit 'pulcro praecinctum praepete portu'?

7 Set si uim potius naturamque uerbi considerasset neque id
solum, quod augures dicerent, inspexisset, ueniam prorsus
poetis daret similitudine ac translatione uerborum, non
8 significatione propria utentibus. Nam quoniam non ipsae
tantum aues, quae prosperius praeuolant, sed etiam loci,
quos capiunt, quod idonei felicesque sunt, 'praepetes' appel-

5 *Aen.* 6. 14 7 Hyg. fr. 6 Fun. 17 fr. 3 Morel 20 *ann.* u. 488 Vahlen²

---

3 inibi quid ς: ibi inquid (-it *V*) *VP* 12 pertinente ς: pertinentes *V* 14 essent ς: esse *V*: esset ς *alii* Cn. Mattium *Scaliger*: trimacium *V* 15 secundo *V* (*i.e.* *2. 332*): septimo *Carrio* (*7. 291*) 20 inquit *Vahlen*: quid *V* portu. Set *Scioppius*: portus et *V*: portu et ς: portust *olim* *Vahlen*

lantur, idcirco Daedali pennas 'praepetes' dixit, quoniam
ex locis, in quibus periculum metuebat, in loca tutiora
peruenerat. Locos porro 'praepetes' et augures appellant, et 9
Ennius in *annalium* primo dixit:

> praepetibus sese pulcris⟨que⟩ locis dant.

Auibus autem 'praepetibus' contrarias aues 'inferas' ap- 10
pellari Nigidius Figulus in libro primo *augurii priuati* ita
dicit: 'Discrepat dextra sinistrae, praepes inferae.' Ex quo 11
est coniectare 'praepetes' appellatas, quae altius sublimius-
que uolitent, cum differre a 'praepetibus' Nigidius 'inferas'
dixerit.

Adulescens ego Romae, cum etiamtum ad grammaticos 12
itarem, audiui Apollinarem Sulpicium, quem inprimis secta-
bar, cum de iure augurio quaereretur et mentio 'praepetum'
auium facta esset, Erucio Claro praefecto urbi dicere 'praepetes' sibi uideri esse alites, quas Homerus *τανυπτέρυγας*
appellauerit, quoniam istas potissimum augures spectarent,
quae ingentibus alis patulae atque porrectae praeuolarent.
Atque ibi hos Homeri uersus dixit:

> *τύνη δ' οἰωνοῖσι τανυπτερύγεσσι κελεύεις*
> *πείθεσθαι, τῶν οὔ τι μετατρέπομ' οὐδ' ἀλεγίζω.*

VII

De Acca Larentia et Gaia Taracia; deque origine sacerdotii fratrum arualium.

Accae Larentiae et Gaiae Taraciae, siue illa Fufetia est, 1
nomina in antiquis annalibus celebria sunt. Earum alterae

5 *ann.* u. 94 Vahlen^{2} 8 fr. 80 Swoboda 20 *Il.* 12. 237

5 pulcrisque *Cic. diu.* 1. 108: pulcris *V* 8 praepes *ed. Iunt.* 1513: praepetes *V* 15 Erucio *Lipsius*: elucio *V* 25 et Gaiae Taraciae *Hertz*: et gaia et arracie *V* Fufetia *Carrio*: affufecia *V*

post mortem, Taraciae autem uiuae amplissimi honores a
2 populo Romano habiti. Et Taraciam quidem uirginem Vestae fuisse lex Horatia testis est, quae super ea ad populum
lata. Qua lege ei plurimi honores fiunt, inter quos ius quoque
testimonii dicendi tribuitur testabilisque una omnium femi-
narum ut sit datur. Id uerbum est legis ipsius Horatiae;
3 contrarium est in *duodecim tabulis* scriptum: 'Inprobus in-
4 testabilisque esto.' Praeterea si quadraginta annos nata
sacerdotio abire ac nubere uoluisset, ius ei potestasque
exaugurandi atque nubendi facta est munificentiae et beneficii gratia, quod campum Tiberinum siue Martium populo
condonasset.

5 Sed Acca Larentia corpus in uulgus dabat pecuniamque
6 emeruerat ex eo quaestu uberem. Ea testamento, ut in
Antiatis *historia* scriptum est, Romulum regem, ut quidam
autem alii tradiderunt, populum Romanum bonis suis here-
7 dem fecit. Ob id meritum a flamine Quirinali sacrificium ei
8 publice fit et dies e nomine eius in fastos additus. Sed
Sabinus Masurius in primo *memorialium* secutus quosdam
historiae scriptores Accam Larentiam Romuli nutricem
fuisse dicit. 'Ea' inquit 'mulier ex duodecim filiis maribus
unum morte amisit. In illius locum Romulus Accae sese
filium dedit seque et ceteros eius filios "fratres aruales"
appellauit. Ex eo tempore collegium mansit fratrum arualium numero duodecim, cuius sacerdotii insigne est spicea
corona et albae infulae.'

VIII

Notata quaedam de rege Alexandro et de P. Scipione memoratu digna.

1 Ἀπίων, Graecus homo, qui *Πλειστονείκης* appellatus est,
2 facili atque alacri facundia fuit. Is cum de Alexandri regis

7 *XII Tabb.* 8. 22 15 fr. 1 Peter 19 fr. 14 Huschke

1 honores ς: honoris *V* 14 ut *V*[2] ς: uti *V*[1] 16 alii *V*[2]: aliis *V*[1]

laudibus scriberet: 'Victi' inquit 'hostis uxorem, facie incluta mulierem, uetuit in conspectum suum deduci, ut eam
ne oculis quidem suis contingeret.' Lepide igitur agitari 3
potest, utrum uideri continentiorem par sit Publiumne
Africanum superiorem, qui Carthagine ampla ciuitate in
Hispania expugnata uirginem tempestiuam forma egregia,
nobilis uiri Hispani filiam, captam perductamque ad se patri
inuiolatam reddidit, an regem Alexandrum, qui Darii regis
uxorem eandemque eiusdem sororem proelio magno captam,
quam esse audiebat exuperanti forma, uidere noluit per-
ducique ad sese prohibuit.

Sed hanc utrimque declamatiunculam super Alexandro et 4
Scipione celebrauerint, quibus abunde et ingenii et otii et
uerborum est; nos satis habebimus, quod ex historia est, id 5
dicere: Scipionem istum, uerone an falso incertum, fama
tamen, cum esset adulescens, haud sincera fuisse et propemodum constitisse hosce uersus a Cn. Naeuio poeta in eum
scriptos esse:

etiam qui res magnas manu saepe gessit gloriose,
cuius facta uiua nunc uigent, qui apud gentes solus praestat,
eum suus pater cum pallio uno ab amica abduxit.

His ego uersibus credo adductum Valerium Antiatem ad- 6
uersus ceteros omnis scriptores de Scipionis moribus sensisse
et eam puellam captiuam non redditam patri scripsisse
contra quam nos supra diximus, sed retentam a Scipione
atque in deliciis amoribusque ab eo usurpatam.

1 fr. 22 Jacoby 19 u. 108 Ribbeck[2] 23 fr. 25 Peter

3 Lepide *Hertz*: lepida *V* 19 magnas manu *Vς*: manu magnas *Fleckeisen* 20 nunc *ς*: nunci *V* 22 pallio uno *Vς*: palliod unod *Bücheler* amica *ς*: amico *V* 26 quam *ς*: quem *V*

IX

Locus exemptus ex *annalibus* L. Pisonis historiae et orationis lepidissimae.

1 Quod res uidebatur memoratu digna, quam fecisse Cn.
Flauium Anni filium aedilem curulem L. Piso in tertio
annali scripsit, eaque res perquam pure et uenuste narrata
a Pisone, locum istum totum huc ex Pisonis *annali* trans-
posuimus.
2 'Cn.' inquit 'Flauius patre libertino natus scriptum faciebat, isque in eo tempore aedili curuli apparebat, quo tempore
aediles subrogantur, eumque pro tribu aedilem curulem
3 renuntiauerunt. Aedilem, qui comitia habebat, negat accipere, neque sibi placere, qui scriptum faceret, eum aedilem
4 fieri. Cn. Flauius Anni filius dicitur tabulas posuisse, scriptu
sese abdicasse, isque aedilis curulis factus est.
5 'Idem Cn. Flauius Anni filius dicitur ad collegam uenisse
uisere aegrotum. Eo in conclaue postquam introiuit, adulescentes ibi complures nobiles sedebant. Hi contemnentes
6 eum, assurgere ei nemo uoluit. Cn. Flauius Anni filius aedilis
id arrisit, sellam curulem iussit sibi afferri, eam in limine
apposuit, ne quis illorum exire posset utique hi omnes inuiti
uiderent sese in sella curuli sedentem.'

X

Historia super Euclida Socratico, cuius exemplo Taurus philosophus hortari adulescentes suos solitus ad philosophiam nauiter sectandam.

1 Philosophus Taurus, uir memoria nostra in disciplina Platonica celebratus, cum aliis bonis multis salubribusque

5 fr. 27 Peter

5 Flauium ς: plautum *V* 6 pure ς: pura *V* 7 huc ς: hunc *V* 12 Aedilem *Hertz*: aedilis *V*: at ille *Gruchius* 17 uisere aegrotum ς: iussere aec rocium *V* adulescentes ς: adulescens *V* 24 Euclida *Gronov*: euclidadi (d *prior ex* a) *V*: euclidai *P*

exemplis hortabatur ad philosophiam capessendam, tum
uel maxime ista re iuuenum animos expergebat, Euclidem
quam dicebat Socraticum factitauisse. 'Decreto' inquit 'suo 2
Athenienses cauerant, ut, qui Megaris ciuis esset, si intulisse
Athenas pedem prensus esset, ut ea res ei homini capitalis
esset; tanto Athenienses' inquit 'odio flagrabant finiti- 3
morum hominum Megarensium. Tum Euclides, qui indidem 4
Megaris erat quique ante id decretum et esse Athenis et
audire Socratem consueuerat, postquam id decretum sanxerunt, sub noctem, cum aduesperasceret, tunica longa muliebri
indutus et pallio uersicolore amictus et caput rica uelatus e
domo sua Megaris Athenas ad Socratem commeabat, ut uel
noctis aliquo tempore consiliorum sermonumque eius fieret
particeps, rursusque sub lucem milia passuum paulo amplius
uiginti eadem ueste illa tectus redibat. At nunc' inquit 5
'uidere est philosophos ultro currere, ut doceant, ad fores
iuuenum diuitum eosque ibi sedere atque opperiri ad meridiem, donec discipuli nocturnum omne uinum edormiant.'

XI

Verba ex oratione Q. Metelli Numidici, quae libuit meminisse, ad officium grauitatis dignitatisque uitae ducentia.

Cum inquinatissimis hominibus non esse conuicio decer- 1
tandum neque maledictis aduersum inpudentes et inprobos
uelitandum, quia tantisper similis et compar eorum fias,
dum paria et consimilia dicas, atque audias, non minus ex
oratione Q. Metelli Numidici, sapientis uiri, cognosci potest
quam ex libris et disciplinis philosophorum. Verba haec sunt 2
Metelli *aduersus C. Manlium tribunum plebis*, a quo apud
populum in contione lacessitus iactatusque fuerat dictis

5 capitalis *V*: capital *Carrio* (*e codd.*) 10 cum *Carrio* (*e codd.*): quam *V* 20 ex oratione ς: exhortatione (-cione *V*) *VP* 22 Cum ς: Num *V* 23 neque *Heraeus*: neque in *V* 25 audias *V*: audis *Hosius*

3 petulantibus: 'Nunc quod ad illum attinet, Quirites, quoniam
se ampliorem putat esse, si se mihi inimicum dictitarit,
quem ego mihi neque amicum recipio neque inimicum re-
spicio, in eum ego non sum plura dicturus. Nam cum in-
dignissimum arbitror, cui a uiris bonis benedicatur, tum ne
idoneum quidem, cui a probis maledicatur. Nam si in eo
tempore huiusmodi homunculum nomines, in quo punire
non possis, maiore honore quam contumelia adficias.'

XII

Quod neque 'testamentum', sicuti Seruius Sulpicius existimauit, neque 'sacellum', sicuti C. Trebatius, duplicia uerba sunt, sed a testatione productum ⟨alterum⟩, alterum a sacro imminutum.

1 Seruius Sulpicius iureconsultus, uir aetatis suae doctissimus, in libro *de sacris detestandis* secundo qua ratione adductus 'testamentum' uerbum esse duplex scripserit, non
2 reperio; nam compositum esse dixit a mentis contestatione.
3 Quid igitur 'calciamentum', quid 'paludamentum', quid
'pauimentum', quid 'uestimentum', quid alia mille per huiuscemodi formam producta, etiamne ista omnia composita
4 dicemus? Obrepsisse autem uidetur Seruio, uel si quis est,
qui id prior dixit, falsa quidem, sed non abhorrens neque
inconcinna quasi mentis quaedam in hoc uocabulo significatio, sicut hercle C. quoque Trebatio eadem concinnitas
5 obrepsit. Nam in libro *de religionibus* secundo: ' "sacellum"
est' inquit 'locus paruus deo sacratus cum ara.' Deinde addit
uerba haec: ' "Sacellum" ex duobus uerbis arbitror com-
6 positum "sacri" et "cellae", quasi "sacra cella".' Hoc quidem
scripsit Trebatius; sed quis ignorat 'sacellum' et simplex
uerbum esse et non ex 'sacro' et 'cella' copulatum, sed ex
'sacro' deminutum?

1 fr. 6 Malc.[2] 14 fr. 3 Huschke 24 fr. 4 Huschke

12 ⟨alterum⟩ *hic add. Hertz* 14 detestandis ς: distntandis *V*

XIII

De quaestiunculis apud Taurum philosophum in conuiuio agitatis, quae 'sympoticae' uocantur.

Factitatum obseruatumque hoc Athenis est ab his, qui **1**
erant philosopho Tauro iunctiores: cum domum suam nos **2**
uocaret, ne omnino, ut dicitur, immunes et asymboli uenire-
mus, coniectabamus ad cenulam non cuppedias ciborum,
sed argutias quaestionum. Vnusquisque igitur nostrum com- **3**
mentus paratusque ibat, quod quaereret, eratque initium
loquendi edundi finis. Quaerebantur autem non grauia nec **4**
reuerenda, sed ἐνθυμημάτια quaedam lepida et minuta et
florentem uino animum lacessentia, quale hoc ferme est
subtilitatis ludicrae, quod dicam.

Quaesitum est, quando moriens moreretur: cum iam in **5**
morte esset, an cum etiamtum in uita foret? et quando sur-
gens surgeret: cum iam staret, an cum etiamtum sederet? et
qui artem disceret, quando artifex fieret: cum iam esset, an
cum etiamtum non esset? Vtrum enim horum dices, ab- **6**
surde atque ridicule dixeris, multoque absurdius uidebitur,
si aut utrumque esse dicas aut neutrum.

Sed ea omnia cum captiones esse quidam futtiles atque **7**
inanes dicerent, 'nolite' inquit Taurus 'haec quasi nugarum
aliquem ludum aspernari. Grauissimi philosophorum super **8**
hac re serio quaesiuerunt: et alii moriendi uerbum atque
momentum manente adhuc uita dici atque fieri putauerunt,
alii nihil in eo tempore uitae reliquerunt totumque illud,
quod mori dicitur, morti uindicauerunt; item de ceteris **9**
similibus in diuersa tempora et in contrarias sententias dis-
cesserunt. Sed Plato' inquit 'noster neque uitae id tempus **10**
neque morti dedit idemque in omni consimilium rerum dis-
ceptatione fecit. Vidit quippe utrumque esse pugnans neque **11**
posse ex duobus contrariis altero manente alterum constitui

7 coniectabamus *V*: conuectabamus *Petschenig* 10 edundi ς: eundi *V* 21 futiles *V*²: subtiles *V*¹ 25 uita ς: *om.* *V* 26 totumque illud ς: totumque illum que illud *V*

quaestionemque fieri per diuersorum inter se finium mortis et uitae cohaerentiam, et idcirco peperit ipse expressitque aliud quoddam nouum in confinio tempus, quod uerbis propriis atque integris τὴν ἐξαίφνης φύσιν appellauit, idque ipsum ita, uti dico,' inquit 'in libro, cui *Parmenides* titulus est, scriptum ab eo reperietis.'

12 Tales aput Taurum symbolae taliaque erant mensarum secundarum, ut ipse dicere solitus erat, τραγηματια.

XIV

Poeniendis peccatis tres esse rationes a philosophis attributas; et quamobrem Plato duarum ex his meminerit, non trium.

1 Poeniendis peccatis tres esse debere causas existimatum
2 est. Vna est causa, quae Graece ⟨uel κόλασις⟩ uel νουθεσία
dicitur, cum poena adhibetur castigandi atque emendandi
gratia, ut is, qui fortuito deliquit, attentior fiat correcti-
3 orque. Altera est, quam hi, qui uocabula ista curiosius
diuiserunt, τιμωρίαν appellant. Ea causa animaduertendi
est, cum dignitas auctoritasque eius, in quem est peccatum,
tuenda est, ne praetermissa animaduersio contemptum eius
pariat et honorem leuet; idcircoque id ei uocabulum a con-
4 seruatione honoris factum putant. Tertia ratio uindicandi
est, quae παράδειγμα a Graecis nominatur, cum poenitio
propter exemplum necessaria est, ut ceteri a similibus peccatis, quae prohiberi publicitus interest, metu cognitae
poenae deterreantur. Idcirco ueteres quoque nostri 'exempla'
pro maximis grauissimisque poenis dicebant. Quando igitur
aut spes magna est, ut is, qui peccauit, citra poenam ipse
sese ultro corrigat, aut spes contra nulla est emendari eum
posse et corrigi aut iacturam dignitatis, in quem peccatum

5 *Parm.* 156 D

---

7 symbolae taliaque *Carrio*: symbola et alia quae *V* 13 ⟨uel κόλασις⟩ *hic add. Hertz* (*post* νουθ. ς) 15 is ς: his *V* deliquit ς: delinquit *V* 23 ceteri a ς: cetera *V* 28 corrigat ς: colligat *V*

est, metui non necessum est, aut non id peccatum est, cuius
exemplum necessario metu sanciendum sit: tum, quicquid
ita delictum est, non sane dignum esse imponendae poenae
studio uisum est.
Has tris ulciscendi rationes et philosophi alii plurifariam 5
et noster Taurus in primo *commentariorum*, quos *in Gorgian*
Platonis composuit, scriptas reliquit. Plato autem ipse uer- 6
bis apertis duas solas esse poeniendi causas dicit: unam,
quam primo in loco propter corrigendum, alteram, quam in
tertio propter exempli metum posuimus. Verba haec sunt 7
Platonis in *Gorgia*: *Προσήκει δὲ παντὶ τῷ ἐν τιμωρίᾳ ὄντι ὑπ'*
ἄλλου ὀρθῶς τιμωρουμένῳ ἢ βελτίονι γίγνεσθαι καὶ ὀνίνασθαι,
ἢ παραδείγματι ἄλλοις γίγνεσθαι, ἵνα ἄλλοι οἱ ὁρῶντες πάσχοντα
φοβούμενοι βελτίους γίγνωνται. In hisce uerbis facile intellegas 8
τιμωρίαν Platonem dixisse, non ut supra scripsi quosdam
dicere, sed ita ut promisce dici solet pro omni punitione.
Anne autem quasi omnino paruam et contemptu dignam 9
praeterierit poenae sumendae causam propter tuendam
laesi hominis auctoritatem, an magis quasi ei, quam dicebat,
rei non necessariam praetermiserit, cum de poenis non in
uita neque inter homines, sed post uitae tempus capiendis
scriberet, ego in medium relinquo.

XV

⟨De uerbo 'quiesco', an 'e' littera corripi an produci debeat.⟩

Amicus noster, homo multi studii atque in bonarum 1
disciplinarum opere frequens, uerbum 'quiescit' usitate 'e'
littera correpta dixit. Alter item amicus, homo in doctrinis 2
quasi in praestigiis mirificus communiumque uocum respu-
ens nimis et fastidiens, barbare eum dixisse opinatus est,

11 *Gorg.* 525 B

---

4 studio *Madvig*: studium *V*
11 *τῷ ἐν Pl.*: TOMEN *V*
13 *παραδ. Pl.*: ΠΑΡΑΔΕΙΓΜΑΤΑ *V*
22 scriberet *V*[2]: scripserit *V*[1]
24 *lemma suppl. ς, f. recte*: *om. VP*

3 quoniam producere debuisset, non corripere. Nam 'quiescit'
ita oportere dici praedicauit, ut 'calescit', 'nitescit', 'stupescit'
4 et alia huiuscemodi multa. Id etiam addebat, quod 'quies' 'e'
5 producto, non breui diceretur. Noster autem, qua est rerum
omnium uerecunda mediocritate, ne si Aelii quidem, Cincii
et Santrae dicendum ita censuissent, obsecuturum se fuisse
ait contra perpetuam Latinae linguae consuetudinem, neque
se tam insignite locuturum, ut absona inauditaque diceret;
6 litteras tamen super hac re fecit inter exercitia quaedam
ludicra et 'quiesco' non esse his simile, quae supra posui,
nec a 'quiete' dictum, sed ab eo 'quietem', Graecaeque uocis
et modum et originem uerbum istud habere demonstrauit
rationibusque haut sane frigidis docuit 'quiesco' 'e' littera
longa dici non conuenire.

XVI

Verbum 'deprecor' a poeta Catullo inusitate quidem, sed apte positum et proprie; deque ratione eius uerbi exemplisque ueterum scriptorum.

1 Eiusmodi quispiam, qui tumultuariis et inconditis linguae
exercitationibus ad famam sese facundiae promiserat neque
orationis Latinae usurpationes ⟨rationes⟩ue ullas didicerat,
cum in Lycio forte uespera ambularemus, ludo ibi et uolup-
2 tati fuit. Nam cum esset uerbum 'deprecor' doctiuscule
positum in Catulli carmine, quia id ignorabat, frigidissimos
uersus esse dicebat omnium quidem iudicio uenustissimos,
quos subscripsi:

> Lesbia mi dicit semper male nec tacet umquam
> de me: Lesbia me dispeream nisi amat.

27 Cat. 92

---

4 producto *V*: producta ς 5 uerecunda ς: uerecundia *V* Cincii ς: ancii *V* 7 linguae ς: *om.* *V* 16 Catullo ς: catulo *VP* 20 promiserat *V*: promouerat *Hosius*: prompserat *Damsté* 21 ⟨rationes⟩ *add.* *Hertz* 28 dispeream *Cat.*: dis spereat *V*

quo signo? quia sunt totidem mea: deprecor illam
assidue, uerum dispeream nisi amo.

'Deprecor' hoc in loco uir bonus ita esse dictum putabat, ut 3
plerumque a uulgo dicitur, quod significat 'ualde precor' et
'oro' et 'supplico', in quo 'de' praepositio ad augendum et
cumulandum ualet. Quod si ita esset, frigidi sane uersus 4
forent. Nunc enim contra omnino est: nam 'de' praepositio, 5
quoniam est anceps, in uno eodemque uerbo duplicem uim
capit. Sic enim 'deprecor' a Catullo dictum est, quasi 'de-
testor' uel 'exsecror' uel 'depello' uel 'abominor'; contra 6
autem ualet, cum Cicero *pro P. Sulla* ita dicit: 'Quam multorum hic uitamst a Sulla deprecatus.' Item in dissuasione 7
legis agrariae: 'Si quid deliquero, nullae sunt imagines,
quae me a uobis deprecentur.'

Sed neque solus Catullus ita isto uerbo usus est. Pleni 8
sunt adeo libri similis in hoc uerbo significationis, ex quibus
unum et alterum, quae subpetierant, apposui. Q. Ennius in 9
Erectheo non longe secus dixit quam Catullus:

'qui nunc' inquit 'aerumna mea libertatem paro,
quibus seruitutem mea miseria deprecor;'

signat 'abigo' et 'amolior' uel prece adhibita uel quo alio
modo. Item Ennius in *Cresphonte*: 10

ego cum meae uitae parcam, letum inimico deprecer.

Cicero in libro sexto *de republica* ita scripsit: 'Quod quidem 11
eo fuit maius, quia, cum causa pari collegae essent, non
modo inuidia pari non erant, sed etiam Claudi inuidiam

10 sqq. cf. Non. 290. 15 11 *pro Sulla* 72 13 *de leg. agr.* 2. 100
19 *scen.* u. 137 Vahlen[2] 23 *scen.* u. 134 Vahlen[2] 24 *de rep.*
6. 2. 2

---

1 sunt *Cat.*: sin *V* mea *Vossius ad Cat.*: ea *V* (*et Catulli O*)
8 duplicem uim *Hosius*: dum *V*: duum significatum *Hertz*: diuersum *Dziatzko* 10 depello ς: depellor *V* 12 uitamst *Hertz*:
uitam sit *V*: uitam est *Cic.* 20 mea ς, *codd. Non. pars*: ea *V*
23 cum meae *V*: meae cum *Bothe* 25 quia ς: qui *V* collegae
ς: collega *V*

Gracchi caritas deprecabatur'; hic quoque item non est
'ualde precabatur', sed quasi propulsabat inuidiam et de-
fensabat inuidiam, quod Graeci propinqua significatione
παραιτεῖσθαι dicunt.
12 Item *pro Aulo Caecina* consimiliter Cicero uerbo isto
utitur. 'Quid' inquit 'huic homini facias? nonne concedas
interdum, ut excusatione summae stultitiae summae im-
13 probitatis odium deprecetur?' Item *in Verrem* actionis
secundae primo: 'Nunc uero quid faciat Hortensius? auari-
tiaene crimina frugalitatis laudibus deprecetur? At hominem flagitiosissimum, libidinosissimum nequissimumque
defendit.' Sic igitur Catullus eadem se facere dicit, quae
Lesbiam, quod et malediceret ei palam respueretque et
recusaret detestareturque assidue et tamen eam penitus
deperiret.

XVII

Quis omnium primus libros publice praebuerit legendos; quantusque numerus fuerit Athenis ante clades Persicas librorum in bibliothecis publicorum.

1 Libros Athenis disciplinarum liberalium publice ad legendum praebendos primus posuisse dicitur Pisistratus tyran-
nus. Deinceps studiosius accuratiusque ipsi Athenienses
auxerunt; sed omnem illam postea librorum copiam Xerxes
Athenarum potitus urbe ipsa praeter arcem incensa abstulit
2 asportauitque in Persas. Eos porro libros uniuersos multis
post tempestatibus Seleucus rex, qui Nicanor appellatus
est, referendos Athenas curauit.

5 *pro Caec.* 30 9 *in Verr.* 2. 2. 192

1 Gr. car. *Nonius*: grechi caristas *V* 5 Caecina consim. *Gronov*: ceuna cum similiter *V* 6 Quid *Cic.*: quod *V* 10 At... defendit *Cic.*: Ad... defendat *V* 12 quae Lesbiam *Gronov*: queres uiam *V* 19 publicorum *VP*: publicis *Hertz* 26 Nicanor *V et Suet. ap. Isid.6. 3. 3*: Nicator *Scioppius* 27 refer. ς: referendas *V*

Ingens postea numerus librorum in Aegypto ab Ptolemaeis regibus uel conquisitus uel confectus est ad milia ferme uoluminum septingenta; sed ea omnia bello priore Alexandrino, dum diripitur ea ciuitas, non sponte neque opera consulta, sed a militibus forte auxiliaris incensa sunt. **3**

3 uoluminum V^2: uolumina V^1 septingenta *V et Amm. Marc. 22. 16. 13*: septuaginta ς *cum Isid. 6. 3. 5*

A. GELLII

NOCTIVM ATTICARVM LIBRI OCTAVI

CAPITVLA ET RELIQVIAE

I

'Hesterna noctu' rectene an cum uitio dicatur et quaenam super istis uerbis grammatica traditio sit; item quod decemuiri in *XII tabulis* 'nox' pro 'noctu' dixerunt.

II

Quae mihi decem uerba ediderit Fauorinus, quae usurpentur quidem a Graecis, sed sint adulterina et barbara; quae item a me totidem acceperit, quae ex medio communique usu Latine loquentium minime Latina sint neque in ueterum libris reperiantur.

III

Quem in modum et quam seuere increpuerit audientibus nobis Peregrinus philosophus adulescentem Romanum ex equestri familia stantem segnem apud se et assidue oscitantem.

⟨Et adsiduo oscitantem uidit atque illius quidem delicatissimas mentis et corporis halucinationes.⟩

IV

Quod Herodotus, scriptor historiae memoratissimus, parum uere dixerit unam solamque pinum arborum omnium caesam numquam denuo ex iisdem radicibus pullulare; et quod item de aqua pluuiali et niue rem non satis exploratam pro comperta posuerit.

2 sqq. Usus est hoc cap. Macr. *Sat.* 1. 4. 17 3 *XII Tabb.* 8. 12 14 ⟨Et adsiduo . . . halucinationes⟩ e Gellio hausit Nonius 121. 20 17 Herod. 6. 37 19 Herod. 2. 22

---

4 dixerunt ς: dixerint *Hertz* 7 sint *ed. Ven. 1517*: sunt ς

V

Quid illud sit, quod Vergilius 'caelum stare puluere', et quod Lucilius 'pectus sentibus stare' dixit.

VI

Cum post offensiunculas in gratiam redeatur, expostulationes fieri mutuas minime utile esse, superque ea re et sermo Tauri expositus et uerba ex Theophrasti libro sumpta; et quid M. quoque Cicero de amore amicitiae senserit, cum ipsius uerbis additum.

VII

Ex Aristotelis libro, qui περὶ μνήμης inscriptus est, cognita acceptaque de natura memoriae et habitu; atque inibi alia quaedam de exuberantia aut interitu eius lecta auditaque.

VIII

Quid mihi usu uenerit interpretari et quasi effingere uolenti locos quosdam Platonicos Latina oratione.

IX

Quod Theophrastus philosophus omnis suae aetatis facundissimus uerba pauca ad populum Atheniensem facturus deturbatus uerecundia obticuerit; quodque idem hoc Demostheni apud Philippum regem uerba facienti euenerit.

X

Qualis mihi fuerit in oppido Eleusino disceptatio cum grammatico quodam praestigioso tempora uerborum et puerilia meditamenta ignorante, remotarum autem quaestionum nebulas et formidines capiendis imperitorum animis ostentante.

2 Fortasse hinc sua hausit Nonius 391. 28 *Aen.* 12. 407 3 Lucil. u. 213 Marx 10 Fortasse hinc sua hausit Nonius 441. 3 25 Huc e Non. 120. 21 fortasse referenda sunt uerba 'halophantam mendacem uelit'

---

7 libro *plerique*: libro x *pauci* 8 amicitiae ς: et amicitia *F. Skutsch* 11 alia quaedam de *ed. Ascens. 1517*: de alia quaedam (*uel* quadam) ς 12 lecta auditaque ς: lectu audituque digna *Thysius* 18 Atheniensem *pars*: Atheniensium *alii*

XI

Quam festiue responderit Xanthippae uxori Socrates petenti, ut per Dionysia largiore sumptu cenitarent.

XII

Quid significet in ueterum libris scriptum 'plerique omnes'; et quod ea uerba accepta a Graecis uidentur.

XIII

'Cupsones', quod homines Afri dicunt, non esse uerbum Poenicum, sed Graecum.

XIV

Lepidissima altercatio Fauorini philosophi aduersus quendam intempestiuum de ambiguitate uerborum disserentem; atque inibi uerba quaedam ex Naeuio poeta et Cn. Gellio non usitate collocata; atque ibidem a P. Nigidio origines uocabulorum exploratae.

XV

Quibus modis ignominiatus tractatusque sit a C. Caesare Laberius poeta; atque inibi appositi uersus super eadem re eiusdem Laberii.

⟨Historia ex libris Heraclidae Pontici iucunda memoratu et miranda.⟩

5 Fortasse hic citauit noster Naeuii *Bell. Pun.* fr. 49 Strzelecki 11 cf. *noct. Att.* 18. 4. 10; Non. 51. 13 14 fr. 45 Swoboda 16 Usus est hoc cap. Macr. *Sat.* 2. 7 18 e Gellii lib. 8 citat Prisc. *GLK* 2. 246. 6

---

8 Cupsones *pars*: Eupsones *alii* (*v. Mnemos. 1962, 273*)

A. GELLII

NOCTIVM ATTICARVM LIBER NONVS

I

Quamobrem Quintus Claudius Quadrigarius in undeuicesimo *annali* scripserit rectiores certioresque ictus fieri, si sursum quid mittas, quam si deorsum.

QUINTUS Claudius in undeuicesimo *annali*, cum oppidum 1
a Metello proconsule oppugnari, contra ab oppidanis desuper
e muris propugnari describeret, ita scripsit: 'Sagittarius
cum funditore utrimque summo studio spargunt fortissime.
Sed sagittam atque lapidem deorsum an sursum mittas, hoc
interest: nam neutrum potest deorsum uersum recte mitti,
sed sursum utrumque optime. Quare milites Metelli sauci-
abantur multo minus et, quod maxime opus erat, a pinnis
hostis defendebant facillime.'

Percontabar ego Antonium Iulianum rhetorem, cur hoc 2
ita usu ueniret, quod Quadrigarius dixisset, ut contigui
magis directioresque ictus fiant, si uel lapidem uel sagittam
sursum uersus iacias quam deorsum, cum procliuior facilior-
que iactus sit ex supernis in infima quam ex infimis in
superna. Tum Iulianus comprobato genere quaestionis: 3
'quod de sagitta' inquit 'et lapide dixit, hoc de omni fere
missili telo dici potest. Facilior autem iactus est, sicuti 4
dixisti, si desuper iacias, si quid iacere tantum uelis, non
ferire. Sed cum modus et impetus iactus temperandus de- 5
rigendusque est, tum, si in prona iacias, moderatio atque

7 fr. 85 Peter

2 undeu. *Q*: duodeuicesimo *rell.* 9 mittas *rell.*: amittas B^1Z 12 pinnis *ed. Ven. 1472*: pennis *ω* 13 facillime *FΠN*: facillime funditore δ 17 iacias Q^2: iaciat *rell.* 23 modus *ω*: motus *Eussner* derig. F^1N: dirig. *rell.*

ratio mittentis praecipitantia ipsa et pondere cadentis teli
6 corrumpitur. At si in editiora mittas et ad percutiendum
superne aliquid manum et oculos conlinies, quo motus a te
7 datus tulerit, eo telum ibit, quod ieceris.' Ad hanc ferme
sententiam Iulianus super istis Q. Claudii uerbis nobiscum
sermocinatus est.

8 Quod ait idem Q. Claudius: 'a pinnis hostis defendebant
facillime', animaduertendum est usum esse eum uerbo 'defendebant' non ex uulgari consuetudine, sed admodum
9 proprie et Latine. Nam 'defendere' et 'offendere' inter sese
aduersa sunt, quorum alterum significat ἐμποδὼν ἔχειν, id
est incurrere in aliquid et incidere, alterum ἐκποδὼν ποιεῖν,
id est auertere atque depellere, quod hoc in loco a Q.
Claudio dicitur.

II

Qualibus uerbis notarit Herodes Atticus falso quempiam cultu amictuque nomen habitumque philosophi ementientem.

1 Ad Herodem Atticum, consularem uirum ingenioque
amoeno et Graeca facundia celebrem, adiit nobis praesentibus palliatus quispiam et crinitus barbaque prope ad pubem
2 usque porrecta ac petit aes sibi dari εἰς ἄρτους. Tum Herodes
3 interrogat, quisnam esset. Atque ille uultu sonituque uocis
obiurgatorio philosophum sese esse dicit et mirari quoque
4 addit, cur quaerendum putasset, quod uideret. 'Video' inquit Herodes 'barbam et pallium, philosophum nondum
5 uideo. Quaeso autem te, cum bona uenia dicas mihi, quibus
nos uti posse argumentis existimas, ut esse te philosophum
6 noscitemus?' Interibi aliquot ex his, qui cum Herode erant,
erraticum esse hominem dicere et nulli rei incolamque esse

1 mittentis F^{2}ΠN: mittentisque *rell.* ipsa FΠN: lucumque (liicumque *B*) ipsa δ, *unde* qualicumque ipsa *Dziatzko* 3 motus *ed. Ascens. 1532*: modus ω 5 q. claudi(i) *rell.*: claudii δ 7 pinnis ς: pennis ω 13 a. q. claudio *rell.*: claudio δ 16 Qualibus *F*δ: quibus *ΠN* 17 philos. ement. *Carrio*: philosophie mentientem ω 28 Interibi *rell.*: interim *Q* 29 nulli *rell.*: nullius Q^{2}*B*

sordentium ganearum, ac nisi accipiat, quod petit, conuicio
turpi solitum incessere; atque ibi Herodes: 'demus' inquit
'huic aliquid aeris, cuicuimodi est, tamquam homines, non
tamquam homini', et iussit dari pretium panis triginta 7
dierum.

Tum nos aspiciens, qui eum sectabamur: 'Musonius' in- 8
quit 'aeruscanti cuipiam id genus et philosophum sese osten-
tanti dari iussit mille nummum, et cum plerique dicerent
nebulonem esse hominem malum et malitiosum et nulla re
bona dignum, tum Musonium subridentem dixisse aiunt:
ἄξιος οὖν ἐστιν ἀργυρίου. Sed hoc potius' inquit 'dolori mihi 9
et aegritudini est, quod istiusmodi animalia spurca atque
probra nomen usurpant sanctissimum et philosophi appellantur. Maiores autem mei Athenienses nomina iuuenum 10
fortissimorum Harmodii et Aristogitonis, qui libertatis re-
cuperandae gratia Hippiam tyrannum interficere adorsi
erant, ne umquam seruis indere liceret, decreto publico
sanxerunt, quoniam nefas ducerent nomina libertati patriae
deuota seruili contagio pollui. Cur ergo nos patimur nomen 11
philosophiae inlustrissimum in hominibus deterrimis exsor-
descere? Simili autem' inquit 'exemplo ex contraria specie
antiquos Romanorum audio praenomina patriciorum quorundam male de republica meritorum et ob eam causam
capite damnatorum censuisse, ne cui eiusdem gentis patricio
inderentur, ut uocabula quoque eorum defamata atque
demortua cum ipsis uiderentur.'

III

Epistula Philippi regis ad Aristotelem philosophum super Alexandro recens nato.

Philippus, Amyntae filius, terrae Macedoniae rex, cuius 1
uirtute industriaque Macetae locupletissimo imperio aucti

6 Muson. fr. 50 Hense 30 sqq. cf. Ioh. Saris. *Policrat.* 4 6.

---

1 ac nisi *rell.*: nisi *Q*

gentium nationumque multarum potiri coeperant et cuius
uim atque arma toti Graeciae cauenda metuendaque in-
clitae illae Demosthenis orationes contionesque uocificant,
2 is Philippus, cum in omni fere tempore negotiis belli
uictoriisque adfectus exercitusque esset, a liberali tamen
Musa et a studiis humanitatis numquam afuit, quin lepide
3 comiterque pleraque et faceret et diceret. Feruntur adeo
libri epistularum eius munditiae et uenustatis et prudentiae plenarum, uelut sunt illae litterae, quibus Aristoteli
philosopho natum esse sibi Alexandrum nuntiauit.
4 Ea epistula, quoniam curae diligentiaeque in liberorum
disciplinas hortamentum est, exscribenda uisa est ad com-
5 monendos parentum animos. Exponenda est igitur ad hanc
ferme sententiam:

'Philippus Aristoteli salutem dicit.

Filium mihi genitum scito. Quod equidem dis habeo gratiam, non proinde quia natus est, quam pro eo, quod eum nasci contigit temporibus uitae tuae. Spero enim fore, ut eductus eruditusque a te dignus exsistat et nobis et rerum istarum susceptione.'

6 Ipsius autem Philippi uerba haec sunt:

Φίλιππος Ἀριστοτέλει χαίρειν.

Ἴσθι μοι γεγονότα υἱόν. Πολλὴν οὖν τοῖς θεοῖς ἔχω χάριν, οὐχ οὕτως ἐπὶ τῇ γενέσει τοῦ παιδός, ὡς ἐπὶ τῷ κατὰ τὴν σὴν ἡλικίαν αὐτὸν γεγονέναι· ἐλπίζω γὰρ αὐτὸν ὑπὸ σοῦ τραφέντα καὶ παιδευθέντα ἄξιον ἔσεσθαι καὶ ἡμῶν καὶ τῆς τῶν πραγμάτων διαδοχῆς.

2 cau. met. *Q*: cauendam metuendamque (-daque *B*) *rell.* 6 Musa *F*[2]: mera *F*[1]: mensa *rell.* 12 exscrib. *rell.*: scribenda δ common. *rell.*: commouē *Q*[1]: commouendos *Q*[2] 16 Quod ω: quo *Saris.* 20 istarum ω: nostrarum *F. Skutsch*: ipsarum *Hosius*: iusta *Damsté*

IV

De barbararum gentium prodigiosis miraculis; deque diris et exitiosis effascinationibus; atque inibi de feminis repente uersis in mares.

Cum e Graecia in Italiam rediremus et Brundisium iremus 1
egressique e naui in terram in portu illo inclito spatiaremur,
quem Q. Ennius remotiore paulum, sed admodum scito
uocabulo 'praepetem' appellauit, fasces librorum uenalium
expositos uidimus. Atque ego auide statim pergo ad libros. 2
Erant autem isti omnes libri Graeci miraculorum fabu- 3
larumque pleni, res inauditae, incredulae, scriptores ueteres
non paruae auctoritatis: Aristeas Proconnesius et Isigonus
Nicaeensis et Ctesias et Onesicritus et Polystephanus et
Hegesias; ipsa autem uolumina ex diutino situ squalebant 4
et habitu aspectuque taetro erant. Accessi tamen perconta- 5
tusque pretium sum et adductus mira atque insperata uilitate libros plurimos aere pauco emo eosque omnis duabus proximis noctibus cursim transeo; atque in legendo carpsi exinde quaedam et notaui mirabilia et scriptoribus fere nostris intemptata eaque his commentariis aspersi, ut, qui eos lectitabit, is ne rudis omnino et ἀνήκοος inter istiusmodi rerum auditiones reperiatur.

Erant igitur in illis libris scripta huiuscemodi: Scythas 6
illos penitissimos, qui sub ipsis septentrionibus aetatem agunt, corporibus hominum uesci eiusque uictus alimento uitam ducere et ἀνθρωποφάγους nominari; item esse homines sub eadem regione caeli unum oculum in frontis medio habentes, qui appellantur Arimaspi, qua fuisse facie Cyclopas poetae ferunt; alios item esse homines apud eandem caeli plagam singulariae uelocitatis uestigia pedum habentes

7 *ann.* u. 488 Vahlen[2]

---

13 Polystephanus *vel sim.* ω: Philostephanus *Ionsius* (*cf. Plin. n.h.* 7. 207) 21 is ne *rell.*: ne δ inter δ: in *rell.* 30 singulariae *rell.*: singularis *Q*

retro porrecta, non, ut ceterorum hominum, prospectantia; praeterea traditum esse memoratumque in ultima quadam terra, quae 'Albania' dicitur, gigni homines, qui in pueritia canescant et plus cernant oculis per noctem quam interdiu; item esse compertum et creditum Sauromatas, qui ultra Borysthenen fluuium longe colunt, cibum capere semper diebus tertiis, medio abstinere.

7 Id etiam in isdem libris scriptum offendimus, quod postea
in libro quoque Plinii Secundi *naturalis historiae* septimo
legi, esse quasdam in terra Africa hominum familias uoce
atque lingua effascinantium, qui si impensius forte laudaue-
8 rint pulchras arbores, segetes laetiores, infantes amoeniores,
egregios equos, pecudes pastu atque cultu opimas, emorian-
tur repente haec omnia nulli aliae causae obnoxia. Oculis
quoque exitialem fascinationem fieri in isdem libris scriptum
est, traditurque esse homines in Illyriis, qui interimant
uidendo, quos diutius irati uiderint, eosque ipsos mares
feminasque, qui uisu tam nocenti sunt, pupillas in singulis
9 oculis binas habere. Item esse in montibus terrae Indiae
homines caninis capitibus et latrantibus, eosque uesci auium
et ferarum uenatibus; atque esse item alia aput ultimas
orientis terras miracula, homines qui 'monocoli' appellentur,
singulis cruribus saltuatim currentes, uiuacissimae pernici-
tatis; quosdam etiam esse nullis ceruicibus oculos in humeris
10 habentes. Iam uero hoc egreditur omnem modum admira-
tionis, quod idem illi scriptores gentem esse aiunt aput extrema Indiae corporibus hirtis et auium ritu plumantibus
nullo cibatu uescentem, sed spiritu florum naribus hausto
uictitantem; Pygmaeos quoque haut longe ab his nasci,

9 *n.h.* 7. 16

1 retro $X^2\delta$: recto *rell.* prospectantia $F\gamma$: prosprofium petet antispectantia δ: prosum spectantia *Hagen* 3 pueritia F^2NQZ: puerta *rell.* 4 plus δ: plures *rell.* interdiu *Q cum Plin.*: inter diem *rell.* 13 opimas ς: opt(obt-)imas ω 18 tam *rell.*: ita *Q* 20 latrantibus ω: latrantes *Eussner* 22 monocoli *FXN*: monoculi *rell.* 23 saltuatim $F\gamma$: saltatim δ

quorum qui longissimi sint, non longiores esse quam pedes
duo et quadrantem.

Haec atque alia istiusmodi plura legimus; sed cum ea 11,12
scriberemus, tenuit nos non idoneae scripturae taedium
nihil ad ornandum iuuandumque usum uitae pertinentis.
Libitum tamen est in loco hoc miraculorum notare id etiam, 13
quod Plinius Secundus, uir in temporibus aetatis suae ingenii
dignitatisque gratia auctoritate magna praeditus, non
audisse neque legisse, sed scire sese atque uidisse in libro
naturalis historiae septimo scripsit. Verba igitur haec, quae 14
infra posui, ipsius sunt ex eo libro sumpta, quae profecto
faciunt, ut neque respuenda neque ridenda sit notissima illa
ueterum poetarum de Caenide et Caeneo cantilena. 'Ex 15
feminis' inquit 'mutari in mares non est fabulosum. Inuenimus
in annalibus Q. Licinio Crasso C. Cassio Longino consulibus
Casini puerum factum ex uirgine sub parentibus
iussuque haruspicum deportatum in insulam desertam.
Licinius Mucianus prodidit uisum esse a se Argis Arescontem,
cui nomen Arescusae fuisset, nubsisse etiam, mox
barbam et uirilitatem prouenisse uxoremque duxisse; eiusdem
sortis et Zmyrnae puerum a se uisum. Ipse in Africa
uidi mutatum in marem die nuptiarum L. Cossitium ciuem
Thysdritanum, uiuebatque, cum proderem haec.'

Idem Plinius in eodem libro uerba haec scripsit: 'Gignun- 16
tur homines utriusque sexus, quos "hermaphroditos" uocamus,
olim "androgynos" uocatos et in prodigiis habitos,
nunc uero in deliciis.'

10 *n.h.* 7. 36 24 *n.h.* 7. 34

2 duo *rell.*: duos F^2XQ^1 12 sit *rell.*: sint *ΠQ* 13 cantilena FQB^1: cantilenae *rell.* 14 est *Fγ*: esse δ 15 C. *Fγ*: *om.* δ 19 Arescusae *Fγ*: are(s)cusa δ 22 L. *Fγ*: *om.* δ

V

Diuersae nobilium philosophorum sententiae de genere ac natura uoluptatis; uerbaque Hieroclis philosophi, quibus decreta Epicuri insectatus est.

1 De uoluptate ueteres philosophi diuersas sententias dixe-
2 runt. Epicurus uoluptatem summum bonum esse ponit;
3 eam tamen ita definit: σαρκὸς εὐσταθὲς κατάστημα; Antisthenes Socraticus summum malum dicit; eius namque hoc
4 uerbum est: μανείην μᾶλλον ἢ ἡσθείην. Speusippus uetusque
omnis Academia uoluptatem et dolorem duo mala esse
dicunt opposita inter sese, bonum autem esse, quod utrius-
5 que medium foret. Zeno censuit uoluptatem esse indifferens,
id est neutrum, neque bonum neque malum, quod ipse
6 Graeco uocabulo ἀδιάφορον appellauit. Critolaus Peripateticus et malum esse uoluptatem ait et multa alia mala parere
7 ex sese, incurias, desidias, obliuiones, ignauias. Plato ante
hos omnis ita uarie et multiformiter de uoluptate disseruit,
ut cunctae istae sententiae, quas supra posui, uideantur ex
sermonum eius fontibus profluxisse; nam proinde unaqua-
que utitur, ut et ipsius uoluptatis natura fert, quae est
multiplex, et causarum, quas tractat, rerumque, quas ef-
8 ficere uult, ratio desiderat. Taurus autem noster, quotiens
facta mentio Epicuri erat, in ore atque in lingua habebat
uerba haec Hieroclis Stoici, uiri sancti et grauis: Ἡδονὴ
τέλος, πόρνης δόγμα· οὐκ ἔστιν πρόνοια, οὐδὲ πόρνης δόγμα.

7 fr. 68 Usener 9 Antisth. fr. 65 *FPG* 2. 286 Speus. fr. 196 *FPG* 3. 92 12 Zen. fr. 195 v. Arnim 14 Crit. fr. 23 Wehrli

---

11 autem esse *Fγ*: emesse *ZB*: tamen esse *Q* 16 incurias *Kronenberg*: iniurias ω 18 supra posui *Fγ*: seposui *ZB*: exposui *Q* 22 uult *Fγ*: uolet δ 24 ἡδονὴ *Stephanus*: ΗΔΟΝΗC *vel sim.* ω

VI

Verbum, quod est ⟨ab⟩ 'ago' frequentatiuum, in syllaba prima quonam sit modulo pronuntiandum.

Ab eo, quod est 'ago' et 'egi', uerba sunt, quae appellant 1
grammatici 'frequentatiua', 'actito' et 'actitaui'. Haec quos- 2
dam non sane indoctos uiros audio ita pronuntiare, ut
primam in his litteram corripiant, rationemque dicunt,
quoniam in uerbo principali, quod est 'ago', prima littera
breuiter pronuntiatur. Cur igitur ab eo, quod est 'edo' et 3
'ungo', in quibus uerbis prima littera breuiter dicitur, 'esito' et 'unctito', quae sunt eorum frequentatiua, prima littera longa promimus et contra 'dictito' ab eo uerbo, quod est 'dico', correpte dicimus? num ergo potius 'actito' et 'actitaui' producenda sunt? quoniam frequentatiua ferme omnia eodem modo in prima syllaba dicuntur, quo participia praeteriti temporis ex his uerbis, unde ea profecta sunt, in eadem syllaba pronuntiantur, sicuti 'lego, lectus' facit 'lectito'; 'ungo, unctus' 'unctito'; 'scribo, scriptus' 'scriptito'; 'moueo, motus' 'motito'; 'pendeo, pensus' 'pensito'; 'edo, esus' 'esito'; 'dico' autem 'dictus' 'dictito' facit; 'gero, gestus' 'gestito'; 'ueho, uectus' 'uectito'; 'rapio, raptus' 'raptito'; 'capio, captus' 'captito'; 'facio, factus' 'factito'. Sic igitur 'actito' producte in prima syllaba pronuntiandum, quoniam ex eo fit, quod est 'ago' et 'actus'.

VII

De conuersione foliorum in arbore olea brumali et solstitiali die; deque fidibus id temporis ictu alieno sonantibus.

Volgo et scriptum et creditum est folia olearum arborum 1
brumali et solstitiali die conuerti et quae pars eorum fuerit inferior atque occultior, eam supra fieri atque exponi ad

2 ⟨ab⟩ *add. Carrio* 13 correpte *Fγ*: cor(r)upte δ 17 sicuti lego lectus *Fγ*B^2: sicut ille collectus δ 23 actito *Fγ*: factito δ

2 oculos et ad solem. Quod nobis quoque semel atque iterum experiri uolentibus ita esse propemodum uisum est.

3 Sed de fidibus rarius dictu et mirabilius est; quam rem et alii docti uiri et Suetonius etiam Tranquillus in libro *ludicrae historiae* primo satis compertam esse satisque super ea constare adfirmat: neruias in fidibus brumali die alias digitis pelli, alias sonare.

VIII

Necessum esse, qui multa habeat, multis indigere; deque ea re Fauorini philosophi cum breuitate eleganti sententia.

1 Verum est profecto, quod obseruato rerum usu sapientes uiri dixere, multis egere, qui multa habeat, magnamque indigentiam nasci non ex inopia magna, sed ex magna copia: multa enim desiderari ad multa, quae habeas, tuenda.

2 Quisquis igitur multa habens cauere atque prospicere uelit, ne quid egeat neue quid desit, iactura opus esse, non quaestu, et minus habendum esse, ut minus desit.

3 Hanc sententiam memini a Fauorino inter ingentes omnium clamores detornatam inclusamque uerbis his paucissimis: *Τὸν γὰρ μυρίων καὶ πεντακισχιλίων χλαμύδων δεόμενον οὐκ ἔστι μὴ πλειόνων δεῖσθαι· οἷς γὰρ ἔχω προσδεόμενος, ἀφελὼν ὧν ἔχω, ἀρκοῦμαι οἷς ἔχω.*

IX

Quis modus sit uertendi uerba in Graecis sententiis; deque his Homeri uersibus, quos Vergilius uertisse aut bene apteque aut inprospere existimatus est.

1 Quando ex poematis Graecis uertendae imitandaeque sunt insignes sententiae, non semper aiunt enitendum, ut omnia omnino uerba in eum, in quem dicta sunt, modum uertamus.

4 fr. 181 Reiff. 20 fr. 81 Marres

6 adfirmat neruias *Fγ*: adfirmati nerui δ 10 sentencia *Q*: sententiae *vell.* 24 Graecis sententiis *Hertz*: graecas sententias ω 27 poematis *vell.*: poematibus *F*^{2}*B*

Perdunt enim gratiam pleraque, si quasi inuita et recusantia 2
uiolentius transferantur. Scite ergo et considerate Vergilius, 3
cum aut Homeri aut Hesiodi aut Apollonii aut Parthenii
aut Callimachi aut Theocriti aut quorundam aliorum locos
effingeret, partem reliquit, alia expressit.

Sicuti nuperrime aput mensam cum legerentur utraque 4
simul *Bucolica* Theocriti et Vergilii, animaduertimus reliquisse Vergilium, quod Graecum quidem mire quam suaue
est, uerti autem neque debuit neque potuit. Sed enim, quod 5
substituit pro eo, quod omiserat, non abest, quin iucundius
lepidiusque sit:

βάλλει καὶ μάλοισι τὸν αἰπόλον ἁ Κλεαρίστα
τὰς αἶγας παρελᾶντα καὶ ἁδύ τι ποππυλιάζει,—

malo me Galatea petit, lasciua puella, 6
et fugit ad salices et se cupit ante uideri.

Illud quoque alio in loco animaduertimus caute omissum, 7
quod est in Graeco uersu dulcissimum:

Τίτυρ', ἐμὶν τὸ καλὸν πεφιλημένε, βόσκε τὰς αἶγας
καὶ ποτὶ τὰν κράναν ἄγε, Τίτυρε· καὶ τὸν ἐνόρχαν
τὸν Λιβυκὸν κνάκωνα φυλάσσεο, μή τυ κορύψῃ.

Quo enim pacto diceret: *τὸ καλὸν πεφιλημένε*, uerba hercle 8
non translaticia, sed cuiusdam natiuae dulcedinis? Hoc 9
igitur reliquit et cetera uertit non infestiuiter, nisi quod
'caprum' dixit, quem Theocritus *ἐνόρχαν* appellauit—auctore 10
enim M. Varrone is demum Latine 'caper' dicitur, qui
excastratus est—:

Tityre, dum redeo, breuis est uia, pasce capellas 11
et potum pastas age, Tityre, et inter agendum
occursare capro, cornu ferit ille, caueto.

12 Theoc. 5. 88 14 Verg. *ecl.* 3. 64 18 Theoc. 3. 3
25 fr. 419 Fun. 27 *ecl.* 9. 23

---

20 *κορύψῃ* *Theoc.*: ΚΟΡΥΞΗ *ω* 25 M. *Fγ*: *om.* *δ*

12 Et quoniam de transferendis sententiis loquor, memini audisse me ex Valerii Probi discipulis, docti hominis et in legendis pensitandisque ueteribus scriptis bene callidi, solitum eum dicere nihil quicquam tam inprospere Vergilium ex Homero uertisse quam uersus hos amoenissimos, quos de Nausicaa Homerus fecit:

οἵη δ' Ἄρτεμις εἶσι κατ' οὔρεος ἰοχέαιρα,
ἢ κατὰ Τηΰγετον περιμήκετον ἢ Ἐρύμανθον
τερπομένη κάπροισι καὶ ὠκείῃς ἐλάφοισιν·
τῇ δέ θ' ἅμα νύμφαι, κοῦραι Διὸς αἰγιόχοιο,
ἀγρονόμοι παίζουσι· γέγηθε δέ τε φρένα Λητώ·
πασάων δ' ὑπὲρ ἥ γε κάρη ἔχει ἠδὲ μέτωπα,
ῥεῖα δ' ἀριγνώτη πέλεται, καλαὶ δέ τε πᾶσαι,—

13 qualis in Eurotae ripis aut per iuga Cynthi
exercet Diana choros, quam mille secutae
hinc atque hinc glomerantur Oriades. illa pharetram
fert humero gradiensque deas supereminet omnis.
Latonae tacitum pertemptant gaudia pectus.

14 Primum omnium id uisum esse dicebant Probo, quod aput Homerum quidem uirgo Nausicaa ludibunda inter familiares puellas in locis solis recte atque commode confertur cum Diana uenante in iugis montium inter agrestes deas, nequaquam autem conueniens Vergilium fecisse, quoniam Dido in urbe media ingrediens inter Tyrios principes cultu atque incessu serio, 'instans operi', sicut ipse ait, 'regnisque futuris', nihil eius similitudinis capere possit, quae lusibus atque
15 uenatibus Dianae congruat; tum postea, quod Homerus studia atque oblectamenta in uenando Dianae honeste aperteque dicit, Vergilius autem, cum de uenatu deae nihil dixisset, pharetram tantum facit eam ferre in humero,

7 *Od.* 6. 102 14 *Aen.* 1. 498 25 *Aen.* 1. 504

---

1 sententiis *Fγ*: *om.* δ 6 Nausicaa *ed. Iunt. 1513*: nausica *FΠNQ*: nausicara *ZB* 19 id uisum δ: diuisum *FΠN* 20 Nausicaa *F*[1]: nausica *rell.*

tamquam si onus et sarcinam; atque illud impense Probum esse demiratum in Vergilio dicebant, quod Homerica quidem Λητώ gaudium gaudeat genuinum et intimum atque in ipso penetrali cordis et animae uigens, siquidem non aliud est: *γέγηθε δέ τε φρένα Λητώ*, ipse autem imitari hoc uolens gaudia fecerit pigra et leuia et cunctantia et quasi in summo pectore supernantia; nescire enim sese, quid significaret aliud 'pertemptant'; praeter ista omnia florem ipsius totius **16**
loci Vergilium uideri omisisse, quod hunc Homeri uersum exigue secutus sit:

ῥεῖα δ' ἀριγνώτη πέλεται, καλαὶ δέ τε πᾶσαι,

quando nulla maior cumulatiorque pulcritudinis laus dici **17**
potuerit, quam quod una inter omnis pulcras excelleret, una facile ex omnibus nosceretur.

X

Quod Annaeus Cornutus uersus Vergilii, quibus Veneris et Vulcani concubitum pudice operteque dixit, reprehensione spurca et odiosa inquinauit.

Annianus poeta et plerique cum eo eiusdem Musae uiri **1**
summis adsiduisque laudibus hos Vergilii uersus ferebant, quibus Volcanum et Venerem iunctos mixtosque iure coniugii, rem lege naturae operiendam, uerecunda quadam translatione uerborum, cum ostenderet demonstraretque, protexit. Sic enim scripsit: **2**

ea uerba locutus
optatos dedit amplexus placidumque petiuit
coniugis infusus gremio per membra soporem.

25 *Aen.* 8. 404

---

1 si onus et sarcinam *F*^{1}*ΠN*: onus et sarcinam *F*^{2}: sit onus et sarcina δ   3 gaudeat *FΠN*: gaudebat δ   5 hoc *FΠN*: ea δ   7 supernantia *FΠN*: supereminentia δ   significaret *FΠN*: significare δ   13 potuerit *FΠN*: poterit δ   14 ex *FΠNB*: et ex *QZ*.   17 operteque *F*^{2}*NB*: oporteque *F*^{1}*ΠZ*: oportuneque *Q*

3 Minus autem difficile esse arbitrabantur in istiusmodi re
digerenda uerbis uti uno atque altero breui tenuique eam
signo demonstrantibus, sicut Homerus dixerit *παρθενίην*
4 *ζώνην* et *λέκτροιο θεσμόν* et *ἔργα φιλοτήσια*, tot uero et tam
euidentibus ac tamen non praetextatis, sed puris honestisque
uerbis uenerandum illud concubii pudici secretum neminem
quemquam alium dixisse.
5 Sed Annaeus Cornutus, homo sane pleraque alia non indoctus neque inprudens, in secundo tamen librorum, quos
de figuris sententiarum conposuit, egregiam totius istius
uerecundiae laudem insulsa nimis et odiosa scrutatione
6 uiolauit. Nam cum genus hoc figurae probasset et satis
circumspecte factos esse uersus dixisset: ' "membra" tamen'
inquit 'paulo incautius nominauit.'

XI

De Valerio Coruino; et unde Coruinus.

1 De Maximo Valerio, qui Coruinus appellatus est ob
auxilium propugnationemque corui alitis, haut quisquam
2 est nobilium scriptorum, qui secus dixerit. Ea res prorsus
admiranda sic profecto est in libris annalibus memorata:
3 Adulescens tali genere editus L. Furio Claudio Appio con-
4 sulibus ⟨fit⟩ tribunus militaris. Atque in eo tempore copiae
Gallorum ingentes agrum Pomptinum insederant, instruebanturque acies a consulibus de ui ac multitudine hostium
5 satis agentibus. Dux interea Gallorum uasta et ardua proceritate armisque auro praefulgentibus grandia ingrediens

3 *Od.* 11. 245 4 *Od.* 23. 296 *Od.* 11. 246 8 fr. 36 Mazz. 20 Claud. Quadr. fr. 12 Peter

1 in δ: *om. rell.* redigerenda *Q*: reticenda *N*: redigenda *rell.* 5 puris *FΠNQ*^{2}: pluris *Q*^{1}*ZB* 12 probasset et *FΠN*: probassent δ 20 admiranda *FΠN*: miranda δ 21 L. *FΠN*: *om.* δ 22 ⟨fit⟩ *add.* ς 23 instruebanturque ω: instruebaturque *F. Skutsch*

et manu telum reciprocans incedebat perque contemptum et
superbiam circumspiciens despiciensque omnia uenire iubet
et congredi, si quis pugnare secum ex omni Romano exercitu auderet. Tum Valerius tribunus ceteris inter metum **6**
pudoremque ambiguis impetrato prius a consulibus ut in
Gallum tam inmaniter adrogantem pugnare sese permit-
terent, progreditur intrepide modesteque obuiam; et con-
grediuntur et consistunt, et conserebantur iam manus, atque **7**
ibi uis quaedam diuina fit: coruus repente inprouisus ad-
uolat et super galeam tribuni insistit atque inde in aduersari
os atque oculos pugnare incipit; insilibat, obturbabat et
unguibus manum laniabat et prospectum alis arcebat atque,
ubi satis saeuierat, reuolabat in galeam tribuni. Sic tribunus **8**
spectante utroque exercitu et sua uirtute nixus et opera
alitis propugnatus ducem hostium ferocissimum uicit inter-
fecitque atque ob hanc causam cognomen habuit Coruinus.
Id factum est annis quadringentis quinque post Romam con- **9**
ditam.

Statuam Coruino isti diuus Augustus in foro suo statu- **10**
endam curauit. In eius statuae capite corui simulacrum est
rei pugnaeque, quam diximus, monimentum.

XII

De uerbis, quae in utramque partem significatione aduersa et reciproca dicuntur.

Vt 'formidulosus' dici potest et qui formidat et qui for- **1**
midatur, ut 'inuidiosus' et qui inuidet et cui inuidetur, ut 'suspiciosus' et qui suspicatur et qui suspectus est, ut 'ambitiosus' et qui ambit et qui ambitur, ut item 'gratiosus' et qui adhibet gratias et qui admittit, ut 'laboriosus' et qui laborat et qui labori est, ut pleraque alia huiuscemodi in utramque

6 inmaniter *rell.* (*cf. Amm. Marc.* 29. 1. 1; 29. 2. 9): inaniter *Q*
10 aduersari os *F*: aduersarios *Q*: aduersarii os *ΠN*: aduersariis *ZB*
12 manum *ω*: malas *Kreyssig* alis *ZB*: alias *rell.* 23 aduersa *FΠN*: auersa *δ*

partem dicuntur, ita 'infestus' quoque ancipiti significa-
2 tione est. Nam et is 'infestus' appellatur, qui malum infert
cuipiam, et contra, cui aliunde impendet malum, is quoque
'infestus' dicitur.
3 Sed quod prius posui, profecto exemplis non indiget: sic
adeo multi locuntur, ut 'infestum' dicant inimicum atque
aduersum; alterum autem illud ignorabilius obscuriusque
4 est. Quis enim e medio facile dixerit infestum esse, cui alter
infestus est? Sed et ueteres plerique ita dixerunt, et M.
Tullius in oratione, quam *pro Cn. Plancio* scripsit, uocabulo
5 hoc sic usus est: 'Dolebam' inquit 'iudices, et acerbe fere-
bam, si huius salus ob eam ipsam causam esset infestior,
quod is meam salutem atque uitam sua beniuolentia prae-
6 sidio custodiaque texisset.' Nos igitur de origine et ratione
uerbi quaerebamus atque ita in Nigidianis scriptum inuenimus: ' "Infestum" a festinando dictum; nam qui instat'
inquit 'alicui eumque properans urget opprimereque eum
studet festinatque, aut contra de cuius periculo et exitio
festinatur, is uterque "infestus" dicitur ab instantia atque
imminentia fraudis, quam uel facturus cuipiam uel pas-
surus est.'
7 Ne quis autem de 'suspicioso', quod supra posuimus, et de
'formiduloso' in eam partem, quae minus usitata est, exemplum requirat, inueniet de 'suspicioso' aput M. Catonem *de
re Floria* ita scriptum: 'Sed nisi qui palam corpore pecuniam
quaereret aut se lenoni locauisset, etsi famosus et suspiciosus
fuisset, uim in corpus liberum non aecum censuere adferri.'
8 'Suspiciosum' enim Cato hoc in loco suspectum significat,
9 non suspicantem. 'Formidulosum' autem, qui formidetur,
Sallustius in *Catilina* ita dicit: 'Igitur talibus uiris non labor

1 sqq. cf. Non. 129. 12 11 *pro Planc.* 1 16 sqq. cf. Non. 51. 16 16 fr. 47 Swoboda 24 sqq. cf. Non. 168. 22 25 fr. 212 Malc.[2] 29 sqq. cf. Non. 113. 3 30 *Cat.* 7. 5

---

9 M. *rell.*: *om.* δ 16 a *FΠNB*: est a *QZ* 18 cuius *Mercier*: alicuius ω 24 inueniet de *rell.*: de δ M. *rell.*: *om.* δ 26 famosus *Non.*: famulosus ω

insolitus, non locus ullus asper aut arduus erat, non armatus
hostis formidulosus.'

Item C. Caluus in poematis 'laboriosus' dicit, non, ut **10**
uulgo dicitur, qui laborat, sed in quo laboratur.

> 'durum' inquit 'rus fugis et laboriosum.'

Eadem ratione Laberius quoque in *Sororibus*: **11**

> 'ecastor' inquit 'mustum somniculosum',

et Cinna in poematis: **12**

> somniculosam ut Poenus aspidem Psyllus.

'Metus' quoque et 'iniuria' atque alia quaedam id genus **13**
sic utroqueuersum dici possunt: nam 'metus hostium' recte
dicitur, et cum timent hostes et cum timentur. Itaque Sal- **14**
lustius in *historia* prima 'metum Pompei' dixit, non quo
Pompeius metueret, quod est usitatius, sed quo metueretur.
Verba haec Sallusti sunt: 'Id bellum excitabat metus Pompei uictoris Hiempsalem in regnum restituentis.' Item alio in **15**
loco: 'Postquam remoto metu Punico simultates exercere
uacuum fuit.' 'Iniurias' itidem dicimus tam illorum, qui **16**
patiuntur, quam qui faciunt, quarum dictionum exempla
sunt facilia inuentu.

Illud etiam dictum a Vergilio eandem habet formam com- **17**
municatae ultro et citro significationis:

> 'et uulnere' inquit 'tardus Vlixi',

cum diceret uulnus, non quod accepisset Vlixes, sed quod

3 sqq. cf. Non. 133. 21 5 fr. 2 Morel 6 sqq. cf. Non. 172. 25 7 u. 86 Ribbeck[2] 9 fr. 10 Morel 10 sqq. cf. Non. 140. 29 15 1 fr. 53 Maur. 17 fr. 12 Maur. 23 *Aen.* 2. 436

---

3 C. *rell.*: *om.* δ, *Non.* 5 fugis et *ed. Paris. 1536*: fugi sed *FXΠN*: fugi et (fugiet *Z*) δ: fugite *Non.*: fugit et *cod. N. Fabri ap. Non.* 7 mustum *Mercier*: multum ω, *Non.* 14 quo metueretur *Hertz*: quod metueretur ω: quod de Pompeio metueretur *Nonius*: quod metuebatur *Eussner*

18 dedisset. 'Nescius' quoque dicitur tam is, qui nescitur,
19 quam qui nescit. Sed super eo, qui nescit, frequens huius
uocabuli usus est, infrequens autem est de eo, quod nesci-
20 tur. 'Ignarus' aeque utroqueuersum dicitur non tantum qui
21 ignorat, set ⟨et⟩ qui ignoratur. Plautus in *Rudente*:

> quae in locis nesciis nescia spe sumus.

22 Sallustius: 'More humanae cupidinis ignara uisendi.' Vergilius:

> ignarum Laurens habet ora Mimanta.

XIII

Verba ex historia Claudi Quadrigari, quibus Manli Torquati, nobilis adulescentis, et hostis Galli prouocatoris pugnam depinxit.

1 Titus Manlius summo loco natus adprimeque nobilis fuit.
2, 3 Ei Manlio cognomentum factum est Torquatus. Causam
cognomenti fuisse accepimus torquis ex auro induuias, quam
4 ex hoste, quem occiderat, detractam induit. Sed quis hostis
et quid genus, quam formidandae uastitatis et quantum
insolens prouocator et cuimodi fuerit pugna decertatum, Q.
Claudius primo *annalium* purissime atque inlustrissime sim-
plicique et incompta orationis antiquae suauitate descripsit.
5 Quem locum ex eo libro philosophus Fauorinus cum legeret,
non minoribus quati adficique animum suum motibus pul-
6 sibusque dicebat, quam si ipse coram depugnantes eos
spectaret.
7 Verba Q. Claudi, quibus pugna ista depicta est, adscripsi:

1 sqq. cf. Non. 145. 7   4 sqq. cf. Non. 129. 17   6 *rud.* 275   7 Sall. *hist.* 1 fr. 103 Maur.   9 *Aen.* 10. 706

1 dedisset $FX\Pi NQ^2$: ac dedisset Q^1ZB 5 ⟨et⟩ *add.* ς: *om.* ω *f. recte, cf. 10. 23. 3*   6 nescia spe sumus *Plaut.*: nescias (necias *Z*) pessimus ω   12 prouocatoris $F\Pi NB^2$: prouoca**is Q^1: prouocantis Q^2: prouocalioris *Z*: *om.* B^1 14 Ei δ: et *rell.*   15 induuias $FX\Pi N$: induuies δ   16 quis *F*δ: quid *rell.*   17 quam *rell.*: et quam *XB*

'Cum interim Gallus quidam nudus praeter scutum et
gladios duos torque atque armillis decoratus processit, qui
et uiribus et magnitudine et adulescentia simulque uirtute
ceteris antistabat. Is maxime proelio commoto atque utris- **8**
que summo studio pugnantibus manu significare coepit
utrisque, quiescerent. Pugnae facta pausa est. Extemplo **9, 10**
silentio facto cum uoce maxima conclamat, si quis secum
depugnare uellet, uti prodiret. Nemo audebat propter magni- **11**
tudinem atque inmanitatem facies. Deinde Gallus inridere **12**
coepit atque linguam exertare. Id subito perdolitum est **13**
cuidam Tito Manlio, summo genere gnato, tantum flagitium
ciuitati adcidere, e tanto exercitu neminem prodire. Is, ut **14**
dico, processit neque passus est uirtutem Romanam ab
Gallo turpiter spoliari. Scuto pedestri et gladio Hispanico
cinctus contra Gallum constitit. Metu magno ea congressio **15**
in ipso ponti utroque exercitu inspectante facta est. Ita, ut **16**
ante dixi, constiterunt: Gallus sua disciplina scuto proiecto
cantabundus; Manlius animo magis quam arte confisus
scuto scutum percussit atque statum Galli conturbauit.
Dum se Gallus iterum eodem pacto constituere studet, **17**
Manlius iterum scuto scutum percutit atque de loco hominem iterum deiecit; eo pacto ei sub Gallicum gladium successit atque Hispanico pectus hausit; deinde continuo
humerum dextrum eodem concessu incidit neque recessit
usquam, donec subuertit, ne Gallus impetum icti haberet.
Vbi eum euertit, caput praecidit, torquem detraxit eamque **18**
sanguinulentam sibi in collum inponit. Quo ex facto ipse **19**
posterique eius Torquati sunt cognominati.'

1 fr. 10^{b} Peter 26 sqq. cf. Non. 228. 10

2 duos *$F^{2}\Pi QB$*: duo *$F^{1}XNZ$* 5 manu *rell.*: manibus δ 7 conclamat *rell.*: conclamant δ 9 facies *rell.*: faciei *QB* 10 linguam exertare *Q*: lingua exerrare *rell.* 12 e tanto *rell.*: et ante *QZ*: *om. B* 14 Hispanico *rell.*: spanico *FZB*: spauico *Q^{1}*: hispauico *Q^{2}* 16 ponti *$F^{1}ZB$*: ponte *rell.* 19 conturbauit *rell.*: perturbauit *XΠ* 24 concessu *FXΠN*: consensu δ: successu *Damsté* 25 ne . . . haberet *post* successit *u. 23 transp. Scaliger* icti *rell.*: in ictu *Q*

20 Ab hoc Tito Manlio, cuius hanc pugnam Quadrigarius descripsit, imperia et aspera et immitia 'Manliana' dicta sunt, quoniam postea bello aduersum Latinos cum esset consul, filium suum securi percussit, qui speculatum ab eo missus, interdicto hostem, a quo prouocatus fuerat, occiderat.

XIV

Quod idem Quadrigarius 'huius facies' patrio casu probe et Latine dixit; et quaedam alia adposita de similium uocabulorum declinationibus.

1 Quod autem supra scriptum est in Q. Claudi uerbis:
'Propter magnitudinem atque inmanitatem facies', id nos
aliquot ueteribus libris inspectis explorauimus atque ita
2 esse, ut scriptum est, comperimus. Sic enim pleraque aetas
ueterum declinauit: 'haec facies, huius facies', quod nunc
propter rationem grammaticam 'faciei' dicitur. Corruptos
autem quosdam libros repperi, in quibus 'faciei' scriptum
est illo, quod ante scriptum erat, oblitterato.

3 Meminimus etiam in Tiburti bibliotheca inuenire nos in
eodem Claudi libro scriptum utrumque 'facies' et 'facii'. Sed
'facies' in ordinem scriptum fuit et contra per 'i' geminum
4 'facii,' neque id abesse a quadam consuetudine prisca existimauimus; nam et ab eo, quod est 'hic dies', tam ⟨'huius
dies', quam⟩ 'huius dii', et ab eo, quod est 'haec fames',
⟨tam 'huius famis',⟩ quam 'huius fami' dixerunt.

5 Q. Ennius in XVI. *annali* 'dies' scripsit pro 'diei' in hoc uersu:

postremae longinqua dies confecerit aetas.

11 *noct. Att.* 9. 13. 11 20 fr. 30 Peter 28 *ann.* u. 413 Vahlen²

---

2 et aspera *ω*: etiam aspera *Mommsen* Manliana *TY*: manlia *ω* 5 *post* missus *lac. stat.* *ς* 16 faciei *F²Xδ*: facie *F¹OΠN* 19 etiam *FXNZB*: et *OΠ*: *om.* *Q* 20 facii *ς*: faciei *ω* 21 ordinem *QB*: ordine *rell. f. recte* 23 *et* 25 *suppl. Hertz* (*Ascens.*) 28 postremae *O man. rec.*: postrema *ω* confecerit *FO²XΠN*: quod fecerit δ: fecerit *O¹*

Ciceronem quoque adfirmat Caesellius in oratione, quam 6
pro P. Sestio fecit, 'dies' scripsisse pro 'diei', quod ego in-
pensa opera conquisitis ueteribus libris plusculis ita, ut
Caesellius ait, scriptum inueni. Verba sunt haec M. Tullii: 7
'Equites uero daturos illius dies poenas'; quocirca factum
hercle est, ut facile his credam, qui scripserunt idiographum
librum Vergilii se inspexisse, in quo ita scriptum est:

> libra dies somnique pares ubi fecerit horas,

id est 'libra diei somnique'.

Sed sicut hoc in loco 'dies' a Vergilio scriptum uidetur, 8
ita in illo uersu non dubium est, quin 'dii' scripserit pro
'diei':

> munera laetitiamque dii,

quod inperitiores 'dei' legunt ab insolentia scilicet uocis
istius abhorrentes. Sic autem 'dies, dii' a ueteribus declina- 9
tum est, ut 'fames, fami', 'pernicies, pernicii', 'progenies,
progenii', 'luxuries, luxurii', 'acies, acii'. M. enim Cato in ora- 10
tione, quam *de bello Carthaginiensi* composuit, ita scripsit:
'Pueri atque mulieres extrudebantur fami causa.' Lucilius 11
in XII:

> rugosum atque fami plenum.

Sisenna in *historiarum* libro VI: 'Romanos inferendae per- 12
nicii causa uenisse.' Pacuuius in *Paulo*: 13

> pater supreme nostrae progenii patris.

Cn. Matius in *Iliadis* XXI: 14

> altera pars acii uitassent fluminis undas.

5 *pro Sest.* 28 8 *georg.* I. 208 13 *Aen.* I. 636 19 Cat. fr. 191 Malc.[2] 21 Lucil. u. 430 Marx 22 sqq. cf. Non. 486. 27 Sis. fr. 128 Peter 23 sqq. cf. Non. 490. 4 24 Pac. u. 1 Ribbeck[2] 26 Mat. fr. 7 Morel

---

2 *P.* *F*γ: *om.* δ 4 M. *F*γ: *om.* δ 24 progenii *rell.*: progenti *QZ*

15 Idem Matius in XXIII:

an maneat specii simulacrum in morte silentum.

16 C. Graccus *de legibus promulgatis*: 'Ea luxurii causa aiunt
17 institui'; et ibidem infra ita scriptum est: 'Non est ea luxuries,
18 quae necessario parentur uitae causa', per quod apparet
eum ab eo, quod est 'luxuries', 'luxurii' patrio casu dixisse.
19 M. quoque Tullius in oratione, qua Sextum Roscium defendit,
'pernicii' scriptum reliquit. Verba haec sunt: 'Quorum nihil
pernicii causa diuino consilio, sed ui ipsa et magnitudine
20 rerum factum putamus.' Aut 'facies' ergo in casu patrio aut
'facii' Quadrigarium scripsisse existimandum est; 'facie'
autem in nullo ueteri libro scriptum repperi.

21 [In casu autem dandi, qui purissime locuti sunt, non
22 'faciei', uti nunc dicitur, sed 'facie' dixerunt.] Lucilius in
saturis:

'primum' inquit 'facie quod honestae
† tantis accedit.'

23 Lucilius in libro septimo:

qui te diligat, aetatis facieque tuae se
fautorem ostendat, fore amicum polliceatur;

24, 25 sunt tamen non pauci, qui utrobique 'facii' legant. Sed
C. Caesar in libro *de analogia* secundo 'huius die' et 'huius
specie' dicendum putat.

26 Ego quoque in *Iugurtha* Sallustii summae fidei et reuerendae uetustatis libro 'die' casu patrio scriptum inueni. Verba haec ita erant: 'Vix decima parte die reliqua.' Non

2 Mat. fr. 8 Morel 3 Gracch. fr. 50 Malc.[2] 4 Gracch. fr. 51 Malc.[2] 8 *pro Sex. Rosc.* 131 16 Lucil. u. 1257 Marx 19 Lucil. u. 269 Marx 22 Caes. fr. 9 Fun. 26 *Jug.* 97. 3

1 XXIII *Scaliger*: XIII ω 3 C. *Fγ*: *om.* δ 7 M. *Fγ*: *om.* δ 12 nullo $FO^2X\Pi NB^1$: ullo O^1QZB^2 13 *uerba* In casu ... dixerunt *delenda censeo* 17 tantis ω: et Aetati *L. Müller*: et Annis *Bährens* 19 aetatis ω: aetati ς 20 fore ς: se fore ω 21 *uerba* Sed... existimemus *ante* facie *v. 11 transposuit Burger* 22 C. *Fγ*: *om.* δ die $F\gamma Q^2$: diei δ 24 Sallustii ω (sallustius X^1): Sallusti in *Hosius*

enim puto argutiolam istam recipiendam, ut 'die' dictum quasi 'ex die' existimemus.

XV

De genere controuersiae, quod Graece ἄπορον appellatur.

Cum Antonio Iuliano rhetore per feriarum tempus aesti- 1
uarum decedere ex urbis aestu uolentes Neapolim concesseramus. Atque ibi erat adulescens tunc quispiam ex 2
ditioribus cum utriusque linguae magistris meditans et exer-
cens ad causas Romae orandas eloquentiae Latinae facultatem; atque is rogat Iulianum, uti sese audiat declamantem.
It auditum Iulianus, imusque nos cum eo simul. Introit 3, 4
adulescens et praefatur arrogantius et elatius, quam aetati
eius decebat, ac deinde iubet exponi controuersias.

Aderat ibi nobiscum Iuliani sectator, iuuenis promptus et 5
proficiens et offendens iam in eo, quod ille aput Iuliani
aures in praecipiti stare et subitaria dictione periculum sui
facere audebat. Exponit igitur temptamenti gratia contro- 6
uersiam parum consistentem, quod genus Graeci ἄπορον
uocant, Latine autem id non nimis incommode 'inexplica-
bile' dici potest. Ea controuersia fuit huiusmodi: 'De reo 7
septem iudices cognoscant, eaque sententia sit rata, quam
plures ex eo numero dixerint. Cum septem iudices cognouis-
sent, duo censuerunt reum exsilio multandum, duo alii
pecunia, tres reliqui capite puniendum. Petitur ad sup- 8
plicium ex sententia trium iudicum et contradicit.'

Hac ille audita nec considerata neque aliis, ut pro- 9
ponerentur, exspectatis incipit statim mira celeritate in
eandem hanc controuersiam principia nescio quae dicere
et inuolucra sensuum uerborumque uolumina uocumque
turbas fundere ceteris omnibus ex cohorte eius, qui audire

6 concesseramus *Fmg.*X^2*ΠNQ*: conseseramus *FOZB*: **** seramus X^1 11 Introit *rell.*: introiit *ΠQZ* 12 aetati *rell.*: aetatem *Q* 20 Ea *O man. rec. Nδ*: ex F^1*OXΠ*: et F^2 26 Hac *N*: haec *rell.* 29 inuolucra *rell.*: inuoluere *Q*

eum soliti erant, clamore magno exsultantibus, Iuliano
10 autem male ac misere rubente et sudante. Sed ubi deblatera-
tis uersuum multis milibus finem aliquando fecit egressique
inde sumus, amici familiaresque eius Iulianum prosecuti,
11 quidnam existimaret, percontati sunt. Atque ibi Iulianus
festiuissime: 'nolite quaerere,' inquit 'quid sentiam; adulescens hic sine controuersia disertus est.'

XVI

Quod Plinium Secundum, non hominem indoctum, fugerit latueritque uitium argumenti, quod ἀντιστρέφον Graeci dicunt.

1 Plinius Secundus existimatus est esse aetatis suae doctis-
2 simus. Is libros reliquit, quos *studiosorum* inscripsit, non
3 medius fidius usquequaque aspernandos. In his libris multa
varie ad oblectandas eruditorum hominum aures ponit.
4 Refert etiam plerasque sententias, quas in declamandis con-
5 trouersiis lepide arguteque dictas putat. Sicuti hanc quoque
sententiam ponit ex huiuscemodi controuersia: ' "Vir fortis
praemio, quod optauerit, donetur. Qui fortiter fecerat, petit
alterius uxorem in matrimonium et accepit. Is deinde, cuia
uxor fuit, fortiter fecit. Repetit eandem; contradicitur."
6 Eleganter' inquit 'et probabiliter ex parte posterioris uiri
fortis uxorem sibi reddi postulantis hoc dictum est: "Si
7 placet lex, redde; si non placet, redde".' Fugit autem
Plinium sententiolam istam, quam putauit esse argutissi-
mam, uitio non carere, quod Graece ἀντιστρέφον dicitur. Et
est uitium insidiosum et sub falsa laudis specie latens; nihil
enim minus conuerti ex contrario id ipsum aduersus eundem
potest atque ita a priore illo uiro forte dici: 'Si placet lex,
non reddo; si non placet, non reddo.'

6 quid sentiam *F*γ: sententiam δ 9 latueritque *rell.*: et latuerit *Q*: latuerit quinti *B* 12 inscripsit *F*γ: scripsit δ 14 eruditorum *F*γ*Q*^{2}: eruditiorum *ZB*: eruditionem *Q*^{1} 19 Is *F*γ: *om.* δ 26 laudis ω: *om.* *B*^{1}: lemmatis *Fmg.* (*man. rec.*) 28 forte ω: forti *Q*^{2}

A. GELLII

NOCTIVM ATTICARVM LIBER DECIMVS

I

'Tertium'ne consul an 'tertio' dici oporteat; et quonam modo Cn. Pompeius, cum in theatro, quod erat dedicaturus, honores suos inscriberet, quaestionem ancipitem istius uerbi de consilio Ciceronis uitauerit.

FAMILIARI meo cuipiam litteras Athenis Romam misi. In **1, 2**
his scriptum fuit me illi iam 'tertium' scripsisse. Is ad me **3**
rescripsit petiuitque, ut rationem dicerem, cur 'tertium' ac
non 'tertio' scripsissem. Id etiam adscripsit, ut eadem, quid
super illo quoque mihi uideretur, facerem se certiorem, 'tertium'ne 'consul' et 'quartum' an 'tertio' et 'quarto' dicendum esset, quoniam Romae doctum uirum dicere audisset
'tertio' et 'quarto consul', non 'tertium quartum'que; idque
in principio libri *** Coelium scripsisse et Quintum Claudium
in libro undeuicesimo C. Marium creatum 'septimo' consulem dixisse.

Ad haec ego rescripsi nihil amplius quam uerba M. **4**
Varronis, hominis, opinor, quam fuit Claudius cum Coelio
doctioris, quibus uerbis utrumque, de quo ad me scripserat,
decideretur; nam et Varro satis aperte, quid dici oporteret, **5**
edocuit, et ego aduersus eum, qui doctus esse dicebatur,
litem meam facere absens nolui.

Verba M. Varronis ex libro *disciplinarum* quinto haec **6**

14 Cael. fr. 59 Peter Claud. Quadr. fr. 82 Peter 23 sqq. cf. Non. 435. 8

---

2 Cn. *Fγ*: *om.* δ 4 inscriberet *Fγ*: scriberet δ 14 ⟨III⟩ *suppl. Meltzer* 15 C. *Fγ*: *om.* δ 20 decideretur *rell.*: desideretur *Z*: deiceretur *X* 22 nolui *rell.*: uolui *QB* 23 Verba M. *Fγ*: uerbum δ

sunt: 'Aliud est "quarto" praetorem fieri et "quartum", quod "quarto" locum adsignificat ac tres ante factos, "quartum" tempus adsignificat et ter ante factum. Igitur Ennius recte, quod scripsit:

> Quintus pater quartum fit consul,

et Pompeius timide, quod in theatro, ne adscriberet "consul tertium" aut "tertio", extremas litteras non scripsit.'

7 Quod de Pompeio Varro breuiter et subobscure dixit, Tiro Tullius, Ciceronis libertus, in epistula quadam enarratius scripsit ad hunc ferme modum: 'Cum Pompeius' inquit 'aedem Victoriae dedicaturus foret, cuius gradus uicem theatri essent, nomenque eius et honores inscriberentur, quaeri coeptum est, utrum "consul tertio" inscribendum esset an "tertium". Eam rem Pompeius exquisitissime rettulit ad doctissimos ciuitatis, cumque dissentiretur et pars "tertio", alii "tertium" scribendum contenderent, rogauit' inquit 'Ciceronem Pompeius, ut, quod ei rectius uideretur, scribi iuberet.' Tum Ciceronem iudicare de uiris doctis ueritum esse, ne, quorum opinionem inprobasset, ipsos uideretur inprobasse. 'Persuasit igitur Pompeio, ut neque "tertium" neque "tertio" scriberetur, sed ad secundum usque "t" fierent litterae, ut uerbo non perscripto res quidem demonstraretur, sed dictio tamen ambigua uerbi lateret.'

8 Id autem, quod et Varro et Tiro dixerunt, in eodem nunc
9 theatro non est ita scriptum. Nam cum multis annis postea
scaena, quae prociderat, refecta esset, numerus tertii consulatus non uti initio primoribus litteris, sed tribus tantum lineolis incisis significatus est.

10 In M. autem Catonis quarta *origine* ita perscriptum est:

1 fr. 218 Fun. 5 *ann.* u. 295 Vahlen[2] 10 fr. 7 Fun.

---

1 et *ω*: et aliud *B^2* 11 Victoriae *ω*: Mineruae *Scioppius e Plin. n.h.* 7. 97 12 inscriberentur *$FO^2X\Pi N$*: scriberentur *$O^1\delta$* 14 exquisitissime *ω*: exquisitum *Boot*: exquisitum timidissime *Damsté* 22 t *$F^1\gamma$*: tercium *$F^2\delta$* 29 perscriptum *$FN\delta$*: scriptum *$OX\Pi$*

'Carthaginienses sextum de foedere decessere.' Id uerbum
significat quinquiens ante eos fecisse contra foedus et tum
sextum. Graeci quoque in significandis huiuscemodi rerum **11**
numeris *τρίτον καὶ τέταρτον* dicunt, quod congruit cum eo,
quod Latine dicitur: 'tertium quartumque'.

II

Quid Aristoteles de numero puerperii memoriae mandauerit.

Aristoteles philosophus memoriae tradidit mulierem in **1**
Aegypto uno partu quinque pueros enixam eumque esse
finem dixit multiiugae hominum partionis neque plures
umquam simul genitos compertum, hunc autem esse numerum ait rarissimum. Sed et diuo Augusto imperante, qui **2**
temporum eius historiam scripserunt, ancillam Caesaris
Augusti in agro Laurente peperisse quinque pueros dicunt
eosque pauculos dies uixisse; matrem quoque eorum non
multo, postquam peperit, mortuam, monumentumque ei
factum iussu Augusti in uia Laurentina, inque eo scriptum
esse numerum puerperii eius, de quo diximus.

III

Locorum quorundam inlustrium conlatio contentioque facta ex orationibus C. Gracchi et M. Ciceronis et M. Catonis.

Fortis ac uehemens orator existimatur esse C. Gracchus. **1**
Nemo id negat. Sed quod nonnullis uidetur seuerior, acrior
ampliorque esse M. Tullio, ferri id qui potest? Legebamus **2**
adeo nuper orationem Gracchi *de legibus promulgatis*, in qua
M. Marium et quosdam ex municipiis Italicis honestos uiros

1 fr. 84 Peter 8 *hist. an.* 584[b] (ut uid.)

4 *καὶ* *FOX²N*: et *ΠZB*: *om.* *X¹Q* 11 autem . . . ait *Fγ*: numerum ait esse autem *ZB*: autem in numerum ait esse *Q* 21 *et* 22 C. *Fγ*: *om.* *δ* 26 M. *Fγ*: in *Z*: *om.* *QB* Italicis *Fγ*: alicis *QZ*: *om.* *B*

uirgis per iniuriam caesos a magistratibus populi Romani, quanta maxima inuidia potest, conqueritur.

3 Verba haec sunt, quae super ea re fecit: 'Nuper Teanum Sidicinum consul uenit. Vxor eius dixit se in balneis uirilibus lauari uelle. Quaestori Sidicino M. Mario datum est negotium, uti balneis exigerentur, qui lauabantur. Vxor renuntiat uiro parum cito sibi balneas traditas esse et parum lautas fuisse. Idcirco palus destitutus est in foro, eoque adductus suae ciuitatis nobilissimus homo M. Marius. Vestimenta detracta sunt, uirgis caesus est. Caleni, ubi id audierunt, edixerunt, ne quis in balneis lauisse uellet, cum magistratus Romanus ibi esset. Ferentini ob eandem causam praetor noster quaestores arripi iussit: alter se de muro deiecit, alter prensus et uirgis caesus est.'

4 In tam atroci re ac tam misera atque maesta iniuriae publicae contestatione ecquid est, quod aut ampliter insigniterque aut lacrimose atque miseranter aut multa copiosaque inuidia grauique et penetrabili querimonia dixerit? breuitas sane et uenustas et mundities orationis est, qualis haberi ferme in comoediarum festiuitatibus solet.

5 Item Gracchus alio in loco ita dicit: 'Quanta libido quantaque intemperantia sit hominum adulescentium, unum exemplum uobis ostendam. His annis paucis ex Asia missus est, qui per id tempus magistratum non ceperat, homo adulescens pro legato. Is in lectica ferebatur. Ei obuiam bubulcus de plebe Venusina aduenit et per iocum, cum ignoraret, qui ferretur, rogauit, num mortuum ferrent. Vbi

3 fr. 48 Malc.² 21 fr. 49 Malc.²

---

4 eius dixit se F^2Q^2: eius dixit dixit se F^1: edixit se *O*: edixit *XΠ*: dixit se *N*: eius dixisse δ 5 Sidicino M. *Mommsen*: sidicino (-icioni OX^2: -ici omi X^1) a m. *Fγ*: sidicinam δ 8 palus γ: paulus *F*δ 10 Caleni ... 14 caesus est *om.* δ 10 ubi *N*: libi *FOXΠ* 16 ecquid $O^2ΠZ$: etquid O^1XNB: eoquid *FQ* 18 grauique *rell.*: grauiterque *Q*: grauitque *Z*: grauioque *X* 23 ex Asia ω: in Asiam *Lipsius*: Venusiam *Jordan* 27 num $FOX^2ΠNQ^2$: non X^1Q^1: dum *ZB*

id audiuit, lecticam iussit deponi, struppis, quibus lectica
deligata erat, usque adeo uerberari iussit, dum animam
efflauit.'

Haec quidem oratio super tam uiolento atque crudeli **6**
facinore nihil profecto abest a cotidianis sermonibus. At **7**
cum in simili causa aput M. Tullium ciues Romani, innocentes uiri, contra ius contraque leges uirgis caeduntur aut
supplicio extremo necantur, quae ibi tunc miseratio? quae
comploratio? quae totius rei sub oculos subiectio? quod et
quale inuidiae atque acerbitatis fretum efferuescit? animum **8**
hercle meum, cum illa M. Ciceronis lego, imago quaedam et
sonus uerberum et uocum et eiulationum circumplectitur;
uelut sunt ista, quae de C. Verre dicit, quae nos, ut in **9**
praesens potuimus, quantum memoria subpeditabat, ad-
scripsimus: 'Ipse inflammatus scelere et furore in forum
uenit. Ardebant oculi, toto ex ore crudelitas eminebat.
Exspectabant omnes, quo tandem progressurus aut quidnam acturus esset, cum repente hominem proripi atque in
foro medio nudari ac deligari et uirgas expediri iubet.' Iam **10**
haec medius fidius sola uerba: 'nudari ac deligari et uirgas
expediri iubet' tanti motus horrorisque sunt, ut non narrari,
quae gesta sunt, sed rem geri prosus uideas.

Gracchus autem non querentis neque implorantis, sed **11**
nuntiantis uicem: 'palus' inquit 'in foro destitutus est,
uestimenta detracta sunt, uirgis caesus est.' Sed enim M. **12**
Cicero praeclare cum diutina repraesentatione non 'caesus
est', sed: 'caedebatur' inquit 'uirgis in medio foro Messanae
ciuis Romanus, cum interea nullus gemitus, nulla uox illius
miseri inter dolorem crepitumque plagarum audiebatur, nisi

15 *in Verr.* 5. 161

1 struppis *Scioppius*: stuppis (suppis *B*) *ω* 6 M. *Fγ*: *om.* δ 10 fretum *Fγ*Q^2: cretum δ 12 uerberum *J. Gronov*: uerborum *ω* circumplectitur *Fγ*: circumflectitur δ 13 dicit *Fγ*: *om.* δ 15 inflammatus *rell.*: inflammatur *QZ* 19 uirgas *Fγ*: uirgis *QB*: uirges *Z* 20 uirgas *Fγ*: uirgis *Q*: uirga *ZB* 24 palus *γ*: paulus *F*δ 29 crepitumque *Fγ Cic.*: strepitumque (scr- *ZB*) δ *Mart. Cap.* 5. 517

haec: "ciuis Romanus sum!" Hac commemoratione ciuitatis omnia uerbera depulsurum cruciatumque a corpore de-
13 iecturum arbitrabatur.' Complorationem deinde tam acerbae
rei et odium in Verrem detestationemque aput ciuis Romanos
inpense atque acriter atque inflammanter facit, cum haec
dicit: 'O nomen dulce libertatis! o ius eximium nostrae
ciuitatis! o lex Porcia legesque Semproniae! o grauiter
desiderata et aliquando reddita plebi Romanae tribunicia
potestas! Hucine tandem haec omnia reciderunt, ut ciuis
Romanus in prouincia populi Romani, in oppido foedera-
torum, ab eo, qui beneficio populi Romani fasces ac secures
haberet, deligatus in foro uirgis caederetur? Quid? cum
ignes ardentesque laminae ceterique cruciatus admouebantur, si te illius acerba imploratio et uox miserabilis non
leniebat, ne ciuium quidem Romanorum, qui tum aderant,
fletu gemituque maximo commouebare?'
14 Haec M. Tullius atrociter, grauiter, apte copioseque
15 miseratus est. Sed si quis est tam agresti aure ac tam hispida,
quem lux ista et amoenitas orationis uerborumque modi-
ficatio parum delectat, amat autem priora idcirco, quod
incompta et breuia et non operosa, sed natiua quadam suauitate sunt quodque in his umbra et color quasi opacae
uetustatis est, is, si quid iudicii habet, consideret in causa
pari M. Catonis, antiquioris hominis, orationem, ad cuius uim
16 et copiam Gracchus nec adspirauit. Intelleget, opinor, Catonem contentum eloquentia aetatis suae non fuisse et id
17 iam tum facere uoluisse, quod Cicero postea perfecit. In eo
namque libro, qui *de falsis pugnis* inscriptus est, ita de
Q. Thermo conquestus est: 'Dixit a decemuiris parum bene
sibi cibaria curata esse. Iussit uestimenta detrahi atque

29 fr. 58 Malc.[2]

1 Hac *Fγ*: a δ 5 inpense δ: incense *Fγ* 9 Hucine *Cic.*: huccine *Q*: huic(c)ine *rell.* 10 Romanus *Fγ*: *om.* δ 12 haberet *Fγ*: habere δ 13 admouebantur $F\gamma B^1$: et mouebantur *QZ*: et admouebantur B^2 22 color *rell.*: calor *Z*: squalor *Bentley* opacae ω: opicae *Markland* 29 bene sibi *F*δ: sibi bene γ

flagro caedi. Decemuiros Bruttiani uerberauere, uidere multi mortales. Quis hanc contumeliam, quis hoc imperium, quis hanc seruitutem ferre potest? Nemo hoc rex ausus est facere; eane fieri bonis, bono genere gnatis, boni consultis? ubi societas? ubi fides maiorum? Insignitas iniurias, plagas, uerbera, uibices, eos dolores atque carnificinas per dedecus atque maximam contumeliam inspectantibus popularibus suis atque multis mortalibus te facere ausum esse? Set quantum luctum, quantum gemitum, quid lacrimarum, quantum fletum factum audiui! Serui iniurias nimis aegre ferunt: quid illos, bono genere gnatos, magna uirtute praeditos, opinamini animi habuisse atque habituros, dum uiuent?'

Quod Cato dixit: 'Bruttiani uerberauere', ne qui fortasse **18**
de Bruttianis requirat, id significat: Cum Hannibal Poenus **19**
cum exercitu in Italia esset et aliquot pugnas populus Romanus aduersas pugnauisset, primi totius Italiae Bruttii ad Hannibalem desciuerunt. Id Romani aegre passi, postquam Hannibal Italia decessit superatique Poeni sunt, Bruttios ignominiae causa non milites scribebant nec pro sociis habebant, sed magistratibus in prouincias euntibus parere et praeministrare seruorum uicem iusserunt. Itaque hi sequebantur magistratus, tamquam in scaenicis fabulis qui dicebantur 'lorarii', et quos erant iussi, uinciebant aut uerberabant; quod autem ex Bruttiis erant, appellati sunt 'Bruttiani'.

IV

Quod P. Nigidius argutissime docuit nomina non positiua esse, sed naturalia.

Nomina uerbaque non positu fortuito, sed quadam ui et **1**

5 sqq. cf. Non. 187. 24

---

4 consultis ω: consulitis ς: consuetis *Mommsen* 6 eos ω: eis *Non.*: uis *Perottus* 8 esse. Set *Fγ*: esses et δ 10 nimis ω: nimias *Mommsen* 13 ne qui *FOXN*: ne quis *Π*: neque δ 23 lorarii *Fγ*: lolarii δ

ratione naturae facta esse P. Nigidius in *grammaticis com-
mentariis docet, rem sane in philosophiae discertationibus
2 celebrem. Quaeri enim solitum aput philosophos, φύσει τὰ
3 ὀνόματα sint ἢ θέσει. In eam rem multa argumenta dicit, cur
uideri possint uerba esse naturalia magis quam arbitraria.
4 Ex quibus hoc uisum est lepidum et festiuum: '"Vos"'
inquit 'cum dicimus, motu quodam oris conueniente cum ipsius uerbi demonstratione utimur et labeas sensim primores emouemus ac spiritum atque animam porro uersum et ad eos, quibuscum sermocinamur, intendimus. At contra cum dicimus "nos", neque profuso intentoque flatu uocis neque proiectis labris pronuntiamus, sed et spiritum et labeas quasi intra nosmet ipsos coercemus. Hoc idem fit et in eo, quod dicimus "tu", "ego" et "tibi" et "mihi". Nam sicuti, cum adnuimus et abnuimus, motus quidam ille uel capitis uel oculorum a natura rei, quam significat, non abhorret, ita in his uocibus quasi gestus quidam oris et spiritus naturalis est. Eadem ratio est in Graecis quoque uocibus, quam esse in nostris animaduertimus.'

V

'Auarus' simplexne uocabulum sit, an compositum et duplex, sicuti P. Nigidio uidetur.

1 'Auarus' non simplex uocabulum, sed iunctum copula-
tumque esse P. Nigidius dicit in *commentariorum* unde-
tricesimo. 'Auarus enim' inquit 'appellatur, qui auidus aeris
2 est. Sed in ea copula "e" littera' inquit 'detrita est.' Item
'locupletem' dictum ait ex conpositis uocibus, qui pleraque
loca, hoc est, qui multas possessiones teneret.

6 fr. 41 Swoboda   25 fr. 42 Swoboda   27 fr. 44 Swoboda

2 discertationibus *rell.*: diserationibus *X*: dissertationibus *O*[2]: discretationibus *Z*   5 naturalia *Fγ*: natura (natu *Q*[1]) alia δ   14 tu *OXN*: tu et *Π*: tum *FQB*: *om. Z*   17 ita in his *F γ*: id iam hi(i)s (iambis *B*) δ: ita iam his *Hertz*   21 sicuti *Fγ*: sicut δ   24 P. *Q*: *om. rell.*   25 appellatur *rell.*: appellatus *ON*   26 e *Fγ*: *om.* δ

Sed probabilius id firmiusque est, quod de locuplete dixit. **3**
Nam de 'auaro' ambigitur: cur enim non uideri possit ab
uno solum uerbo inclinatum, quod est 'aueo', eademque esse
fictura, qua est 'amarus', de quo nihil dici potest, quin
duplex non sit?

VI

Multam dictam esse ab aedilibus plebi Appi Caeci filiae, mulieri nobili, quod locuta esset petulantius.

Non in facta modo, sed in uoces etiam petulantiores **1**
publice uindicatum est; ita enim debere esse uisa est
Romanae disciplinae dignitas inuiolabilis. Appi namque illius **2**
Caeci filia a ludis, quos spectauerat, exiens turba undique
confluentis fluctuantisque populi iactata est. Atque inde
egressa, cum se male habitam diceret: 'quid me nunc factum
esset' inquit 'quantoque artius pressiusque conflictata
essem, si P. Claudius, frater meus, nauali proelio classem
nauium cum ingenti ciuium numero non perdidisset?
certe quidem maiore nunc copia populi oppressa inter-
cidissem. Sed utinam' inquit 'reuiuiscat frater aliamque
classem in Siciliam ducat atque istam multitudinem perdi-
tum eat, quae me nunc male miseram conuexauit!' Ob haec **3**
mulieris uerba tam inproba ac tam inciuilia C. Fundanius et
Tiberius Sempronius, aediles plebei, multam dixerunt ei
aeris grauis uiginti quinque milia. Id factum esse dicit **4**
Capito Ateius in commentario *de iudiciis publicis* bello
Poenico primo Fabio Licino Otacilio Crasso consulibus.

25 At. 6 fr. Strzelecki

---

3 aueo ς: auet Q: (h)abeo *rell.* 7 plebi *Fγ*: plebei δ Caeci filiae *Fγ*: Cecilie δ 14 diceret ω: doleret *Hosius*: pigeret *Damsté* 16 P. *Fγ*: *om.* δ 23 plebei *Π*: plebe *FOXN*: plebe in δ 26 Licino *Carrio*: licinio ω (et) Otacilio *Carrio*: et t. (*uel* t̄.) acilio *rell.*: et teracilio Q

VII

Fluminum, quae ultra imperium Romanum fluunt, prima magnitudine esse Nilum, secunda Histrum, proxima Rodanum, sicuti M. Varronem memini scribere.

1 Omnium fluminum, quae in maria, qua imperium Romanum est, fluunt, quam Graeci *τὴν εἴσω θάλασσαν* appellant, maximum esse Nilum consentitur. Proxima magnitudine
2 esse Histrum scripsit Sallustius. Varro autem cum de parte orbis, quae Europa dicitur, dissereret, in tribus primis eius terrae fluminibus Rodanum esse ponit, per quod uidetur eum facere Histro aemulum. Histros enim quoque in Europa fluit.

VIII

Inter ignominias militares, quibus milites coercebantur, fuisse sanguinis dimissionem; et quaenam esse uideatur causa huiuscemodi castigationis.

1 Fuit haec quoque antiquitus militaris animaduersio iubere ignominiae causa militi uenam solui et sanguinem dimitti.
2 Cuius rei ratio in litteris ueteribus, quas equidem inuenire potui, non exstat; sed opinor factum hoc primitus in militibus stupentis animi et a naturali habitu declinatis, ut non
3 tam poena quam medicina uideretur. Postea tamen ob pleraque alia delicta idem factitatum esse credo per consuetudinem, quasi minus sani uiderentur omnes, qui delinquerent.

8 Sall. *hist.* 3 fr. 80 Maur. Varr. *ant. hum.* 13 fr. 6 Mirsch
17 sqq. cf. Ioh. Saris. *Policrat.* 6. 12

---

2 ultra *ω*: intra *Ascensius* 12 fluit *rell.*: fuit *XZ* 14 co(h)ercebantur (corc- *B*) *rell.*: exercebantur *Q* 15 dimissionem *Z*: demissionem *rell.* 21 a *rell.*: *om.* *Q* declinatis *rell.*: declinantis *Π*[1]*Q Saris.*

IX

Quibus modis quoque habitu acies Romana instrui solita sit; quaeque earum instructionum sint uocabula.

Vocabula sunt militaria, quibus instructa certo modo 1
acies appellari solet: 'frons', 'subsidia', 'cuneus', 'orbis',
'globus', 'forfices', 'serra', 'alae', 'turres'. Haec et quaedam 2
item alia inuenire est in libris eorum, qui de militari disciplina scripserunt. Tralata autem sunt ab ipsis rebus, quae 3
ita proprie nominantur, earumque rerum in acie instruenda
sui cuiusque uocabuli imagines ostenduntur.

X

Quae eius rei causa sit, quod et Graeci ueteres et Romani anulum in eo digito gestauerint, qui est in manu sinistra minimo proximus.

Veteres Graecos anulum habuisse in digito accipimus 1
sinistrae manus, qui minimo est proximus. Romanos quoque
homines aiunt sic plerumque anulis usitatos. Causam esse 2
huius rei Apion in libris *Aegyptiacis* hanc dicit, quod insectis
apertisque humanis corporibus, ut mos in Aegypto fuit,
quas Graeci ἀνατομάς appellant, repertum est neruum quendam tenuissimum ab eo uno digito, de quo diximus, ad cor
hominis pergere ac peruenire; propterea non inscitum uisum
esse eum potissimum digitum tali honore decorandum, qui
continens et quasi conexus esse cum principatu cordis
uideretur.

14 sqq. cf. Macr. *Sat.* 7. 13. 7; Ioh. Saris. *Policrat.* 6. 12 17 Ap. fr. 7 Jacoby

---

13 in eo *Fγ*: hoc δ 14 accipimus *rell.*: accepimus *X*O^2*Q* 16 plerumque *rell.*: plerique *ZB*

XI

Verbum 'mature' quid significet quaeque uocis eius ratio sit; et quod eo uerbo uolgus hominum inproprie utatur; atque inibi, quod 'praecox' declinatum 'praecocis' faciat, non 'praecoquis'.

1 'Mature' nunc significat 'propere' et 'cito' contra ipsius
uerbi sententiam; aliud enim est 'mature', quam dicitur.
2 Propterea P. Nigidius, homo in omnium bonarum artium
disciplinis egregius: ' "mature" ' inquit 'est quod neque
citius est neque serius, sed medium quiddam et temperatum est.'

3 Bene atque proprie Nigidius. Nam et in frugibus et in
pomis 'matura' dicuntur, quae neque cruda et inmitia sunt
neque caduca et decocta, sed tempore suo adulta maturata-
4 que. Quoniam autem id, quod non segniter fiebat, 'mature'
fieri dicebatur, progressa plurimum uerbi significatio est et
non iam, quod non segnius, sed quod festinantius fit, id
fieri 'mature' dicitur, quando ea, quae praeter sui temporis
modum properata sunt, 'inmatura' uerius dicantur.

5 Illud uero Nigidianum rei atque uerbi temperamentum
diuos Augustus duobus Graecis uerbis elegantissime ex-
primebat. Nam et dicere in sermonibus et scribere in epistulis
solitum esse aiunt: σπεῦδε βραδέως, per quod monebat, ut ad
rem agendam simul adhiberetur et industriae celeritas et
diligentiae tarditas, ex quibus duobus contrariis fit maturi-
6 tas. Vergilius quoque, si quis animum adtendat, duo ista
uerba 'properare' et 'maturare' tamquam plane contraria
scitissime separauit in hisce uersibus:

5 sqq. cf. Macr. *Sat.* 6. 8. 7; Non. 51. 18; [Seru.] *georg.* 1. 260
8 Nig. fr. 48 Swoboda 22 fr. 50 Malc.^{4}

---

3 utatur *Hertz*: utitur *ω* 4 faciat = *ω* 11 Nigidius *rell. Macr.*: P. Nigidius *Q* 15 significatio est et *Fγ*: significatio et (stet *B*) *ZB*: significatione *Q* 16 festinantius *ΠQ*^{2}*ZB*: festinatius *FOXNQ*^{1}

frigidus agricolam si quando continet imber,
multa, forent quae mox caelo properanda sereno,
maturare datur.

Elegantissime duo uerba ista diuisit; namque in praeparatu 7
rei rusticae per tempestates pluuias, quoniam otium est,
'maturari' potest, per serenas, quoniam tempus instat,
'properari' necessum est.

Cum significandum autem est, coactius quid factum et 8
festinantius, tum rectius 'praemature' factum id dicitur
quam 'mature', sicuti Afranius dixit in togata, cui *Titulus*
nomen est:

adpetis dominatum demens praemature praecocem,

in quo uersu animaduertendum est, quod 'praecocem' inquit, 9
non 'praecoquem'; est enim casus eius rectus non 'praecoquis', sed 'praecox'.

XII

De portentis fabularum, quae Plinius Secundus indignissime in Democritum philosophum confert; ibidem de simulacro uolucri columbae.

Librum esse Democriti, nobilissimi philosophorum, *de ui* 1
et natura chamaeleontis eumque se legisse Plinius Secundus
in *naturalis historiae* uicesimo octauo refert multaque uana
atque intoleranda auribus deinde quasi a Democrito scripta
tradit, ex quibus pauca haec inuiti meminimus, quia pertaesum est: accipitrem auium rapidissimum a chamaeleonte 2
humi reptante, si eum forte superuolet, detrahi et cadere ui
quadam in terram ceterisque auibus laniandum sponte sua
obiicere sese et dedere. Item aliud ultra humanam fidem: 3

1 *georg.* 1. 259 12 u. 335 Ribbeck[2] 21 *n.h.* 28. 112

9 festinantius *QB Macr.*: festinatius *Fγ Z* 10 titulus nomen *ω Macr.*: titulus Omen *Ianus* 14 praecoquis *Macr.*: praecocis *ω* 18 ibidem *Fγ*: et ibidem *δ*

caput et collum chamaeleontis si uratur ligno, quod appellatur 'robur', imbres et tonitrus fieri derepente, idque ipsum
usu uenire, si iecur eiusdem animalis in summis tegulis ura-
4 tur. Item aliud, quod hercle an ponerem dubitaui,—ita est
deridiculae uanitatis—nisi idcirco plane posui, quod oportuit nos dicere, quid de istiusmodi admirationum fallaci
inlecebra sentiremus, qua plerumque capiuntur et ad per-
niciem elabuntur ingenia maxime sollertia eaque potissimum,
5 quae discendi cupidiora sunt. Sed redeo ad Plinium. Sini-
strum pedem ait chamaeleontis ferro ex igni calefacto torreri
cum herba, quae appellatur eodem nomine chamaeleontis,
et utrumque macerari unguento conligique in modum pas-
tilli atque in uas mitti ligneum et eum, qui id uas ferat,
etiamsi is in medio palam uersetur, a nullo uideri posse.
6 His portentis atque praestigiis a Plinio Secundo scriptis non
7 dignum esse cognomen Democriti puto; uel illud quale est,
quod idem Plinius in decimo libro Democritum scripsisse
adseuerat aues quasdam esse certis uocabulis et earum auium
confuso sanguine gigni serpentem; eum si quis ederit, linguas
auium et conloquia interpretaturum.
8 Multa autem uidentur ab hominibus istis male sollertibus
huiuscemodi commenta in Democriti nomen data nobilitatis
9 auctoritatisque eius perfugio utentibus. Sed id, quod Archy-
tam Pythagoricum commentum esse atque fecisse traditur,
neque minus admirabile neque tamen uanum aeque uideri
debet. Nam et plerique nobilium Graecorum et Fauorinus
philosophus, memoriarum ueterum exsequentissimus, affirmatissime scripserunt simulacrum columbae e ligno ab
Archyta ratione quadam disciplinaque mechanica factum
uolasse; ita erat scilicet libramentis suspensum et aura
10 spiritus inclusa atque occulta concitum. Libet hercle super

17 *n.h.* 10. 137

8 sollertia eaque *Fγ*: sollertie aquae (ea que *Q*) δ 10 pedem *Fγ*: pedum δ 12 et *Πδ*: ferro (foro *X*) et *FOXN* 13 id *Fγ*: *om.* δ 19 si quis ederit *FγQ*²: qui sederit *Q*¹: qui ederit *ZB* 31 inclusa *F*²*O*²*X*²*N*²*Q*: inlusa *rell.*

re tam abhorrenti a fide ipsius Fauorini uerba ponere: *Ἀρχύτας Ταραντῖνος τὰ ἄλλα καὶ μηχανικὸς ὢν ἐποίησεν περιστερὰν ξυλίνην πετομένην· ὁπότε καθίσειεν, οὐκέτι ἀνίστατο. μέχρι γὰρ τούτου* ***.

XIII

'Cum partim hominum' qua ratione ueteres dixerint.

'Partim hominum uenerunt' plerumque dicitur, quod signi- 1
ficat 'pars hominum uenit', id est quidam homines. Nam
'partim' hoc in loco aduerbium est neque in casus inclinatur,
sicuti 'cum partim hominum' dici potest, id est cum quibusdam hominibus et quasi cum quadam parte hominum. M. 2
Cato in oratione *de re Floria* ita scripsit: 'Ibi pro scorto fuit,
in cubiculum subrectitauit e conuiuio, cum partim illorum
iam saepe ad eundem modum erat.' Imperitiores autem 3
'cum parti' legunt, tamquam declinatum sit quasi uocabulum, non dictum quasi aduerbium.

Sed Q. Claudius in uicesimo primo *annali* insolentius 4
paulo hac figura est ita usus: 'Enim cum partim copiis
hominum adulescentium placentem sibi.' Itemque Claudi in
uicesimo tertio *annali* uerba haec sunt: 'Sed idcirco me
fecisse, quod utrum neglegentia partim magistratum an
auaritia an calamitate populi Romani euenisse dicam,
nescio.'

2 fr. 62 Marres 12 fr. 213 Malc.[2] 18 fr. 87 Peter 20 fr. 89 Peter

2 τὰ δ: *om. Fγ* 3 ΑΠΟΤΕ *Fγ*: *om.* δ: ἦν ὁπότε *Jacobi* ΚΑΘΗC(EC *XΠ*; NC *F*)EIEN *Fγ* (*deficiunt* δ) 4 *μέχρι γὰρ τούτου del. Hertz* 14 erat *rell.*: erant *B* 15 parti *ONZ*: partim *rell.* 18 hac *Fγ*: ac *ZB*: ea *Q* 19 placentem *ω*: placent(i)um *Lion* Itemque *ω*: Item *Q*. ς 21 magistratum *rell.*: magistratuum *Q*

XIV

'Iniuria mihi factum itur' quali uerborum ordine Cato dixerit.

1 Audio 'illi iniuriam factum iri', audio 'contumeliam dictum
iri' uulgo quoque ita dici, uulgo et istam esse uerborum
figuram iam in medio loquendi usu, idcircoque exemplis
2 supersedeo. Sed 'contumelia illi' uel 'iniuria factum itur'
3 paulo est remotius, exemplum igitur ponemus. M. Cato *pro
se contra C. Cassium*: 'Atque euenit ita, Quirites, uti in hac
contumelia, quae mihi per huiusce petulantiam factum itur,
4 rei quoque publicae medius fidius miserear, Quirites.' Sicut
autem 'contumeliam factum iri' significat iri ad contumeliam faciendam, id est operam dari, quo fiat contumelia,
ita ⟨'contumelia⟩ mihi factum itur' casu tantum inmutato
idem dicit.

XV

De flaminis Dialis deque flaminicae caerimonis; uerbaque ex edicto praetoris apposita, quibus dicit non coacturum se ad iurandum neque uirgines Vestae neque Dialem.

1 Caerimoniae impositae flamini Diali multae, item castus
multiplices, quos in libris, qui *de sacerdotibus publicis* compositi sunt, item in Fabii Pictoris librorum primo scriptos
2, 3 legimus. Vnde haec ferme sunt, quae commeminimus: Equo
4 Dialem flaminem uehi religio est; ⟨item religio est⟩ classem
procinctam extra pomerium, id est exercitum armatum,
uidere; idcirco rarenter flamen Dialis creatus consul est,
5 cum bella consulibus mandabantur; item iurare Dialem fas
6 numquam est; item anulo uti nisi peruio cassoque fas non

8 fr. 176 Malc.^{2} 21 Fab. Pict. fr. 3 Huschke

5 usu *TYQ*^{2}: usus *rell.* 8 C. Cassium *Fγ*: concasium δ 10 fidius *Fγ*: *om.* δ 11 factum iri *O*^{2}*NQ*: facturi *rell.* 12 fiat . . . mihi *Lion* (ς): fiat contumelia (cont. *om. B*) mihi (mihi ita *O*: ita *N*) ω 23 ⟨item rel. est⟩ *add. Hertz* 24 id est ex. arm. ω: *del. Hertz* 27 uti nisi *F*^{2}*O*^{2}*XΠN*: utinis *F*^{1}*O*^{1}*Π*: ut in his *Q*^{1}*ZB*: uti his *Q*^{2}

est. Ignem e 'flaminia', id est flaminis Dialis domo, nisi **7**
sacrum efferri ius non est. Vinctum, si aedes eius introierit, **8**
solui necessum est et uincula per impluuium in tegulas sub-
duci atque inde foras in uiam demitti. Nodum in apice **9**
neque in cinctu neque alia in parte ullum habet. Si quis ad **10**
uerberandum ducatur, si ad pedes eius supplex procubuerit,
eo die uerberari piaculum est. Capillum Dialis, nisi qui liber **11**
homo est, non detondet. Capram et carnem incoctam et **12**
hederam et fabam neque tangere Diali mos est neque nominare. Propagines e uitibus altius praetentas non succedit. **13**
Pedes lecti, in quo cubat, luto tenui circumlitos esse oportet **14**
et de eo lecto trinoctium continuum non decubat neque in
eo lecto cubare alium fas est neque ***. Apud eius lecti
fulcrum capsulam esse cum strue atque ferto oportet.
Vnguium Dialis et capilli segmina subter arborem felicem **15**
terra operiuntur. Dialis cotidie feriatus est. Sine apice sub **16, 17**
diuo esse licitum non est; sub tecto uti liceret, non pridem
a pontificibus constitutum Masurius Sabinus scripsit et alia **18**
quaedam remissa, gratiaque aliquot caerimoniarum facta
dicitur.

Farinam fermento inbutam adtingere ei fas non est. **19**
Tunica intima nisi in locis tectis non exuit se, ne sub caelo **20**
tamquam sub oculis Iouis nudus sit. Super flaminem Dialem **21**
in conuiuio, nisi rex sacrificulus, haut quisquam alius accumbit. Vxorem si amisit, flamonio decedit. Matrimonium **22, 23**

18 Sab. fr. 28 Huschke

---

2 efferri $O^2\Pi^2Q$: eferri *B*: effer(r)iri *rell.* 4 demitti *ed. Ven. 1517*: dimitti *ω* 5 alia in *Fγ*: in alia in *ZB*: in alia *Q* ullum F^2NZ: ullam $F^1OX\Pi$: ulla *QB* 8 detondet *TY*: detonset *ω* et *prius ω*: ⟨et canem⟩ et *Leo* 10 praetentas F^2Q: praetentos O^2X: praetentus *rell.* succedit F^1ZB: succidet $OX\Pi Q$: succidit F^2: succedeṣt *N* 13 alium *XO man. rec.*: ne alium *rell.* ⟨apud alium eum⟩ *in lac. suppl. Hertz* 15 capilli ΠQ: capillis *rell.* 16 feriatus *Turnebus*: fertatus *ω* 17 uti liceret *F*: utiliter et *rell.* 22 Tunica *Q*: tunicam *rell.* intima F^1ON^1QZ: intimam *rell.* exuit se Q^2: exuis Q^1: exusisse *X*: exuisse *rell.* ne *TY*: *om. ω* 24 accumbit *γ*: occumbit *Fδ*

24 flaminis nisi morte dirimi ius non est. Locum, in quo bustum
est, numquam ingreditur, mortuum numquam attingit;
25 funus tamen exsequi non est religio.
26, 27 Eaedem ferme caerimoniae sunt flaminicae Dialis; ⟨alias⟩
seorsum aiunt obseruitare, ueluti est, quod uenenato operi-
28, 29 tur, et quod in rica surculum de arbore felici habet, et quod
scalas, ⟨nisi⟩ quae Graecae appellantur, escendere ei plus
30 tribus gradibus religiosum est atque etiam, cum it ad Argeos,
quod neque comit caput neque capillum depectit.
31 Verba praetoris ex *edicto perpetuo* de flamine Diali et de
sacerdote Vestae adscripsi: 'Sacerdotem Vestalem et flaminem Dialem in omni mea iurisdictione iurare non cogam.'
32 Verba M. Varronis ex secundo *rerum diuinarum* super
flamine Diali haec sunt: 'Is solum album habet galerum, uel
quod maximus, uel quod Ioui immolata hostia alba id fieri
oporteat.'

XVI

Quos errores Iulius Hyginus in sexto Vergilii animaduerterit in Romana historia erratos.

1 Reprehendit Hyginus Vergilium correcturumque eum
2 fuisse existimat, quod in libro sexto scriptum est. Palinurus
est aput inferos petens ab Aenea, ut suum corpus requiren-
dum et sepeliendum curet. Is hoc dicit:

11 *FIR*^{7}, p. 220   14 fr. 4 Merkel   20 fr. 7 Fun.

---

1 quo bustum *F*^{2}*N*^{2}*Q*: qui bustum *Π*: quibus tum *rell.* 4 flam. . . . ⟨alias⟩ *Huschke*: flaminicas (flammiucas *Q*: flaminias *Π*) dialis (diales *Π*) *ω* 5 uenenato *Fruterius*: bene nato *ω* 6 rica *Fruterius e cod.*: rita *ω* 7 ⟨nisi⟩ *add. Scaliger* appellantur *F*^{2}*ΠN*^{2}*QB*: appellatur *rell.* escendere *cod. Danielis*: eas escendere *F*^{1}*ONQ*^{1}*Z*: eas ascendere *F*^{2}*Q*^{2}*B*: eas scendere *X*: eases. scandere *Π* 15 alba id fieri *δ*: albato fieri *Fγ*: alba fieri *Carrio*

eripe me his, inuicte, malis, aut tu mihi terram
inice, namque potes, portusque require Velinos.

'Quo' inquit 'modo aut Palinurus nouisse et nominare 3
potuit portus Velinos aut Aeneas ex eo nomine locum inuenire, cum Velia oppidum, a quo portum, qui in eo loco est,
Velinum dixit, Seruio Tullio Romae regnante post annum
amplius sescentesimum, quam Aeneas in Italiam uenit,
conditum in agro Lucano et eo nomine appellatum est?
Nam qui ab Harpalo' inquit 'regis Cyri praefecto ex terra 4
Phocide fugati sunt, alii Veliam, partim Massiliam con-
diderunt. Inscitissime igitur petit, ut Aeneas portum Veli- 5
num requirat, cum id nomen eo tempore fuerit nusquam
gentium. Neque simile' inquit 'illud uideri debet, quod est in 6
primo carmine:

Italiam fato profugus Lauiniaque uenit
litora,

et aeque in sexto libro: 7

Chalcidicaque leuis tandem superastitit arce,

quoniam poetae ipsi quaedam κατὰ πρόληψιν historiae dicere 8
ex sua persona concedi solet, quae facta ipse postea scire
potuit, sicut Vergilius sciuit de Lauinio oppido et de colonia
Chalcidicensi. Sed Palinuros qui potuit' inquit 'scire ea, 9
quae post annos sescentos facta sunt, nisi quis eum diui-
nasse aput inferos putat proinde ut animae defunctorum
solent? Sed et si ita accipias, quamquam non ita dicitur, 10
Aeneas tamen, qui non diuinabat, quo pacto potuit requirere portum Velinum, cui nomen tunc, sicut diximus,
nullum usquam fuit?'

1 *Aen.* 6. 365 15 *Aen.* 1. 2 18 *Aen.* 6. 17

4 aut $FO^2X\Pi B$: et O^1NQZ 12 fuerit *Π*: fuit *rell.* 15 Lauiniaque *FOΠ*: lauinaque *rell.* 19 historiae *O man. rec.* *Π*: historia *rell.* 20 scire $F^2\Pi^2$: sciere Π^1: sciri *rell.* 22 inquit δ: id inquit *Fγ*

11 Item hoc quoque in eodem libro reprehendit et correc-
12 turum fuisse Vergilium putat, nisi mors occupasset. 'Nam
cum Thesea' inquit 'inter eos nominasset, qui ad inferos
adissent ac redissent, dixissetque:

quid Thesea, magnum
quid memorem Alciden? et mi genus ab Ioue summo est,

postea tamen infert:

sedet aeternumque sedebit
infelix Theseus.

13 Qui autem' inquit 'fieri potest, ut aeternum aput inferos
sedeat, quem supra cum is nominat, qui descenderint illuc
atque inde rursum euaserint, praesertim cum ita sit fabula
de Theseo, atque si Hercules eum euellerit e petra et in
lucem ad superos eduxerit?'
14 Item in his uersibus errasse Vergilium dicit:

eruet ille Argos Agamemnoniasque Mycenas
ipsumque Aeaciden, genus armipotentis Achilli,
ultus auos Troiae, templa intemerata Mineruae.

15 'Confudit' inquit 'et personas diuersas et tempora. Nam
neque eodem tempore neque per eosdem homines cum Achaeis
16 et cum Pyrro bellatum est. Pyrrus enim, quem dicit Aeaciden, de Epiro in Italiam transgressus cum Romanis de-
pugnauit aduersus Manium Curium, in eo bello ducem.
17 Argiuum autem bellum, id est Achaicum, multis post annis
18 a L. Mummio imperatore gestum est. Potest igitur' inquit
'medius eximi uersus, qui de Pyrro inportune inmissus est,
quem Vergilius procul dubio exempturus' inquit 'fuit.'

1 Hyg. fr. 8 Fun. 5 *Aen.* 6. 122 8 *Aen.* 6. 617
15 Hyg. fr. 9 Fun. 16 *Aen.* 6. 838

2 fuisse δ: esse *F*γ mors *F*γ: mori δ 4 dixissetque γ: dixisset *F*δ 11 is *OΠZB*: iis *FN*: his *XΠQ* 21 Aeaciden ς: eacidem *Q*: eacida *ZB*: aeacid(a)e *F*γ 22 de Epiro *N*: tepyro *F*: de epyro *O*: de pyrro *Π*: dea e pyro *X*: et e pirro (epyrro *Q*) δ

XVII

Quam ob causam et quali modo Democritus philosophus luminibus oculorum sese priuauerit; et super ea re uersus Laberii pure admodum et uenuste facti.

Democritum philosophum in monumentis historiae Graecae 1
scriptum est, uirum praeter alios uenerandum auctoritate-
que antiqua praeditum, luminibus oculorum sua sponte se
priuasse, quia existimaret cogitationes commentationesque
animi sui in contemplandis naturae rationibus uegetiores et
exactiores fore, si eas uidendi inlecebris et oculorum im-
pedimentis liberasset. Id factum eius modumque ipsum, quo 2
caecitatem facile sollertia subtilissima consciuit, Laberius
poeta in mimo, quem scripsit *Restionem*, uersibus quidem
satis munde atque graphice factis descripsit, sed causam
uoluntariae caecitatis finxit aliam uertitque in eam rem,
quam tum agebat, non inconcinniter. Est enim persona, 3
quae hoc aput Laberium dicit, diuitis auari et parci sumptum plurimum asotiamque adulescentis uiri deplorantis.
Versus Laberiani sunt: 4

Democritus Abderites physicus philosophus
clipeum constituit contra exortum Hyperionis,
oculos effodere ut posset splendore aereo.
Ita radiis solis aciem effodit luminis,
malis bene esse ne uideret ciuibus.
sic ego fulgentis splendorem pecuniae
uolo elucificare exitum aetati meae,
ne in re bona uideam esse nequam filium.

5 sqq. cf. Vinc. Bell. *spec. doctr.* 4. 176 20 u. 72 Ribbeck² 25 sqq. cf. Non. 106. 18

8 quia $F^2O^2X\Pi N^2$: qua $F^1O^1N^1Q^2$: que δ 13 Restionem *FN*δ: restitionem *O*: rettiorem *X*: rectiorem *Π* 16 quam tum F^2O^2ZB: quantum *rell.* 18 asotiamque *F*γ: asoticonque δ uiri deplorantis ω: filii deplorantis ς: deplorantis *Jordan*: uidere plorantis *Damsté* 24 esse γ*Q*: esset *FBZ* ciuibus γ: ciuilibus *F*δ 25 fulgentis X^2: flulgentis X^1: fulgenti *rell.* splendorem *Carrio*: sp(l)endore in ω 26 uolo elucificare *Nonius*: uelo lucificare ω 27 uideam esse = ω nequam *F*γ: quam δ

XVIII

Historia de Artemisia; deque eo certamine, quod aput Mausoli sepulcrum a scriptoribus inclutis decertatum est.

1 Artemisia Mausolum uirum amasse fertur supra omnis
2 amorum fabulas ultraque affectionis humanae fidem. Mausolus autem fuit, ut M. Tullius ait, rex terrae Cariae, ut quidam
Graecarum historiarum scriptores, prouinciae praefectus,
3 ⟨quem⟩ *σατράπην* Graeci uocant. Is Mausolus, ubi fato per-
functus inter lamenta et manus uxoris funere magnifico
sepultus est, Artemisia, luctu atque desiderio mariti fla-
grans uxor, ossa cineremque eius mixta odoribus contusaque
in faciem pulueris aquae indidit ebibitque multaque alia
4 uiolenti amoris indicia fecisse dicitur. Molita quoque est
ingenti impetu operis conseruandae mariti memoriae sepulcrum illud memoratissimum dignatumque numerari inter
5 septem omnium terrarum spectacula. Id monumentum
Artemisia cum dis manibus sacris Mausoli dicaret, agona,
id est certamen laudibus eius dicundis, facit ponitque
praemia pecuniae aliarumque rerum bonarum amplissima.
6 Ad eas laudes decertandas uenisse dicuntur uiri nobiles
ingenio atque lingua praestabili, Theopompus, Theodectes,
Naucrates; sunt etiam qui Isocratem ipsum cum his
certauisse memoriae mandauerint. Sed eo certamine uicisse
Theopompum iudicatum est. Is fuit Isocratis discipulus.
7 Exstat nunc quoque Theodecti tragoedia, quae inscribitur *Mausolus*; in qua eum magis quam in prosa placuisse
Hyginus in *exemplis* refert.

6 *Tusc. disp.* 3. 75 27 fr. 1 Peter

---

7 prouinciae *Lipsius*: prouinciae grece *ω* 8 ⟨quem⟩ *add.* ς 9 manus *ω*: naenias *Markland* 15 dignatumque *rell.*: dignumque *Q* 17 sacris *ω*: sacrum *Mommsen*: *del.* *Jordan* 22 Naucrates *Valesius*: naucrites *ω* Isocratem *N*²: sacratem *Z*: socratem *rell.*

XIX

Non purgari neque leuari peccatum, cum praetenditur peccatorum, quae alii quoque peccauerunt, similitudo; atque inibi uerba ex oratione super ea re Demosthenis.

Incessebat quempiam Taurus philosophus seuera atque 1
uehementi obiurgatione adulescentem a rhetoribus et a
facundiae studio ad disciplinas philosophiae transgressum,
quod factum quiddam esse ab eo diceret inhoneste et improbe. At ille non ibat infitias fecisse, sed id solitum esse
fieri defendebat turpitudinemque delicti exemplorum usu et
consuetudinis uenia deprecabatur. Atque ibi Taurus isto 2
ipso defensionis genere inritatior: 'homo' inquit 'stulte et
nihili, si te a malis exemplis auctoritates et rationes philosophiae non abducunt, ne illius quidem Demosthenis uestri
sententiae tibi in mentem uenit, quae, quia lepidis et uenus-
tis uocum modis uincta est, quasi quaedam cantilena rhe-
torica facilius adhaerere memoriae tuae potuit? Nam si me' 3
inquit 'non fallit, quod quidem in primori pueritia legerim,
uerba haec sunt Demosthenis aduersus eum, qui, ut tu nunc
facis, peccatum suum peccatis alienis exemptum purga-
tumque ibat: *Σὺ δὴ μὴ λέγε, ὡς γέγονε τοῦτο πολλάκις, ἀλλ'
ὡς οὕτω προσήκει γίγνεσθαι· οὐ γάρ, εἴ τι πώποτε μὴ κατὰ τοὺς
νόμους ἐπράχθη, σὺ δὲ τοῦτο ἐμιμήσω, διὰ τοῦτο ἀποφύγοις ἂν
δικαίως, ἀλλὰ πολλῷ μᾶλλον ἁλίσκοιο· ὥσπερ γάρ, εἴ τις ἑάλω,
σὺ ταῦτα οὐκ ἂν ἔγραψας, οὕτως, ἐὰν σὺ νῦν δίκην δῷς, ἄλλος οὐ
γράψει.*' Sic Taurus omni suasionum admonitionumque 4
genere utens sectatores suos ad rationes bonae inculpa-
taeque indolis ducebat.

21 *adu. Androt.* 7

---

5 Incessebat *γQ*: incessabat *FZ*: incessesebat *B* 8 quiddam ς: quidam (quidem *Q*O^2) ω: quid quidam *Hertz* 9 esse O^2*XNQ*: est *F*O^1*ΠZB* 15 sententiae *FO*X^1*N*: sententia X^2*Πδ* 21 τοῦτο *Dem.*: ΟΥΤΟ *ZB*: ΕΥΤΟ *N* 23 ἂν *Dem.*: ΚΑΝ *ZN* 25 οὐκ *Dem.*: ΚΟΥΚ *ZN* 27 rationes ς: orationis *B*: rationis *rell.*

XX

Quid sit 'rogatio', quid 'lex', quid 'plebisscitum', quid 'priuilegium'; et quantum ista omnia differant.

1 Quaeri audio, quid 'lex' sit, quid 'plebisscitum', quid
2 'rogatio', quid 'priuilegium'. Ateius Capito, publici priuati-
que iuris peritissimus, quid 'lex' esset, hisce uerbis definiuit:
'Lex' inquit 'est generale iussum populi aut plebis rogante
3 magistratu.' Ea definitio si probe facta est, neque de imperio Cn. Pompei neque de reditu M. Ciceronis neque de
caede P. Clodi quaestio neque alia id genus populi plebisue
4 iussa 'leges' uocari possunt. Non sunt enim generalia iussa
neque de uniuersis ciuibus, sed de singulis concepta; quocirca 'priuilegia' potius uocari debent, quia ueteres 'priua'
dixerunt, quae nos 'singula' dicimus. Quo uerbo Lucilius in
primo *satirarum* libro usus est:

abdomina thynni
aduenientibus priua dabo cephalaeaque acarnae.

5 'Plebem' autem Capito in eadem definitione seorsum
a populo diuisit, quoniam in populo omnis pars ciuitatis
omnesque eius ordines contineantur, 'plebes' uero ea dicatur,
6 in qua gentes ciuium patriciae non insunt. 'Plebisscitum'
igitur est secundum eum Capitonem lex, quam plebes, non
populus, accipit.

7 Sed totius huius rei iurisque, siue cum populus siue cum
plebs rogatur, ⟨siue quod ad singulos⟩ siue quod ad uniuersos pertinet, caput ipsum et origo et quasi fons 'rogatio'
8 est. Ista enim omnia uocabula censentur continenturque
'rogationis' principali genere et nomine; nam nisi populus

7 fr. 24 Strzelecki   16 u. 49 Marx   18 fr. 25 Strzelecki

8 magistratu $\Pi^1\delta$: magistratus $FOX\Pi^2N$ 17 aduenientibus TY: auenientibus $F\gamma Q^2$: a uenentibus Q^1Z: a uenantibus B acarne $F\gamma$: carne δ 20 dicatur *rell.*: dicitur $FXQZ$ 25 plebs δ: plebis $F\gamma$ ⟨siue . . . singulos⟩ *add. Gronov*   26 fons γ: frons $F\delta$ 28 nisi γ: si $F^2\delta$: sisi F^1

aut plebs rogetur, nullum plebis aut populi iussum fieri potest.

Sed quamquam haec ita sunt, in ueteribus tamen scriptis 9
non magnam uocabulorum istorum differentiam esse animaduertimus. Nam et plebisscita et priuilegia translaticio nomine 'leges' appellauerunt eademque omnia confuso et
indistincto uocabulo 'rogationes' dixerunt. Sallustius quo- 10
que proprietatum in uerbis retinentissimus consuetudini concessit et priuilegium, quod de Cn. Pompei reditu ferebatur, 'legem' appellauit. Verba ex secunda eius *historia* haec sunt: 'Nam Sullam consulem de reditu eius legem ferentem ex conposito tr. pl. C. Herennius prohibuerat.'

XXI

Quam ob causam M. Cicero his omnino uerbis 'nouissime' et 'nouissimus' obseruantissime uitarit.

Non paucis uerbis, quorum frequens usus est nunc et fuit, 1
M. Ciceronem noluisse uti manifestum est, quod ea non
probaret; uelut est et 'nouissimus' et 'nouissime'. Nam cum 2
et M. Cato et Sallustius et alii quoque aetatis eiusdem uerbo isto promisce usitati sint, multi etiam non indocti uiri in libris id suis scripserint, abstinuisse eo tamen tamquam non Latino uidetur, quoniam, qui doctissimus eorum temporum fuerat, L. Aelius Stilo ut nouo et inprobo uerbo uti uitauerat.

Propterea, quid M. quoque Varro de ista uoce existimauerit, uerbis ipsius Varronis ex libro *de lingua Latina ad*

11 *hist.* 2 fr. 21 Maur.

3 sunt *rell.*: sint *Q* 5 trans. nom. *J. Gronov*: translaticiomine *B*: translatio nomine *FQZ*: translato nomine γ 6 leges *F*γ: legis δ 11 Nam *rell.*: nam illam *Q* 14 M. *FON*: *om.* *Π*δ et . . . uitarit *FOΠN*: est *ZB*: est usus *Q* (usus *a* Q^2 *in ras.*) 15 uitarit *FOΠN*: ⟨uti⟩ uitarit *Madvig* 20 promisce *rell.*: promiscue F^2XQB^2

Ciceronem sexto demonstrandum putaui. 'Quod "extremum" ' inquit 'dicebatur, dici "nouissimum" coeptum uulgo, quod mea memoria ut Aelius, sic senes alii, quod nimium nouum uerbum esset, uitabant; cuius origo, ut a "uetere" "uetustius" ac "ueterrimum" sic a "nouo" declinatum "nouius" et "nouissimum".'

XXII

Locus exemptus ex Platonis libro, qui inscribitur *Gorgias*, de falsae philosophiae probris, quibus philosophos temere incessunt, qui emolumenta uerae philosophiae ignorant.

1 Plato, ueritatis homo amicissimus eiusque omnibus exhibendae promptissimus, quae omnino dici possint in desides istos ignauosque, qui obtentu philosophiae nominis inutile otium et linguae uitaeque tenebras secuntur, ex persona quidem non graui neque idonea, uere tamen ingenueque
2 dixit. Nam etsi Callicles, quem dicere haec facit, uerae philosophiae ignarus inhonesta indignaque in philosophos confert, proinde tamen accipienda sunt, quae dicuntur, ut nos sensim moneri intellegamus, ne ipsi quoque culpationes huiuscemodi mereamur neue inerti inanique desidia cultum et studium philosophiae mentiamur.

3 Verba ipsa super hac re Platonis ex libro, qui appellatur *Gorgias*, scripsi, quoniam uertere ea consilium non fuit, cum ad proprietates eorum nequaquam possit Latina oratio
4 aspirare ac multo minus etiam mea: *Φιλοσοφία γάρ τοί ἐστιν*,

1 *l.l.* 6. 59 25 *Gorg.* 484 c

3 alii *ω*: aliquot *β Varro* 4 esset *Fγ*: *om.* δ 12 desides istos N^{2}: desinens istas (istos X^{2}) *ω* 13 nominis *B*: nominum *Z*: nomine *Fγ* (nominis . . . 17 philosophiae *om. Q*) 17 indignaque $F^{2}N^{2}B^{2}$: dignaque *ω* 19 nos $F^{2}O^{2}N^{2}Q$: nos non *X*: non $F^{1}O^{1}\Pi N^{1}ZB$ 24 proprietates $F^{2}\Pi NQ$: proprietates que *rell.* 25 mea F^{2}: meae *ω*

*ὦ Σώκρατες, χαρίεν, ἐάν τις ⟨αὐτοῦ μετρίως ἅψηται ἐν τῇ
ἡλικίᾳ· ἐὰν δὲ περαιτέρω τοῦ δέοντος ἐνδιατρίψῃ, διαφθορὰ τῶν
ἀνθρώπων. Ἐὰν γὰρ καὶ πάνυ εὐφυὴς ᾖ καὶ πόρρω τῆς ἡλικίας* 5
*φιλοσοφῇ, ἀνάγκη πάντων ἄπειρον γεγονέναι ἐστίν, ὧν χρὴ ἔμ-
πειρον εἶναι τὸν μέλλοντα καλὸν κἀγαθὸν καὶ εὐδόκιμον ἔσεσθαι
ἄνδρα. Καὶ γὰρ τῶν νόμων ἄπειροι γίγνονται τῶν κατὰ τὴν* 6
*πόλιν καὶ τῶν λόγων, οἷς δεῖ χρώμενον ὁμιλεῖν ἐν τοῖς συμ-
βολαίοις τοῖς ἀνθρώποις, καὶ ἰδίᾳ καὶ δημοσίᾳ, καὶ τῶν ἡδονῶν
τε καὶ ἐπιθυμιῶν τῶν ἀνθρωπείων, καὶ συλλήβδην τῶν ἠθῶν
παντάπασιν ἄπειροι γίγνονται. Ἐπειδὰν οὖν ἔλθωσιν εἴς τινα* 7
*ἰδίαν ἢ πολιτικὴν πρᾶξιν, καταγέλαστοι γίγνονται, ὥσπερ γε,
οἶμαι, οἱ πολιτικοί, ἐπειδὰν αὖ εἰς τὰς ὑμετέρας διατριβὰς
ἔλθωσι καὶ τοὺς λόγους, καταγέλαστοί εἰσι.⟩* **[8, 9]**

Paulo post addit haec: *Ἀλλ', οἶμαι, τὸ ⟨ὀρθότατόν ἐστιν* 10
*ἀμφοτέρων μετασχεῖν. Φιλοσοφίας μέν, ὅσον παιδείας χάριν
καλὸν μετέχειν, καὶ οὐκ αἰσχρὸν μειρακίῳ ὄντι φιλοσοφεῖν·
ἐπειδὰν δὲ ἤδη πρεσβύτερος ὢν ἄνθρωπος ἔτι φιλοσοφῇ, καταγέλαστον, ὦ Σώκρατες, τὸ χρῆμα γίγνεται, καὶ ἔγωγε ὁμοιότατον* 11
*πάσχω πρὸς τοὺς φιλοσοφοῦντας ὥσπερ πρὸς τοὺς ψελλιζομένους
καὶ παίζοντας. Ὅταν μὲν γὰρ παιδίον ἴδω, ᾧ ἔτι προσήκει* 12
*διαλέγεσθαι οὕτω, ψελλιζόμενον καὶ παῖζον, χαίρω τε, καὶ
χαρίεν μοι φαίνεται καὶ ἐλευθέριον καὶ πρέπον τῇ τοῦ παιδίου
ἡλικίᾳ· ὅταν δὲ σαφῶς διαλεγομένου παιδαρίου ἀκούσω, πικρόν* 13
*τί μοι δοκεῖ χρῆμα εἶναι καὶ ἀνιᾷ μου τὰ ὦτα καί μοι δοκεῖ
δουλοπρεπές τι εἶναι· ὅταν δὲ ἀνδρὸς ἀκούσῃ τις ψελλιζομένου ἢ* 14
*παίζοντα ὁρᾷ, καταγέλαστον φαίνεται καὶ ἄνανδρον καὶ πληγῶν
ἄξιον. Ταὐτὸν οὖν ἔγωγε τοῦτο πάσχω καὶ πρὸς τοὺς φιλο-* 15
σοφοῦντας. Περὶ νέῳ μὲν γὰρ μειρακίῳ ὁρῶν φιλοσοφίαν ἄγαμαι 16
*καὶ πρέπειν μοι δοκεῖ καὶ ἡγοῦμαι ἐλεύθερόν τινα εἶναι τοῦτον
τὸν ἄνθρωπον, τὸν δὲ μὴ φιλοσοφοῦντα ἀνελεύθερον καὶ οὐδέποτε
οὐδενὸς ἀξιώσοντα ἑαυτὸν οὔτε καλοῦ οὔτε γενναίου πράγματος·
ὅταν δὲ πρεσβύτερον ἴδω ἔτι φιλοσοφοῦντα καὶ μὴ ἀπαλλατ-* 17
*τόμενον, πληγῶν μοι δοκεῖ ἤδη δεῖσθαι, ὦ Σώκρατες, οὗτος
ὁ ἀνήρ. Ὃ γὰρ νῦν δὴ ἔλεγον, ὑπάρχει τούτῳ τῷ ἀνθρώπῳ, κἂν* 18

1 *suppl. ς ex Plat., quorum textum exhibui*: *om. ω spatio plerumque accurate relicto* 14 Paulo . . . τὸ *B*: *om. rell.* ⟨ὀρθότατόν . . . φθέγξασθαι⟩ p. 328.5 *suppl. ς*

πάνυ εὐφυὴς ᾖ, ἀνάνδρῳ γενέσθαι φεύγοντι τὰ μέσα τῆς πόλεως καὶ τὰς ἀγοράς, ἐν αἷς ἔφη ὁ ποιητὴς τοὺς ἄνδρας ἀριπρεπεῖς γίγνεσθαι, καταδεδυκότι δὲ τὸν λοιπὸν βίον βιῶναι μετὰ μειρακίων, ἐν γωνίᾳ τριῶν ἢ τεττάρων ψιθυρίζοντα, ἐλεύθερον δὲ καὶ
19–23 μέγα καὶ ἱκανὸν μηδέποτε φθέγξασθαι.⟩

24 Haec Plato sub persona quidem, sicuti dixi, non proba, set cum sensus tamen intellegentiaeque communis fide et cum quadam indissimulabili ueritate disseruit, non de illa scilicet philosophia, quae uirtutum omnium disciplina est quaeque in publicis simul et priuatis officiis excellit ciuitatesque et rempublicam, si nihil prohibeat, constanter et fortiter et perite administrat, sed de ista futtili atque puerili meditatione argutiarum nihil ad uitam neque tuendam neque ordinandam promouente, in qua id genus homines consenescunt male feriati, quos philosophos esse et uulgus putat et is putabat, ex cuius persona haec dicta sunt.

XXIII

Verba ex oratione M. Catonis de mulierum ueterum uictu et moribus; atque inibi, quod fuerit ius marito in adulterio uxorem deprehensam necare.

1 Qui de uictu atque cultu populi Romani scripserunt, mulieres Romae atque in Latio aetatem abstemias egisse, hoc est uino semper, quod 'temetum' prisca lingua appellabatur, abstinuisse dicunt, institutumque ut cognatis osculum ferrent deprehendendi causa, ut odor indicium faceret,
2 si bibissent. Bibere autem solitas ferunt loream, passum,

2 Hom. *Il.* 9. 441

6 proba sed *O*^{2}*N*: probas sed *X*: probasset *rell.* 7 sensus *Salmasius*: sensu *ω* fide *Fγ*: fidem δ 11 constanter et *Fγ*: constanter *Q*: constantem *ZB* 14 promouente in *Carrio*: promouente *F*^{2}: promouentem (-endam *X*) *ω* 18 M. *rell.*: *om.* *QZ* 19 inibi *FOΠN*: ibi δ 25 deprehendendi *Lambecius*: deprehendi *Q*: reprehendendi *rell.*

murrinam et quae id genus sapiant potu dulcia. Atque haec
quidem in his, quibus dixi, libris peruulgata sunt; sed 3
Marcus Cato non solum existimatas, set et multatas quoque
a iudice mulieres refert non minus, si uinum in se, quam si
probrum et adulterium admisissent.

Verba Marci Catonis adscripsi ex oratione, quae inscribi- 4
tur *de dote*, in qua id quoque scriptum est in adulterio uxores
deprehensas ius fuisse maritis necare: 'Vir' inquit 'cum
diuortium fecit, mulieri iudex pro censore est, imperium,
quod uidetur, habet, si quid peruerse taetreque factum est
a muliere; multatur, si uinum bibit; si cum alieno uiro
probri quid fecit, condemnatur.' De iure autem occidendi 5
ita scriptum: 'In adulterio uxorem tuam si prehendisses,
sine iudicio inpune necares; illa te, si adulterares siue tu
adulterarere, digito non auderet contingere, neque ius est.'

XXIV

'Diepristini', 'diecrastini' et 'diequarti' et 'diequinti', qui elegantius locuti sint, dixisse, non ut ea nunc uolgo dicuntur.

'Die quarto' et 'die quinto', quod Graeci εἰς τετάρτην καὶ 1
εἰς πέμπτην dicunt, ab eruditis nunc quoque dici audio, et,
qui aliter dicit, pro rudi atque indocto despicitur. Sed Marci
Tullii aetas ac supra eam non, opinor, ita dixerunt: 'die-
quinte' enim et 'diequinti' pro aduerbio copulate dictum

8 fr. 221 Malc.[2] 13 fr. 222 Malc.[2] 19 sqq. cf. Macr. *Sat.* 1. 4. 20

---

1 sapiant X^2: aepiant (expiant *Q*) *ω* 3 existimatas *FOXΠN*[2]: existimatus *N*[1]*ZB*: existimat *Q*: ⟨malas⟩existimatas *Friedrich* (*TLL s.u. 'existimo' 1518. 82*) et δ: *om. Fγ* 7 scriptum *X*: inscriptum *rell.* uxores X^2Q: uxoris *rell.* 9 fecit = *ω* 11 multatur *Fγ*. multiatur (multiciter *Q*) δ: multitatur *Hertz* 12 iure *rell.*: uiro *X* occidendi ς: dicendi *ω* 13 prehendisses *FXNQ*[2]*Z*: prehendidisses *O*: deprehendisses *Π*: reprehendisses *B*: prehendisset *Q*[1] 15 adulterarere *Salmasius*: adulteriare (-terare *X*[1]: -terare uelles *X*[2]: -terariare *F*) *ω* 21 Marci Tullii *X*[2]*N*[2]*Q*[2]: Marco Tullio *ω*

2 est et secunda in eo syllaba correpta. Diuus etiam Augustus,
linguae Latinae non nescius munditiarumque patris sui in
sermonibus sectator, in epistulis plurifariam significatione
3 ista dierum non aliter usus est. Satis autem erit perpetuae
ueterum consuetudinis demonstrandae gratia uerba sollemnia praetoris ponere, quibus more maiorum ferias concipere solet, quae appellantur Compitalia. Ea uerba haec
sunt: 'Dienoni populo Romano Quiritibus Compitalia erunt;
quando concepta fuerint, nefas.' 'Dienoni' praetor dicit, non
'die nono'.

4 Neque praetor solum, sed pleraque omnis uetustas sic
5 locuta est. Venit ecce illius uersus Pomponiani in mentem,
qui est ex atellania, quae *Meuia* inscribitur:

dies hic sextus, cum nihil edi: diequarte emoriar fame.

6 Suppetit etiam Coelianum illud ex libro *historiarum* secundo:
'Si uis mihi equitatum dare et ipse cum cetero exercitu me
sequi, diequinti Romae in Capitolium curabo tibi cena sit
7 cocta.' Et historiam autem et uerbum hoc sumpsit Coelius
ex *origine* ⟨IV⟩ M. Catonis, in qua ita scriptum est: 'Igitur
dictatorem Carthaginiensium magister equitum monuit:
"Mitte mecum Romam equitatum; diequinti in Capitolio
tibi cena cocta erit".'

8 Extremam istius uocis syllabam tum per 'e' tum per 'i'
scriptam legi; nam sane quam consuetum id ueteribus
fuerit litteris is plerumque uti indifferenter, sicuti 'prae-

3 *ep*. fr. 51 Malc.[4] 14 u. 77 Ribbeck[2] 16 fr. 25 Peter 19 fr. 86 Peter 25 sqq. cf. Non. 153. 9

1 est et *Fγ*: est δ 2 munditiarumque $FQZB^2$: munditiarum γB^1 4 Satis *Acidalius*: h̄ *Q*: is *rell.* 9 concepta ω: coepta *Mommsen* fuerint ς: fuerit ω 13 Maebia inscribitur *Macr.*: metui a(d)scribitur ω 14 edi *Pontanus*: egi ω *Macr.* emoriar *Scioppius*: moriar ω *Macr.* 16 Si uis . . . dare et *F*δ: si quis . . . daret (dari et *Π*) γ 17 Romae *Fγ*: Roma δ 19 origine ⟨IV⟩ *Hertz*: originem F^1: origine *rell.* qua *Q*: quo *rell.* 24 id F^2 *Macr.*: iis OX^1: his X^2: is *rell.*

fiscine' et 'praefiscini', 'procliui' et 'procliue' atque alia item
multa hoc genus uarie dixerunt: 'die pristini' quoque eodem
modo dicebatur, quod significabat 'die pristino', id est
priore, quod uulgo 'pridie' dicitur, conuerso compositionis
ordine, quasi 'pristino die'. Atque item simili figura 'die
crastini' dicebatur, id erat 'crastino die'. Sacerdotes quoque **9**
populi Romani, cum condicunt in diem tertium, 'die peren-
dini' dicunt. Sed ut plerique 'die pristini', ita M. Cato in **10**
oratione *contra Furium* 'die proximi' dixit; '⟨die⟩ quarto'
autem Cn. Matius, homo impense doctus, in *mimiambis* pro
eo dicit, quod 'nudius quartus' nos dicimus, in his uersibus:

nuper die quarto, ut recordor, et certe
aquarium urceum unicum domi fregit.

Hoc igitur intererit, ut 'die quarto' quidem de praeterito
dicamus, 'diequarte' autem de futuro.

XXV

Telorum et iaculorum gladiorumque atque inibi nauium quoque uocabula, quae scripta in ueterum libris reperiuntur.

Telorum iaculorum gladiorumque uocabula, quae in his- **1**
toriis ueteribus scripta sunt, item nauigiorum genera et
nomina libitum forte nobis est sedentibus in reda con-
quirere, ne quid aliarum ineptiarum uacantem stupentem-
que animum occuparet. Quae tum igitur suppetierant, haec **2**
sunt: hasta, pilum, phalarica, semiphalarica, soliferrea,
gaesa, lancea, spari, rumices, trifaces, tragulae, frameae,
mesanculae, cateiae, rumpiae, scorpii, sibones, siciles,

9 fr. 105 Malc.[2] 12 fr. 11 Morel 14 cf. Non. 441. 8

5 item X^2: idem ω 7 die *F. Skutsch*: diem ω 9 ⟨die⟩ *add.* ς 15 diequarte γQ^2: die quarto Q^1: die quarta *FZB Non.* 22 ne quid *Hertz*: neque idem (item X^1: id Q^2) ω 23 occuparet *Hertz*: occupare ω 25 gaesa *N*: g(a)es(a)ea *rell.* 26 mesanculae ω: mesancyla *Turnebus* scorpii *Carrio*: scorpis ω sibones ω: sibynae *Turnebus*

ueruta, enses, sicae, machaerae, spathae, lingulae, pugiones, clunacula.

3 De 'lingula', quoniam est minus frequens, admonendum existimo lingulam ueteres dixisse gladiolum oblongum in speciem linguae factum, cuius meminit Naeuius in tragoedia *Hesiona*. Versum Naeui apposui:

sine mi gerere morem uidear lingua, uerum lingula.

4 Item 'rumpia' genus teli est Thraecae nationis, positumque hoc uocabulum in Quinti Enni *annalium* XIV.

5 Nauium autem, quas reminisci tunc potuimus, appellationes hae sunt: gauli, corbitae, caudicae, longae, hippagines, cercuri, celoces uel, ut Graeci dicunt, *κέλητες*, lembi, oriae, lenunculi, actuariae, quas Graeci *ἱστιοκώπους* uocant uel *ἐπακτρίδας*, prosumiae uel geseoretae uel oriolae, stlattae, scaphae, pontones, uectoriae, mydia, phaseli, parones, myoparones, lintres, caupuli, camarae, placidae, cydarum, ratariae, catascopium.

XXVI

Inscite ab Asinio Pollione reprehensum Sallustium, quod transfretationem 'transgressum' dixerit, et 'transgressos' qui transfretassent.

1 Asinio Pollioni in quadam epistula, quam ad Plancum scripsit, et quibusdam aliis C. Sallusti iniquis dignum nota

7 u. 1 Ribbeck^2 9 u. 390 Vahlen^2 22 sqq. cf. Non. 452. 28 fr. 2 Fun.

1 ueruta enses ς: uer(r)utenses ω 7 sine mi *Klussmann*: sine mihi ω: ne mihi *Sverdsioeus* morem *rell.*: mortem *F* uidear *Fγ*: uidetur δ lingula *FγB*: lingua *QZ* 8 rumpia *Carrio*: rupia ω 11 corbitae *Brodaeus*: coruitae ω 12 lembi oriae *Carrio*: lenuioxi(a)e ω 13 lenunculi *Brodaeus*: renunculi ω *ἱστιοκώπους* *Scheffer*: (h)istoopus (-ocopus *X*^{2}) ω 14 *ἐπακτρίδας* *edd. Colon. 1526*: epicaridas ω geseoretae ω: geshoretae *Pisani* stlate *Turnebus*: scatte ω 15 uectoriae *Corazzini*: uetutiae *FOΠN*: uetitiae *X*: ucintie *Q*: ueuitie *Z*: ueuicie *B* mydia *Heraeus*: m(o)edia ω 23 sallusti(i) *rell.*: salustio *Q*

uisum est, quod in primo *historiarum* maris transitum trans-
missumque nauibus factum 'transgressum' appellauit eosque, qui fretum transmiserant, quos 'transfretasse' dici
solitum est, 'transgressos' dixit. Verba ipsa Sallusti posui: **2**
'Itaque Sertorius leui praesidio relicto in Mauretania nanctus obscuram noctem aestu secundo furtim aut celeritate
uitare proelium in transgressu conatus est.' Ac deinde infra **3**
ita scripsit: 'Transgressos omnis recipit mons praeceptus a
Lusitanis.'

Hoc igitur et minus proprie et ἀπερισκέπτως et nullo **4**
graui auctore dictum aiunt. 'Nam "transgressus"' inquit
'a transgrediendo dicitur, idque ipsum ab ingressu et a
pedum gradu appellatum.' Idcirco uerbum 'transgredi' con- **5**
uenire non putauit neque uolantibus neque serpentibus
neque nauigantibus, sed his solis, qui gradiuntur et pedibus
iter emetiuntur. Propterea negant aput scriptorem idoneum
aut nauium 'transgressum' reperiri posse aut pro trans-
fretatione 'transgressum'.

Sed quaero ego, cur non, sicuti 'cursus' nauium recte dici **6**
solet, ita 'transgressus' etiam nauibus factus dici possit?
praesertim cum breuitas tam angusti fretus, qui terram
Africam Hispaniamque interfluit, elegantissime 'transgres-
sionis' uocabulo, quasi paucorum graduum spatium, definita
sit. Qui auctoritatem autem requirunt et negant dictum **7**
'ingredi' 'transgredi'ue in nauigantibus, uolo uti respon-
deant, quantum existiment interesse 'ingredi' atque 'ambu-
lare'. Atqui Cato in libro *de re rustica*: 'fundus' inquit 'eo in **8**
loco habendus est, ut et oppidum prope amplum sit et
mare aut amnis, qua naues ambulant.'

Appetitas porro huiuscemodi translationes habitasque **9**

5 *hist.* 1 fr. 104 Maur. 8 *hist.* 1 fr. 105 Maur. 27 *r. r.* 1. 3

4 posui O^2X: posuit *rell.* 8 mons ω: mons Balleia *Seru. Aen.* 1. 518 12 dicitur F^2O^2XB: dicuntur *rell.* 20 solet *F. Skutsch*: solent ω 21 fretus *Gronov*: fretu *ZB*: freti *rell.* 27 Atqui *Q*: at quin *ZB*: atque *FOXΠ*: at M. *N*

esse pro honestamentis orationis Lucretius quoque testimonium in hac eadem uoce dicit. In quarto enim libro clamorem per arterias et per fauces 'gradientem' dicit, quod est nimio confidentius, quam illud de nauibus Sallustianum. Versus Lucreti hi sunt:

praeterea radit uox fauces saepe, facitque
asperiora foras gradiens arteria clamor.

10 Propterea Sallustius in eodem libro non eos solum, qui nauibus ueherentur, sed et 'scaphas' quoque nantes 'progressas' dicit. Verba ipsa de scaphis posui: 'Earum aliae paululum progressae nimio simul et incerto onere, cum pauor corpora agitauerat, deprimebantur.'

XXVII

Historia de populo Romano deque populo Poenico, quod pari propemodum uigore fuerint aemuli.

1 In litteris ueteribus memoria exstat, quod par quondam
fuit uigor et acritudo amplitudoque populi Romani atque
2 Poeni; neque inmerito aestimatum: cum aliis quidem
populis de uniuscuiusque republica, cum Poenis autem de
omnium terrarum imperio decertatum.
3 Eius rei specimen est in illo utriusque populi uerbo factum: Q. Fabius, imperator Romanus, dedit ad Carthaginienses epistulam. Ibi scriptum fuit populum Romanum misisse ad eos hastam et caduceum, signa duo belli aut pacis, ex quis, utrum uellent, eligerent; quod elegissent, id unum
4 ut esse missum existimarent. Carthaginienses responderunt
neutrum sese eligere, sed posse, qui adtulissent, utrum mallent, relinquere; quod reliquissent, id sibi pro electo futurum.

6 Lucr. 4. 528 10 *hist.* 1 fr. 98 Maur.

---

6 radit *Lucr.*: tradidit *Z*: tradit *rell.* 21 populi *Fγ*: *om.* δ factum Q^2: factumque ω 23 Ibi *rell.*: ubi *OX* 24 duo belli ω: duelli *Kronenberg* 25 id ς: ad ω 28 electo *Q*: lecto O^2N: lectos *rell.*

M. autem Varro non hastam ipsam neque ipsum cadu- 5
ceum missa dicit, sed duas tesserulas, in quarum altera
caducei, in altera hastae simulacra fuerunt incisa.

XXVIII

De aetatium finibus pueritiae, iuuentae, senectae, ex Tuberonis *historia* sumptum.

Tubero in *historiarum* primo scripsit Seruium Tullium 1
regem, populi Romani cum illas quinque classes ⟨seniorum
et⟩ iuniorum census faciendi gratia institueret, pueros esse
existimasse, qui minores essent annis septem decem, atque
inde ab anno septimo decimo, quo idoneos iam esse reipublicae arbitraretur, milites scripsisse, eosque ad annum
quadragesimum sextum 'iuniores' supraque eum annum
'seniores' appellasse.
Eam rem propterea notaui, ut discrimina, quae fuerint 2
iudicio moribusque maiorum pueritiae, iuuentae, senectae,
ex ista censione Serui Tulli, prudentissimi regis, noscerentur.

XXIX

Quod particula 'atque' non complexiua tantum sit, sed uim habeat plusculam uariamque.

'Atque' particula a grammaticis quidem coniunctio esse 1
dicitur conexiua. Et plerumque sane coniungit uerba et
conectit; sed interdum alias quasdam potestates habet non
satis notas nisi in ueterum litterarum tractatione atque cura
exercitis. Nam et pro aduerbio ualet, cum dicimus 'aliter 2
ego feci atque tu', significat enim 'aliter quam tu', et, si

7 fr. 4 Peter 21 sqq. cf. Non. 530. 1

3 caducei *scripsi*: caduceum ω 7 Tubero δ: K. Tubero *Fγ*
8 ⟨seniorum et⟩ *add. Thysius* 15 notaui O^2X: notauit *rell.*
26 significat *Fγ*: significatur δ

gemina fiat, auget incenditque rem, de qua agitur, ut animaduertimus in Q. Enni *annalibus*, nisi memoria in hoc uersu labor:

atque atque accedit muros Romana iuuentus;

3 cui significationi contrarium est, quod itidem a ueteribus dictum est 'deque'.

4 Et praeterea pro alio quoque aduerbio dicitur, id est 'statim', quod in his Vergili uersibus *** existimatur obscure et insequenter particula ista posita esse:

sic omnia fatis
in peius ruere ac retro sublapsa referri,
non aliter quam qui aduerso uix flumine lembum
remigiis subigit, si brachia forte remisit,
atque illum in praeceps prono rapit alueus amni.

4 u. 537 Vahlen^2 10 *georg.* I. 199

---

1 incenditque ω: intenditque B^2 8 statim *F*γ: factum δ *lac. stat. Hertz* 9 ista *rell.*: *om. Q*